《大学语文实用教程新编》编委会

策　划　徐礼节

主　编　褚春元

副主编　丁俊苗　袁凤琴

编　委　（以姓氏笔画为序）

丁俊苗　朱大银　李书安　陈小波　陈先涛

袁凤琴　徐兴菊　谈　莉　曹栓姐　褚春元

普通高等教育公共基础课类规划教材

大学语文实用教程新编

策　划　徐礼节
主　编　褚春元
副主编　丁俊苗　袁凤琴

中国科学技术大学出版社

内 容 简 介

本书是为满足应用型本科院校"大学语文"课程的教学需要而编写的,在编写上遵循"人文性与工具性相统一""适应应用型人才培养的需求""彰显地方文化特色"三个理念,在选文上遵循"经典性""应用性""地方性"三个要求。书中设有"上编·阅读与鉴赏"(含诗词、散文、小说、戏剧四个单元)和"下编·表达与应用"(含语言运用与规范、演讲口才、应用文写作、创意写作四个单元)。各单元有单元概述,介绍相关的知识与背景,选取的七篇文章,前四篇为精读文,是教学的重点,设有"导读""知识链接""拓展与训练"等栏目,以增强学生对选文的理解,加强实践能力的训练;后三篇为泛读文,供学生课外阅读与自学,以扩大学生视野,提高其人文素养与能力。

图书在版编目(CIP)数据

大学语文实用教程新编/褚春元主编. —合肥:中国科学技术大学出版社,2017.9
ISBN 978-7-312-04200-3

Ⅰ. 大… Ⅱ. 褚… Ⅲ. 大学语文课—高等学校—教材 Ⅳ. H193.9

中国版本图书馆 CIP 数据核字(2017)第 076666 号

出版	中国科学技术大学出版社
	安徽省合肥市金寨路 96 号,230026
	http://press.ustc.edu.cn
	https://zgkxjsdxcbs.tmall.com
印刷	合肥市宏基印刷有限公司
发行	中国科学技术大学出版社
经销	全国新华书店
开本	787 mm×1092 mm 1/16
印张	19.75
字数	505 千
版次	2017 年 9 月第 1 版
印次	2017 年 9 月第 1 次印刷
定价	45.00 元

前言

高等学校开设"大学语文"课程具有重要的意义,可以提高当代大学生汉语水平与汉语运用能力,传承优秀传统文化,提升大学生人文素质与审美能力,培养大学生热爱祖国语言文字(文学)的情感。当前我国高校中,有一部分是应用型本科院校,它们主要培养应用型人才,在使用教程方面与培养研究型人才的高校有明显的差异。应用型本科院校的人才培养目标、学生基本素质以及学生的就业需求,决定了其使用的教材须具有自己的特点。本书是为满足应用型本科院校"大学语文"课程的教学需要而编写的,适合这类院校教学使用,定名为"大学语文实用教程新编"也正是此意。

本书的编写遵循以下三个理念:

(1) 人文性与工具性相统一。选文与编写既要具有人文性、思想性、文学性,注重审美教育与审美享受,又要强化学生语文知识的学习与语言表达技巧的训练,注重学生应用性能力的培养。本书共分八个单元,其中有四个单元强调并注重学生的实践与训练。

(2) 适应应用型人才培养的需求。当前应用型本科院校培养的是应用型人才,需要提高学生母语表达与交际能力、汉字书写能力、阅读思考能力等。本书在编写上注重应用性,在编排体例上专设一项内容——"拓展与训练",主要目的是训练学生对所学知识的应用,培养其实践应用能力。

(3) 彰显地方文化特色。应用型本科院校主要是为地方经济社会文化建设服务的。本书的编写突出安徽地方文化,部分选文与安徽社会文化紧密联系,便于学生了解安徽的社会文化、风土人情,同时也能极大地引起学生的兴趣,激发学生的学习热情。

根据上述编写理念,本书在选文上遵循以下三个原则:

(1) 经典性。选取的中外文章,具有丰富的人文性,不仅思想内容健康、向上、深刻,而且能经受时间的考验,都是经典的名篇。这样有利于当代大学生从经典中汲取营养,丰富情感,陶冶情操,树立理想。

(2) 应用性。选文突出应用性,以强化大学生的听、说、读、写等能力,充分发挥选文的"应用"示范作用,让学生在学习相关知识的同时增强实践应用能力。

(3) 地方性。选取的部分文章反映和介绍了安徽的地方文化、风土人情等,目的是增强学生对安徽丰富的地方文化的了解。如《古巢老姥》、《满江红·仙姥来时》、《寂寞天柱山》、《天仙配》(黄梅戏曲)等选文就是遵循这一要求的体现。

本书在编写体例上分为上、下两编。上编为"阅读与鉴赏",设有四个单元,分别是诗词、散文、小说、戏剧;下编为"表达与应用",也设有四个单元,分别为语言运用与规范、演讲口才、应用文写作、创意写作。每个单元前都有单元概述,介绍相关的知识与背景。各单元均选取七篇文章，其中四篇为精读文，三篇为泛读文。精读文为教学的重点，文章前有"导读"，后有"知识链接""拓展与训练"。这些栏目的设置，目的是增强学生对选文的理解，加强对学生实践能力的训练。泛读文供学生课外阅读与自学，目的在于扩大学生视野，提高其人文素养与应用能力。

经过一年多时间的辛勤劳动，在编委会成员的共同努力下，本书完成了编写。本书编写具体分工如下：

第一单元由陈小波、陈先涛编写；第二单元由朱大银、李书安、褚春元编写；第三单元由徐兴菊编写；第四单元由曹栓姐编写；第五单元由丁俊苗编写；第六单元由谈莉编写；第七单元由袁凤琴编写；第八单元由褚春元编写。初稿完成后，经主编、副主编统稿、审订与修改，最后由编委会讨论定稿。

本书是巢湖学院省级"中国古代文学教学团队"（项目编号：20100966）、安徽省重大教改项目"新建本科院校转型发展的路向与策略研究"（项目编号：2014zdjy117）建设成果之一，由团队带头人徐礼节教授策划，并得到团队建设经费的出版资助；在编撰出版过程中，还得到学校许多部门和领导，以及中国科学技术大学出版社的大力支持，在此一并表示感谢！

本书选取了古今中外名篇佳作50余篇，其中有一些当代名家名作或网络作品等，在此对原作者们表示诚挚的感谢。

在本书的编写过程中，我们虽竭尽全力，但由于水平有限，书中一定存在诸多不足甚至错误之处，恳请广大读者提出宝贵的意见与建议，在此表示衷心的感谢！

编　者

2017年6月

目录

前言 .... (ⅰ)

上编·阅读与鉴赏

第一单元 诗 词

单元概述 .... (003)
精读文选 .... (007)
 匏有苦叶(《诗经》) .... (007)
 听蜀僧濬弹琴(李白) .... (009)
 江城子·乙卯正月二十日夜记梦(苏轼) .... (011)
 神女峰(舒婷) .... (014)
泛读文选 .... (017)
 圆圆曲(吴伟业) .... (017)
 满江红·仙姥来时(姜夔) .... (019)
 飞鸟集(节选)([印]泰戈尔) .... (020)

第二单元 散 文

单元概述 .... (023)
精读文选 .... (025)
 郲克征会于齐(左丘明) .... (025)
 论贵粟疏(晁错) .... (028)
 超然台记(苏轼) .... (031)
 清洁的精神(张承志) .... (034)
泛读文选 .... (043)
 论踢屁股(林语堂) .... (043)

寂寞天柱山(余秋雨) ················ (045)
冬天的湖(节选)([美]梭罗) ················ (050)

第三单元 小　　说

单元概述 ················ (053)
精读文选 ················ (057)
　古巢老姥(干宝) ················ (057)
　虬髯客传(杜光庭) ················ (059)
　伤逝——涓生的手记(鲁迅) ················ (065)
　舞会以后([俄]列夫·托尔斯泰) ················ (077)
泛读文选 ················ (086)
　受戒(汪曾祺) ················ (086)
　万家诉讼(节选)(陈源斌) ················ (097)
　竹林中([日]芥川龙之介) ················ (103)

第四单元 戏　　剧

单元概述 ················ (108)
精读文选 ················ (112)
　关大王独赴单刀会(第四折)(关汉卿) ················ (112)
　惊梦(汤显祖) ················ (117)
　雷雨(第四幕)(曹禺) ················ (123)
　哈姆莱特(第三幕)([英]莎士比亚) ················ (135)
泛读文选 ················ (143)
　我们的荆轲(莫言) ················ (143)
　天仙配(节选) ················ (151)
　达尔杜弗(第四幕)([法]莫里哀) ················ (156)

下编·表达与应用

第五单元　语言运用与规范

单元概述 ················ (165)
精读文选 ················ (167)
　为了汉字文化的伟大复兴(王蒙) ················ (167)
　文学是语言的艺术(王德春) ················ (172)

关于文学语言规范化问题(李润新) ·············· (181)
　　网络语言的规范化问题(节选)(苏培成) ·············· (186)
泛读文选 ·············· (192)
　　谈语言和文字(吕叔湘) ·············· (192)
　　语言和社会(胡明扬) ·············· (196)
　　信息时代的语言文字工作任务(节选)(李宇明) ·············· (199)

第六单元　演讲口才

单元概述 ·············· (204)
精读文选 ·············· (207)
　　中国韵文里头所表现的情感(节选)(梁启超) ·············· (207)
　　一个防身药方的三味药(胡适) ·············· (213)
　　青春万岁(王蒙) ·············· (218)
　　保持求知欲,保持赤子心——2005年6月12日在美国斯坦福大学毕业典礼上的
　　　　讲话([美]史蒂夫·乔布斯) ·············· (225)
泛读文选 ·············· (230)
　　把目光投向中国——2003年12月10日在哈佛大学的演讲(温家宝) ·············· (230)
　　知识就是力量,良知才是方向(鲍鹏山) ·············· (234)
　　自由意味着一种尊重——1990年2月11日出狱时的演讲([南非]纳尔逊·曼德拉)
　　　　·············· (238)

第七单元　应用文写作

单元概述 ·············· (240)
精读文选 ·············· (245)
　　通讯 ·············· (245)
　　请示 ·············· (252)
　　求职信 ·············· (255)
　　计划(方案) ·············· (258)
泛读文选 ·············· (261)
　　消息 ·············· (261)
　　调查报告 ·············· (262)
　　总结 ·············· (266)

第八单元　创意写作

单元概述 ·············· (269)
精读文选 ·············· (272)

曲美 30 秒电视广告创意脚本(北京影响思维广告有限公司) …………… (272)
　　第一次的亲密接触(节选)(蔡智恒) ……………………………………… (276)
　　诛仙(节选)(萧鼎) ………………………………………………………… (285)
　　哈利·波特与密室(节选)([英]J. K. 罗琳) ……………………………… (290)
泛读文选 ……………………………………………………………………… (297)
　　勤劳的老爸 ………………………………………………………………… (297)
　　杜拉拉升职记(节选)(李可) ……………………………………………… (299)
　　马戏团之夜(节选)([英]安吉拉·卡特) ………………………………… (303)

阅读与鉴赏

上编

第一单元 诗　　词

本单元主要是诗词阅读鉴赏。在中国文学史上,词通常被认为是诗的别体,所以在单元概述中只介绍诗歌而略去词。

一、诗歌的发展流变

如果将中国的文学比喻为一条河流的话,那么这条河流的主流无疑是诗歌。这条主流不仅源远流长,而且一路欢唱,从不衰竭。尽管某些历史时期的诗歌被后世诟病,但不可否认,在当时诗歌依旧是文坛的主流文体,如西晋的形式主义诗风、东晋的玄言诗以及南朝的宫体诗等。

中国诗歌的源头可以追溯到上古的原始歌谣。最初的歌谣往往与人类的生产生活息息相关,《淮南子·道应训》就记载"举重劝力之歌",古人曾用它来协调节奏,统一步伐,提高劳动效率。鲁迅先生说:"我们的祖先原始人,原是连话也不会说的,为了共同劳作,必须发表意见,才渐渐地练出复杂的声音来。假如大家那时抬木头,都觉得吃力了,却想不到发表。其中有一个人叫道'杭育杭育',那么这就是创作……倘若用什么记号留存了下来,这就是文学;他当然就是作家,也是文学家,是'杭育杭育派'。"(《且介亭杂文·门外文谈》)

最早的诗歌句式主要为二言、三言,如"断竹,续竹,飞土,逐宍(古'肉'字)"(《吴越春秋·弹歌》)。这是一首反映原始部落狩猎的歌谣,砍来竹子,用绳索系住竹子的两端,再用泥土制作成弹丸,弹射出去捕获猎物。

随着社会生活的日渐丰富,原有的二言、三言句式不足以承载相应的信息量,于是出现了四言诗、杂言诗。

《诗经》是中国古代第一部诗歌总集,也是中国文学源远流长的标志。它收录了上起西周初年(公元前11世纪)、下至春秋中叶(公元前6世纪),大约500年间的305篇作品。作品的句式以四言体为主,夹以杂言。如《周南·关雎》,每句均为四言,有一种整齐划一之美。

及至战国时期,屈原(约前340—前277)在楚地民歌的基础上创制了一种句法灵活、句式参差不齐的新体裁——楚辞,这种辞体较多使用六言,也有四言、五言、七言等句式,句中多有语气助词"兮"(一般在奇句末尾),大多两句一联,形成唱叹。

中国诗歌向有齐言与杂言之分,所谓齐言体,即指每句字数相等的诗体,杂言体则指每句长短不一的诗体,中国诗歌多以齐言为主。

汉代之后,虽偶有曹操、嵇康、陶渊明、李白等人的四言佳作问世,但总体上,四言体的式微难以挽回。而杂言勃兴的时间也并不长,杂言句式短则一、二字,长则五、七字,乃至十字。汉代的乐府民歌,如《战城南》《妇病行》《孤儿行》等可谓是杂言体的名篇。然而,虽则杂言体,尤其是长篇杂言体,其能承载的信息量增大了,但其不利于记诵。于是,中国古人又从杂言中析出了五言这一"众作之有滋味者"(南朝梁代钟嵘《诗品》)的新诗体。

五言诗起源于汉代,历经八代(东汉、魏、晋、宋、齐、梁、陈、隋)至唐大为发展,成为中国古典诗歌的主要形式之一。五言诗的典型特征是"把《诗经》的变化多端的章法、句法和韵法变成整齐一律,把《诗经》的低回往复、一唱三叹的音节变成直率平坦"(朱光潜《诗论》)。一般认为,现存较早的文人五言诗是班固的《咏史》,其后的《古诗十九首》更是代表了东汉文人五言诗的最高艺术成就,刘勰誉之为"五言之冠冕"(《文心雕龙·明诗》)。五言诗一经问世,立刻成为汉魏六朝最流行的诗体。

学界一般认为,七言诗当起源于汉代的民间歌谣。较早的文人七言诗有张衡的《四愁诗》,不过该诗奇数句中夹有一个"兮"字,还留有楚辞的痕迹。曹丕的《燕歌行·其一》是现存较早的、保存最完整的文人七言诗。七言诗一如五言诗,历经八代至唐大为发展,与五言诗共同成为中国诗歌史上的百代不易之体。

文学史上一般将唐代视为诗歌发展的分水岭,唐之前属于古体诗的时代,唐之后近体诗与古体诗则并行不悖,其中南朝时期是古体向近体的过渡时期。

1917年,胡适在《新青年》杂志上发表了《白话诗八首》,并提出"诗体大解放"的主张,倡导不拘格律、不拘平仄、不拘长短的"胡适之体诗"。这标志着以白话为基本语言形式的新诗正式登上历史舞台。胡适的《尝试集》成为中国新诗史上第一部白话诗集。在新诗的诞生过程中,刘半农、刘大白、康白情、俞平伯等是创作主力军。

在百年新诗史上,先后出现了以朱自清、冰心等文学研究会作家为代表的自由体诗;以瞿秋白、蒋光慈等共产党员为代表的政治抒情诗;以汪静之、应修人等湖畔诗人为代表的爱情诗;以闻一多、徐志摩等新月派作家为代表的新格律诗;以李金发、穆木天等为代表的象征派诗人;以戴望舒、何其芳、卞之琳等为代表的现代派诗人;以胡风、艾青、田间等为代表的七月派诗人等。

新中国成立后,诗人们备受鼓舞,满怀激情抒写了一曲曲时代的赞歌。如邵燕祥的《歌唱北京城》《到远方去》,严阵的《老张的手》,未央的《祖国,我回来了》等。20世纪50年代末60年代初,新民歌运动兴起,政治抒情诗大量出现,如郭小川的《将军三部曲》、臧克家的《李大钊》等。

新时期初期,欢呼胜利、反思历史的"朦胧诗派"出现,其代表人物有北岛、舒婷、顾城等;20世纪80年代中后期又出现了以海子、韩东、李亚伟、于坚等为代表的"第三代诗人"。

这些诗人从不同的角度阐释、演绎新诗,中国新诗在百年的发展历程中取得了巨大的成就。

二、诗歌的分类

根据不同的标准,可以将诗歌分成不同的类型。比如按照创作者的国籍,可分为本国诗歌与外国诗歌;按照诗歌所使用语言的不同,可分为古诗与现代诗;按照所反映的内容,可分为抒情诗与叙事诗;根据句式、节奏及音韵等使用的不同,可分为自由诗与格律诗等。

下文重点谈谈中国古代诗歌在形式上的分类。一般认为中国古代诗歌可以分为诗、词、曲三大类。

(一) 诗

诗歌可以分为古体诗与近体诗,现在文学史上一般以齐、梁"永明体"(又称新体诗)的出现和其后近体诗运动的完成为界限,将中国古代诗史分为两个阶段,此前属于古体诗的时代,此后则是五言、七言古体诗与近体诗并存、协调发展的时代。齐、梁、陈三代被视为是古体向近体过渡的时期。

在唐人看来,从《诗经》到南北朝的庾信诗歌,都算是古体诗,此外,含有"歌""行""引""曲"等古诗体裁的诗歌也属于古体诗。现在比较统一的观点是,"凡不受近体诗格律束缚的,都是古体诗"(王力《诗词格律》)。近体诗包括绝句和律诗,绝句四句,律诗八句或以上。按照每句字数,又可分为五言绝句、七言绝句、五言律诗、七言律诗。古体诗区别于近体诗之处如下:

第一,古体诗句数不限,可多可少;第二,古体诗每个字的平仄没有限制;第三,古体诗不要求对仗;第四,关于古体诗的韵脚,平声韵和仄声韵可以通押,一首诗中可以换韵。

(二) 词

词又称为诗之余、长短句、曲词、曲子词等,它原本是配音乐的,后来逐渐跟音乐分离了,成为诗的别体。

每一首词的字数是有一定限制的,每一句的平仄也有相应的规定。按照字数的多少,词大致分为小令(58字以内)、中调(59字至90字)、长调(91字以上)。词的格式的名称叫做词牌,词牌诞生之初是有它的本来的意思的,但后来绝大多数的词都不用"本意",因此,词牌之外还有词题,词题与词牌没有必然的联系。词有单调、双调、三叠、四叠的分别,单调的词多为小令,三叠、四叠的词较为罕见,双调最为常见。所谓双调,就是指把一首词分为两阕,即上阕、下阕(或称为上片、下片)。

(三) 曲

曲,是继诗、词之后兴盛起来的一种文体,又称为词余。曲兴盛于元代。元曲包括散曲和杂剧,散曲起源于金,其格式与词相似,只不过在规定的字数之外,可以加上一些衬字,其口语化色彩较重,主要包括小令和套数(套曲)两种。

三、诗歌的主要特征

诗歌是中国古代最主要的文体,及至今日,诗歌依旧是一种常用文体,以下简要地谈谈诗歌的艺术特征。

(一) 强烈的抒情色彩

虽然按照诗歌内容的侧重点,我们把有明显故事情节的诗称为叙事诗,反之称为抒情诗,但不可否认,无论是叙事诗还是抒情诗,注重抒情性是诗歌这种文体区别于其他文体的主要特征。中国自古以来就有"诗言志"的传统。关于"志",《毛诗序》说得好,"在心为志,发言为诗",将内心的情感表达出来是古人赋予诗的使命。中国古代诗歌重抒情而不重叙事很大程度上也和这个观念的根深蒂固有关。

(二) 凝练含蓄

较之于小说、散文等其他文体,诗歌的篇幅较为短小,因此诗人总是力求用最简洁凝练的言语去发挥语言的启示性,调动读者的审美联想,务求达到"言有尽而意无穷"的审美效果。诗歌忌讳把话说得太直白,以含蓄为美是诗歌的重要特色,要给予读者以一定的二次创作的空间,即给予读者以回味咀嚼的空间。以《秦风·蒹葭》为例,"伊人"既可以为具体的男人或女子,也可以泛指理想等抽象事物。为了达到这种含蓄的效果,诗人往往并不直接抒发主观情感,而是借助意象,营造意境来表情达意。

(三) 讲究音韵之美

诗人为了充分地表达所欲抒发的情感,往往多使用复沓的句式、重叠的章法等特殊手段造成诗歌富有节奏与旋律变化之美。最为常见的是,诗歌讲究押韵、平仄等。清代沈德潜"诗中韵脚,如大厦之有柱石。此处不牢,倾折立见"(《说诗晬语》)的论断充分说明了押韵的重要性。

另外,诗歌在形式上不是以句子为单位,而是以行为单位,以分行排列的方式构成文本,可以说,是否分行排列也是人们判断某部作品是不是诗歌的最基本的形式特征。再者,从诗、词、曲的历史演进来看,它们总体上都有一种由俗而雅的发展趋势(它们原本都来自民间创作,而后成为文人文学);或都有由兼重音乐到偏重文本的发展特点。

本单元选择了《诗经》中的《匏有苦叶》、李白的《听蜀僧濬弹琴》、苏轼的《江城子·乙卯正月二十日夜记梦》、舒婷的《神女峰》、吴伟业的《圆圆曲》、姜夔的《满江红·仙姥来时》、泰戈尔《飞鸟集》(节选)等诗词,内容兼及古今中外,以飨读者。

匏有苦叶
(《诗经》)

【导读】

《匏有苦叶》选自《诗经·邶风》,作者不详。全诗四章,每章四句。余冠英《诗经选》认为,此诗是一首等候"未婚夫""赶快过来迎娶"的绝妙情诗。

诗歌以匏叶起兴,语带双关,暗示了诗歌主题。随后反复渲染少女在济水渡口边等待情郎的情景和心情:"水深你可以泅渡,水浅你提起衣摆就可以过来;河水茫茫,只有雌山鸡在鸣叫;即使是济水满河,也沾不湿车轴头,那雌山鸡的叫声恐怕也在呼唤她的爱人吧。"既有现实的描写,又有虚拟的想象;虚实相生,情景交融。

"大雁和鸣,旭日高升,你要是娶妻,就应该趁早;船夫相招,行人纷纷离去,我却仍在等待,等待我的意中人。"大雁成双的情景与形单影只的孤寂、行色匆匆的路人与苦苦等待的少女都形成鲜明对比,翘首期盼又略显焦急的人物形象跃然纸上。虽有嗔怨,反衬痴心。语约义丰,思维极具跳跃性。情节跌宕起伏,引人入胜。余音袅袅,回响千年而不绝。

> 匏有苦叶[1],济有深涉[2]。深则厉[3],浅则揭[4]。
> 有瀰济盈[5],有鷕雉鸣[6]。济盈不濡轨[7],雉鸣求其牡[8]。
> 雝雝鸣雁[9],旭日始旦[10]。士如归妻[11],迨冰未泮[12]。
> 招招舟子[13],人涉卬否[14]。人涉卬否,卬须我友[15]。

(选自《诗经注析》,程俊英、蒋见元撰,中华书局1999年版)

【注释】

[1] 匏(páo):葫芦之类。苦:一说苦味,可喻指甜蜜爱情中焦急苦涩的等待;一说枯,说明匏瓜成熟。此句双关,一说葫芦八月叶枯成熟,挖空后可以绑在人身上漂浮渡河,与下文暗合;一说匏瓜成熟后可以剖开做水瓢,匏樽是酒杯的意思,暗示夫妻成婚"合卺"(即喝交杯酒)之礼。
[2] 济:水名。涉:一说涉水过河,一说渡口。
[3] 厉:带。一说解衣涉水,一说拴葫芦在腰泅渡。
[4] 揭(qì):提起下衣渡水。
[5] 瀰(mí):大水茫茫。盈:满。
[6] 鷕(yǎo):雌山鸡叫声。
[7] 不濡(rú):不,语词;濡,沾湿。轨:车轴头。
[8] 牡:雄雉。
[9] 雝雝(yōng):大雁叫声和谐。

[10] 旦:天大明。
[11] 归妻:娶妻。
[12] 迨(dài):及,等到;乘时。泮(pàn):分,指冰融化。
[13] 招招:招呼之貌,一说摇橹曲伸之貌。舟子:摆渡的船夫。
[14] 人涉:他人要渡河。卬(áng):我。否:不(渡河)。卬否:"我不渡河"之意。
[15] 须:等待。友:指爱侣。

【知识链接】

《诗经》的名称变迁

一般认为,《诗经》是在春秋时期编定成书的。先秦时代,文献中多称之为"诗"或"诗三百"。汉武帝"罢黜百家,独尊儒术",认为孔子编定的书籍,可以作为永恒不变的规律来遵守或学习,尊之为"经"。当时设立了"五经博士",确定了《诗经》这个名称,沿用至今。

《诗经》的成书过程

从创作角度来看,《诗经》属于世代累积型诗歌总集。其中,最早的作品《豳风·鸱鸮》(依《尚书》所说),为周公姬旦所作,成于西周初期;最晚的作品是《陈风·株林》(据郑玄《诗谱序》),大约成于春秋中期。前后时间跨度大约500年。从编订成书的角度来看,说法众多,主要有"采诗说""献诗说"和"孔子删诗说"三种。"采诗说"最早载于《左传》,《汉书·食货志》有详述:"孟春之月,群居者将散,行人振木铎,徇于路以采诗,献之太师,比其音律,以闻于天子。故曰王者不出牖户而知天下。""献诗说"见于《国语·周语》:"故天子听政,使公卿至于列士献诗。"《诗经》中的一些作品也为此提供了内证。"删诗说"见载于《史记·孔子世家》:"古者诗三千余篇,及至孔子,去其重,取可施于礼义……三百五篇。"但是众学者认为此说法不可信,并拿出诸多证据予以证伪。现代学者多认为,最大的可能性应该是孔子参与了《诗经》文字、音乐的整理和编订,并用于教育之中,对其得以完善、传播和保存做出了巨大贡献。

阅读书目

1. 姜亮夫.先秦诗鉴赏辞典[M].上海:上海辞书出版社,1998.
2. 程俊英,蒋见元.诗经注析[M].北京:中华书局,1999.
3. 程俊英.诗经译注[M].上海:上海古籍出版社,2004.

【拓展与训练】

1. 爱情,一个古老而又永恒的话题,也是我们大学生涯的热点话题之一。有人认为,当我们面对爱情的时候,除了要用一颗火热的心去接受他(她)之外,更要用冷静的头脑去思考、去经营,只有这样,我们才能在大学这个美丽的花园中培育出甜蜜温馨的爱情之花。读了《诗经·匏有苦叶》,作为当代大学生,你怎么看?

2. 作为早期诗歌和文学经典,《诗经》有着极高的艺术成就和文学地位。请从语言艺术、表现手法、心理刻画、意境创造或女性意识等方面,选择某个角度来谈谈《诗经·匏有苦叶》的成就和影响。

听蜀僧濬弹琴[1]

李 白

【导读】

　　李白(701—762),字太白,号青莲居士,是唐代伟大的浪漫主义诗人,被后人誉为"诗仙",有《李太白集》传世。李白才华横溢,诗歌艺术成就极高。他的诗歌或讴歌壮丽山河,或抒发真实情感,或发挥奇特想象;或清新明丽,或雄奇奔放;或骈俪精工,或口语直呼;或写实入微,或大胆夸张。信手拈来,无迹可寻,既有现实主义观照,更富浪漫主义精神,达到了内容与艺术的完美统一。

　　近体诗注重平仄、对仗,格律较严,《听蜀僧濬弹琴》这首五律却极其清新明快。以故人抱琴起,以演奏过程承,以情感波动转,以苍茫暮色合,立意高妙,构思精巧。以"高山""流水"的典故,暗喻他乡遇知音之喜悦;以"一挥手"之轻巧,反衬"万壑松"之风韵;本有"客心"忧郁之思,经如水琴曲"洗"后一片安然平和,不知不觉就融入了自然天地之中,突出了弹琴听琴的效果。诗歌既生动描绘出听琴时的情景与过程,又侧面表现出演奏者的高明技艺,同时成功演绎出听琴者的心路历程。对仗工整,平仄合律,语言清新,意境优美,在格律诗严谨的"镣铐"下,翩然起舞,举重若轻,不着痕迹。这种"清水出芙蓉,天然去雕饰"的自然艺术美,兼具典型的唐诗风貌和李白式才情,是格律诗中上佳之作。

　　　　　蜀僧抱绿绮[2],西下峨眉峰[3]。
　　　　　为我一挥手[4],如听万壑松[5]。
　　　　　客心洗流水[6],余响入霜钟[7]。
　　　　　不觉碧山暮[8],秋云暗几重[9]。

　　　　　　　　(选自《李太白全集》,李白著,王琦注,中华书局1977年版)

【注释】

[1] 蜀僧濬(jùn)(一说浚):蜀地的僧人名濬的。有人认为"蜀僧濬"即李白诗歌《赠宣州灵源寺仲濬公》中的仲濬公。
[2] 绿绮(qǐ):琴名。晋傅玄《琴赋序》:"楚王有琴曰绕梁,司马相如有绿绮,蔡邕有焦尾,皆名器也。"诗中以绿绮形容蜀僧濬的琴很名贵。
[3] 峨眉:山名,在四川省峨眉县。明指僧人来自蜀地,暗合"高山"典故。《列子·汤问》:"伯牙鼓瑟,志在高山,钟子期曰:'峨峨然若泰山。'志在流水,曰:'洋洋乎若江河。'子期死,伯牙绝弦,以无知音者。"
[4] 一:助词,用以加强语气。挥手:这里指弹琴。
[5] 万壑松:指万壑松声。这是以万壑松声比喻琴声。琴曲有《风入松》。壑:山谷。这句是说,听了蜀僧濬的琴声好像听到万壑松涛雄风。
[6] "客心"句:意思是说,听了蜀僧濬弹的美妙琴声,诗人心中郁结的情怀,像经过流水洗了一样感到轻快。客:诗人自称。流水:这句诗中的"流水",语意双关,既是对僧濬琴声的实指,又暗用了伯牙善弹

的典故。
　[7]余响:指琴的余音。霜钟:指钟声。
　[8]"碧山"句:意思是说,因为听得入神,不知不觉天就黑下来了。
　[9]秋云:秋天的云彩。暗几重:意即更加昏暗了,使上句"暮"字意更足。

【知识链接】

李白与安徽

　　詹锳《李白诗文系年》认为,《听蜀僧濬弹琴》乃唐玄宗天宝十二载(753年)李白在宣城(今属安徽)期间所作。裴斐也在《李白诗歌赏析集》及其附录《李白年谱简编》中从其说。

　　李白与安徽情缘深重,主要有四个特点:

　　一是交游次数多。多位学者根据较为可靠的历史资料考证,李白游历安徽10余次。

　　二是时间跨度长。自诗人20多岁"仗剑去国,辞亲远游",初经安徽,到61岁仙逝当涂,与安徽情缘延续了近40年。

　　三是地域范围广。诗人先后到过亳州(今皖北),和州、庐州(今皖中),舒州(今皖西),宣州、歙州(今皖南)等地,涉足安徽全境。安徽境内各地名胜也留下过诗人探寻的足迹,如黄山、九华山、皖山、秋浦、五松山、采石矶等。

　　四是创作诗歌多。诗人在安徽留下了大量的优美诗篇,在其现存的1000首左右诗歌中,能够考证出来在安徽写的就有200多首,约占其诗歌总量的五分之一。

阅读书目

1. 李白.李太白全集[M].王琦,注.北京:中华书局,1977.
2. 詹锳.李白诗文系年[M].北京:人民文学出版社,1984.
3. 裴斐.李白诗歌赏析集[M].成都:巴蜀书社,1988.
4. 詹福瑞.李白诗全译[M].石家庄:河北人民出版社,1997.
5. 张才良.李白安徽诗文校笺[M].合肥:安徽文艺出版社,1992.

【拓展与训练】

　　1."诗必盛唐",唐必李杜。"李杜文章在,光焰万丈长。"(韩愈《调张籍》)李白和杜甫的诗作雄视千古,为一代之冠,无论五律七律、五绝七绝、古风歌行,皆达到极高的艺术成就。试结合"文化历史发展理论",谈谈李白成为中国诗歌代表人物的必然性。

　　2.李白诗歌艺术成就丰富,请结合李白其他律诗作品,简析其自然美。

　　3.作为安徽的大学生,我们应该了解李白与安徽的情缘。请查阅相关资料,沿着李白在安徽的足迹,来一场说走就走的"文化之旅"。

江城子·乙卯正月二十日夜记梦[1]

苏 轼

【导读】

苏轼(1037—1101),字子瞻,号东坡居士,谥号文忠,北宋眉州眉山(今四川眉山)人,北宋著名文学家、书法家、画家。为人正直,遇事喜思考,往往有自己的独到见解。宋神宗时王安石推行新法,苏轼曾上书力陈其激进之弊;后又因做诗讽刺新法而下御史狱,免死贬黄州。宋哲宗时受召复出,官至礼部尚书。后又因批评司马光保守政策再贬谪惠州、儋州。官场浮沉,大起大落,世态炎凉,红尘阅尽。发生"乌台诗案"时,苏轼引为知己的保守派退避三舍,反而是他诗中讽刺的"新进"派不少官员为其求情减罪;东山再起时,坚持自己的政治见解,希望保留王安石新政中经过实践证实为正确的政策,却又遭贬抑。屡经大变之后,苏轼的思想倾向开始由儒家积极入世逐渐转向佛老,以求内心之平和,开后世知识分子"内圣外王"之先河。

"诗人不幸诗家兴。"时运不济,命途多舛,屡次遭贬对于苏轼的仕途人生而言,确实是很大的打击。但他卓越的才华在命运的磨刀石下终于闪现出耀眼夺目的光芒,这时反而是其文学创作生涯中的转折点和巅峰期,"问汝平生功业,黄州惠州儋州"(《自题金山画像》),也造就了苏轼豪放洒脱、深刻自然的文学风格。

《江城子·乙卯正月二十日夜记梦》是一首悼亡词,情感深沉,催人泪下。

上阕虚写,情感非常真实。以清醒时的感慨开篇,语气沉痛,哀思隽永。生死之隔,难舍难分;面对孤坟,生者历尽沧桑后满腹凄凉却无人可诉。政治上灰头土脸,生活上穷途末路,容颜上韶华老去,当初的恩爱夫妻却因天人永隔、时光无情而形同陌路。种种委屈,却只有化作一声叹息,更加凸显出诗人梦醒时的悲恸。

下阕纪实,内容却是记梦。起句简单而真实地再现了梦中情景:小轩窗,正梳妆。这无疑是当年印象中甜蜜的家庭生活片段。虽然平平淡淡,但是已经永远不可复得。"梦中再见,千言万语却无从说起;夫妻相对,大悲大喜;泣不成声,泪如雨下。"此情此景,非铁石心肠者,无不唏嘘眼湿,为之动容。"柔肠寸断",决非虚语。午夜梦回,"残月西沉",彻夜无眠。梦中人已远,昔日再难寻,最后定格在有爱妻长眠的"短松岗"之上,一如后世西方影片中"泰坦尼克号"慢慢沉入海底之画面,沉痛到令人绝望。提笔记之,长歌当哭,留下千古绝唱。

十年生死两茫茫[2],不思量[3],自难忘。千里孤坟[4],无处话凄凉。纵使相逢应不识,尘满面[5],鬓如霜。

夜来幽梦忽还乡[6],小轩窗[7],正梳妆。相顾无言[8],惟有泪千行。料得年年肠断处[9],明月夜,短松冈[10]。

(选自《东坡乐府》,苏轼著,陈允吉,点校,上海古籍出版社 1979 年版)

【注释】

[1] 乙卯:公元1075年,即北宋熙宁八年。
[2] 十年:指结发妻子王弗去世已十年。
[3] 思量:想念。"量"按格律应念平声 liáng。宋代词人柳永《昼夜乐·洞房记得初相遇》:"一日不思量,也攒眉千度。"
[4] 千里:王弗葬地四川眉山与苏轼任所山东密州,相隔遥远,故称"千里"。孤坟:其妻王氏之墓。孟启《本事诗·徵异第五》载张姓妻孔氏赠夫诗:"欲知肠断处,明月照孤坟。"
[5] "尘满面"两句:形容年老憔悴。
[6] 幽梦:梦境隐约,故云幽梦。
[7] 小轩窗:指小室的窗前。轩:门窗。
[8] 顾:看。
[9] 料得:料想,想来。肠断处:一作"断肠处"。
[10] 短松冈:苏轼葬妻之地。短松:矮松。

【知识链接】

《亡妻王氏墓志铭》

这是苏轼为妻子王弗而创作的。治平二年五月,王氏在京师去世。第二年六月,苏轼迁其墓至原籍四川眉县。此墓志铭作于迁墓安葬之时。文中,苏轼记述了爱妻王弗的生平、品行和安葬始末。行文简短,重点突出;叙事简要,形象丰满;平静语气之下,寓绝大沉痛之深情。此文与《江城子》作参照阅读,可加深理解,相得益彰。

原文:

治平二年五月丁亥,赵郡苏轼之妻王氏卒于京师。六月甲午,殡于京城之西。其明年六月壬午,葬于眉之东北彭山县安镇乡可龙里,先君、先夫人墓之西北八步。轼铭其墓曰:

君讳弗,眉之青神人,乡贡进士方之女。生十有六年而归于轼,有子迈。君之未嫁,事父母;既嫁,事吾先君先夫人,皆以谨肃闻。其始,未尝自言其知书也。见轼读书,则终日不去,亦不知其能通也。其后,轼有所忘,君辄能记之。问其他书,则皆略知之,由是始知其敏而静也。

从轼官于凤翔。轼有所为于外,君未尝不问知其详。曰:"子去亲远,不可以不慎。"日以先君之所以戒轼者相语也。轼与客言于外,君立屏间听之,退必反覆其言,曰:"某人也,言辄持两端,惟子意之所向,子何用与是人言。"有来求与轼亲厚甚者,君曰:"恐不能久,其与人锐,其去人必速。"已而果然。将死之岁,其言多可听,类有识者。其死也,盖年二十有七而已。始死,先君命轼曰:"妇从汝于艰难,不可忘也。他日,汝必葬诸其姑之侧。"未期年而先君没,轼谨以遗令葬之,铭曰:

君得从先夫人于九泉,余不能。呜呼哀哉! 余永无所依怙。君虽没,其有与为妇,何伤乎? 呜呼哀哉!

阅读书目

1. 苏轼.东坡乐府[M].陈允吉,点校.上海:上海古籍出版社,1979.
2. 石声淮,唐玲玲.东坡乐府编年笺注[M].武汉:华中师范大学出版社,1990.
3. 陆林.宋词[M].北京:北京师范大学出版社,1992.

4. 陈迩冬.苏轼词选[M].北京:人民文学出版社,1998.
5. 李静.唐诗宋词鉴赏大全集[M].北京:华文出版社,2009.

【拓展与训练】

1. 以"悼亡诗"之名作诗,始于西晋时期文学家潘岳(字安仁,又称潘安),是生者祭奠、悼念亡妻之作。苏轼此词开"悼亡词"之先河,试简要说明苏轼悼亡词的传承与新变。

2. 在《前赤壁赋》《水调歌头·明月几时有》等作品中,苏轼的思想更多倾向于洒脱的一面。在本首词中,作者却难得地表现出他"有声当彻天,有泪当彻泉"(宋·陈师道《妾薄命》)的哀思与悲恸。结合苏轼其他词作,谈谈你对苏轼情感丰富性的认识。

3. 有兴趣的同学可以选择某一词牌,尝试填词一首,注意韵脚、字数、平仄等规则,力求做到形式与内容相契合。

神女峰

舒 婷

【导读】

　　舒婷,原名龚佩瑜,1952年生于福建漳州,中国当代女诗人,朦胧诗派的代表人物。代表作有《致橡树》《神女峰》等。神女峰,又名望霞峰、美人峰、仙女峰,巫山十二峰之一,也是最富有传奇色彩的一座,相传西王母的第二十三个女儿瑶姬居于此山。战国末期楚国辞赋家宋玉据此作《高唐赋》和《神女赋》,《高唐赋》中巫山神女的性格特征是"自由奔放、大胆追求爱情";《神女赋》中巫山神女的形象转变成了"举止端庄、神态娴静"。此形象逐渐被后世演化成女性"忠贞"的象征。

　　《神女峰》作为舒婷诗歌的代表作之一,在主题挖掘和诗歌艺术上都有突出之处。起篇视角独特,仿佛是站在神女峰的身边观察询问:谁是那群"朝拜者"中的另类? 为什么从"挥舞手帕"到"突然收回"并"紧紧捂住眼睛",然后痴痴地"站在船尾",任"衣裙漫飞"? 从而引起读者强烈的好奇心。第二部分承接上文,做出一定的说明:"美丽的梦留下美丽的忧伤",淳朴的愿望总是伴随痛苦的结局。但又引发新的疑问:"心,真能够变成石头吗?"为了虚无缥缈的"杳鹤","错过无数次的春江月明",难道不是悲剧? 第三部分中"金光菊和女贞子的洪流",既是描写江岸两侧的如画风景,也是暗示生命与幸福的大势所趋不可阻挡;"新的背叛",意味着"否定之否定",把"展览千年"、压抑人性的旧道德彻底摒弃,让女性"大胆追求爱情"的人文主义光辉"在爱人肩头痛哭"中重新回归。

　　全篇在诗化语言的外衣下,蕴涵了丰富的人生思考,在获得刹那间的契机激发后,喷薄而出,气势连贯,逻辑严密,主旨明确,极具理性说服力。

在向你挥舞的各色手帕中
是谁的手突然收回
紧紧捂住了自己的眼睛
当人们四散离去,谁
还站在船尾
衣裙漫飞,如翻涌不息的云
江涛
　　　高一声
　　　　　低一声

美丽的梦留下美丽的忧伤
人间天上,代代相传
但是,心
真能变成石头吗

为眺望远天的杳鹤
错过无数次春江月明

沿着江岸
金光菊和女贞子的洪流
正煽动新的背叛
　与其在悬崖上展览千年
　不如在爱人肩头痛哭一晚

（选自《一种演奏风格：舒婷自选诗集》，舒婷著，作家出版社2009年版）

【知识链接】

朦胧诗

朦胧，原意是指"物体的样子模糊，看不清楚"。文学上的"朦胧"有多种涵义，这里主要指一种美学境界上的朦胧。20世纪70年代末80年代初，社会思想和文艺创作全面复苏，舒婷、北岛、顾城等一批青年诗人，采用象征、双关、隐喻、反讽、通感等多种手法创作，含蓄地表达自己的感受、情绪与思考，诗歌呈现出一种隐约、含混、朦胧的艺术特征，开始突出个体价值的存在，在当时青年读者中引起强烈共鸣。比如，舒婷《致橡树》中"木棉"和"橡树""仿佛永远分离／却又终身相依／这才是伟大的爱情"，形象地写出爱情"相互需要又相互独立"的本质，标志着现代知识女性意识的觉醒。《会唱歌的鸢尾花》则是把需要温情的现实愿望和追逐理想的人生追求之间的内心冲突通过诗歌的语言表达出来，反映了知识青年在价值取向上的彷徨、迷茫和抉择。

朦胧派诗人顾城《无名的小花》是"割草归来，细雨飘飘，见路旁小花含露微笑而作"，希望自己能够像无名小花一样，把"淡淡的芬芳／溶进美好的春天"。他的"黑夜给了我黑色的眼睛／我却用它寻找光明"（《一代人》）成为中国新诗的经典名句。顾城应该是朦胧诗派中最具诗人气质和才华的代表，他沉迷在自己的诗歌世界中，一心追寻"理想"的"自由王国"，幻想把浪漫主义完全融入甚至替代现实生活，为此不惜抛妻弃子，后来醒悟时希望回归正常的生活，却再也无法回到过去，最后在现实的物质和感情纠葛中导致了"毁灭"和"自我毁灭"。

阅读书目

1. 阎月君,高岩,梁云,等.朦胧诗选[M].长春:春风文艺出版社,1985.
2. 舒婷.一种演奏风格：舒婷自选诗集[M].北京:作家出版社,2009.
3. 舒婷.舒婷诗精编[M].武汉:长江文艺出版社,2014.
4. 杨克,陈亮.朦胧诗选[M].北京:中国青年出版社,2009.

【拓展与训练】

1. 结合中国20世纪70年代末80年代初的历史现实，查阅相关资料，梳理出朦胧诗的发端、发展和变革脉络。
2. 朦胧诗的鉴赏与研究，可以从社会背景、思想内容、表现手法、外在形式、价值影响等多方面进行探讨。试根据自己的理解,举例说明朦胧诗的内涵及价值。

3. 新世纪以来,国内外各种思想潮流交相碰撞,价值多元化已成为主流趋势,大学生的观念也日趋复杂多元。其中,不少学生对社会人生、前途命运也有着自身的困惑与感慨,这应该是我们成长过程中的正常现象。不妨以朦胧诗的诗歌形式表现出来,创作一首属于自己的"朦胧诗",并以适当形式开展交流。

圆 圆 曲

吴伟业

鼎湖当日弃人间,破敌收京下玉关。
恸哭六军俱缟素,冲冠一怒为红颜。
红颜流落非吾恋,逆贼天亡自荒宴。
电扫黄巾定黑山,哭罢君亲再相见。

相见初经田窦家,侯门歌舞出如花。
许将戚里箜篌伎,等取将军油壁车。
家本姑苏浣花里,圆圆小字娇罗绮。
梦向夫差苑里游,宫娥拥入君王起。
前身合是采莲人,门前一片横塘水。
横塘双桨去如飞,何处豪家强载归?
此际岂知非薄命,此时唯有泪沾衣。
熏天意气连宫掖,明眸皓齿无人惜。
夺归永巷闭良家,教就新声倾坐客。
坐客飞觞红日暮,一曲哀弦向谁诉?
白皙通侯最少年,拣取花枝屡回顾。
早携娇鸟出樊笼,待得银河几时渡?
恨杀军书抵死催,苦留后约将人误。
相约恩深相见难,一朝蚁贼满长安。
可怜思妇楼头柳,认作天边粉絮看。
遍索绿珠围内第,强呼绛树出雕栏。
若非将士全师胜,争得蛾眉匹马还。

蛾眉马上传呼进,云鬟不整惊魂定。
蜡烛迎来在战场,啼妆满面残红印。
专征萧鼓向秦川,金牛道上车千乘。
斜谷云深起画楼,散关月落开妆镜。
传来消息满江乡,乌桕红经十度霜。
教曲妓师怜尚在,浣纱女伴忆同行。
旧巢共是衔泥燕,飞上枝头变凤凰。
长向尊前悲老大,有人夫婿擅侯王。

当时只受声名累,贵戚名豪尽延致。
一斛明珠万斛愁,关山漂泊腰肢细。
错怨狂风飏落花,无边春色来天地。

尝闻倾国与倾城,翻使周郎受重名。
妻子岂应关大计,英雄无奈是多情。
全家白骨成灰土,一代红妆照汗青。
君不见,馆娃初起鸳鸯宿,越女如花看不足。
香径尘生乌自啼,屧廊人去苔空绿。
换羽移宫万里愁,珠歌翠舞古梁州。
为君别唱吴宫曲,汉水东南日夜流。

(选自《吴梅村全集》,吴伟业著,李学颖注,上海古籍出版社1990年版)

满江红·仙姥来时

姜 夔

　　《满江红》旧调用仄韵,多不协律;如末句云:"无心扑"三字,歌者将"心"字融入去声,方谐音律。予欲以平韵为之,久不能成。因泛巢湖,闻远岸箫鼓声。问之舟师,云:"居人为此湖神姥寿也。"予因祝曰:"得一席风径至居巢,当以平韵《满江红》为迎送神曲。"言讫,风与笔俱驶,顷刻而成。末句云"闻佩环",则协律矣。书以绿笺,沉于白浪。辛亥正月晦也。是岁六月,复过祠下,因刻之柱间。有客来自居巢云:"士人祠姥,辄能歌此词。"按曹操至濡须口,孙权遗操书曰:"春水方生,公宜速去。"操曰:"孙权不欺孤。"乃撤军还。濡须口与东关相近,江湖水之所出入。予意春水方生,必有司之者,故归其功于姥云。

　　仙姥来时,正一望千顷翠澜。旌旗共乱云俱下,依约前山。命驾群龙金作轭,相从诸娣玉为冠。向夜深、风定悄无人,闻佩环。

　　神奇处,君试看。奠淮右,阻江南。遣六丁雷电,别守东关。却笑英雄无好手,一篙春水走曹瞒。又怎知、人在小红楼,帘影间?

(选自《姜夔词集》,姜夔著,上海古籍出版社2010年版)

飞鸟集(节选)

[印]泰戈尔

1
夏天的飞鸟,飞到我的窗前唱歌,又飞走了。
秋天的黄叶,它们没有什么可唱,只叹息一声,飞落在那里。

2
世界上的一队小小的漂泊者呀,请留下你们的足印在我的文字里。

3
世界对着它的爱人,把它浩瀚的面具揭下了。
它变小了,小如一首歌,小如一回永恒的接吻。

5
无垠的沙漠热烈追求一叶绿草的爱,她摇摇头笑着飞开了。

6
如果你因失去了太阳而流泪,那么你也将失去群星。

7
跳舞着的流水呀,在你途中的泥沙,要求你的歌声,你的流动呢。你肯挟瘸足的泥沙而俱下么?

15
不要因为峭壁是高的,便让你的爱情坐在峭壁上。

20
我不能选择那最好的。
是那最好的选择我。

21
那些把灯背在背上的人,把他们的影子投到了自己前面。

22
我的存在,对我是一个永久的神奇,这就是生活。

28
啊,美呀,在爱中找你自己吧,不要到你镜子的谄谀去找寻。

33
生命从世界得到资产,爱情使它得到价值。

35
鸟儿愿为一朵云。
云儿愿为一只鸟。

40
不要因为你自己没有胃口而去责备你的食物。

42

你微微地笑着,不同我说什么话。而我觉得,为了这个,我已等待得久了。

44

世界在踌躇之心的琴弦上跑过去,奏出忧郁的乐声。

45

他把他的刀剑当作他的上帝。

当他的刀剑胜利的时候他自己却失败了。

49

谢谢神,我不是一个权力的轮子,而是被压在这轮子下的活人之一。

52

人不能在他的历史中表现出他自己,他在历史中奋斗着露出头角。

57

当我们是大为谦卑的时候,便是我们最接近伟大的时候。

58

麻雀看见孔雀负担着它的翎尾,替它担忧。

64

谢谢火焰给你光明,但是不要忘了那执灯的人,他是坚忍地站在黑暗当中呢。

68

错误经不起失败,但是真理却不怕失败。

73

贞操是从丰富的爱情中生出来的财富。

75

我们把世界看错了,反说它欺骗我们。

82

使生如夏花之绚烂,死如秋叶之静美。

83

那想做好人的,在门外敲着门;那爱人的看见门敞开着。

84

"你离我有多远呢,果实呀?"

"我藏在你心里呢,花呀。"

105

不要从你自己的袋里掏出勋绩借给你的朋友,这是污辱他的。

107

回声嘲笑她的原声,以证明她是原声。

109

我投射我自己的影子在我的路上,因为我有一盏还没有燃点起来的明灯。

112

太阳只穿一件朴素的光衣,白云却披了灿烂的裙裾。

123

鸟以为把鱼举在空中是一种慈善的举动。

127

蜜蜂从花中啜蜜,离开时营营地道谢。

浮华的蝴蝶却相信花是应该向它道谢的。

128

如果你不等待着要说出完全的真理,那末把真话说出来是很容易的。

129

"可能"问"不可能"道:

"你住在什么地方呢?"

它回答道:"在那无能为力者的梦境里。"

146

我有群星在天上,

但是,唉,我屋里的小灯却没有点亮。

154

采着花瓣时,得不到花的美丽。

162

爱情呀,当你手里拿着点亮了的痛苦之灯走来时,我能够看见你的脸,而且以你为幸福。

166

沟洫总喜欢想:河流的存在,是专为它供给水流的。

205

太阳在西方落下时,他的早晨的东方已静悄悄地站在他面前。

217

果的事业是尊贵的,花的事业是甜美的;但是让我做叶的事业吧,叶是谦逊地专心地垂着绿荫的。

231

鸟翼上系上了黄金,它便永不能再在天上翱翔了。

295

他是有福的,因为他的名望并没有比他的真实更光亮。

316

人类的历史在很忍耐地等待着被侮辱者的胜利。

322

我曾经受苦过,曾经失望过,曾经体会过"死亡",于是我以我在这伟大的世界里为乐。

325

"我相信你的爱。"让这句话做我的最后的话。

(选自《飞鸟集》,泰戈尔著,郑振铎译,译林出版社2006年版)

第二单元 散 文

一、"散文"释名

在中国现代文学中,散文是指一种作者抒写自己经历见闻中的真情实感的文学体裁或文学样式,取材广泛,体制短小,笔调灵活,语言优美。与诗、词、赋、小说、戏曲等文体名称一样,"散文"一名也有一个演变的过程。古人在指称散文时常常单用"文"字,如韩愈"先生之于文,可谓宏其中而肆于外矣",柳宗元"吾虽少为文,不能自雕斫,引笔行墨,快意累累,意尽便止",苏轼"吾文如万斛泉涌,不择地皆可出"等所说的"文"都是就古代散文而言的。

先秦两汉文是单行散体,到了魏晋南北朝时期出现了偶句对体文即"骈文",骈文到唐代特别是安史之乱以后受到人们的抵制,以韩愈为首掀起了古文运动。所谓"古文",就是以先秦两汉文为写作文章的模范,古文运动就是恢复到先秦两汉文单行散体、自由自在的表达方式。于是从广义上说,古代散文就有了两个专有名词即"骈文""古文"。

陈柱在《中国散文史》中说:"骈文散文两名,至清而始盛,近年尤盛。求之于古,则唯宋罗大经《鹤林玉露》,引周益公'四六特拒对耳,其立意措辞贵浑融有味,与散文同'之言,自此以前则未之见也。"这里的"散文"就是"古文",这里的"四六"即"骈文"。这段话中尤其值得我们注意的是"至清而始盛,近年尤盛",陈柱先生所说的"近年"已经是"五四"过后了,也就是说"散文"之名虽始于南宋的周必大,但真正用来指称散文还要到后来的清末,这时期人们之所以喜欢用"散文"名词,大概既是受到西学的影响,又是受到其时反封建思想影响的结果,进一步说,这时的"散文"含义离现在我们所谓的"散文"概念含义已经不远了。

现代"散文"的含义更宽泛,既包括古典的骈文、古文,也包括现当代散文。"散文"之"散"就是单行散体的意思,那么与之对立的应该是"韵文",也就是诗、词之类的文学形式了。

二、"散文"的发展过程

学界一般认为,中国古代散文的源头是《尚书》。先秦的诸子、历史散文不仅具有丰富的哲学内容,而且具有高度的文学品质,是中华民族文化与文学取之不竭的源泉。两汉史班(司马迁和班固)历史著作是中国史学的高峰,同时为后来小说的发展与成熟作了深厚的铺垫;汉代朝臣的奏疏如贾生《陈政事疏》等则很好地发挥了散文的实用价值。降及魏晋南北朝时期，由于受到声韵学以及佛经翻译的影响出现了骈文，骈文同时也适应了其时上层社会崇尚形式的需求。

但骈文是一种经过刻意修饰了的散文体式，难以做到内容与形式的完美结合；另一个方面，骈文到唐代已经泛滥成灾了，所以到唐代中期受到了普遍的反对，于是有了韩愈领导的"古文运动"。古文是单行散体的先秦散文体式。此后古代散文就有了"古文""骈文"两个专门术语。就二者的发展过程来说，唐代的古文运动并没有彻底战胜骈文，晚唐的"三十六体"就是很好的说明，只有到了宋代的欧阳修领导的"诗文革新运动"，骈文才逐渐衰落。"唐宋八大家"代表了古文创作的最高成就。明代由于受到前后"七子"所持"文必秦汉、诗必盛唐"的文学观点以及"时文"（即八股文）的影响，散文创作成就不大。清代"桐城派"的古文以及汪中的骈文算是古代散文的"殿军"了。有必要说明的是，明代古文或骈文虽无大成就，但晚明的小品文却由于短小精悍、内容丰富而在散文史上占有一席之地。晚明小品文过渡到晚清时期兴起来的报纸杂志文章，再经由周氏兄弟的杂文就成了现当代散文的来源。

三、散文的特征

骈文是在魏晋南北朝时期兴起的，受到当时"四声说"以及佛经翻译的影响，骈文走向了高度的精致化与规范化。根据王力先生《古代汉语》，它在语言方面有三个特点：第一是语句方面的特点，即骈偶和"四六"；第二是语言方面的特点，即平仄相对；第三是用词方面的特点，即用典与藻饰。正因为骈文的高度精致化与规范化，骈文往往很难体现作者的个性特征，也就是说缺少艺术审美含量。古文则不然，古文的形式特征是单行散体，与人们的思维方式基本同步。正因为如此，所以古文很能体现作者的思维特征与个性特征，也就有了高度的艺术特征。所谓庄子的"汪洋恣肆"，所谓"韩潮苏海"以及柳宗元的"峻洁"，就是说他们的散文具有明显的个人印记，有丰富的艺术美感。

诗、词、小说、戏曲等文体，它们的应用功能不如艺术功能，散文则不然，它既可以具有丰富的艺术审美功能，同时也具有强大的应用功能。任何文章都是用来表达思想的，如果文章只是用来说明或者反映事件或人物，那就是应用文；如果文章在表达思想的同时又具有艺术审美特征，那就是文学艺术了。正是由于这个原因，散文的内容可以说是无所不包，但凡议论、记人、状物、游记、笔记、书信等等无一不可出之于散文。在说到现代散文的特征时，人们自然想到"形散而神不散"这句话，它的意思是说，在散文中你可以随笔驰骋，只要不离开一个主题就行了，这句话很好地说明了现代散文在形式及内容两方面的总体特征。

本单元选取的七篇散文：《郤克征会于齐》《论贵粟疏》《超然台记》《清洁的精神》《论踢屁股》《寂寞天柱山》《冬天的湖》，均为古今中外名篇佳作。或为中国古代散文的哲理深思；或为外国现代散文的自然描述；或语言幽默风趣；或思想深刻耐人寻味。选文中还有与安徽地方文化、自然风光联系紧密的作品，以增强学生对地方文化、自然山水的热爱。这些散文无论在思想内容上，还是在艺术成就上都属上乘经典之作，值得细读与欣赏。

郤克征会于齐

左丘明

【导读】

本文选自《左传·宣公十七年》。《左传》为《春秋》三传之一,司马迁与班固都说是鲁国太史左丘明所著,现在一般人认为是战国初期无名氏的作品。

先秦散文分为历史散文与诸子散文,《左传》是历史散文的代表作品,它与其他先秦散文一起形成了我国散文的源泉。作为文学作品,《左传》最大的特征是在记叙历史人物、事件时,力求生动、有趣,能用细致的情节来表现人物形象。

鲁宣公十七年为公元前592年,本文记叙了该年发生在晋、齐之间的一桩外交事件。文章虽然不长,但以郤克受侮而决心雪耻为中心,以断道会盟为背景,左右逢源。不仅郤克作为大国臣子受侮时攘袂而起的形象跃然纸上,同时读者还能了解到其时如诸侯会盟等相关的历史知识。

十七年春,晋侯使郤克征会于齐[1]。齐顷公帷妇人使观之[2]。郤子登[3],妇人笑于房。献子怒,出[4]而誓曰:"所不此报,无能涉河。"[5]献子先归,使栾京庐待命于齐[6],曰:"不得齐事,无复命矣。"[7]

郤子至[8],请伐齐,晋侯弗许。请以其私属[9],又弗许。

齐侯使高固、晏弱、蔡朝、南郭偃[10]会。及敛盂[11],高固逃归[12]。夏,会于断道,讨贰[13]也。盟于卷楚[14],辞齐人[15]。晋人执晏弱于野王[16],执蔡朝于原[17],执南郭偃于温[18]。苗贲皇使[19],见晏桓子。归,言于晋侯曰:"夫晏子何罪?昔者诸侯事吾先君,皆如不逮[20],举言群臣不信[21],诸侯皆有贰志。齐君恐不得礼,故不出,而使四子来。左右或沮之[22],曰:'君不出,必执吾使。'故高子及敛盂而逃。夫三子者曰:'若绝君好,宁归死焉。'为是犯难[23]而来。吾若善逆彼以怀来者[24]。吾又执之[25],以信齐沮[26],吾不既过矣乎[27]?过而不改,而又久之[28],以成其悔[29],何利之有焉?使反者得辞[30],而害来者[31],以惧诸侯,将焉用之?"晋人缓之[32],逸[33]。

(选自《春秋左传注》,杨伯峻编著,中华书局2009年版)

【注释】

[1] 其时晋为霸主,有权召集诸侯会盟,此为晋景公派郤克聘齐,召齐顷公参加断道(地名,在今山西沁县西)之会。郤克:晋大夫,文中又称郤子、献子。

[2] 帷:以布帛为帷用以自障。妇人:齐顷公母亲萧同叔子。

〔3〕登:郤子跛足,所以登台阶显得很困难。
〔4〕出:出了齐国境界。
〔5〕所:假设连词,"如果"的意思。无能涉河:对着黄河河神发誓说的话,意思即如果不报复这次侮辱之仇,决不再东渡黄河。
〔6〕栾京庐:当时为郤克的副手。
〔7〕不得齐事:不能完成使命,即不能让齐侯参加会盟。无复命矣:不要回晋国复命了。这句意思是郤克让栾京庐一定要完成使命。
〔8〕至:回到晋国。
〔9〕私属:家臣。请以其私属:郤克请示晋侯自己要带领家臣去伐齐雪耻。
〔10〕高固、晏弱、蔡朝、南郭偃:四人为齐国大臣。晏弱即下文的晏桓子、晏子。
〔11〕敛盂:地名,今河南省濮阳县东南。
〔12〕高固逃归:知道了郤克仇恨齐国,所以高固决定不去参加会盟。
〔13〕讨贰:断道之会,目的是讨伐贰于以晋国为首的盟国的那些诸侯国。
〔14〕卷楚:断道或不远的地方。
〔15〕辞齐人:不让齐国人参加会盟。
〔16〕野王:地名,今河南省沁阳县县城。
〔17〕原:地名,今河南省济源县北。
〔18〕温:地名,今河南省温县西稍南。
〔19〕苗贲皇使:苗贲皇为逃到晋国的楚人,此时由于出使而经过野王。
〔20〕不逮:唯恐不及。
〔21〕举言:大家都说。不信:没有信用。现在大家都说晋国人没信用。
〔22〕沮:阻止。
〔23〕犯难:冒生命危险。
〔24〕若:应该。逆:欢迎。我们应该欢迎他们来参加会盟,以便怀柔他人。
〔25〕吾又执之:此句为承前省略句,补充意思是"我们没欢迎他们,又逮捕了他们"。
〔26〕信:证明。以信齐沮:证明那些试图阻止参加会盟的齐国人是对的。
〔27〕既:已经。过:过错。
〔28〕久之:囚禁了很久。
〔29〕以成其悔:三人来的时候无怨无悔,现在却让他们感到后悔。
〔30〕反者:高固。得辞:有了借口。
〔31〕来者:晏弱、蔡朝、南郭偃三人。
〔32〕缓之:放松对晏弱、蔡朝、南郭偃三人的警惕,有意让他们逃跑。
〔33〕逸:逃跑。

【知识链接】

会盟与诚信

会盟是春秋时期常见现象,多由霸主国发起,讨论征伐、赋贡等问题,晋自文公以后长期居霸主地位。郤克出使齐国,召齐侯参加断道会盟,由于受到妇人耻笑他是跛子而决计报复齐国,就可以看出其时大国使臣的优越心理。

但文章告诉我们最重要的还是诚信。《左传》充溢着浓厚的道德说教,其中诸侯之间以及人与人之间的诚信尤其突出,《左传》作者似乎刻意用很多内容来证明"无信不立"这一道德准则。文中苗贲皇最终从诚信出发,说服晋侯要取信于诸侯,还是放回了齐国三位会盟使臣。这就让我们知道:春秋诸国并立,是一个需要诚信的时代。

阅读书目

1. 郑天挺.左传选[M].北京:中华书局,1963.
2. 杨伯峻.春秋左传注[M].北京:中华书局,2009.
3. 司马迁.史记(周本纪)[M].北京:中华书局,1982.
4. 韩婴撰,许维遹校释.韩诗外传集释[M].北京:中华书局,1980.

【拓展与训练】

1. 史传文学中,经常用生活中的一些具体的小事来说明历史人物,不仅增强了历史真实感,而且因为生动有趣而达到栩栩如生的文学效果,即如文中通过郤克因遭到妇人嘲笑而发誓报仇这一细节描写而形态毕现、跃然纸上。史传文学对中国古代小说的发展、成熟有很大的促进作用,一个重要的方面就是人物形象的表现,请以《左传》为例,谈谈它起到的范式作用。

2. 司马迁《史记》"孟尝君列传"有如下记载:

孟尝君过赵,赵平原君客之。赵人闻孟尝君贤,出观之,皆笑曰:"始以薛公为魁然也,今视之,乃渺小丈夫耳。"孟尝君闻之,怒。客与俱者下,斫击杀数百人,遂灭一县以去。

这也是一个大人物因为小事而发怒的历史事件,与《左传》中郤克故事有相似性。思考:

(1)从历史文献角度,这对我们了解历史人物有什么作用?

(2)从史传文学角度,这样描写有什么好处?

论贵粟疏

晁错

【导读】

晁错(前200—前154),西汉政治家、文学家,颍川(今河南禹县)人。

西汉文、景时期,正当汉王朝建立之初,君臣都希望能借前代王朝覆灭的教训,为新王朝提供安邦治国的好方法。于是,人们纷纷提出了各种有关方面的政治主张,这也是以贾谊、晁错等为代表作家的政论文出现的背景。

西汉初期,在经历了长期的战乱后,一个重要的社会问题就是安定与生产的问题,其中如何看待商业与农业以及二者之间的关系等问题显得尤其突出。重农抑商是当时很具有代表性的想法,贾谊是这么认为的,晁错也认为如此。他们不仅看到了商人对农民的盘剥,还看到了商业对国家专制政权的腐蚀与破坏作用。对此,晁错给汉文帝上了这篇奏疏。在《论贵粟疏》中,他集中、详细地发挥了重农抑商的政治观点,对当时的社会经济发展和国家安定具有一定的意义。奏疏摆事实,讲道理,观点明确、说理透彻,逻辑谨严,是论说文名篇。

圣王在上而民不冻饥者,非能耕而食之,织而衣之也,为开其资财之道也。故尧、禹有九年之水,汤有七年之旱[1],而国亡捐瘠者[2],以畜积多而备先具也。今海内为一,土地人民之众不避汤、禹[3],加以亡天灾数年之水旱,而畜积未及者,何也?地有遗利,民有余力,生谷之土未尽垦,山泽之利未尽出也,游食之民未尽归农也。民贫,则奸邪生。贫生于不足,不足生于不农,不农则不地著[4],不地著则离乡轻家,民如鸟兽,虽有高城深池,严法重刑,犹不能禁也。夫寒之于衣,不待轻暖;饥之于食,不待甘旨;饥寒至身,不顾廉耻。人情,一日不再食则饥,终岁不制衣则寒。夫腹饥不得食,肤寒不得衣,虽慈母不能保其子,君安能以有其民哉!明主知其然也,故务民于农桑,薄赋敛,广畜积,以实仓廪,备水旱,故民可得而有也。

民者,在上所以牧之,趋利如水走下[5],四方亡择也。夫珠玉金银,饥不可食,寒不可衣,然而众贵之者,以上用之故也。其为物轻微易藏,在于把握,可以周海内而亡饥寒之患[6]。此令臣轻背其主,而民易去其乡,盗贼有所劝,亡逃者得轻资也。粟米布帛生于地,长于时,聚于力,非可一日成也;数石[7]之重,中人弗胜,不为奸邪所利,一日弗得而饥寒至。是故明君贵五谷而贱金玉。

今农夫五口之家,其服役者不下二人,其能耕者不过百亩,百亩之收不过百石。春耕夏耘,秋获冬藏,伐薪樵,治官府,给徭役;春不得避风尘,夏不得避暑热,秋不得避阴雨,冬不得避寒冻,四时之间亡日休息;又私自送往迎来,吊死问疾,养孤长幼在其中。勤苦如此,尚复被水旱之灾,急政暴赋,赋敛不时,朝令而暮改。当具有者半贾而卖,亡者取倍称之息,于是有卖田宅鬻子孙以偿责者矣[8]。而商贾大者积贮倍息,小者坐列贩卖,操其奇赢[9],日游都市,乘上之急,所卖必倍。故其男不耕耘,女不蚕织,衣必文采,食必粱肉;亡农夫之苦,有仟佰之得[10]。因其富厚,交通王侯,力过吏势,以利相倾;千里游遨,冠盖相望,乘坚策肥[11],履丝曳缟[12]。此商人所以兼并农人,农人所以流亡者也。

今法律贱商人,商人已富贵矣;尊农夫,农夫已贫贱矣。故俗之所贵,主之所贱也;吏之所卑,法之所尊也。上下相反,好恶乖迕,而欲国富法立,不可得也。方今之务,莫若使民务农而已矣。欲民务农,在于贵粟;贵粟之道,在于使民以粟为赏罚。今募天下入粟县官,得以拜爵,得以除罪。如此,富人有爵,农民有钱,粟有所渫[13]。夫能入粟以受爵,皆有余者也;取于有余,以供上用,则贫民之赋可损,所谓损有余补不足,令出而民利者也。顺于民心,所补者三:一曰主用足,二曰民赋少,三曰劝农功。今令民有车骑马一匹者,复卒三人[14]。车骑者,天下武备也,故为复卒。神农之教曰:"有石城十仞,汤池百步,带甲百万,而亡粟,弗能守也。"以是观之,粟者,王者大用,政之本务。令民入粟受爵至五大夫以上[15],乃复一人耳,此其与骑马之功相去远矣。爵者,上之所擅,出于口而亡穷;粟者,民之所种,生于地而不乏。夫得高爵与免罪,人之所甚欲也。使天下人入粟于边,以受爵免罪,不过三岁,塞下之粟必多矣。

(选自《汉书·食货志》,中华书局1962年版)

【注释】

[1] 尧、禹有九年之水,汤有七年之旱:司马迁《史记·夏本纪》、刘向《说苑·君道》分别有尧时"九年而水不息"以及商时"大旱七年"的记载。
[2] 捐:因为饥饿而互相丢弃。瘠:因为饥饿而瘦。
[3] 不避:不比……差。
[4] 地著:农民被固定在土地上,即"土著"的意思。
[5] 走:此处是奔流的意思。
[6] 周:周游。
[7] 石:古代重量,一百二十斤为一石;又为容量单位,十斗为一石。
[8] 责:"债"的本字。
[9] 奇赢:盈余。
[10] 仟:千钱。佰:百钱。仟佰之得:意思是商人的盈利很丰厚。
[11] 坚:制造得很坚固的马车。肥:肥马。
[12] 缟:精白的丝绸。
[13] 渫(xiè):这里是散开的意思。
[14] 复卒三人:免除三人的人头税。
[15] 五大夫:秦、汉官爵。秦、汉官爵分二十等,五大夫为第九级。

【知识链接】

西汉奏疏

西汉前期,以邹阳为代表的作家散文中还弥漫着浓厚的战国纵横家气息,到文、景时期,政论散文占了上风,而奏疏又是西汉政论文的主要表现形式。

西汉政论文始于陆贾的《新语》,而后是贾谊,他的代表作品是《过秦论》,气势如虹,情感充沛,论说条理明晰,鲁迅先生在《汉文学史纲要》中称其为"西汉宏文"。晁错今存文九篇,清代严可均辑入《全上古三代秦汉三国六朝文》中,为《贤良文学对策》《上书言皇太子宜知术数》《上书言兵事》《言守边备塞务农力本当时急务二事》《复言募民徙塞下》《说文帝令民入粟受爵》(即《论贵粟疏》)《复奏勿收农民租》《说景帝削吴》《请诛楚王》,看得出基本都属于奏疏一类。

南朝刘勰《文心雕龙》"议对"说:"汉文中年,始举贤良,晁错对策,蔚为举首。及孝武益明,旁求俊义,对策者以第一登庸,射策者以甲科入仕,斯固选贤要术也。观晁氏之对,验古明今,辞裁以辨,事通而赡,超升高第,信有征矣。"包括晁错的奏疏在内的两汉散文一直被认为是我国散文史上的脍炙人口之作,长期被奉为圭臬,明代前后"七子"称说"文必秦汉",就是明证。

阅读书目

1. 班固.汉书(晁错传)[M].北京:中华书局,1962.
2. 班固.汉书(食货志)[M].北京:中华书局,1962.
3. 姚鼐.古文辞类纂[M].上海:上海古籍出版社,1998.

【拓展与训练】

1. 文章贵在实用,这是说要发挥文章的应用性功能;文章贵乎感人,这是说要发挥文字的文学艺术功能。既实用而又极具文学艺术性当然是上乘之作,贾谊的散文就具有此种特征。与贾谊的散文相比,晁错的散文文采与情感都显得不足,但很缜密,也很切中实际。请把贾谊与晁错的政论散文作一些对比阅读,谈谈二者的异同。

2. 阅读:(1)《汉书·爰盎晁错传》《汉书·食货志》;(2)清严可均辑《全汉文》中晁错的九篇奏疏,进一步认识和了解晁错及其政论文。

超然台记

苏　轼

【导读】

　　苏轼是宋代文坛巨擘,没有苏轼,宋代文学会黯然失色。他在诗、词、文各方面都取得了巨大的成就。苏轼的散文在当时就备受推崇,时语:"苏文生,吃草根;苏文熟,吃羊肉。"苏轼认为文章贵在能"系风捕影""求物之妙",写文章的方法是以意为主。

　　这篇《超然台记》是苏轼散文的代表作之一,同时也很能体现作者的散文创作观念。文章结构精密,一气呵成,文笔流畅,陡然而起又适可而止,其行文风格正如苏轼自己在《文说》中所言"常行于所当行,常止于不可不止"。内容上结合台名"超然"而发议论,体现苏轼随缘自适,超然物外的人生态度。

　　凡物皆有可观。苟有可观,皆有可乐,非必怪奇伟丽者也。哺糟啜醨[1],皆可以醉;果蔬草木,皆可以饱。推此类也,吾安往而不乐?

　　夫所为求福而辞祸者,以福可喜而祸可悲也。人之所欲无穷,而物之可以足吾欲者有尽,美恶之辨战[2]乎中,而去取之择交乎前。则可乐者常少,而可悲者常多。是谓求祸而辞福。夫求祸而辞福,岂人之情也哉!物有以盖[3]之矣。彼游于物之内,而不游于物之外[4]。物非有大小也,自其内而观之,未有不高且大者也。彼其高大以临我,则我常眩乱反复,如隙中之观斗[5],又焉知胜负之所在?是以美恶横生,而忧乐出焉,可不大哀乎!

　　余自钱塘移守胶西[6],释舟楫之安,而服车马之劳;去雕墙之美,而蔽采椽之居;背湖山之观,而适桑麻之野。始至之日,岁比[7]不登[8],盗贼满野,狱讼充斥;而斋厨索然,日食杞菊[9]。人固疑余之不乐也。处之期年[10],而貌加丰,发之白者,日以反黑。予既乐其风俗之淳,而其吏民亦安予之拙也。于是治其园圃,洁其庭宇,伐安丘、高密[11]之木,以修补破败,为苟全[12]之计。而园之北,因城以为台者旧矣,稍葺而新之。时相与登览,放意肆志焉。南望马耳、常山[13],出没隐见,若近若远,庶几有隐君子乎!而其东则卢山,秦人卢敖[14]之所从遁也。西望穆陵[15],隐然如城郭,师尚父、齐桓公之遗烈[16],犹有存者。北俯潍水,慨然太息,思淮阴之功,而吊其不终[17]。台高而安,深而明,夏凉而冬温。雨雪之朝,风月之夕,予未尝不在,客未尝不从。撷园蔬,取池鱼,酿秫酒,瀹脱粟而食之[18],曰:"乐哉游乎!"

　　方是时,予弟子由适在济南,闻而赋之,且名其台曰"超然"[19],以见余之无所往而不乐者,盖游于物之外也。

（选自《苏轼文集》,苏轼著,中华书局1992年版）

【注释】

[1]哺糟啜醨(bǔ zāo chuò lí):哺、啜为动词,喝的意思;糟是酒糟,醨是薄酒,这里都是用来指不好的酒。
[2]战:权衡、对比。

[3] 盖：掩盖、蒙蔽。
[4] 彼游于物之内，而不游于物之外：这里所谓的"物之内"是指人心纠缠于得失，而"物之外"则是指不在乎是非得失，淡泊名利是苏轼一贯的人生态度。
[5] 斗：斗争。
[6] 胶西：指密州。苏轼于熙宁七年即公元1074年由杭州移知密州，故有此说。下文所说的"释舟楫之安，而服车马之劳；去雕墙之美，而蔽采椽之居；背湖山之观，而适桑麻之野"就是对比杭州的优越条件与密州的恶劣条件而言的。
[7] 比：屡屡。
[8] 不登：庄稼没有收成。
[9] 杞(qǐ)菊：枸杞与菊花，枸杞的嫩苗与菊花可以吃。
[10] 期(jī)年：一年。
[11] 安丘、高密：县名。
[12] 苟全：只是修残补缺而已，并非为了豪华美观。
[13] 马耳、常山：马耳山，在诸城县南五里；常山，在诸城县南二十里。
[14] 卢敖：秦始皇时博士，曾派他去求仙。后隐居卢山。
[15] 穆陵：穆陵关，在山东临朐县大岘山上。
[16] 师尚父、齐桓公之遗烈：师尚父即姜子牙，姜子牙辅佐周武王有功，齐桓公为春秋五霸之一，因而苏轼有此感慨，也是自己怀才不遇的感叹。
[17] 北俯潍水，慨然太息，思淮阴之功，而吊其不终：潍水，源于山东箕屋山，流经诸城；淮阴，淮阴侯韩信，对刘邦建立汉朝有巨大功劳，后为吕后杀害，不得善终。
[18] 撷(xié)园蔬，取池鱼，酿秫(shú)酒，瀹(yuè)脱粟而食之：撷，摘；秫，糯稻；瀹，煮；脱粟，仅脱去外壳而留米皮的糙米。
[19] 方是时，予弟子由适在济南，闻而赋之，且名其台曰"超然"：当时苏辙在济南任职，得知苏轼修葺北城旧台，根据《老子》"虽有荣观，燕处超然"句意，给新台起名"超然"，并写了《超然台赋》。

【知识链接】

超然台

位于山东诸城市内，为苏轼任密州(治所在今山东诸城)太守时所建。北宋党争激烈，苏轼也难免陷于党争的漩涡之中。为摆脱党争的打击，苏轼于熙宁四年(1071)自请外调，先是通判杭州，七年移知密州(今山东诸城县)。第二年，苏轼修葺了密州北城的旧台，根据他弟弟苏辙的建议，苏轼把修理好的新台命名为"超然台"，并写了这篇《超然台记》。

苏辙《超然台赋》"叙"说："子瞻既通守余杭，三年不得代。以辙之在济南也，求为东州守。既得请高密，其地介于淮海之间，风俗朴陋，四方宾客不至。受命之岁，承大旱之余孽，驱除蝗螟，逐捕盗贼，廪恤饥馑，日不遑给。几年而后少安，顾居处隐陋，无以自放，乃因其城上之废台而增葺之。日与其僚览其山川而乐之，以告辙曰：'此将何以名之？'辙曰：'今夫山居者知山，林居者知林，耕者知原，渔者知泽，安于其所而已。其乐不相及也，而台则尽之。天下之士奔走于是非之场，沉浮于荣辱之海，嚣然尽力而忘反，亦莫自知也，而达者哀之。二者非以其超然不累于物故耶？老子曰："虽有荣观，燕处超然。"尝试以"超然"命之，可乎？'"这里的"荣观"是说宫阙，也就是指权利与金钱，"燕处"就是在闲暇、安宁的环境中生活。这不仅说明了"超然台"名称的由来，同时也说明了当时苏轼超然于权势、名利而能恬然自得的处世心态。

阅读书目

1. 苏轼诗集[M].北京:中华书局,1992.
2. 苏轼文集[M].北京:中华书局,1992.
3. 东坡乐府[M].上海:上海古籍出版社,1979.
4. 孔凡礼.苏轼年谱[M].北京:中华书局,1998.
5. 孔凡礼.宋代文史论丛[M].北京:学苑出版社,2006.

【拓展与训练】

1. 进一步阅读《超然台记》,体会作品中的"超然"与"随遇而安"的态度。

2. 在苏轼的人生观念中,除了传统的儒家思想外,还有浓厚的道教思想与禅宗思想。苏轼小时候在老家眉州从天庆观的道士张易简读了三年书;后来他与佛印禅师及妙总禅师(参寥子)等过从甚密,这都是人所皆知的。道教观念与禅宗思想对苏轼的处世态度有很大影响,可以说是他最为重要的人生指导思想,这也是苏轼在北宋激烈的党争中以及长期官宦漂泊中能泰然处之的原因。

在文学作品中结合自己的生活经验而抒发人生感慨是苏轼的长处。苏轼这种泰然处世的人生态度表现在作品中,就是我们在苏轼作品中经常读到的"超然"主题,即如在这篇文章中两次说到"游于物之外"。与这种"超然"主题相一致的是苏轼作品中的"随遇而安"主题,如《定风波》中说"此心安处是吾乡""也无风雨也无晴"等。

阅读苏轼词《望江南·超然台作》,体会诗人的情感和对人生的态度。

清洁的精神

张承志

【导读】

　　张承志,原籍山东济南,1948年秋生于北京,回族,中国当代最具影响力的穆斯林作家、学者。高中毕业后去内蒙古乌珠穆沁草原插队,度过了四年游牧生活。1975年毕业于北京大学考古学系,后考入中国社会科学院研究生院民族历史语言系,获得历史学硕士学位,学习过蒙语、满语和哈萨克语等。1978年开始发表作品,20世纪80年代以小说创作为主,20世纪90年代后以散文为主,多次获得各种奖项。代表作有《北方的河》《黑骏马》《心灵史》等。

　　张承志早期的创作以小说为主,作品中的主人公大多对生活充满理想和激情,作品洋溢着青春热情的理想主义气息和浪漫主义色彩。20世纪90年代以来,中国社会开始向市场经济转型,他由小说创作转向散文创作和研究,如代表作品《清洁的精神》《荒芜英雄路》等。在散文中,张承志放弃了浪漫主义,而是站在知识分子的立场上,擎起批判的大旗,对社会弊端进行批判。他独特的批判精神影响了一代人的心灵。

　　本文选自散文集《清洁的精神》,此集收录作者20世纪90年代初创作的各类散文作品33篇,其中一篇是《清洁的精神》,文集以此命名。作者从《史记·伯夷传》中许由洗耳的故事讲起,叙述了《史记·刺客列传》中的各位刺客的悲壮故事,阐明清洁的精神应该是知耻,应该是义与信:一诺千金,以命承诺,舍生取义,义不容辞。这才是中国的精神。作为一位文化学者,作者从历史角度切入,在直白而真切的叙述中,远古的历史和"清洁"的历史人物身上,闪耀着人文精神的光辉,迸发出中华文化永不衰竭的正能量。在今天,快速发展的物质文明换来的是精神文明的倒退。面对道德的滑坡,社会的失序,信义的沉沦,作者的胸中充满着血性、正义和理想,他用理性的眼光审视人的精神,用烈焰般的文字抨击庸俗和世故,用痛苦和愤激呼唤"洁"的涅槃。正如张承志自己所说:我的微渺文学,不过是三片大陆的一抔沙土石砾。我用一生履历,否定了寄生强权和屈从金钱的方式。正因如此,读张承志的散文并不轻松,甚至是痛苦的,而这种痛苦就是源于他无时无刻不在的思考和感受到的强烈精神冲击。

　　这不是一个很多人都可能体验的世界。

　　而且很难举例、论证和顺序叙述。缠绕着自己的思想如同野草,记录也许就只有采用野草的形式——让它蔓延,让它尽情,让它孤单地荣衰。高崖之下,野草般的思想那么饱满又那么闭塞。这是一个瞬间。趁着流矢正在稀疏,下一次火光冲天的喧嚣还没有开始;趁着大地尚能容得下残余的正气,趁着一副末世相中的人们正苦于卖身无术而力量薄弱,应当珍惜这个瞬间。

1

关于汉字里的"洁",人们早已司空见惯、不假思索、不以为然,甚至清洁可耻、肮脏光荣的准则正在风靡时髦。洁,今天,好像只有在公共场所,比如在垃圾站或厕所等地方,才能看得见这个字了。

那时在河南登封,在一个名叫王城岗的丘陵上,听着豫剧的调子,每天都眼望着古老的箕山发掘。箕山太古老了,九州的故事都是在那座山上起源。夏商周,遥远的、几乎不是信史仅是传说的茫茫古代,那时宛如近在眼前又无影无踪,烦恼着每个考古队员。一天天地,我们挖着只能称作龙山文化或二里头早期文化的土,心里却盼它属于大禹治水的夏朝。感谢那些辛苦的日子,它们在我的脑中埋下了这个思路,直到今天。

是的,没有今天,我不可能感受什么是古代。由于今天泛滥的不义、庸俗和无耻,我终于迟迟地靠近了一个结论:所谓古代,就是洁与耻尚没有沦灭的时代。箕山之阴,颍水之阳,在厚厚的黄土之下压埋着的,未必是王朝国家的遗址,而是洁与耻的过去。

那是神话般的、唯洁为首的年代。洁,几乎是处在极致,超越界限,不近人情。后来,经过如同司马迁、庄子、淮南子等大师的文学记录以后,不知为什么人们又只赏玩文学的字句而不信任文学的真实——断定它是过分的传说不予置信,而渐渐忘记了它是一个重要的、古中国关于人怎样活着的观点。

今天没有人再这样谈论问题,这样写好像就是落后和保守的记号。但是,四千年的文明史都从那个洁字开篇,我不觉得有任何偏激。

一切都开始在这座低平的、素色的箕山上。一个青年,一个樵夫,一头牛和一道溪水,引来了哺育了我们的这个文明。如今重读《逍遥篇》或者《史记》,古文和逝事都远不可及,都不可思议,都简直无法置信了。

遥远的箕山,渐渐化成了一幢巨影,遮断了我的视野。山势非常平缓,从山脚拾路慢慢上坡,一阵功夫就可以抵达箕顶。山的顶部宽敞坦平,烟树素淡,悄寂无声。在那荒凉的箕顶上人觉得凄凉。在冬天的晴空尽头,在那里可以一直眺望到中岳嵩山齿形的远影。遗址都在下面的河边,那低伏的王城岗上。我在那个遗址上挖过很久,但是田野发掘并不能找到清洁的古代。

《史记》注引皇甫谧《高士传》,记载了尧舜禅让时期的一个叫许由的古人。许由因帝尧要以王位相让,便潜入箕山隐姓埋名。然而尧执意让位,追许由不舍。于是,当尧再次寻见许由,求他当九州长时,许由不仅坚辞不从,而且以此为奇耻大辱。他奔至河畔,清洗听脏了的双耳。

时有巢父牵犊欲饮之,见由洗耳,问其故。对曰:尧欲召我为九州长,恶闻其声,是故洗耳。巢父曰:子若处高岸深谷,人道不通,谁能见子?子故浮游,欲闻求其名誉,污吾犊口。牵犊上流饮之。

所谓强中有强,那时是人相竞洁。牵牛的老人听了许由的诉说,不仅没有夸奖反而忿忿不满:你若不是介入那种世界,哪里至于弄脏了耳朵?想必你洗耳不过是另一种沽名钓誉。下游饮牛,上游洗耳,既然你已知道自己双耳已污,为什么又来弄脏我的牛口?

毫无疑问,今日中华的有些人正春风得意、稳扎稳打,对下如无尾恶狗般刁悍,对上如无势宦官般谦卑。无论昨天极左、今天极商、明天极右,都永远在正副部司局处科的广阔台阶上攀登的各级官迷以及他们的后备军——小小年纪未老先衰一本正经立志"从政"的小体制派;还有他们的另一翼、Partner、搭档——疯狂嘲笑理想、如咀腐肉、高高举着印有"无耻"两个大字的奸商旗的、所谓海里的泥鳅蛤蜊们,是打死他们也不会相信这个故事的。

但是司马迁亲自去过箕山。

《史记·伯夷传》中记道:

尧让天下于许由,许由不受,耻之逃隐……太史公曰:余登箕山,其上盖有许由冢云。

这座山从那时就通称许由山。但是在我登上箕顶那次,没有找到许由的墓。山顶是一个巨大平缓的凹地,低低伸展开去,宛如一个长满荒草的簸箕。这山顶虽宽阔,但没有什么峰尖崖陷,登上山顶一览无余。我和河南博物馆的几个小伙子细细找遍了每一丛蒿草,没有任何遗迹残痕。

当双脚踢缠着高高的茅草时,不觉间我们对古史的这一笔记录认起真来。司马迁的下笔可靠,已经在考古者的铁铲下证实了多次。他真的看见许由墓了吗,我不住地想。

箕顶已经开始涌上暮色,视野里一阵阵袭来凄凉。天色转暗后我们突然感慨,禁不住地猜想许由的形象,好像在蒿草一下下绊着脚、太阳一分分消隐下沉的时候,那些简贱的史料又被特别细致地咀嚼了一遍。山的四面都无声。暮色中的箕山,以及山麓连结的朦胧四野中,浮动着一种浑浊的哀切。

那时我不知道,就在那一天里我不仅相信了这个古史传说而且企图找寻它。我抱着考古队员式的希望,有一瞬甚至盼望出现奇迹,由我发现许由墓。但箕顶上不见牛,不见农夫,不见布衣之士刚愎的清高;不仅登封洛阳,不仅豫北晋南的原野,万物都沉陷在晚暮的沉默中,一动不动,缄口不言。

那一天以后不久,田野工作收尾,我没有能抽空再上一回箕山。然后,人和心思都远远地飞到了别处,离开河南弹指就是十五年。应该说我没有从浮躁中蜕离,我被意气裹挟而去,渐渐淡忘了中原和大禹治水的夏王朝。许由墓,对于我来说,确确实实已经湮没无存了。

2

长久以来滋生了一个印象。我一直觉得,在中国的古典中,许由洗耳的例子是极限。品味这个故事,不能不觉得它载道到绝对的描写。它在一个最高的例子上规定洁与污的概念,它把人类可能有过的原始社会禅让时代归纳为山野之民最高洁、王侯上流最卑污的结论。它的原则本身太高傲,这使它与后世的人们之间产生了隔阂。

今天回顾已经为时过晚,它的确已经沦为了箕山的传说。今天无论怎样庄重的文章也难脱调侃。今天的中国人,可能已经没有体会它的心境和教养了。

就这样时间在流逝着。应该说这些年来,时间在世界上的进程惊心动魄。在它的冲淘下我明白了:文明中有一些最纯的因素,唯它能凝聚起涣散失望的人群,使衰败的民族熬过险关、求得再生。所以,尽管我已经迷恋着我的鲜烈的信仰和纯朴的集体;尽管我的心意情思早已远离中原三千里外并且不愿还家;但我依然强烈地想起箕山,还有古史传说的年代。

箕山许由的本质,后来分衍成很多传统。洁的意识被义、信、耻、殉等林立的文化所簇拥,形成了中国文化的精神森林,使中国人长久地自尊而有力。

后来,伟大的《史记·刺客列传》著成,中国的烈士传统得到了文章的提炼,并长久地在中国人的心中矗立起来,直至昨天。

《史记·刺客列传》是中国古代散文之最。它所收录的精神,不可思议、无法言传、美得魅人。

3

英雄首先出在山东。司马迁在这篇奇文中以鲁人曹沫为开始。

应当说,曹沫是一个用一把刀子战胜了大国霸权的外交家。在他的羸弱的鲁国被强大的齐国欺凌的时候,外交席上,曹沫一把揪住了齐桓公,用尖刀逼他退还侵略鲁国的土地。齐桓公刚刚服了输,曹沫马上扔下刀下坛。回到席上,继续前话,若无其事。

今天,我们的体制派们按照他们不知在哪儿受到的教育,无疑会大声叫喊曹沫犯规——但在当时,若没有曹沫的过激动作,强权就会压制天下。

意味深长的是,司马迁注明了这些壮士来去的周期。

其后百六十有七年,而吴有专诸之事。

专诸的意味,首先在于他是第一个被记诸史籍的刺客。在这里司马迁的感觉起了决定的作用。司马迁没有因为刺客的卑微而为统治者取舍。他的一笔,不仅使异端的死者名垂后世,更使自己的著作得到了杀青压卷。

刺,本来仅仅是政治的非常手段,本来只是残酷的战争形式的一种而已。但是在漫长的历史中,它更多地属于正义的弱者;在血腥的人类史中,它常常是弱者在绝境中被迫选择的、唯一可能制胜的决死拼斗。

由于形式的神秘和危险,由于人在行动中爆发出的个性和勇敢,这种行为经常呈着一种异样的美。刺客之道的开辟者,专诸表现得更特殊:他不像曹沫的行为那样以严格的原则性制限。他从一开始就把这种特殊的献身行为用于私——因此,人的烈性、人在个人利益上的敢于舍己,压倒了是非的曲直。

——事发之日,一把刀子被秘密地烹煮于鱼腹之中。专诸乔装献鱼,进入宴席,掌握着千钧一发,使怨主王僚丧命。鱼肠剑,这仅有一件的奇异兵器,从此成为家喻户晓的故事,并且在古代的东方树立了一种极端的英雄主义和浪漫主义。

从专诸到他的继承者之间,周期是七十年。

这一次的主角豫让把他前辈的开创发展得惊心动魄。豫让只因为尊重了自己的人的惨死,决心选择刺杀手段。他不仅演出了一场以个人对抗强权的威武活剧,而且提出了一个非常响亮的思想:"士为知己者死,女为悦己者容。"

第一次攻击失败以后,他用漆疮烂身体,吞炭弄哑声音,残身苦形,使妻子不识,然后寻找接近怨主赵襄子的时机。

就这样行刺之日到了,豫让的悲愿仍以失败终结。但是被捕的豫让骄傲而有理。他认为:"明主不掩人之美,忠臣有死名之义。"在甲兵捆绑的阶下,他堂堂正正地要求名誉,请求赵襄子借衣服让他砍一刀,为他成全。

这是中国古代史上形式和仪式的伟大胜利。连处于反面角色的敌人也表现得高尚。赵襄子脱下了贵族的华服,豫让如同表演胜利者的舞蹈。他拔剑三跃而击之,然后伏剑自杀。

也许这一点最令人费解——他们居然如此追求名誉。

必须说,在名誉的范畴里出现了最大的异化。今日名利之徒的追逐,古代刺客的死名,两者之间天壤之别的现实,该让人说些什么呢?

周期一时变得短促,四十余年后,一个叫深井里的地方,出现了勇士聂政。

和豫让一样,聂政也是仅仅因为自尊心受到了意外的尊重,就决定为知己者赴死。但聂政其人远比豫让深沉得多。是聂政把"孝"和"情"引入了残酷的行动。当他在社会的底层,受到严仲子的礼遇和委托时,他以母亲的晚年为行动与否的条件。终于,母亲以天年逝世了,聂政开始践约。

聂政来到了严仲子处。只是在此时,他才知道了目标是韩国之相侠累。聂政的思想非常彻底。从一开始,他就决定不仅要实现行刺,而且要使事件包括表面都变成自己的,从而保护知己者严仲子,因此他拒绝助手,单身上道。

聂政抵达韩国,接近了目标,仗剑冲上台阶,包括韩国之相侠累在内一连击杀数十人——但是事情还没有完。

在杀场上,聂政"皮面决眼,自屠出肠",使自己变成了一具无法辨认的尸首。

这里藏着深沉的秘密。本来,两人谋事,一人牺牲,严仲子已经没有危险,像豫让一样,聂政应该有殉义成名的特权。聂政没有必要毁形。

谜底是由聂政的姐姐揭穿的。在那个时代,不仅人知己,而且姐知弟。聂姐听说韩国出事,猜出是弟弟所为。她仓皇赶到韩,伏在弟弟的遗体上哭喊:这是深井里的聂政!原来聂政一家仅有这一个出了嫁的姐姐,聂政毁容弃名是担忧她受到牵连。聂姐哭道:我怎能因为惧死,而灭了贤弟之名!最后自尽于聂政身旁。

4

这样的叙述,会被人非议为用现代语叙述古文。但我想重要的是,在一片后庭花的歌声中,中国需要这种声音。对于这一篇价值千金的古典来说,一切今天的叙述都将绝对地因人而异。对于正义的态度,对于世界的看法,人会因品质和血性的不同,导致笔下的分歧。更重要的是,人的精神不能这么简单地烂光丢净。管别人呢,我要用我的篇章反复地为烈士传统招魂,为美的精神制造哪怕是微弱的回声。

二百余年之后,美名震撼世界的英雄荆轲诞生了。

荆轲刺秦王的故事妇孺皆知。但是今天大家都应该重读荆轲。《史记·刺客列传》中的荆轲一节,是古代中国勇敢行为和清洁精神的集大成。那一处处永不磨灭的描写,一代代地感动了、哺育了各个时代的中国人。

独自静静读着荆轲的纪事,人会忍不住地想:我难道还能如此忍受吗?如此庸庸碌碌的我还算一个人吗?在关口到来的时候,我敢让自己也流哪怕一滴血吗?

易河枯水,时代变了。

荆轲也曾因不合时尚潮流而苦恼。与文人不能说书,与武士不能论剑。他也曾被逼得性情怪僻,赌博嗜酒,远远地走到社会底层去寻找解脱,结交朋党。他和流落市井的艺人高渐离终日唱和,相乐相泣。他们相交的深沉,以后被惊心动魄地证实了。

荆轲遭逢的是一个大时代。

他被长者田光引荐给了燕国的太子丹。田光按照三人不能守秘、两人谋事一人当殉的铁的原则,引荐荆轲之后立即自尽。就这样荆轲进入了太子丹邸。

荆轲在行动之前,被燕太子每日车骑美女,恣其所欲。燕太子丹亡国已迫在眉睫,苦苦请荆轲行动。当秦军逼近易水时,荆轲制定了刺杀秦王的周密计划。

至今细细分析这个危险的计划,仍不能不为它的逻辑性和可行性叹服。关键是"近身"。荆轲为了获得靠近秦王的时机,首先要求以避难燕国的亡命秦将樊於期的首级,然后要求以燕国肥美领土的地图为诱饵,然后以约誓朋党为保证。他全面备战,甚至准备了最好的攻击武器:药淬的徐夫人匕首。

就这样,燕国的人马来到了易水,行动等待着实行。

出发那天出现了一个冲突。由于荆轲队伍动身延迟,燕太子丹产生了怀疑。当他婉言催促时,荆轲震怒了。

这段《刺客列传》上的记载,多少年来没有得到读者的察觉。荆轲和燕国太子在易水上的这次争执,具有着很深的意味。这个记载说明:那天的易水送行,不仅是不欢而散甚至是结仇而别。燕太子只是逼人赴死,只是督战易水;至于荆轲,他此时已经不是为了政治,不是为了垂死的贵族而拼命;他此时是为了自己,为了诺言,为了表达人格而战斗。此时的他,是为了同时向秦王和燕太子宣布抗议而战斗。

那一天的故事脍炙人口。没有一个中国人不知道那支慷慨的歌。但是我想荆轲的心情是黯淡的。队伍尚未出发,已有两人舍命,都是为了他此行,而且都是为了一句话。田光只因为太子丹嘱咐了一句"愿先生勿泄",便自杀以守密。樊於期也只因为荆轲说了一句"愿得将军之首",便立即献出头颅。在非常时期,人们都表现出了惊人的素质,逼迫着荆轲的水平。

风萧萧兮易水寒,壮士一去兮不复还。荆轲和他的党人高渐离在易水之畔的悲壮唱和,藏着他人不晓的含义。所谓易水之别,只在两人之间。这是一对同志的告别和约束,是他们私人之间的一个誓言。直到后日高渐离登场了结他的使命时,人们才体味到这誓言的沉重。

就这样,长久地震撼中国的荆轲刺秦王事件,就作为弱者的正义和烈性的象征,作为一种失败者的最终抵抗形式,被历史确立并且肯定了。

图穷而匕首现,荆轲牺牲了。继荆轲之后,高渐离带着今天已经不见了的乐器筑,独自接近了秦王。他被秦王认出是荆轲党人,被挖去眼睛,阶下演奏以取乐。但是高渐离筑中灌铅,乐器充兵,艰难地实施了第二次攻击。

不知道高渐离举着筑扑向秦王时,他究竟有过怎样的表情。那时人们议论勇者时,似乎有着特殊的见地和方法论。田光向太子丹推荐荆轲时曾阐述说,血勇之人,怒而面赤;脉勇之人,怒而面青;骨勇之人,怒而面白。那时人们把这个问题分析得入骨三分,一直深入到生理上。田光对荆轲的评价是:神勇之人,怒而色不变。

我无法判断高渐离脸上的颜色。

回忆着他们的行迹,我激动,我更怅然若失,我无法表述自己战栗般的感受。

高渐离奏雅乐而行刺的行为,更与燕国太子的事业无关。他的行为,已经完全是一种不屈情感的激扬,是一种民众对权势的不可遏止的蔑视,是一种已经再也寻不回来的、凄绝的美。

5

我们对荆轲故事的最近的一次回顾是在狼牙山,八路军的五名勇士如荆轲一去不返,使古代的精神骄傲地得到了继承。有一段时期有不少青年把狼牙山当成圣地。记得那时狼牙山的主峰棋盘砣上,每天都飘扬着好多面红旗,从山脚下的东流水村到陡峭的阎王鼻子的险路上，每天都络绎不绝地攀登着风尘仆仆的中学生。

我自己登过两次狼牙山，两次都是在冬天。那时人们喜欢模仿英雄。伙伴们在顶峰研究地形和当年五勇士的位置，在凛冽的山风呼啸中，让心中充满豪迈的感觉。

不用说，无论是刺客故事还是许由故事，都并不使人读了快乐。读后的体会很难言传。暗暗偏爱它们的人会有一些模糊的结论。近年来我常常读它们。没有结论，我只是喜爱读时的感觉。那是一种清冽、干净的感觉。他们栩栩如生。独自面对着他们，我永远承认自己的低下。经常地这样与他们在一起，渐渐我觉得被他们的精神所熏染，心一天天渴望清洁。

是的，是清洁。他们的勇敢，来源于古代的洁的精神。

记不清是什么时候读到的了，有一个故事：舞台上曾出过一个美女，她认为，在暴政之下演出是不洁的，于是退隐多年不演。时间流逝，她衰老了，但正义仍未归来。天下不乏美女。在她坚持清洁的精神的年代里，另一个舞女登台并取代了她。没有人批评那个人粉饰升平和不洁，也没有人忆起仗义的她。更重要的是，世间公认那个登台者很美。晚年，她哀叹道，我视洁为命，因洁而勇，以洁为美。世论与我不同，天理也与我不同吗？

我想，我们无权让清洁地死去的灵魂湮灭。

但她象征的只是无名者，未做背水一战的人，是一个许由式的清洁而无力的人，而聂政、荆轲是完全不同的类型。他们是无力者的安慰，是清洁的暴力，是不义的世界和伦理的讨伐者。

若是那个舞女决心向暴君行刺，又会怎样呢？

因此没有什么恐怖主义，只有无助的人绝望的战斗。鲁迅一定深深地体会过无助。鲁迅，就是被腐朽的势力，尤其是被他即便死也"一个都不想饶恕"的人们逼得一步步完成自我、并濒临无助的绝境的思想家和艺术家。他创造的怪诞的刺客形象"眉间尺"变成了白骨骷髅，在滚滚的沸水中追咬着仇敌的头——不知算不算恐怖主义。尤其是，在《史记》已经留下了那样不可超越的奇笔之后，鲁迅居然仍不放弃，仍写出了眉间尺。鲁迅做的这件事值得注意。从鲁迅做的这件事中，也许能看见鲁迅思想的犀利、激烈的深处。

许由故事中的底层思想也在发展。几个浑身发散着异端光彩的刺客，都是大时代中地位卑贱的人。他们身上的异彩为王公贵族所不具备。国家危亡之际非壮士们无人挺身而出。他们视国耻为不可容忍，把这种耻看成自己私人的、必须以命相抵的奇辱大耻——中国文明中的"耻"的观念就这样强化了，它对一个民族的支撑意义，也许以后会日益清晰。

不用说，在那个大时代中，除了耻的观念外，豪迈的义与信等传统也一并奠基。一诺千金，以命承诺，舍生取义，义不容辞——这些中国文明中的有力的格言，都是经过了志士的鲜血浇灌以后，才如同淬火之后的铁，如同沉水之后的石一样，铸入了中国的精神。

我们的精神，起源于古代的"洁"字。

登上中岳嵩山的太室，有一种可以望尽中国的感觉。视野里，整个北方一派迷茫。冬树、野草和毗连的村落还都是那么纯朴。我独自久久地望着，心里鼓漾着充实的心情。昔日因壮举而得名的处处地点都安在，大地依然如故。包括时间，好像几千年的时间并没有弃我们而去。时间好像一直在静静地守护着这片土地，以及我崇拜的烈士们。我仿佛看见了匆匆离去的许由，仿佛看见了聂政的故乡深井里，仿佛看见了在寒冷冬日的易水河畔、在肃杀的风中唱和相约的荆轲和高渐离，仿佛看见了山峰挺拔的狼牙山上与敌决战的五壮士。

中国给予我们教育的时候，从来都是突兀的。几次突然燃起的熊熊烈火，极大地纠正了我们的悲观。是的，我们谁也没有权力对中国妄自菲薄。应当坚信：在大陆上孕育了中国的同时,最高尚的洁意识便同时生根。那是四十个世纪以前播下的高贵种子,它百十年一发,只要显形问世,就一定以骇俗的美久久引起震撼。它并非我们常见的风情事物,我们应该等待它。

(选自《清洁的精神》,张承志著,中信出版社 2008 年版)

【知识链接】

走进文化和心灵——读张承志和余秋雨的近作
郭灿金

张承志和余秋雨的作品能在当代文坛出现并在一定范围内拥有固定的读者,我认为深具象征意义,至今他们存在的重要性还没完全凸显出来,但张承志对于心灵的捍卫,余秋雨对于文化的关注却越来越显示了他们的精神和操守。由于他们的存在使黯淡的文坛现出了些许断霞散彩,他们在悄然声明人类的良知尚在;文化的良知尚在。

张承志是一个孤独的作家,为了心灵的自由,他曾放弃了许多,多少年来,他避开了喧嚣与浮华,浪迹于中亚大陆,心灵深入哲合忍耶,出版了《心灵史》《绿风土》《荒芜英雄路》《神示的诗篇》《清洁的精神》等一批作品,从而使我们看到了一种可能,一种人生可以获得自救的可能。

应该说张承志是一位理想主义者,张承志最终关怀的是人类心灵的自由与精神的独立,因而他把一次次的圣徒殉教写得可歌可泣、荡气回肠,把一次次的感悟与震撼写得异常神秘和诗意,于不知不觉中,他在向人们指出一条若明若暗的道路:自救在于回归心灵,走向尽善尽美的心灵,清洁的心灵。

张承志作品的意义在于确立了心灵自由的地位,从这点上说他的作品可能具有划时代的意义,使我们在广泛的沉沦与不义中反观内心,主动地抛弃某些东西,等待某些东西,寻找某些东西,以使我们的心灵有所皈依和寄托,并不惜为之付出。

无论从哪种意义上说,在时隐时现的精神侵犯来临时,在正义、人道、真理、美日益受到围困裹卷之时,我们都不能不读张承志的作品。

也许是一种巧合,在北京的张承志遁入心灵,呼唤"清洁的精神"的同时,上海学者余秋雨却从文化的角度切入,以一篇篇厚重的作品探讨着文化的良知。

在余秋雨新近出版的两本集子——《文化苦旅》和《文明的碎片》里,他以浓墨重彩讲述着一个又一个关于文化与文明的故事。《道士塔》《阳关雪》《西湖梦》《笔墨祭》《乡关何处》《流放者的土地》……一直都在重复一个主题:文明与野蛮的斗争中并不是每次获胜的都是文明,于是敦煌的文物流失了、阳关消失了、圆明园成为了废墟……因而文化良知的重要性便显示了出来。在民族文化与人类尊严面前,任何缺少良知的文化都必将是软弱,重新构建文化良知便显得日益重要和迫切。

作为作家,可能张承志和余秋雨过于严肃,但是他们都尖锐地揭示我们面对文化上的媚俗倾向:人们该怎么办,作家该怎么办,面对小市民文化上的"小康"要求,作家们应该不应该想一想荷尔德林那句最原初的质问——"诗人何为?"

我以为张承志和余秋雨的作品昭示了两个方向,也许现在下断言尚为时过早,但我仍然想说:有些东西决不会和时间一起流逝,它们注定要传之久远,为后世留下一个榜样。(《中华读书报》)

阅读书目

1. 张承志.清洁的精神[M].北京:中信出版社,2008.
2. 张承志.张承志精选集[M].北京:北京燕山出版社,2006.
3. 杨怀中.张承志研究[M].银川:宁夏人民出版社,2011.
4. 蔡翔.一个理想主义者的精神漫游[M].上海:华东师范大学出版社,2014.

【拓展与训练】

1. 作者说:"关于汉字里的'洁',人们早已司空见惯、不假思索、不以为然,甚至清洁可耻、肮脏光荣的准则正在风靡时髦。"你认为是这样吗?请细读原文,谈谈你对"清洁的精神"的理解。

2. 阅读张承志的作品《清洁的精神》《荒芜英雄路》和余秋雨的作品《文化苦旅》《千年一叹》,比较二者思想内容和艺术风格上的异同。

3. 散文篇幅短小,却思想内容深刻,能把作者经历见闻中的真情实感抒发出来,也是同学们喜爱的写作文体之一,请写一篇散文并互相交流阅读。

论 踢 屁 股

林语堂

中国社会只有两种阶级：踢人家屁股者，及预备屁股给人家踢者。读书上学就是预备将来踢人家屁股的门路。

同是一副屁股，给外人踢比给国人踢荣幸。同是一只脚，踢国人比踢外人有劲。

被外人踢屁股者常要向被国人踢屁股者夸耀。被国人踢屁股者常要向被外人踢屁股者表示钦慕曰："胡为我后？"

奴才最善献屁股，一旦得志，亦最善踢人家屁股。

儒家"定位"之说，是叫踢屁股者放心踢，叫被踢屁股者安分被踢。但安分之说总有点未足，故必益以道家为天下谿之说，其中有消极与积极之别。"安分"只是安分而已，坐待可以不必安分之时，并非满意；为天下谿，常德不离，则以居下为得势，以屁股被踢为乐。故中国人得意时信儒教，以踢人屁股为代天行教，失意时信老庄，以屁股被踢为得天。故中国人得遇时深觉庙堂之美，不遇时深觉山林之美。

弄堂中两个小孩子打架，拳头大的信儒教，拳头小的信佛教。

踢屁股有天才，献屁股亦有本性。天才应踢人家屁股而忽遇屁股不愿被踢，则英雄无用武之地，必骂其人如何如何。本性要献屁股求人踢而觅不到主人者，必饮酒赋诗，自叹时运不济。踢人屁股者大都亦愿人踢其屁股，只要他认为对方有踢人家屁股的身份和福气。衙役、卑隶、司阍、马弁、政客、官僚等皆同时进行踢屁股及献屁股。

在君君、臣臣、父父、子子的国家，天下有道，则皇帝踢皇后的屁股，皇后踢宦官的屁股，宦官踢大臣的屁股，大臣踢疆吏的屁股，疆吏踢太守的屁股，太守踢庶人的屁股。假定自天子以至于庶人皆安分守己，循道不逾，一面被踢，一面踢人家，则分定位安身修家齐而国治天下平。天下无道，则宦官被皇帝踢屁股而哭诉于皇后之前，皇后反而踢天子屁股，于是上行下效，庶人踢太守屁股，太守踢疆吏屁股……是谓人心不古，天下大乱，百姓造反，而有革命党出现。

少年人好打倒人家，反踢踢之者之屁股。老成人则反是，有涵养。因为经验，阅历，世故告诉他，反踢者逆天，常要头破血流，至少亦须常坐冷板凳，甘受踢者顺天，顺天则宦囊饱满，升官晋爵，命中有软垫沙发可坐。

文人政客失意时，每代屁股被踢之小百姓抱不平，主张屁股不应被踢，以合民治精神；得意时，又主张凡屁股皆有应踢之义，以符治安之旨。

读书人踢百姓之屁股，而武人又从而踢读书人之屁股，文人政客上台后，主张凡屁股非自我踢之不可，为公为私，皆不得不牺牲个人，为国效劳。不久，武人将他踢下来，亦恭颂曰："这一脚踢得好啊！"然而不久，又主张，凡踢屁股是违反民治精神。

由被动的踢升为主动的踢，其中有一层工夫，叫做"摸"。然凡摸赵孟之屁股者，赵孟即有踢其屁股之权利。

　　同时好踢屁股，又以被踢时喊痛与不痛为分，被踢而不喊痛者谓之有"涵养"，好喊痛者谓之"不识抬举"。在中国屁股怕踢，或一踢便喊痛，还能算做屁股吗？

　　斯巴达儿童亦有打屁股不许喊痛之练习。但情形又与中国不同。斯巴达人是练习不喊痛，不是练习给敌人踢屁股，而且同时练习反踢。因为斯巴达人骁勇善战，亦善踢雅典人之屁股。

　　踢屁股哲学已深入吾国人心理，要把它革除，以一百年为限。

（选自《林语堂散文经典全编》卷二，林语堂著，九州出版社2006年版）

寂寞天柱山

余秋雨

一

现在有很多文化人完全不知道天柱山的所在,这实在是不应该的。

我曾惊奇地发现,中国古代许多大文豪、大诗人都曾希望在天柱山(潜山)安家。他们走过的地方很多,面对着佳山佳水一时激动,说一些过头话是不奇怪的;但是,声言一定要在某地安家,声言非要在那里安度晚年不可,而且身处不同的时代竟不谋而合地如此声言,这无论如何是罕见的。

唐天宝七年,诗人李白只是在江上路过时远远地看了看天柱山,便立即把它选为自己的归宿地:"待吾还丹成,投迹归此地。"过了些年,安禄山叛乱,唐玄宗携杨贵妃出逃蜀中,《长恨歌》《长生殿》所描写过的生生死死大事件发生在历史舞台上,那个时候李白到哪里去了呢?原来他正躲在天柱山静静地读书。唐代正在漫漫艳情和浩浩狼烟间作艰难的选择,我们的诗人却选择了天柱山。当然,李白并没有炼成丹,最终也没有"投迹归此地",但历史还是把他的这个真诚愿望留下了。

想在天柱山安家的愿望比李白还要强烈的,是宋代大文豪苏东坡。苏东坡在 40 岁时曾遇见过一位在天柱山长期隐居的高人,两人饮酒畅叙三日,话题总不离天柱山,苏东坡由此而想到自己在颠沛流离中年方 40 而华发苍然,下决心也要拜谒天柱山来领略另一种人生风味。"年来四十发苍苍,始欲求方救憔悴。他年若访潜山居,慎勿逃人改名字。"这便是他当时随口吟出的诗。后来,他在给一位叫李惟熙的友人写信时又说:"平生爱舒州风土,欲卜居为终老之计。"他这里所说的舒州便是天柱山的所在地,也可看作是天柱山的别称。请看,这位游遍了名山大川的旅行家已明确无误地表明要把卜居天柱山作为"终老之计"了。他这是在用诚恳的语言写信,而不是作诗,并无夸张成分。直到晚年,他的这个计划仍没有改变。老人一生最后一个官职竟十分巧合的是"舒州团练副使",看来连上天也有意成全他的"终老之计"了。他欣然写道:

> 青山只在古城隅,
> 万里归来卜筑居。

把到天柱山来说成是"归来",分明早已把它看成了家。但如众所周知,一位在朝野都极有名望的 60 余岁老人的定居处所已不是他本人的意向所能决定的了,和李白一样,苏东坡也没有实现自己的"终老之计"。

与苏东坡同时代的王安石是做大官的人,对山水景物比不得李白、苏东坡痴情,但有趣的是,他竟然对天柱山也抱有终身性的迷恋。王安石在 30 多岁时曾做过 3 年舒州通判,多次畅游过天柱山,后来虽然宦迹处处,却怎么也丢不下这座山,用现代语言来说,几乎是打上了一个松解不开的"情结"。不管到了哪儿,也不管多大年纪了,他只要一想到天柱山就经常羞愧:

> 相看发秃无归计，
> 一梦东南即自羞！

这两句取自他《怀舒州山水》一诗，天柱山永远在他梦中，而自己头发秃谢了也无法回去，他只能深深"自羞"了。与苏东坡一样，他也把到天柱山说成是"归"。

王安石一生经历的政治风浪多，社会地位高，但他总觉得平生有许多事情没有多大意思，因此，上面提到的这种自羞意识总是一而再、再而三地浮现于心头：

> 看君别后行藏意，
> 回顾潜楼只自羞。

只要听到有人要到天柱山去，他总是送诗祝贺，深表羡慕。"搅辔羡君桥北路"，他多么想跟着这位朋友一起纵马再去天柱山啊，但他毕竟是极不自由的，"宦身有吏责，舣事遇嫌猜"，他只能把生命深处那种野朴的欲求克制住。而事实上，他真正神往的生命状态乃是：

> 野性堪如此，
> 潜山归去来。

还可以举出一些著名文学家来。例如在天柱山居住过一段时间的黄庭坚此后总是口口声声"吾家潜山，实为名山之福地"，而实际上他是江西人，真正的家乡离天柱山（潜山）还远得很。

再列举下去有点"掉书袋"的味道了，就此打住吧。我深感兴趣的问题是，在华夏大地的崇山峻岭中间，天柱山究竟凭什么赢得了这么多文学大师的厚爱？

很可能是它曾经有过的宗教气氛。天柱山自南北朝特别是隋唐以后，佛道两教都非常兴盛。佛教的二祖、三祖、四祖都曾在此传经，至今三祖寺仍是全国著名的禅宗古刹；在道教那里，天柱山的地理位置使它成为"地维"，是"九天司命真君"的居住地，很多道家大师都曾在这里学过道。这两大宗教在此交汇，使天柱山一度拥有层层叠叠的殿宇楼阁，气象非凡。对于高品位的中国文人来说，佛道两教往往是他们世界观的主干或侧翼，因此这座山很有可能成为他们漫长人生的精神皈依点。这种山水化了的宗教，理念化了的风物，最能使那批有悟性的文人畅意适怀。例如李白、苏东坡对它的思念，就与此有关。

也可能是它所蕴含的某种历史魅力。早在公元前106年，汉武帝曾到天柱山祭祀，封此山为南岳，这次祭山是连伟大的历史学家司马迁也跟随来了的。后来，天柱山地区出过一些让一切中国人都难以忘怀的历史人物，例如赫赫大名的三国周瑜，以及"小乔初嫁了"的二乔姐妹。这般风流倜傥，又与历史的大线条连结得这般紧密，本是历代艺术家恒久的着眼点，无疑也会增加这座山的诱惑力。王安石初到此地做官时曾急切询问当地百姓知道不知道这里出过周瑜，百姓竟然都不知道，王安石深感寂寞，但这种寂寞可能更加增添了诱惑。一般的文人至少会对乔氏姐妹的出生地发生兴趣："乔公二女秀所钟，秋水并蒂开芙蓉。只今冷落遗故址，令人千古思余风。"（罗庄：《潜山古风》）

当然，还会有其他可能。

但是在我看来，首要条件还是它的自然风景。如果风景不好，佛道寺院不会竞相在这里筑建，出了再大的名人也不会叫人过多地留连。那么，且让我们进山。

二

我们是坐长途汽车进天柱山的，车上有10多个人，但到车停下以后一看，他们大多是山民和茶农,一散落到山岙里连影子也没有了,真正来旅游的只是我们。

开始见到过一个茶庄,等到顺着茶庄背后的山路翻过山,就再也见不到房舍。山外的一切平泛景象突然不见,一时涌动出无数奇丽的山石,山石间掩映着丛丛簇簇的各色林木,一下子就把人的全部感觉收服了。我在想,这种著名的山川实在是造物主使着性子雕镂出来的千古奇迹。为什么到了这里,一切都变得那么可心了呢?在这里随便选一块石头搬到山外去都会被人当作奇物供奉起来,但它就是不肯匀出去一点,让外面的开阔地长久地枯燥着,硬是把精华都集中在一处,自享自美。水也来凑热闹,不知从哪儿跑出来的,这儿一个溪涧,那儿一道瀑布,贴着山石幽幽地流,欢欢地溅。此时外面正是炎暑炙人的盛夏,进山前见过一条大沙河,浑浊的水,白亮的反光,一见之下就平添了几分烦热;而在这里,几乎每一滴水都是清澈甜凉的了,给整个山谷带来一种不见风的凉爽。有了水声,便引来虫叫,引来鸟鸣,各种声腔调门细细地搭配着,有一声、没一声,搭配出一种比寂然无声更静的静。你就被这种静控制着,脚步、心情、脸色也都变静。想起了高明的诗人、画家老是要表现的一种对象:静女。这种女子,也是美的大集中,五官身材一一看去,没有一处不妥帖的,于是妥帖成一种难于言传的宁静。德国哲学家莱辛曾在《拉奥孔》一书中嘲笑那种把美女的眼睛、鼻子、嘴巴分开来逐个描绘的文学作品,这是嘲笑对了的。其实风景也是一样,我最不耐烦有的游记作品对各项自然风景描摹得过于琐细,因此也随之不耐烦书店里的《风景描写辞典》之类。站在天柱山的谷岙里实在很难产生任何分割性的思维,只觉得山谷抱着你,你又抱着山谷,都抱得那样紧密,逮不到一丝遣字造句的空间。猛然想起黄庭坚写天柱山的两句诗:

> 哀怀抱绝景,
> 更觉落笔难。

当然不是佳句,却正是我想说的。

长长的山道上很难得见到人。记得先是在一处瀑布边见到过两位修路的民工,后来在通向三祖寺的石阶上见过一位挑肥料的山民,最后在霹雳石边上见到一位蹲在山崖边卖娃娃鱼的妇女。曾问那位妇女:整个山上都没有人,娃娃鱼卖给谁呢?妇女一笑,随口说了几句很难听懂的当地土话,像是高僧的偈语。色彩斑斓的娃娃鱼在瓶里停伫不动,像要从寂寞的亘古停伫到寂寞的将来。

山道越走越长,于是宁静也越来越纯。越走又越觉得山道修筑得非常完好,完好得与这个几乎无人的世界不相般配。当然得感谢近年来的悉心修缮,但毫无疑问,那些已经溶化为自然景物的坚实路基,那些新桥栏下石花苍然的远年桥墩,那些指向风景绝佳处的磨滑了的石径,却镌刻下了很早以前曾经有过的繁盛。无数的屋檐曾从崖石边飞出,磬钹声此起彼伏,僧侣和道士们在山道间拱手相让,远道而来的士子们更是指指点点,东张西望。是历史,是无数双远去的脚,是一代代人登攀的虔诚,把这条山道连结得那么通畅,踩踏得那么殷实,流转得那么潇洒自如。

如果在荆莽丛中划开一条小路,一次次低头曲腰地钻出身子来,麻烦虽然麻烦,却绝不会寂寞;今天,分明走在一条足以容纳浩浩荡荡的朝山队伍的畅亮山道上,却不知为何突然消失了全部浩浩荡荡,光剩下了我们,于是也就剩下了寂寞,剩下了惶恐。

进山前曾在一堵墙壁上约略看过游览路线图,知道应有许多景点排列着,一直排到最后的天柱峰。据说站在天池边仰望天柱峰,还会看到一种七彩光环层层相套的"宝光"。但是,我们走得那么久了,怎么就找不到路线图上的诸多景点呢?也许根本走错了路?或者倒是抄了一条近路,天柱峰会突然在眼前冒出来?人在寂寞和惶恐中什么念头都会产生,连最后一点意志力也会让位给侥幸。就在这时,终于在路边看到一块石头路标,一眼看去便一阵激动:天柱峰可不真的走到了!但定睛再看时发现,写的是天蛙峰,那个蛙字远远看去与柱字相仿。

总算找到了一个像样的景点。天蛙峰因峰顶有巨石很像一只青蛙而得名。与天蛙峰并列有降丹峰和天书峰,一峰峰登上去,远看四周,云翻峰涌,确实是大千气象。峰顶有平坦处,舒舒展展地仰卧在上面,顿时山啊、云啊、鸟啊,都一起屏息,只让你静静地休憩。汗收了,气平了,懒劲也上来了,再不想挪动。这儿有远山为墙,白云为盖,那好,就这样软软地躺一会儿。

有一阵怪异的凉风吹在脸上,微微睁开眼,不好,云在变色,像要下雨,所有的山头也开始探头探脑地冷笑。一骨碌起身,突然想起一路绝无避雨处,要返回长途汽车站还有漫长的路途。不知今天这儿是否还会有长途汽车向县城发出?赶快返回吧,天柱峰在哪儿,想也不敢去想了。

后来,等我们终于赶回到那幅画在墙上的游览线路图前才发现,我们所走的路,离天柱峰还不到三分之一。许许多多景点,我们根本还没有走到呢。

三

我由此而不能不深深地叹息。

论爬山,我还不算是一个无能者,但我为何独独消受不住天柱山的长途和清寂呢?我本以为进山之后可以找到李白、苏东坡他们一心想在山中安家的原因,为什么这个原因离我更加遥远了呢?

也许不能怪我。要不然堂堂天柱山为何游人这般稀少呢?

据说,很有一些人为此找过原因。有人说,虽然汉武帝封它为南岳,但后来隋文帝却把南岳的尊称转让给了衡山,它既被排除在名山之外,也就冷落了。对这种说法只可一笑了之。因为天柱山真正的兴盛期都在撤销封号之后,更何况从未被谁封过的黄山、庐山不正热闹非凡?

也有人认为是交通不便,从合肥、安庆到这里要花费半天时间。这自然也不成理由,那些更其难于抵达的地方如峨嵋乃至敦煌,不也一直熙熙攘攘?

我认为,天柱山之所以能给古人一种居家感,一个比较现实的原因是它地处江淮平原,四相勾连,八方呼应,水陆交通畅达,虽幽深而无登之苦,虽奇丽而无柴米之匮,总而言之,既宁静又方便。但是,正是这种重要的地理位置,险要而又便利的生存条件,使它一次次成了兵家必争之地,成了或要严守、或要死攻的要塞所在。这样,它就要比其他风景胜地不幸得多。不间断的兵燹几乎烧毁了每一所寺院和楼台,留下一条挺像样子却又无处歇脚的山路,在寂静中蜿蜒。

我敢断定,古代诗人们来游天柱山的时候,会在路边的寺庙道院里找到不少很好的食宿处,一天一天地走过去,看完七彩宝光再洒洒脱脱地逛回来。要不然,怎么也产生不了在这儿安家的念头。

因此,是多年的战争,使天柱山丧失了居家感,也使它还来不及为现代游人作应有的安排。

空寂无人的山岙,留下了历史的强蛮。

……

(节选自《文化苦旅》,余秋雨著,东方出版中心1992年版)

冬天的湖(节选)

[美]梭罗

睡过了一个安静的冬天的夜晚,而醒来时,印象中仿佛有什么问题在问我,而在睡眠之中,我曾企图回答,却又回答不了——什么——如何——何时——何处?可这是黎明中的大自然,其中生活着一切的生物,她从我的大窗户里望进来,脸色澄清,心满意足,她的嘴唇上并没有问题。醒来便是大自然和天光,这便是问题的答案。雪深深地积在大地,年幼的松树点点在上面,而我的木屋所在的小山坡似乎在说:"开步走!"大自然并不发问,发问的是我们人类,而它也不作回答。它早就有了决断了。"啊,王子,我们的眼睛察审而羡慕不置,这宇宙的奇妙而多变的景象便传到了我们的灵魂中。无疑的,黑夜把这光荣的创造遮去了一部分;可是,白昼再来把这伟大作品启示给我们,这伟大作品从地上伸展,直到太空中。"

于是我干我的黎明时的工作。第一,我拿了一把斧头和桶子找水去,如果我不是在做梦。过了寒冷的、飘雪的一夜之后,要一根魔杖才有办法找到水呢。水汪汪的微抖的湖水,对任何呼吸都异常地敏感,能反映每一道光和影,可是到了冬天,就冻结了一英尺,一英尺半,最笨重的牲畜它也承受得住,也许冰上还积了一英尺深的雪,使你分别不出它是湖还是平地。像周围群山中的土拨鼠,它阖上眼睛,要睡三个月或三个月不止。站在积雪的平原上,好像在群山中的牧场上,我先是穿过一英尺深的雪,然后又穿过一英尺厚的冰,在我的脚下开一个窗,就跪在那里喝水,又望入那安静的鱼的客厅,那儿充满了一种柔和的光,仿佛是透过了一层磨砂玻璃照进去的似的,那细沙的底还跟夏天的时候一样,在那里一个并无波涛而有悠久澄清之感的,像琥珀色一样的黄昏正统治着,和那里的居民的冷静与均衡气质却完全协调。天空在我脚下,正如它之又在我们头上。

每天,很早的时候,一切都被严寒冻得松脆,人们带了钓竿和简单的午饭,穿过雪地来钓鲈鱼和梭鱼;这些野性未驯的人们,并不像他们城里的人,他们本能地采用另外的生活方式,相信另外的势力,他们这样来来去去,就把许多城市部分地缝合在一起了,否则的话,城市之间还是分裂的。他们穿着结实的粗呢大衣坐在湖岸上,在干燥的橡树叶上吃他们的饭餐,他们在自然界的经验方面,同城里人在虚伪做作方面一样聪明。他们从来不研究书本,所知道和所能说的,比他们所做的少了许多。他们所做的事据说还没有人知道。这里有一位,是用大鲈鱼来钓梭鱼的。你看看他的桶子,像看到了一个夏天的湖沼一样,何等惊人啊,好像他把夏天锁在他的家里了,或者是他知道夏天躲在什么地方。你说,在仲冬,他怎么能捉到这么多?啊,大地冻了冰,他从朽木之中找出了虫子来,所以他能捕到这些鱼。他的生活本身,就在大自然深处度过的,超过了自然科学家的钻研深度;他自己就应该是自然科学家的一个研究专题。科学家轻轻地把苔藓和树皮,用刀子挑起,来寻找虫子;而他却用斧子劈到树木中心,苔藓和树皮飞得老远。他是靠了剥树皮为生的。这样一个人就有了捕鱼权了,我爱见大自然在他那里现身。鲈鱼吃了蜻蜓,梭鱼吃了鲈鱼,而渔夫吃了梭鱼;生物等级的所有空位就是这样填满的。

当我在有雾的天气里,绕着湖闲步时,有时我很有兴味地看到了一些渔人所采取的原始的生活方式。也许他在冰上掘了许多距离湖岸相等的小窟窿,各自距离四五杆,把白杨枝横在上面,用绳子缚住了丫枝,免得它被拉下水去,再在冰上面一英尺多的地方把松松的钓丝挂在白杨枝上,还缚了一张干燥的橡叶,这样钓丝给拉下去的时候,就表明鱼已上钩了。这些白杨枝显露在雾中,距离相等,你绕湖边走了一半时,便可以看到。

啊,瓦尔登的梭鱼!当我躺在冰上看它们,或者,当我望进渔人们在冰上挖掘的井,那些通到水中去的小窟窿的时候,我常常给它们的稀世之美弄得惊异不止,好像它们是神秘的鱼,街上看不到,森林中看不到,正如在康科德的生活中看不到阿拉伯一样。他们有一种异常炫目、超乎自然的美,这使它们跟灰白色的小鳕鱼和黑线鳕相比,不啻天渊之别,然而后者的名誉,却传遍了街道。它们并不绿得像松树,也不灰得像石块,更不是蓝得像天空的;然而,我觉得它们更有稀世的色彩,像花,像宝石,像珠子,是瓦尔登湖水中的动物化了的核或晶体。它们自然是彻头彻尾的瓦尔登;在动物界之中,它们自身就是一个个小瓦尔登,这许多的瓦尔登啊!惊人的是它们在这里被捕到,——在这深而且广的水中,远远避开了瓦尔登路上旅行经过的驴马,轻便马车和铃儿叮当的雪车,这伟大的金色的翠玉色的鱼游泳着。这一种鱼我从没有在市场上看到过;在那儿,它必然会成众目之所瞩注。很容易的,只用几下痉挛性的急转,它们就抛弃了那水露露的鬼影,像一个凡人还没有到时候就已升上了天。

因为我渴望着把瓦尔登湖的相传早已经失去的湖底给予恢复,我在一八四六年初,在融冰之前就小心地勘察了它,用了罗盘、铰链和测水深的铅锤。关于这个湖底,或者说,关于这个湖的无底,已经有许多故事传诵,那许多故事自然是没有根据的。人们并不去探查湖底,就立刻相信它是无底之湖,这就奇怪极了。我在这一带的一次散步中曾跑到两个这样的无底湖边。许多人非常之相信,认为瓦尔登一直通到地球的另外一面。有的人躺卧在冰上,躺了很久,通过那幻觉似的媒介物而下瞰,也许还望得眼中全是水波,但是他们怕伤风,所以很迅速地下了结论,说他们看到了许多很大的洞穴,如果真有人会下去填塞干草,"其中不知道可以塞进多少干草",那无疑是冥河的入口,从这些入口可以通到地狱的疆域里去。另外有人从村里来,驾了一头五十六号马,绳子装满了一车,然而找不出任何的湖底;因为,当五十六号在路边休息时,他们把绳子放下水去,要测量它的神奇不可测量,结果是徒然。可是,我可以确切地告诉读者,瓦尔登有一个坚密得合乎常理的湖底,虽然那深度很罕见,但也并非不合理。我用一根钩鳕鱼的钓丝测量了它,这很容易,只需在它的一头系一块重一磅半的石头,它就能很准确地告诉我这石头在什么时候离开了湖底,因为在它下面再有湖水以前,要把它提起来得费很大力气。最深的地方恰恰是一百零二英尺;还不妨加入后来上涨的湖水五英尺,共计一百零七英尺。湖面这样小,而有这样的深度,真是令人惊奇,然而不管你的想象力怎样丰富,你不能再减少它一英寸。如果一切的湖都很浅,那又怎么样呢?难道它不会在人类心灵上反映出来吗?我感激的是这一个湖,深而纯洁,可以作为一个象征。当人们还相信着无限的时候,就会有一些湖沼被认为是无底的了。

一个工厂主,听说了我所发现的深度之后,认为这不是真实的,因为根据他熟悉水闸的情况而言,细沙不能够躺在这样峻峭的角度上。可是最深的湖,按它的面积的比例来看,也就不像大多数人想象的那么深了,如果抽干了它的水来看一看,留下的并不是一个十分深邃的山谷。它们不是像山谷似的杯形,因为这一个湖,就它的面积来说已经深得出奇了,通过中心的纵切面却只是像一只浅盘子那样深。大部分湖沼抽干了水,剩下来的是一片草地,并不比我们时常看到的低洼。威廉·吉尔平在描写风景时真是出色,而且总是很准确的,站在苏格兰的费因湖湾的尖端上,他描写道,"这一湾盐水,六七十英尺深,四英里阔,"约五十英里长,四面全是高山,他还加以评论:"如果我们能在洪水泛滥,或者无论大自然的什么痉挛造成它的时候,在那水流奔湍入内以前,这一定是何等可怕的缺口啊!"

"高耸的山峰升得这高,
低洼的湖底沉得这低,
阔而广,好河床——。"

可是,如果我们把费因湖湾的最短一条直径的比例应用在瓦尔登上,后者我们已经知道,纵切面只不过是一只浅盘形,那末,它比瓦尔登还浅了四倍。要是费因湖湾的水一股脑儿倒出来,那缺口的夸大了的可怕程度就是这样。无疑问的,许多伸展着玉米田的笑眯眯的山谷,都是急流退去以后露出的"可怕的缺口",虽然必须有地质学家的洞察力与远见才能使那些始料所未及的居民们相信这个事实。在低低的地平线上的小山中,有鉴识力的眼睛可以看出一个原始的湖沼来,平原没有必要在以后升高,来掩盖它的历史。但是像在公路上做过工的人一样,都很容易知道,大雨以后,看看泥水潭就可以知道哪里是洼地。这意思就是说,想象力,要允许它稍稍放纵一下,就要比自然界潜下得更低,升起得更高。所以,海洋的深度,要是和它的面积一比,也许是浅得不足道也。

我已经在冰上测量了湖的深度,现在我可以决定湖底的形态了,这比起测量没有冻冰的港湾来要准确得多,结果我发现它总的说来是规则的,感到吃惊。在最深的部分,有数英亩地是平坦的,几乎不下于任何阳光下、和风中那些被耕植了的田野。有一处,我任意地挑了一条线,测量了三十杆,可是深浅的变化不过一英尺;一般地说来,在靠近湖心的地方,向任何方向移动,每一百英尺的变化,我预先就可以知道,不过是三四英寸上下的深浅。有人惯于说,甚至在这样平静的、沙底的湖中有着深而危险的窟窿,可是若有这种情况,湖水早把湖底的不平一律夷为平底了。湖底的规则性,它和湖岸以及邻近山脉的一致性,都是这样地完美,远处的一个湖湾,从湖的对面都可以测量出来,观察一下它的对岸,已可以知道它的方向。岬角成了沙洲和浅滩,溪谷和山峡成了深水与湖峡。

当我以十杆比一英寸的比例画了湖的图样,在一百多处记下了它们的深度,我更发现了这惊人的一致性了。发现那记录着最大深度的地方恰恰在湖心,我用一根直尺放在最长的距离上画了一道线,又放在最宽阔的地方画了一道线,真使人暗暗吃惊,最深处正巧在两线的交点,虽然湖的中心相当平坦,湖的轮廓却不很规则,而长阔的悬殊是从凹处量出来的,我对我自己说道,谁知道是否这暗示了海洋最深处的情形之正如一个湖和一个泥水潭的情形一样呢? 这一个规律是否也适用于高山,把高山与山谷看作是相对的? 我们知道一个山的最狭的地方并不一定是它的最高处。

五个凹处中有三个,我全去测量过,口上有一个沙洲,里面却是深水,可是那沙洲的目的,不仅是为了面积上扩张,也为了向深处扩张,形成一个独立的湖沼似的盆地,而两个岬角正表明了沙洲的方位。海岸上的每一个港埠的入口处也都有一个沙洲。正如凹处的口上,阔度大于它的长度,沙洲上的水,在同比例度内,比盆地的水更深。所以把凹处的长阔数和周遭的湖岸的情形告诉给你之后,你就几乎有充分的材料,可以列出公式,凡是这一类情况都用得上它。

……

(选自《瓦尔登湖》,梭罗著,徐迟译,上海译文出版社 2006 年版)

第三单元　小　　说

一、小说的定义及中国"小说"观念的变迁

小说是一种以刻画人物为中心，通过完整的故事情节和具体的环境描写，形象、深刻、多方位地反映社会生活的叙事性文学体裁。小说有三要素：人物、故事情节、环境。

"小说"一词在中国起初并非指文学体裁。该词最早见于《庄子·外物》："夫揭竿累，趣灌渎，守鲵鲋，其于得大鱼难矣。饰小说以干县令，其于大达亦远矣。"（"县"通"悬"，高也；"令"，美也；"干"，追求。）这句话意思是说：举着细小的钓竿钓绳，奔走于灌溉用的沟渠之间，只能钓到泥鳅之类的小鱼，而想获得大鱼可就难了。靠修饰琐屑的言论以求高名美誉，那和玄妙的大道相比，差得远了。《庄子》所说的"小说"，是琐屑的言论、浅薄的道理之意，这就是我国"小说"的最初含义。在中国古代，小说这种文学体裁始终被视为不登大雅之堂的东西。在这一点上，作为文学体裁的小说与《庄子》所说的"小说"意义上仍然是接近的。

东汉班固在《汉书·艺文志》中写道："小说家者流，盖出于稗官。街谈巷语，道听涂说者之所造也。孔子曰：'虽小道，必有可观者焉，致远恐泥，是以君子弗为也。'然亦弗灭也。闾里小知者之所及，亦使缀而不忘。如或一言可采，此亦刍荛狂夫之议也。"这是史家和目录学家对小说所作的具有权威性的解释和评价。班固认为小说是"街谈巷语、道听涂（同'途'）说者之所造也"，虽然认为小说仍然是小知、小道，但从另一角度触及了小说讲求虚构、植根于生活的特点。

小说被看作一种文学体裁的观念，直到近代始得普遍认同。清末民初，维新派梁启超等人大力倡导"小说界革命"，小说理论面目一新。小说地位空前提高，乃至被奉为"国民之魂""正史之根""文学之最上乘"，再不是无足轻重的"街谈巷语""琐屑之言"。"五四"运动以后，小说的正统地位得以确立，在西方小说影响下形成的现代小说，在短短一百多年里取得了长远的发展。

二、小说的分类

小说从语言形式、题材、写作方法等角度，可以有多种分类法。但最常见的还是依据篇幅长短和容量大小，分为长篇小说、中篇小说、短篇小说和微型小说。

长篇小说字数一般在十万以上，通常取材于较大的生活片段和历史过程。容量最大，内容丰富,情节复杂,人物众多。能够在比较广阔的范围内多方面地反映一定历史时期的社会生活面貌。因此优秀的长篇小说常常被称为"时代的百科全书"或"史诗"性作品。长篇小说的创作质量,往往体现了一个时代的文学成就。

中篇小说字数在三万以上、十万以下,通常只是截取主人公某一个时期或某一段生活来叙述故事。故事情节完整,线索比较单一,反映生活的范围虽不像长篇小说那样广阔,但也能反映出一定广度的生活面。中篇小说的人物多寡、情节繁简介于长篇与短篇之间。中篇小说因为比长篇小说内容集中,比短篇小说内容丰富,作品味道"浓",可读性强。

短篇小说字数一般在三万以下,通常只是描写生活的一个片断或插曲。结构紧凑、短小精悍。短篇小说所反映的生活虽不及长篇、中篇广阔,但也同样是完整的,优秀之作还具有深刻、丰富的社会意义。

微型小说篇幅在千字左右甚至更少,类似于特写。又名小小说、袖珍小说、超短篇小说等。微型小说是短篇小说的一个特殊品种,近年来,已成为一种独立的文学样式,其性质被界定为"介于短篇小说和散文之间的一种边缘性的现代新兴文学体裁"。阿·托尔斯泰认为:"小小说是训练作家最好的学校"。随着互联网的迅猛发展,创作和欣赏微型小说已成了艺术普及化、审美大众化的重要现象。

三、小说的审美特征

小说作为在读者中最有影响力的文学体裁,主要有以下四个方面的审美特征:

(一)以虚构的叙事逼真地再现生活

小说是虚构的产物。小说中的故事具有"经验"和"符号"两重性。它既描写活生生的、具体的、个别的现实;又超越了个别,蕴含着作家对世界的普遍认识。亚里士多德早就说过:"诗人的职责不在于描述已发生的事,而在于描述可能发生的事。"虽然小说最逼真地摹写生活,但小说最大的特点恰恰在于它是"假"的,要有虚构,小说才能写得活。

小说是一种叙事文体。小说不同于诗歌、抒情散文等表现性文体,它从根本上是对外部现实的模仿和再现。小说模仿和再现现实生活的手段是叙事。"叙事"一方面指"叙述"的对象——故事。由人物的行动、事件及其后果所构成的"故事"就是小说叙事的基本对象,没有故事就没有小说。"叙事"另一方面还指"叙述"行为本身。故事在小说中不像事件在生活中那样自动展开,它必须被编织为语言文字通过讲述呈现出来,叙述是故事在文本中的特殊展开方式。小说作者往往按照某种策略,在讲述中有目地把故事加以改造。这种经过改造后讲述出来的故事叫做情节。故事是事件的原貌,情节是故事被讲述出来的结果。在从故事到情节的转变亦即"情节化"的过程中,作家采取一系列手段以实现特定的美学目的。这些手段包括:事件顺序的重组、视角的选择、概述与场景的交错、叙事速度的调节、重复悬念等技巧的运用、抒情议论的穿插等等。通过故事的"情节化",改造、彰显、淡化、转移故事的原有意义或赋予故事新的意义。

(二)深入细致的人物刻画

人物是小说的核心要素。刻画人物形象是传统小说的重要任务。小说刻画人物拥有丰富的表现手段,描写角度有正面描写和侧面描写。正面描写包括肖像描写、语言描写、行动描写、心理描写等。侧面描写通常以他人或事物来反映该人物,又叫侧面烘托。小说可以综合运用多种描写手段,塑造性格复杂的人物。

小说塑造人物,不受时空限制,不局限于真人真事,可以以某一真人为模特儿,综合其他人的一些事迹,如鲁迅所说:"人物的模特儿,没有专用过一个人,往往嘴在浙江,脸在北京,衣服在山西,是一个拼凑起来的角色。"任何一部优秀的小说,总有使人难忘的典型人物。人们可以通过这些艺术典型的镜子,看到、理解许多人的面目。除了直观性不足外,小说在一切方面都胜于同样是刻画人物的戏剧和影视。

人物形象有"圆形人物"和"扁平人物",或"复杂性格"和"简单性格"之分。"扁平人物"又可称为类型人物或漫画式人物,性格简单、固定,在整个小说中性格基本上没有大的变化,环境的变动只会更显示出其性格的一成不变。如《三国演义》中,诸葛亮是"智"的化身,关羽是"义"的化身,刘备是"仁"的化身,张飞是"勇"的化身,曹操是"奸"的化身,等等。"圆形人物"则性格丰满,具有复杂性、多面性、立体性。

有些小说,特别注重塑造人物,使得环境和情节的重要性大大降低。如歌德的《少年维特之烦恼》等就是如此。

(三)完整复杂的情节叙述

情节与人物密切相关,是人物性格发展的历史。人物性格通过情节得以显现,故事情节则表现为人物连续活动的序列,二者构成互动关系。好的情节往往出乎意料又合乎情理,错综复杂又连贯统一,体现出作者的独特匠心。

小说篇幅容量自由,表现手法限制少。情节可以在很大的时间和空间范围内展开,可以多线索错综复杂地推进,也可以体现为细致入微的变化和发展。读者可以通过仔细阅读和反复品味获得较多的审美愉悦。情节的复杂性与人物性格的复杂性成反比。

在小说中,特别侧重情节的小说称为情节小说。情节小说或通过制造悬念和纠葛来引起读者的紧张与期待,并在解决中使读者心理能量突然释放,如侦探、推理、武侠、幻想小说等;或利用误会和巧合,推动情节,最后皆大欢喜,如爱情纠纷、日常生活及喜剧题材小说等。现代有些小说具有情节淡化倾向,注重描写人物心理状态,如意识流小说等。

(四)客观具体的环境描写

环境描写是衬托人物性格、展示故事情节的重要手段。环境是人物活动的情境和事件发生的背景,也是小说的重要描写对象。环境描写的内容包括自然环境和社会环境。自然环境描写是指对人物活动的时间、地点、季节、气候及花草鸟虫的描写,作用是渲染故事气氛、烘托人物形象、推动情节发展、暗示社会环境;社会环境描写是指人物活动场所、社会文化风貌及人物相互关系的描写,作用是交代人物的生存环境、社会关系及作品的时代背景。环境描写本身也具有独立的审美价值。

小说的环境描写不同于散文、叙事诗环境描写的简单概括与情感浓郁,更不同于戏剧舞台提示的一带而过。其描写可以非常细腻逼真,让人身临其境、感同身受。如《红楼梦》中的生活环境描写,真切到可以让人再造"大观园",仿制"红楼菜肴"的地步。也可以描绘宏观的时空和氛围。如《战争与和平》中波澜壮阔的战争场面、奢华做作的宫廷情调以及从战前到战后沧桑厚重的历史感等等。小说还可以客观具体地描绘非现实的环境。如《西游记》里描写的是非现实的神魔世界,环境细节则依据人们的常识经验和逻辑描写,因而造成真假迷离的特殊艺术境界。

　　本单元选取的七篇小说:《古巢老姥》、《虬髯客传》、《伤逝》、《舞会以后》、《受戒》、《万家诉讼》(节选)、《竹林中》,均为古今中外经典之作。或为中国小说发轫期之作;或为古代"文备众体"的成熟作品;或为现当代力作;或为外国优秀名篇。部分选文还具有地方文化特色。这些选文内容、形式诸方面具有鲜明特色,值得反复欣赏与研读。

古巢老姥[1]

干 宝

【导读】

干宝（生卒年不详），东晋文学家，字令升，新蔡（今河南新蔡）人。少年勤学，博览群书。晋元帝时为著作郎，领修国史。著《晋记》二十卷（已佚），直而能婉，被誉为良史。为"发明神道之不诬"作《搜神记》，获得很高评价，干宝因此书被誉为"鬼之董狐"。原书三十卷，已散佚，今本是明代胡应麟据《法苑珠林》《太平御览》等书辑录而成。干宝写作《搜神记》，虽出于宣扬迷信的初衷，但书中保留了大量很有思想教育意义的民间故事传说，如《李寄》《三王墓》《紫玉》等。该书对后世小说、戏剧影响很大，直到近世，不少戏剧、小说还从中汲取素材。

"陷巢州"是巢湖流传颇广的传说，属于"地陷为湖"型民间传说，《古巢老姥》是该传说最初的文字记载。抛开故事的神异因素，"地陷为湖"型传说之所以会产生，很可能是因为历史上真正发生过地震、地陷，人们将灾难的记忆通过传说留存下来的结果。据康熙年间《巢县志》载："吴赤乌二年，巢城陷为湖。"陈寿《三国志》也有"赤乌地陷"的记载。2001年在巢湖北岸的护坡下发现唐嘴水下城遗址，后证实，水下遗址与历史记载的赤乌二年（公元239年）"陷巢州"年代完全吻合。"陷巢州"不仅仅是传说，或史上确有其事，是巢湖地壳运动变化的结果。

古巢一日江水暴涨，寻复故道。港有巨鱼，重万斤，三日乃死。合郡皆食之，一老姥独不食。忽有老叟曰："此吾子也，不幸罹[2]此祸，汝独不食，吾厚报汝。若东门石龟目赤，城当陷。"姥日往视。有稚子讶[3]之，姥以实告。稚子欺之，以朱傅龟目；姥见，急出城。有青衣童子曰："吾龙之子。"乃引姥登山，而城陷为湖。

（选自《搜神记》第二十卷，干宝著，上海古籍出版社1995年版）

【注释】

[1] 巢：地名。古又称"居巢""南巢"，《尚书》所谓"成汤放桀于南巢"即指此地，文字记载的历史有3000余年。位于安徽省中部，临近长江，环抱巢湖。老姥：泛指老妇人。
[2] 罹(lí)：遭受苦难或不幸。
[3] 讶(yà)：诧异，感到意外。

【知识链接】

志怪小说

志怪小说是中国古典小说形式之一，以记叙神灵怪异故事为主体内容，产生和流行于魏晋南北朝时期，这与当时社会宗教迷信、玄学风气以及佛教的传播有直接的关系。其时志怪小说按内容可分为三类：一是地理博物，如托名东方朔的《神异传》、张华的《博物志》；二是鬼神怪异，如曹丕的《列异传》、干宝的《搜神记》、托名陶潜的《搜神后记》、王嘉的《拾遗记》、吴均的《续齐谐记》；三是佛法灵异，如王琰的《冥祥记》、颜之推的《冤魂志》。此后历代都有志怪小说作品，其中一些作品在形式和内容上是对魏晋南北朝时期志怪小说的模仿；还有些作品题材上虽仍为神灵怪异故事，但不局限于叙述故事梗概，小说情节曲折丰富、人物饱满全面，艺术感染力很强，如唐传奇的一些作品和蒲松龄《聊斋志异》等。广义上说，白话小说中的神魔小说也属于志怪小说作品。

阅读书目

1. 干宝.搜神记[M].上海：上海古籍出版社，1995.
2. 蒲松龄.聊斋志异[M].上海：上海古籍出版社，2005.
3. 纪昀.阅微草堂笔记[M].上海：上海古籍出版社，2005.
4. 鲁迅.中国小说史略[M].上海：上海古籍出版社，2006.

【拓展与训练】

1. 课外阅读《搜神记》中的其他小说作品。
2. 魏晋南北朝小说尚处于中国小说发展的初级阶段，鲁迅将这一时期的小说特点概括为"粗陈梗概"。比较研读《搜神记》与《聊斋志异》中的一些作品，体会魏晋南北朝小说的这一特点。

虬髯客传[1]

杜光庭

【导读】

杜光庭(850—933),字宾圣,处州缙云(今浙江缙云)人。性喜读书,好为辞章。唐懿宗时,举进士不第,到天台山入道。后来避乱入蜀,追随前蜀王建,官至户部侍郎。赐号广成先生。晚年辞官隐居四川青城山,自号东瀛子。一生著作颇多,今传《神仙感遇传》《录异记》等。

本篇写李靖于隋末在长安谒见司空杨素,杨素家妓红拂倾慕于他,并随之出奔,途中结识豪侠张虬髯,后三人同至太原,通过刘文静会见李世民(即唐太宗)。虬髯原有争夺天下之志,但见到李世民器宇不凡,知道不能匹敌,就倾其家财资助李靖,让其辅佐李世民成就功业。而虬髯入扶余国自立为王。小说故事情节和两个主要人物红拂妓、虬髯客均出虚构,目的在于表现李世民为真命天子,唐室长久不衰并不是偶然的,从而宣扬唐王朝统治的合理性。小说描写人物颇为精彩,李靖倜傥深沉,红拂慧眼卓识,虬髯豪爽慷慨,性格鲜明突出,描写细腻生动,在唐传奇中当属优秀之作。后人亦将李靖、红拂、虬髯三人称作"风尘三侠"。小说对后世影响颇深远,明代张凤翼《红拂记》传奇、冯梦龙《女丈夫》传奇,凌濛初《红拂三传》杂剧,任伯年、徐悲鸿各自所作的《太原三侠》图,皆取材于此。

关于本文的作者,《太平广记》《崇文总目》《通志·艺文略》等均不署作者名氏;《容斋随笔》《宋史·艺文志》等以为杜光庭作;鲁迅所编《唐宋传奇集》亦署杜光庭。《说郛》《虞初志》等则题张说作。张说所撰说无确证,今世学者多不采信。今传杜光庭所著《神仙感遇传》卷四有《虬须客》,题目稍有差异,而内容比较简略,大约此传曾经杜光庭删节,收入其所编之《神仙感遇传》,后人遂以为是他的作品。今从鲁迅《唐宋传奇集》说。

隋炀帝之幸江都也[2],命司空杨素守西京[3]。素骄贵,又以时乱,天下之权重望崇者,莫我若也[4],奢贵自奉,礼异人臣[5]。每公卿入言,宾客上谒,未尝不踞床而见[6],令美人捧出,侍婢罗列,颇僭于上[7]。末年愈甚,无复知所负荷,有扶危持颠之心[8]。

一日,卫公李靖以布衣上谒[9],献奇策。素亦踞见。公前揖曰:"天下方乱,英雄竞起。公为帝室重臣,须以收罗豪杰为心,不宜踞见宾客。"素敛容而起[10],谢公,与语,大悦,收其策而退。

当公之骋辩也[11],一妓有殊色,执红拂[12],立于前,独目公。公既去,而执拂者临轩,指吏曰:"问去者处士第几[13]?住何处?"公具以答。妓诵而去。

公归逆旅[14]。其夜五更初,忽闻叩门而声低者,公起问焉。乃紫衣戴帽人,杖揭一囊。公问:"谁?"曰:"妾,杨家之红拂妓也。"公遽延入。脱衣去帽,乃十八九佳丽人也。素面画衣而拜[15]。公惊答拜。曰:"妾侍杨司空久,阅天下之人多矣,无如公者。丝萝非独生[16],愿托乔木[17],故来奔耳。"公曰:"杨司空权重京师,如何?"曰:"彼尸居余气[18],不足畏也。诸妓知其无成,去者众矣。彼亦不甚逐也。计之详矣,幸无疑焉。"问其姓,曰:"张。"问其伯仲之次[19]。曰："最长。"观其肌肤、仪状、言词、气性[20]，真天人也。公不自意获之，愈喜愈惧，瞬息万虑不安，而窥户者无停屦[21]。数日，亦闻追访之声，意亦非峻[22]。乃雄服乘马[23]，排闼而去[24]。将归太原[25]。

行次灵石旅舍[26]，既设床，炉中烹肉且熟。张氏以发长委地，立梳床前。公方刷马，忽有一人，中形[27]，赤髯如虬，乘蹇驴[28]而来。投革囊于炉前，取枕欹卧，看张梳头。公怒甚，未决[29]，犹亲刷马。张熟视其面，一手握发，一手映身[30]摇示公，令勿怒。急急梳头毕。敛衽[31]前问其姓。卧客答曰："姓张。"对曰："妾亦姓张。合是妹。"遽拜之。问第几，曰："第三。"问妹第几，曰："最长。"遂喜曰："今夕幸逢一妹。"张氏遥呼："李郎且来见三兄！"公骤拜之。遂环坐。曰："煮者何肉？"曰："羊肉，计已熟矣。"客曰："饥。"公出市胡饼[32]。客抽腰间匕首，切肉共食。食竟，余肉乱切送驴前食之，甚速。客曰："观李郎之行，贫士也。何以致斯异人[33]？"曰："靖虽贫，亦有心者焉。他人见问，故不言。兄之问，则不隐耳。"具言其由。曰："然则将何之？"曰："将避地太原。"曰："然，吾故非君所致也[34]。"曰："有酒乎？"曰："主人西，则酒肆也。"公取酒一斗。既巡[35]，客曰："吾有少下酒物，李郎能同之乎？"曰："不敢。"于是开革囊，取一人头并心肝。却头囊中[36]，以匕首切心肝，共食之。曰："此人天下负心者，衔之十年[37]，今始获之。吾憾释矣。"又曰："观李郎仪形器宇[38]，真丈夫也。亦闻太原有异人乎？"曰："尝识一人，愚谓之真人也[39]。其余，将帅而已。"曰："何姓？"曰："靖之同姓。"曰："年几？"曰："仅二十。"曰："今何为？"曰："州将之子[40]。"曰："似矣。亦须见之。李郎能致吾一见乎？"曰："靖之友刘文静者，与之狎[41]。因文静见之可也。然兄何为？"曰："望气者言太原有奇气[42]，使访之。李郎明发，何日到太原？"靖计之日。曰："达之明日，日方曙，候我于汾阳桥[43]。"言讫，乘驴而去，其行若飞，回顾已失。公与张氏且惊且喜，久之，曰："烈士不欺人[44]。固无畏。"促鞭而行[45]。

及期，入太原。果复相见。大喜，偕诣刘氏。诈谓文静曰："以善相者思见郎君[46]，请迎之。"文静素奇其人[47]，一旦闻有客善相，遽致使迎之。使回而至[48]，不衫不履[49]，裼裘而来[50]，神气扬扬，貌与常异。虬髯默然居末坐，见之心死。饮数杯，招靖曰："真天子也！"公以告刘，刘益喜，自负。既出，而虬髯曰："吾得十八九矣[51]。然须道兄见之。李郎宜与一妹复入京。某日午时，访我于马行东酒楼下[52]，下有此驴及瘦驴，即我与道兄俱在其上矣。到即登焉。"又别而去，公与张氏复应之。

及期访焉，宛见二乘。揽衣登楼，虬髯与一道士方对饮，见公惊喜，召坐。围饮十数巡，曰："楼下柜中，有钱十万。择一深隐处驻一妹。某日复会我于汾阳桥。"如期至，即道士与虬髯已到矣。俱谒文静。时方弈棋[53]，揖而话心焉[54]。文静飞书迎文皇看棋[55]。道士对弈，虬髯与公傍待焉。俄而文皇到来，精采惊人，长揖而坐。神气清朗，满坐风生，顾盼炜如也[56]。道士一见惨然，下棋子曰："此局全输矣！于此失却局哉！救无路矣！复奚言！"罢弈而请去。既出，谓虬髯曰："此世界非公世界，他方可也。勉之，勿以为念。"因共入京。虬髯曰："计李郎之程，某日方到。到之明日，可与一妹同诣某坊曲[57]小宅相访。李郎相从一妹，悬然如磬[58]。欲令新妇祗谒[59]，兼议从容[60]，无前却也。"言毕，吁嗟而去。

公策马而归。即到京，遂与张氏同往。乃一小版门子[61]。扣之，有应者，拜曰："三郎令候李郎、一娘子久矣。"延入重门，门愈壮。婢四十人，罗列廷前。奴二十人，引公入东厅。厅之陈设，穷极珍异，箱中妆奁、冠镜、首饰之盛，非人间之物。巾栉妆饰毕[62]，请更衣，衣又珍异。既毕，传云："三郎来！"乃虬髯纱帽裼裘而来，亦有龙虎之状[63]，欢然相见。催其妻出拜，盖亦天人耳。遂延中堂，陈设盘筵之盛，虽王公家不侔也[64]。四人对馔讫，陈女乐二十人,列奏于前,似从天降,非人间之曲。食毕,行酒。家人自东堂舁出二十床[65],各以锦绣帕覆之。既陈,尽去其帕,乃文簿钥匙耳[66]。虬髯曰:"此尽宝货泉贝之数[67]。吾之所有,悉以充赠。何者?欲于此世界求事,当龙战三二十载[68],建少功业。今既有主,住亦何为?太原李氏,真英主也!三五年内,即当太平。李郎以奇特之才,辅清平之主,竭心尽善,必极人臣。一妹以天人之姿,蕴不世之艺[69],从夫之贵,以盛轩裳[70]。非一妹不能识李郎,非李郎不能荣一妹。起陆之贵,际会如期,虎啸风生,龙吟云萃[71],固非偶然也。持余之赠,以佐真主,赞功业也,勉之哉!此后十年,当东南数千里外有异事,是吾得事之秋也[72]。一妹与李郎可沥酒东南相贺[73]。"因命家童列拜,曰:"李郎一妹,是汝主也!"言讫,与其妻从一奴,乘马而去。数步,遂不复见。公据其宅,乃为豪家,得以助文皇缔构之资[74],遂匡天下[75]。

贞观十年[76],公以左仆射平章事[77]。适南蛮入奏曰:"有海船千艘,甲兵十万,入扶余国[78],杀其主自立。国已定矣。"公心知虬髯得事也。归告张氏,具衣拜贺[79],沥酒东南祝拜之。

乃知真人之兴也,非英雄所冀[80],况非英雄者乎?人臣之谬思乱者,乃螳臂之拒走轮耳。我皇家垂福万叶[81],岂虚然哉!或曰:"卫公之兵法,半乃虬髯所传耳。"

(选自《唐宋传奇集》卷四,鲁迅编校,齐鲁书社1997年版)

【注释】

[1] 虬髯:形容蜷曲的络腮胡须犹如虬龙。虬:一种生有两角的小龙。
[2] 隋炀帝:名杨广(569—618),隋朝第二代皇帝,弑父自立为帝,后"江都之变"中,死于宇文化及之手。江都:隋郡名,亦称扬州,治所在今江苏扬州东北。
[3] 司空:大司空,古代三公之一。杨素(544—606):字处道,弘农华阴(今属陕西)人。隋朝开国功臣,他与杨坚(隋文帝)深相结纳,并助杨坚为帝,后又助炀帝夺得帝位,历官司空、司徒,封越国公、楚国公,谥"景武"。西京:隋都城长安(今西安),隋西京长安,东都洛阳。
[4] "天下"二句:天下掌握大权、有名望的人,没有谁比得上自己。
[5] 礼异人臣:礼节排场不同于臣子所应享受的。暗指杨素使用帝王之礼。
[6] 踞:岔开两腿而坐,表示倨傲。
[7] 僭(jiàn)于上:享受的排场超越本分而拟于帝王。僭:超越本分。上:皇上。《隋书·杨素传》:"家僮数千,后庭妓妾曳绮罗者以千数。第宅华侈,制拟宫禁。"
[8] "无复"二句:杨素不知道自己负有挽救隋末危亡颠覆之局的重任。《论语·季氏》:"危而不持,颠而不扶,则焉用彼相矣?"
[9] 李靖:(571—649),字药师,雍州三原(今陕西三原县)人。唐朝开国功臣,官刑部尚书,封卫国公,世称李卫公。李靖善于用兵,长于谋略,相传著有《李卫公兵法》。布衣:平民。
[10] 敛容:面容转为严肃、尊敬。
[11] 骋辩:议论滔滔不绝。
[12] 红拂:红色拂尘。拂尘是用麈尾或马尾制成的器具,用以拂尘土或赶蚊蝇。
[13] 处士:德才兼备而不出仕的读书人。此指李靖。第几:在兄弟中排行第几。六朝、隋唐时人称谓多用排行,如下文"一妹""三郎"等。
[14] 逆旅:旅馆。
[15] 素面:脸上未施脂粉。画衣:花衣服。
[16] 丝萝:菟丝、女萝,两种蔓生植物,必须依附树木而生。红拂用以自比。
[17] 愿托乔木:表示愿意托身(嫁)李靖。

[18] 尸居余气:比死尸多口气。《晋书·宣帝纪》:"司马公尸居余气,形神已散,不足虑矣。"
[19] 伯仲之次:在兄弟姐妹中的排行。
[20] 仪状:仪表、仪态。气性:脾气、性情。
[21] 窥户者无停屦:在窗外偷看的人络绎不绝。
[22] 峻:急切。
[23] 雄服:男装。
[24] 排闼(tà):推门。
[25] 太原:隋郡名,治所在晋阳(今山西太原)。
[26] 次:停留。灵石:县名,今属山西。
[27] 中形:中等身材。
[28] 蹇驴:跛脚驴子。一般用为驴的别称。
[29] 未决:还没有发作。决:决裂。
[30] 一手映身:一只手掩藏在身后。
[31] 敛衽:整理衣襟,表示敬意。后称妇女下拜为敛衽。
[32] 胡饼:烧饼。
[33] 致斯异人:得到这样的奇女子。
[34] 吾故非君所致也:我不是你要投奔的人。
[35] 既巡:斟过一遍酒。
[36] 却头囊中:把头放回皮袋里。
[37] 衔:怀恨。
[38] 仪形:仪表。器宇:胸襟,气度。
[39] 真人:真命天子。
[40] 州将之子:指唐太宗李世民。其父李渊当时为太原留守,故称。
[41] 刘文静:(568—619),字肇仁,京兆武功(今陕西省武功县)人,隋末为晋阳令,协助李渊、李世民夺得天下,官民部尚书、左仆射,封鲁国公。后心怀怨望,为裴寂构陷,以谋反罪被李渊诛杀。狎:亲近。
[42] 望气者:会望云气而预测的人。奇气:指王气。旧谓帝王未显山露水之时,所居之地即有王气出现。
[43] 汾阳桥:在太原城东汾河上。
[44] 烈士:豪侠之士。
[45] 促鞭:加鞭。
[46] 以:一作"有"。郎君:指李世民。
[47] 文静素奇其人:《新唐书·刘文静传》载:刘文静见到李世民,对裴寂感叹:"唐公子,非常人也,豁达神武,汉高帝、魏太祖之徒欤?殆天启之也。"
[48] 使回而至:去邀请的人刚回来,(李世民)也到了。
[49] 不衫不履:服装不整齐(表示洒脱不羁的态度)。
[50] 裼裘:古人穿裘皮衣服,外加正服,将正服的袖子卷起,露出裘皮衣袖,谓之裼裘。
[51] 十八九:十之八九。
[52] 马行:长安的街道名。
[53] 时方弈棋:刘文静正与道士下棋。
[54] 话心:谈心。
[55] 文皇:指唐太宗李世民。李世民死后谥"文"。
[56] 炜(wěi)如:形容眼睛炯炯有神。
[57] 坊曲:里巷。
[58] 悬然如磬:比喻家庭贫困,如悬空器,一无所有。《国语·鲁语上》:"室如悬磬"。
[59] 新妇:虬髯客自称其妻,古代卑者对尊者称自己的妻或在人前谦称自己的妻。祗(zhī)谒:拜见。

[60] 兼议从容：顺便随意聊聊。
[61] 小版门子：小板门。
[62] 巾栉：包头巾、梳头发。
[63] 龙虎之状：指帝王之相。旧谓帝王龙行虎步。
[64] 侔：相等。
[65] 舁（yú）：抬。
[66] 文簿：指记录财产、奴仆的账册和契约。
[67] 宝货：珍宝。泉贝：钱财。
[68] 龙战：争夺帝位的战争。
[69] 蕴不世之艺：具有举世罕见的才能。
[70] "从夫"二句：从夫而贵，可以享受荣华富贵的生活。轩：车乘。裳：衣服。
[71] "起陆"四句：意为帝王兴起之时，犹如云从龙、风从虎，必有杰出人才聚集辅佐。起陆：龙蛇自陆地而起，喻帝王兴起。
[72] 得事之秋：成就大业之时。
[73] 沥酒：洒酒于地。
[74] 缔构：指创建帝业。
[75] 匡：统一、平定。
[76] 贞观十年：公元636年。贞观是唐太宗的年号。
[77] 左仆射平章事：宰相。唐制，以三省长官为宰相。唐尚书省设左、右仆射各一人，为尚书令的副职。平章事，为"同中书门下平章事"的简称，即参与朝政的意思。左、右仆射并非宰相，加"平章事"则为宰相。
[78] 扶余国：古国名，其地在今吉林、辽宁、内蒙古一带，唐前为高句丽所灭。本文谓国在长安东南，乃小说家言。
[79] 具衣：穿着礼服。
[80] 冀：企求。
[81] 万叶：万世。

【知识链接】

唐传奇

唐传奇是指唐代流行的文言小说，作者大多以记、传名篇，以史家笔法记述奇事逸闻。唐人小说之称为"传奇"，始自晚唐裴铏小说集《传奇》一书。其兴起除文学自身发展原因外，与当时经济的发展及市民审美情趣的变化都有关系。唐传奇的出现，标志着小说的文体独立，是中国文言小说创作的高峰。

唐传奇的发展大致经历了三个时期：初、盛唐时期为发轫期，也是由魏晋南北朝志怪小说到成熟的唐传奇之间的一个过渡阶段，作品数量少，艺术表现上也不够成熟。现存主要作品有：王度的《古镜记》、无名氏的《补江总白猿传》、张鷟的《游仙窟》等。

中唐时期是唐传奇发展的兴盛期，唐传奇的大部分作品都产生于此时。中唐传奇所存完整作品约近四十种，题材多取自现实生活，关涉到爱情、政治、历史、豪侠、梦幻、神仙等方面，其中以爱情小说成就最为突出。较先出现的传奇，还带有志怪的影子。如：陈玄祐的《离魂记》、沈既济的《任氏传》、李朝威的《柳毅传》等。此后，白行简的《李娃传》、元稹的《莺莺传》、蒋防的《霍小玉传》完全摆脱了神怪之事，着力描写人世间的爱情，取得了极大的成功，并称三大爱情传奇。中唐传奇较为突出的还有借寓言、梦幻以讽刺社会的佳作,如沈既济的《枕中记》和李公佐的《南柯太守传》;此外还有历史题材作品,如陈鸿的《长恨歌传》等。

晚唐时期是唐传奇发展的衰落期。虽然此期作品数量仍然不少,并出现了不少传奇专集,如袁郊的《甘泽谣》、皇甫枚的《三水小牍》、裴铏的《传奇》、薛用弱的《集异记》、李复言的《续玄怪录》等,但总体质量劣于前一时期。侠义小说是这一时期传奇中重要的作品。主要有:《虬髯客传》《红线》(出自袁郊的《甘泽谣》)《聂隐娘》和《昆仑奴》(出自《传奇》)等。

阅读书目

1. 鲁迅. 唐宋传奇集[M]. 济南:齐鲁书社,1997.
2. 侯忠义. 隋唐五代小说史[M]. 杭州:浙江古籍出版社,1997.
3. 陈平原. 千古文人侠客梦[M]. 北京:人民文学出版社,1992.
4. 董乃斌. 中国古代小说的文体独立[M]. 北京:中国社会科学出版社,1994.
5. 汪辟疆. 唐人小说[M]. 上海:上海古籍出版社,1978.

【拓展与训练】

1. 阅读某一部我国古典侠义小说作品,分析其中的豪侠形象。
2. 唐传奇历来备受小说史家推重,《中国小说史略》评论说"小说亦如诗,至唐代而一变,虽尚不离于搜奇记逸,然叙述婉转,文辞华艳,与六朝之粗陈梗概者较,演进之迹甚明,而尤显著乃在是时则始有意为小说。"想一想,唐传奇为什么是中国文言小说创作的高峰?
3. 阅读其他唐传奇作品,模仿用文言文写一篇短篇小说。

伤　　逝[1]
——涓生的手记
鲁　迅

【导读】

　　鲁迅(1881—1936),原名周樟寿,后改名周树人;字豫才,后改为豫亭,浙江绍兴人,中国新文学的奠基人。毛泽东曾评价说:"鲁迅的方向,就是中华民族新文化的方向。"鲁迅作品题材广泛,形式多样灵活,风格鲜明独特,语言风趣幽默。代表作有:小说集《呐喊》《彷徨》《故事新编》;散文集《朝花夕拾》;散文诗集《野草》;杂文集《坟》《热风》《华盖集》《华盖集续编》《南腔北调集》《三闲集》《二心集》《而已集》《且介亭杂文》等。

　　《伤逝》见载于《彷徨》,是鲁迅唯一一篇婚恋题材小说。恋爱自由、婚姻自主是"五四"时代文学创作的热门题材。当时的这类作品并未脱离《西厢记》"愿普天下有情的都成了眷属"的藩篱,多半是着力描写青年男女冲破封建束缚,追求个性解放和恋爱自由,实现婚姻自主的喜剧。

　　《伤逝》是一出悲剧。主人公获得了恋爱自由、婚姻自主,却没有得到个人幸福,他们的爱情以悲剧收场。小说的主人公涓生和子君勇敢地冲破来自家庭和社会的各种阻挠,真心相爱,也终于实现了婚姻自主的理想。但这对终成眷属的有情人,却迅速地被生活击败。击垮他们的爱情生活的,首先是涓生的被解雇,失业造成了他们的生计问题。他俩尝试用其他办法"来开一条新路",可是始终却未能解决。两位主人公自身也有缺陷。女主人公子君婚后,同婚前以无畏的勇气和坚定的态度追求自由恋爱全然不同,变得平庸而目光短浅;终日倾注于家庭琐事,养鸡喂狗,洗衣做饭,甚至还为了养家禽的事同小官太太暗斗。子君最终只想做个"既嫁从夫"的平凡妻子,放弃追求,经济上完全依赖于涓生,不做自立于社会的女性。男主人公涓生软弱而自私,婚后生活的平庸和经济压力,使他只想着"救出自己",并自欺欺人地把抛弃子君作为自己"向着新的生活跨出去"的第一步。事实上,这一步不但未让他跨入新生活,反而直接导致了子君的死亡,涓生只能整日在悔恨与悲哀中消磨着生命。

　　涓生和子君为什么终究没有实现爱的理想? 固然因为有不合理的社会制度,因为传统势力还很强大。作品更多地反思了悲剧同主人公自身弱点的关系,告诉我们:如果社会是不合理的,个性解放和婚姻幸福,都是无法保障的,要想获得个体的幸福,旧的不合理社会制度必须被打破。同时,爱情不是空中楼阁,婚姻需要经营,需要经济独立和生活保障。小说蕴含了鲁迅对知识分子问题和爱情问题的深刻思考,充斥着作者彷徨时期的思想苦闷。

　　本文采用内心独白的方式叙事,以"涓生手记"的形式,回顾从恋爱到感情破灭这一年的经历,通篇是"我"的悲诉和忏悔,追怀往事,自我剖析;着力表现主人公内在的情感和自我反思;营造了浓郁的悲剧气氛和抒情色彩,具有撼动人心的力量。

　　如果我能够,我要写下我的悔恨和悲哀,为子君,为自己。

　　会馆[2]里的被遗忘在偏僻里的破屋是这样地寂静和空虚。时光过得真快,我爱子君,仗着她逃出这寂静和空虚,已经满一年了。事情又这么不凑巧,我重来时,偏偏空着的又只有这一间屋。依然是这样的破窗,这样的窗外的半枯的槐树和老紫藤,这样的窗前的方桌,这样的败壁,这样的靠壁的板床。深夜中独自躺在床上,就如我未曾和子君同居以前一般,过去一年中的时光全被消灭,全未有过,我并没有曾经从这破屋子搬出,在吉兆胡同创立了满怀希望的小小的家庭。

不但如此。在一年之前,这寂静和空虚是并不这样的,常常含着期待;期待子君的到来。在久待的焦躁中,一听到皮鞋的高底尖触着砖路的清响,是怎样地使我骤然生动起来呵!于是就看见带着笑涡的苍白的圆脸,苍白的瘦的臂膊,布的有条纹的衫子,玄色的裙。她又带了窗外的半枯的槐树的新叶来,使我看见,还有挂在铁似的老干上的一房一房的紫白的藤花。

然而现在呢,只有寂静和空虚依旧,子君却决不再来了,而且永远,永远地!……

子君不在我这破屋里时,我什么也看不见。在百无聊赖中,随手抓过一本书来,科学也好,文学也好,横竖什么都一样;看下去,看下去,忽而自己觉得,已经翻了十多页了,但是毫不记得书上所说的事。只是耳朵却分外地灵,仿佛听到大门外一切往来的履声,从中便有子君的,而且橐橐地逐渐临近,——但是,往往又逐渐渺茫,终于消失在别的步声的杂沓中了。我憎恶那不像子君鞋声的穿布底鞋的长班[3]的儿子,我憎恶那太像子君鞋声的常常穿着新皮鞋的邻院的搽雪花膏的小东西!

莫非她翻了车么?莫非她被电车撞伤了么?……

我便要取了帽子去看她,然而她的胞叔就曾经当面骂过我。

蓦然,她的鞋声近来了,一步响于一步,迎出去时,却已经走过紫藤棚下,脸上带着微笑的酒涡。她在她叔子的家里大约并未受气;我的心宁帖了,默默地相视片时之后,破屋里便渐渐充满了我的语声,谈家庭专制,谈打破旧习惯,谈男女平等,谈伊孛生,谈泰戈尔,谈雪莱[4]……她总是微笑点头,两眼里弥漫着稚气的好奇的光泽。壁上就钉着一张铜板的雪莱半身像,是从杂志上裁下来的,是他的最美的一张像。当我指给她看时,她却只草草一看,便低了头,似乎不好意思了。这些地方,子君就大概还未脱尽旧思想的束缚,——我后来也想,倒不如换一张雪莱淹死在海里的记念像或是伊孛生的罢;但也终于没有换,现在是连这一张也不知那里去了。

"我是我自己的,他们谁也没有干涉我的权利!"

这是我们交际了半年,又谈起她在这里的胞叔和在家的父亲时,她默想了一会之后,分明地,坚决地,沉静地说了出来的话。其时是我已经说尽了我的意见,我的身世,我的缺点,很少隐瞒;她也完全了解的了。这几句话很震动了我的灵魂,此后许多天还在耳中发响,而且说不出的狂喜,知道中国女性,并不如厌世家所说那样的无法可施,在不远的将来,便要看见辉煌的曙色的。

送她出门,照例是相离十多步远;照例是那鲇鱼须的老东西的脸又紧帖在脏的窗玻璃上了,连鼻尖都挤成一个小平面;到外院,照例又是明晃晃的玻璃窗里的那小东西的脸,加厚的雪花膏。她目不邪视地骄傲地走了,没有看见;我骄傲地回来。

"我是我自己的,他们谁也没有干涉我的权利!"这彻底的思想就在她的脑里,比我还透澈,坚强得多。半瓶雪花膏和鼻尖的小平面,于她能算什么东西呢?

我已经记不清那时怎样地将我的纯真热烈的爱表示给她。岂但现在,那时的事后便已模胡,夜间回想,早只剩了一些断片了;同居以后一两月,便连这些断片也化作无可追踪的梦影。我只记得那时以前的十几天,曾经很仔细地研究过表示的态度,排列过措辞的先后,以及倘或遭了拒绝以后的情形。可是临时似乎都无用,在慌张中,身不由己地竟用了在电影上见过的方法了。后来一想到,就使我很愧恧[5],但在记忆上却偏只有这一点永远留遗,至今还如暗室的孤灯一般,照见我含泪握着她的手,一条腿跪了下去……

　　不但我自己的,便是子君的言语举动,我那时就没有看得分明;仅知道她已经允许我了。但也还仿佛记得她脸色变成青白,后来又渐渐转作绯红,——没有见过,也没有再见的绯红;孩子似的眼里射出悲喜,但是夹着惊疑的光,虽然力避我的视线,张皇地似乎要破窗飞去。然而我知道她已经允许我了,没有知道她怎样说或是没有说。

　　她却是什么都记得:我的言辞,竟至于读熟了的一般,能够滔滔背诵;我的举动,就如有一张我所看不见的影片挂在眼下,叙述得如生,很细微,自然连那使我不愿再想的浅薄的电影的一闪。夜阑人静,是相对温习的时候了,我常是被质问,被考验,并且被命复述当时的言语,然而常须由她补足,由她纠正,像一个丁等的学生。

　　这温习后来也渐渐稀疏起来。但我只要看见她两眼注视空中,出神似的凝想着,于是神色越加柔和,笑窝也深下去,便知道她又在自修旧课了,只是我很怕她看到我那可笑的电影的一闪。但我又知道,她一定要看见,而且也非看不可的。

　　然而她并不觉得可笑。即使我自己以为可笑,甚而至于可鄙的,她也毫不以为可笑。这事我知道得很清楚,因为她爱我,是这样地热烈,这样地纯真。

　　去年的暮春是最为幸福,也是最为忙碌的时光。我的心平静下去了,但又有别一部分和身体一同忙碌起来。我们这时才在路上同行,也到过几回公园,最多的是寻住所。我觉得在路上时时遇到探索,讥笑,猥亵和轻蔑的眼光,一不小心,便使我的全身有些瑟缩,只得即刻提起我的骄傲和反抗来支持。她却是大无畏的,对于这些全不关心,只是镇静地缓缓前行,坦然如入无人之境。

　　寻住所实在不是容易事,大半是被托辞拒绝,小半是我们以为不相宜。起先我们选择得很苛酷,——也非苛酷,因为看去大抵不像是我们的安身之所;后来,便只要他们能相容了。看了二十多处,这才得到可以暂且敷衍的处所,是吉兆胡同一所小屋里的两间南屋;主人是一个小官,然而倒是明白人,自住着正屋和厢房。他只有夫人和一个不到周岁的女孩子,雇一个乡下的女工,只要孩子不啼哭,是极其安闲幽静的。

　　我们的家具很简单,但已经用去了我的筹来的款子的大半;子君还卖掉了她唯一的金戒指和耳环。我拦阻她,还是定要卖,我也就不再坚持下去了;我知道不给她加入一点股分去,她是住不舒服的。

　　和她的叔子,她早经闹开,至于使他气愤到不再认她做侄女;我也陆续和几个自以为忠告,其实是替我胆怯,或者竟是嫉妒的朋友绝了交。然而这倒很清静。每日办公散后,虽然已近黄昏,车夫又一定走得这样慢,但究竟还有二人相对的时候。我们先是沉默的相视,接着是放怀而亲密的交谈,后来又沉默。大家低头沉思着,却并未想着什么事。我也渐渐清醒地读遍了她的身体,她的灵魂,不过三星期,我似乎于她已经更加了解,揭去许多先前以为了解而现在看来却是隔膜,即所谓真的隔膜了。

　　子君也逐日活泼起来。但她并不爱花,我在庙会[6]时买来的两盆小草花,四天不浇,枯死在壁角了,我又没有照顾一切的闲暇。然而她爱动物,也许是从官太太那里传染的罢,不一月,我们的眷属便骤然加得很多,四只小油鸡,在小院子里和房主人的十多只在一同走。但她们却认识鸡的相貌,各知道那一只是自家的。还有一只花白的叭儿狗,从庙会买来,记得似乎原有名字,子君却给它另起了一个,叫作阿随。我就叫它阿随,但我不喜欢这名字。

这是真的,爱情必须时时更新,生长,创造。我和子君说起这,她也领会地点点头。

唉唉,那是怎样的宁静而幸福的夜呵!

安宁和幸福是要凝固的,永久是这样的安宁和幸福。我们在会馆里时,还偶有议论的冲突和意思的误会,自从到吉兆胡同以来,连这一点也没有了;我们只在灯下对坐的怀旧谭中,回味那时冲突以后的和解的重生一般的乐趣。

子君竟胖了起来,脸色也红活了;可惜的是忙。管了家务便连谈天的工夫也没有,何况读书和散步。我们常说,我们总还得雇一个女工。

这就使我也一样地不快活,傍晚回来,常见她包藏着不快活的颜色,尤其使我不乐的是她要装作勉强的笑容。幸而探听出来了,也还是和那小官太太的暗斗,导火线便是两家的小油鸡。但又何必硬不告诉我呢?人总该有一个独立的家庭。这样的处所,是不能居住的。

我的路也铸定了,每星期中的六天,是由家到局,又由局到家。在局里便坐在办公桌前钞,钞,钞些公文和信件;在家里是和她相对或帮她生白炉子,煮饭,蒸馒头。我的学会了煮饭,就在这时候。

但我的食品却比在会馆里时好得多了。做菜虽不是子君的特长,然而她于此却倾注着全力;对于她的日夜的操心,使我也不能不一同操心,来算作分甘共苦。况且她又这样地终日汗流满面,短发都粘在脑额上;两只手又只是这样地粗糙起来。

况且还要饲阿随,饲油鸡,……都是非她不可的工作。

我曾经忠告她:我不吃,倒也罢了;却万不可这样地操劳。她只看了我一眼,不开口,神色却似乎有点凄然;我也只好不开口。然而她还是这样地操劳。

我所豫期的打击果然到来。双十节的前一晚,我呆坐着,她在洗碗。听到打门声,我去开门时,是局里的信差,交给我一张油印的纸条。我就有些料到了,到灯下去一看,果然,印着的就是:

> 奉
> 局长谕史涓生着毋庸到局办事
>   秘书处启 十月九号

这在会馆里时,我就早已料到了;那雪花膏便是局长的儿子的赌友,一定要去添些谣言,设法报告的。到现在才发生效验,已经要算是很晚的了。其实这在我不能算是一个打击,因为我早就决定,可以给别人去钞写,或者教读,或者虽然费力,也还可以译点书,况且《自由之友》的总编辑便是见过几次的熟人,两月前还通过信。但我的心却跳跃着。那么一个无畏的子君也变了色,尤其使我痛心;她近来似乎也较为怯弱了。

"那算什么。哼,我们干新的。我们……"她说。

她的话没有说完;不知怎地,那声音在我听去却只是浮浮的;灯光也觉得格外黯淡。人们真是可笑的动物,一点极微末的小事情,便会受着很深的影响。我们先是默默地相视,逐渐商量起来,终于决定将现有的钱竭力节省,一面登"小广告"去寻求钞写和教读,一面写信给《自由之友》的总编辑，说明我目下的遭遇，请他收用我的译本，给我帮一点艰辛时候的忙。

"说做，就做罢！来开一条新的路！"

我立刻转身向了书案，推开盛香油的瓶子和醋碟，子君便送过那黯淡的灯来。我先拟广告；其次是选定可译的书，迁移以来未曾翻阅过，每本的头上都满漫着灰尘了；最后才写信。

我很费踌蹰，不知道怎样措辞好，当停笔凝思的时候，转眼去一瞥她的脸，在昏暗的灯光下，又很见得凄然。我真不料这样微细的小事情，竟会给坚决的，无畏的子君以这么显著的变化。她近来实在变得很怯弱了，但也并不是今夜才开始的。我的心因此更缭乱，忽然有安宁的生活的影像——会馆里的破屋的寂静，在眼前一闪，刚刚想定睛凝视，却又看见了昏暗的灯光。

许久之后，信也写成了，是一封颇长的信；很觉得疲劳，仿佛近来自己也较为怯弱了。于是我们决定，广告和发信，就在明日一同实行。大家不约而同地伸直了腰肢，在无言中，似乎又都感到彼此的坚忍崛强的精神，还看见从新萌芽起来的将来的希望。

外来的打击其实倒是振作了我们的新精神。局里的生活，原如鸟贩子手里的禽鸟一般，仅有一点小米维系残生，决不会肥胖；日子一久，只落得麻痹了翅子，即使放出笼外，早已不能奋飞。现在总算脱出这牢笼了，我从此要在新的开阔的天空中翱翔，趁我还未忘却了我的翅子的扇动。

小广告是一时自然不会发生效力的；但译书也不是容易事，先前看过，以为已经懂得的，一动手，却疑难百出了，进行得很慢。然而我决计努力地做，一本半新的字典，不到半月，边上便有了一大片乌黑的指痕，这就证明着我的工作的切实。《自由之友》的总编辑曾经说过，他的刊物是决不会埋没好稿子的。

可惜的是我没有一间静室，子君又没有先前那么幽静，善于体帖了，屋子里总是散乱着碗碟，弥漫着煤烟，使人不能安心做事，但是这自然还只能怨我自己无力置一间书斋。然而又加以阿随，加以油鸡们。加以油鸡们又大起来了，更容易成为两家争吵的引线。

加以每日的"川流不息"的吃饭；子君的功业，仿佛就完全建立在这吃饭中。吃了筹钱，筹来吃饭，还要喂阿随，饲油鸡；她似乎将先前所知道的全都忘掉了，也不想到我的构思就常常为了这催促吃饭而打断。即使在坐中给看一点怒色，她总是不改变，仍然毫无感触似的大嚼起来。

使她明白了我的作工不能受规定的吃饭的束缚，就费去五星期。她明白之后，大约很不高兴罢，可是没有说。我的工作果然从此较为迅速地进行，不久就共译了五万言，只要润色一回，便可以和做好的两篇小品，一同寄给《自由之友》去。只是吃饭却依然给我苦恼。菜冷，是无妨的，然而竟不够；有时连饭也不够，虽然我因为终日坐在家里用脑，饭量已经比先前要减少得多。这是先去喂了阿随，有时还并那近来连自己也轻易不吃的羊肉。她说，阿随实在瘦得太可怜，房东太太还因此嗤笑我们了，她受不住这样的奚落。

于是吃我残饭的便只有油鸡们。这是我积久才看出来的，但同时也如赫胥黎[7]的论定"人类在宇宙间的位置"一般，自觉了我在这里的位置：不过是叭儿狗和油鸡之间。

后来，经多次的抗争和催逼，油鸡们也逐渐成为肴馔，我们和阿随都享用了十多日的鲜肥；可是其实都很瘦，因为它们早已每日只能得到几粒高粱了。从此便清静得多。只有子君很颓唐，似乎常觉得凄苦和无聊，至于不大愿意开口。我想，人是多么容易改变呵！

但是阿随也将留不住了。我们已经不能再希望从什么地方会有来信,子君也早没有一点食物可以引它打拱或直立起来。冬季又逼近得这么快,火炉就要成为很大的问题;它的食量,在我们其实早是一个极易觉得的很重的负担。于是连它也留不住了。

倘使插了草标[8]到庙市去出卖,也许能得几文钱罢,然而我们都不能,也不愿这样做。终于是用包袱蒙着头,由我带到西郊去放掉了,还要追上来,便推在一个并不很深的土坑里。

我一回寓,觉得又清静得多多了;但子君的凄惨的神色,却使我很吃惊。那是没有见过的神色,自然是为阿随。但又何至于此呢?我还没有说起推在土坑里的事。

到夜间,在她的凄惨的神色中,加上冰冷的分子了。

"奇怪。——子君,你怎么今天这样儿了?"我忍不住问。

"什么?"她连看也不看我。

"你的脸色……"

"没有什么,——什么也没有。"

我终于从她言动上看出,她大概已经认定我是一个忍心的人。其实,我一个人,是容易生活的,虽然因为骄傲,向来不与世交来往,迁居以后,也疏远了所有旧识的人,然而只要能远走高飞,生路还宽广得很。现在忍受着这生活压迫的苦痛,大半倒是为她,便是放掉阿随,也何尝不如此。但子君的识见却似乎只是浅薄起来,竟至于连这一点也想不到了。

我拣了一个机会,将这些道理暗示她;她领会似的点头。然而看她后来的情形,她是没有懂,或者是并不相信的。

天气的冷和神情的冷,逼迫我不能在家庭中安身。但是,往那里去呢?大道上,公园里,虽然没有冰冷的神情,冷风究竟也刺得人皮肤欲裂。我终于在通俗图书馆里觅得了我的天堂。

那里无须买票;阅书室里又装着两个铁火炉。纵使不过是烧着不死不活的煤的火炉,但单是看见装着它,精神上也就总觉得有些温暖。书却无可看:旧的陈腐,新的是几乎没有的。

好在我到那里去也并非为看书。另外时常还有几个人,多则十余人,都是单薄衣裳,正如我,各人看各人的书,作为取暖的口实。这于我尤为合式。道路上容易遇见熟人,得到轻蔑的一瞥,但此地却决无那样的横祸,因为他们是永远围在别的铁炉旁,或者靠在自家的白炉边的。

那里虽然没有书给我看,却还有安闲容得我想。待到孤身枯坐,回忆从前,这才觉得大半年来,只为了爱,——盲目的爱,——而将别的人生的要义全盘疏忽了。第一,便是生活。人必生活着,爱才有所附丽[9]。世界上并非没有为了奋斗者而开的活路;我也还未忘却翅子的扇动,虽然比先前已经颓唐得多……

屋子和读者渐渐消失了,我看见怒涛中的渔夫,战壕中的兵士,摩托车[10]中的贵人,洋场上的投机家,深山密林中的豪杰,讲台上的教授,昏夜的运动者和深夜的偷儿……子君,——不在近旁。她的勇气都失掉了,只为着阿随悲愤,为着做饭出神;然而奇怪的是倒也并不怎样瘦损……

冷了起来,火炉里的不死不活的几片硬煤,也终于烧尽了,已是闭馆的时候。又须回到吉兆胡同,领略冰冷的颜色去了。近来也间或遇到温暖的神情,但这却反而增加我的苦痛。记得有一夜,子君的眼里忽而又发出久已不见的稚气的光来,笑着和我谈到还在会馆时候的情形,时时又很带些恐怖的神色。我知道我近来的超过她的冷漠,已经引起她的忧疑来,只得也勉力谈笑,想给她一点慰藉。然而我的笑貌一上脸,我的话一出口,却即刻变为空虚,这空虚又即刻发生反响,回向我的耳目里,给我一个难堪的恶毒的冷嘲。

子君似乎也觉得的,从此便失掉了她往常的麻木似的镇静,虽然竭力掩饰,总还是时时露出忧疑的神色来,但对我却温和得多了。

我要明告她,但我还没有敢,当决心要说的时候,看见她孩子一般的眼色,就使我只得暂且改作勉强的欢容。但是这又即刻来冷嘲我,并使我失却那冷漠的镇静。

她从此又开始了往事的温习和新的考验,逼我做出许多虚伪的温存的答案来,将温存示给她,虚伪的草稿便写在自己的心上。我的心渐被这些草稿填满了,常觉得难于呼吸。我在苦恼中常常想,说真实自然须有极大的勇气的;假如没有这勇气,而苟安于虚伪,那也便是不能开辟新的生路的人。不独不是这个,连这人也未尝有!

子君有怨色,在早晨,极冷的早晨,这是从未见过的,但也许是从我看来的怨色。我那时冷冷地气愤和暗笑了;她所磨练的思想和豁达无畏的言论,到底也还是一个空虚,而对于这空虚却并未自觉。她早已什么书也不看,已不知道人的生活的第一着是求生,向着这求生的道路,是必须携手同行,或奋身孤往的了,倘使只知道捶着一个人的衣角,那便是虽战士也难于战斗,只得一同灭亡。

我觉得新的希望就只在我们的分离;她应该决然舍去,——我也突然想到她的死,然而立刻自责,忏悔了。幸而是早晨,时间正多,我可以说我的真实。我们的新的道路的开辟,便在这一遭。

我和她闲谈,故意地引起我们的往事,提到文艺,于是涉及外国的文人,文人的作品:《诺拉》,《海的女人》[11]。称扬诺拉的果决⋯⋯。也还是去年在会馆的破屋里讲过的那些话,但现在已经变成空虚,从我的嘴传入自己的耳中,时时疑心有一个隐形的坏孩子,在背后恶意地刻毒地学舌。

她还是点头答应着倾听,后来沉默了。我也就断续地说完了我的话,连余音都消失在虚空中了。

"是的。"她又沉默了一会,说,"但是,⋯⋯涓生,我觉得你近来很两样了。可是的?你,——你老实告诉我。"

我觉得这似乎给了我当头一击,但也立即定了神,说出我的意见和主张来:新的路的开辟,新的生活的再造,为的是免得一同灭亡。

临末,我用了十分的决心,加上这几句话:

"⋯⋯况且你已经可以无须顾虑,勇往直前了。你要我老实说;是的,人是不该虚伪的。我老实说罢:因为,因为我已经不爱你了!但这于你倒好得多,因为你更可以毫无挂念地做事⋯⋯"

我同时豫期着大的变故的到来,然而只有沉默。她脸色陡然变成灰黄,死了似的;瞬间便又苏生,眼里也发了稚气的闪闪的光泽。这眼光射向四处,正如孩子在饥渴中寻求着慈爱的母亲,但只在空中寻求,恐怖地回避着我的眼。

我不能看下去了,幸而是早晨,我冒着寒风径奔通俗图书馆。

在那里看见《自由之友》,我的小品文都登出了。这使我一惊,仿佛得了一点生气。我想,生活的路还很多,——但是,现在这样也还是不行的。

我开始去访问久已不相闻问的熟人,但这也不过一两次;他们的屋子自然是暖和的,我在骨髓中却觉得寒冽。夜间,便蜷伏在比冰还冷的冷屋中。

冰的针刺着我的灵魂,使我永远苦于麻木的疼痛。生活的路还很多,我也还没有忘却翅子的扇动,我想。——我突然想到她的死,然而立刻自责,忏悔了。

在通俗图书馆里往往瞥见一闪的光明,新的生路横在前面。她勇猛地觉悟了,毅然走出这冰冷的家,而且,——毫无怨恨的神色。我便轻如行云,漂浮空际,上有蔚蓝的天,下是深山大海,广厦高楼,战场,摩托车,洋场,公馆,晴明的闹市,黑暗的夜……

而且,真的,我豫感得这新生面便要来到了。

我们总算度过了极难忍受的冬天,这北京的冬天;就如蜻蜓落在恶作剧的坏孩子的手里一般,被系着细线,尽情玩弄,虐待,虽然幸而没有送掉性命,结果也还是躺在地上,只争着一个迟早之间。

写给《自由之友》的总编辑已经有三封信,这才得到回信,信封里只有两张书券[12]:两角的和三角的。我却单是催,就用了九分的邮票,一天的饥饿,又都白挨给于己一无所得的空虚了。

然而觉得要来的事,却终于来到了。

这是冬春之交的事,风已没有这么冷,我也更久地在外面徘徊;待到回家,大概已经昏黑。就在这样一个昏黑的晚上,我照常没精打采地回来,一看见寓所的门,也照常更加丧气,使脚步放得更缓。但终于走进自己的屋子里了,没有灯火;摸火柴点起来时,是异样的寂寞和空虚!

正在错愕中,官太太便到窗外来叫我出去。

"今天子君的父亲来到这里,将她接回去了。"她很简单地说。

这似乎又不是意料中的事,我便如脑后受了一击,无言地站着。

"她去了么?"过了些时,我只问出这样一句话。

"她去了。"

"她,——她可说什么?"

"没说什么。单是托我见你回来时告诉你,说她去了。"

我不信;但是屋子里是异样的寂寞和空虚。我遍看各处,寻觅子君;只见几件破旧而黯淡的家具,都显得极其清疏,在证明着它们毫无隐匿一人一物的能力。我转念寻信或她留下的字迹,也没有;只是盐和干辣椒,面粉,半株白菜,却聚集在一处,旁边还有几十枚铜元。这是我们两人生活材料的全副,现在她就郑重地将这留给我一个人,在不言中,教我借此去维持较久的生活。

我似乎被周围所排挤,奔到院子中间,有昏黑在我的周围;正屋的纸窗上映出明亮的灯光,他们正在逗着孩子玩笑。我的心也沉静下来,觉得在沉重的迫压中,渐渐隐约地现出脱走的路径:深山大泽,洋场,电灯下的盛筵,壕沟,最黑最黑的深夜,利刃的一击,毫无声响的脚步……

心地有些轻松,舒展了,想到旅费,并且嘘一口气。

躺着,在合着的眼前经过的豫想的前途,不到半夜已经现尽;暗中忽然仿佛看见一堆食物,这之后,便浮出一个子君的灰黄的脸来,睁了孩子气的眼睛,恳托似的看着我。我一定神,什么也没有了。

但我的心却又觉得沉重。我为什么偏不忍耐几天,要这样急急地告诉她真话的呢?现在她知道,她以后所有的只是她父亲——儿女的债主——的烈日一般的严威和旁人的赛过冰霜的冷眼。此外便是虚空。负着虚空的重担,在严威和冷眼中走着所谓人生的路,这是怎么可怕的事呵!而况这路的尽头,又不过是——连墓碑也没有的坟墓。

我不应该将真实说给子君,我们相爱过,我应该永久奉献她我的说谎。如果真实可以宝贵,这在子君就不该是一个沉重的空虚。谎语当然也是一个空虚,然而临末,至多也不过这样地沉重。

我以为将真实说给子君,她便可以毫无顾虑,坚决地毅然前行,一如我们将要同居时那样。但这恐怕是我错误了。她当时的勇敢和无畏是因为爱。

我没有负着虚伪的重担的勇气,却将真实的重担卸给她了。她爱我之后,就要负了这重担,在严威和冷眼中走着所谓人生的路。

我想到她的死……我看见我是一个卑怯者,应该被摈于强有力的人们,无论是真实者,虚伪者。然而她却自始至终,还希望我维持较久的生活……

我要离开吉兆胡同,在这里是异样的空虚和寂寞。我想,只要离开这里,子君便如还在我的身边;至少,也如还在城中,有一天,将要出乎意表地访我,像住在会馆时候似的。

然而一切请托和书信,都是一无反响;我不得已,只好访问一个久不问候的世交去了。他是我伯父的幼年的同窗,以正经出名的拔贡[13],寓京很久,交游也广阔的。

大概因为衣服的破旧罢,一登门便很遭门房的白眼。好容易才相见,也还相识,但是很冷落。我们的往事,他全都知道了。

"自然,你也不能在这里了,"他听了我托他在别处觅事之后,冷冷地说,"但那里去呢?很难。——你那,什么呢,你的朋友罢,子君,你可知道,她死了。"

我惊得没有话。

"真的?"我终于不自觉地问。

"哈哈。自然真的。我家的王升的家,就和她家同村。"

"但是,——不知道是怎么死的?"

"谁知道呢。总之是死了就是了。"

我已经忘却了怎样辞别他,回到自己的寓所。我知道他是不说谎话的;子君总不会再来的了,像去年那样。她虽是想在严威和冷眼中负着虚空的重担来走所谓人生的路,也已经不能。她的命运,已经决定她在我所给与的真实——无爱的人间死灭了!

自然,我不能在这里了;但是,"那里去呢?"

四围是广大的空虚,还有死的寂静。死于无爱的人们的眼前的黑暗,我仿佛一一看见,还听得一切苦闷和绝望的挣扎的声音。

我还期待着新的东西到来,无名的,意外的。但一天一天,无非是死的寂静。

我比先前已经不大出门,只坐卧在广大的空虚里,一任这死的寂静侵蚀着我的灵魂。死的寂静有时也自己战栗,自己退藏,于是在这绝续[14]之交,便闪出无名的,意外的,新的期待。

一天是阴沉的上午,太阳还不能从云里面挣扎出来,连空气都疲乏着。耳中听到细碎的步声和咻咻的鼻息,使我睁开眼。大致一看,屋子里还是空虚;但偶然看到地面,却盘旋着一匹小小的动物,瘦弱的,半死的,满身灰土的……

我一细看,我的心就一停,接着便直跳起来。

那是阿随。它回来了。

我的离开吉兆胡同,也不单是为了房主人们和他家女工的冷眼,大半就为着这阿随。但是,"那里去呢?"新的生路自然还很多,我约略知道,也间或依稀看见,觉得就在我面前,然而我还没有知道跨进那里去的第一步的方法。

经过许多回的思量和比较,也还只有会馆是还能相容的地方。依然是这样的破屋,这样的板床,这样的半枯的槐树和紫藤,但那时使我希望,欢欣,爱,生活的,却全都逝去了,只有一个虚空,我用真实去换来的虚空存在。

新的生路还很多,我必须跨进去,因为我还活着。但我还不知道怎样跨出那第一步。有时,仿佛看见那生路就像一条灰白的长蛇,自己蜿蜒地向我奔来,我等着,等着,看看临近,但忽然便消失在黑暗里了。

初春的夜,还是那么长。长久的枯坐中记起上午在街头所见的葬式,前面是纸人纸马,后面是唱歌一般的哭声。我现在已经知道他们的聪明了,这是多么轻松简截的事。

然而子君的葬式却又在我的眼前,是独自负着虚空的重担,在灰白的长路上前行,而又即刻消失在周围的严威和冷眼里了。

我愿意真有所谓鬼魂,真有所谓地狱,那么,即使在孽风怒吼之中,我也将寻觅子君,当面说出我的悔恨和悲哀,祈求她的饶恕;否则,地狱的毒焰将围绕我,猛烈地烧尽我的悔恨和悲哀。

我将在孽风和毒焰中拥抱子君,乞她宽容,或者使她快意……

但是,这却更虚空于新的生路;现在所有的只是初春的夜,竟还是那么长。我活着,我总得向着新的生路跨出去,那第一步,——却不过是写下我的悔恨和悲哀,为子君,为自己。

我仍然只有唱歌一般的哭声,给子君送葬,葬在遗忘中。

我要遗忘;我为自己,并且要不再想到这用了遗忘给子君送葬。

我要向着新的生路跨进第一步去,我要将真实深深地藏在心的创伤中,默默地前行,用遗忘和说谎做我的前导……

一九二五年十月二十一日毕。

(选自《鲁迅全集》第二卷,鲁迅著,人民文学出版社 2005 年版)

【注释】

[1] 伤逝:悲念死者。庾信《周赵国夫人纥豆陵氏墓志铭》:"孙子荆之伤逝,怨起秋风;潘安仁之悼亡,悲深长簟。"

[2] 会馆:旧时都市中同乡会或同业公会设立的馆舍,供同乡或同业旅居、聚会之用。

[3] 长班:旧时官员的随身仆人,也用来称呼一般的"听差"。

[4] 伊孛生(1828—1906):通译易卜生,挪威剧作家。泰戈尔(1861—1941):印度诗人。一九二四年曾来过中国。当时他的诗作译成中文的有《新月集》《飞鸟集》等。雪莱(1792—1822):英国诗人。曾参加

爱尔兰民族独立运动,因传播革命思想和争取婚姻自由屡遭迫害;后在海里覆舟淹死。他的《西风颂》《云雀颂》等著名短诗,在"五四"后被译介到中国。

[5] 愧恧(nù):惭愧。

[6] 庙会:又称"庙市",旧时在节日或规定的日子,设在寺庙或其附近的集市。

[7] 赫胥黎(Thomas Henry Huxley,1825—1895):英国生物学家。他的《人类在宇宙间的位置》(今译《人类在自然界的位置》),是宣传达尔文进化论思想的重要著作。

[8] 草标:旧时在被卖的人身上或物品上插置的草秆,作为出卖的标志。

[9] 附丽:附着,依附。

[10] 摩托车:当时对小汽车的称呼。

[11] 《诺拉》:通译《娜拉》(又译作《玩偶之家》)。《海的女人》:通译《海的夫人》。二者都是易卜生的著名剧作。

[12] 书券:购书用的代价券,可按券面金额到指定书店选购。旧时有的报刊用它代替现金支付稿酬。

[13] 拔贡:清代科举考试制度,在规定的年限(原定六年,后改为十二年)选拔"文行兼优"的秀才,保送到京师,贡入国子监,称之为"拔贡",是贡生的一种。

[14] 绝续:断绝和延续。

【知识链接】

娜拉走后怎样(节选)
鲁　迅

娜拉走后怎样?——别人可是也发表过意见的。一个英国人曾作一篇戏剧,说一个新式的女子走出家庭,再也没有路走,终于堕落,进了妓院。还有一个中国人,——我称他什么呢?上海的文学家罢,——说他所见的《娜拉》是和现译本不同,娜拉终于回来了。这样的本子可惜没有第二人看见,除非是伊孛生自己寄给他的。但从事理上推想起来,娜拉或者也实在只有两条路:不是堕落,就是回来。因为如果是一匹小鸟,则笼子里固然不自由,而一出笼门,外面便又有鹰,有猫,以及别的什么东西之类;倘使已经关得麻痹了翅子,忘却了飞翔,也诚然是无路可以走。还有一条,就是饿死了,但饿死已经离开了生活,更无所谓问题,所以也不是什么路。

……

所以为娜拉计,钱,——高雅的说罢,就是经济,是最要紧的了。自由固不是钱所能买到的,但能够为钱而卖掉。人类有一个大缺点,就是常常要饥饿。为补救这缺点起见,为准备不做傀儡起见,在目下的社会里,经济权就见得最要紧了。第一,在家应该先获得男女平均的分配;第二,在社会应该获得男女相等的势力。可惜我不知道这权柄如何取得,单知道仍然要战斗;或者也许比要求参政权更要用剧烈的战斗。

阅读书目

1. 鲁迅.鲁迅全集[M].北京:人民文学出版社,2005.
2. 吴中杰.吴中杰评点鲁迅小说[M].上海:复旦大学出版社,2006.
3. 王晓明.无法直面的人生:鲁迅传[M].上海:上海文艺出版社,1993.

【拓展与训练】

1. 本文采用"手记"形式,用内心独白的方式叙事,谈谈这种叙事方式在表现主题方面的作用,有什么独特的艺术效果?
2. 小说开头部分,"我"重新来到会馆的时候,作者写了"我"又进了以前和子君住过的小屋,试分析这段描写在文中的作用。
3. 课外阅读张爱玲小说,从人性揭露及女性形象塑造方面,将鲁迅和张爱玲进行比较。
4. 试转换叙述角度,以"伤逝——子君的手记"为题,展开合理想象,叙述这一故事。

舞 会 以 后[1]

[俄]列夫·托尔斯泰

【导读】

列夫·托尔斯泰(1828—1910),俄国伟大的批判现实主义作家,也是世界文学史上最杰出的作家之一,他被称颂为具有"最清醒的现实主义"的"天才艺术家"。他出生在一个地方庄园主家庭,父母都是有名望的大贵族。他于19世纪50年代开始文学活动,在60多年的文学生涯中,创作了大量作品,代表作有长篇小说《战争与和平》《安娜·卡列尼娜》《复活》。倡导不以暴力抗恶,追求道德自我完善和对全人类的爱。一方面反对沙皇制度和资本主义对广大民众的压迫;一方面又反对无产阶级的暴力革命,思想上陷于深刻矛盾。

《舞会以后》创作于1903年,是托尔斯泰晚期的作品,是依据作者及其兄长的亲身体验而创作的。小说核心内容是主人公伊万·瓦西里耶维奇追述自己30年前的一段恋爱经历:出身贵族的大学生伊万,与上校彼得·弗拉季斯拉维奇的女儿瓦莲卡在一次舞会上相识,并迅速坠入情网。舞会的高潮,是瓦莲卡父女表演跳舞,二人舞姿优雅、仪态端庄、彬彬有礼,征服了众人,伊万更是觉得自己仿佛置身于一个"美"与"善"的美妙世界。兴奋的伊万,在舞会结束后的几个小时,在家中仍无法入眠。他信步郊外,不觉走到瓦莲卡家附近,却惊讶地看到惨不忍睹的一幕:一位鞑靼士兵逃跑未遂,半身赤裸,双手被捆,在积雪的早晨,正遭受"夹鞭刑",直被打得血肉模糊、皮开肉绽。更令伊万意外的是,主持与监督这场刑罚的竟然就是刚刚舞会上倾倒众人的彼得上校。那时他是多么温文尔雅、慈祥可亲。在"夹鞭刑"现场,上校却凶神恶煞,逃兵已被打得奄奄一息,只能不停地以微弱的呜咽哀求大家"发发慈悲",上校非但毫不动容,反而恶狠狠地给了一位执行鞭笞不够用力的矮个士兵一记耳光。这一幕,让上流社会的虚伪与沙皇军队的凶残暴虐暴露无遗,深深刺激到了伊万,原先对瓦莲卡的狂热爱慕荡然无存,美妙的生活幻想也从此破灭了。他不愿意同流合污,大学毕业后既不去军队服役,也没有到政府部门供职,而成为一个不满现实、孤独漂泊的"零余者"。

小说采用第一人称叙述,主体是"我"对往事的回忆,展示"我"的感受和体验,娓娓动听,朴实自然。为增强作品的真实性,小说还间或插入其他人的插话和询问,艺术效果逼真。

作品成功运用了对比手法。先扬后抑,使得情节跌宕起伏,富有波澜。小说前半部的舞会场面盛大、热烈,此时的上校温文尔雅、雍容华贵。后半部分,残酷地毒打士兵的场面悲惨、血腥,与舞会形成强烈反差,而那个冷酷无情、惨无人道的凶手竟是"舞会"上的同一个人——上校。两个场面构成了"美"与"丑"、"善"与"恶"的鲜明对比,上校的两副嘴脸、伪善面貌被揭露得淋漓尽致。

小说的题目和构思颇具匠心。题为《舞会以后》,作者却用了超出三分之二的篇幅极力描绘那场奢侈豪华、浓郁热烈的舞会,似乎喧宾夺主,然而这正是作者匠心独运之处因为有了对舞会的层层渲染,才能使舞会以后短暂的一幕在刹那间达到震撼人心的效果,才使得男主人公爱情的戛然而止显得合情合理。作者以小见大,在对这一件"小事"的叙述中,不动声色地批判了沙皇专制制度。

"你们是说,一个人本身不可能懂得什么是好,什么是坏,问题全在环境,是环境坑害人。我却认为问题全在机缘。就拿我自己来说吧……"

我们谈到,为了使个人趋于完善,首先必须改变人们的生活条件,接着,人人敬重的伊万·瓦西里耶维奇就这样说起来了。其实谁也没有说过人自身不可能懂得什么是好,什么是坏,然而伊万·瓦西里耶维奇有个习惯,总爱解释他自己在谈话中产生的想法,随后为了证实这些想法,讲起他生活里的插曲来。他时常把促使他讲话的原因忘得一干二净,只管全神贯注地讲下去,而且讲得很诚实、很真实。

现在他也是这样做的。

"拿我自己来说吧。我的整个生活成为这样而不是那样,并不是由于环境,完全是由于别的缘故。"

"到底由于什么呢?"我们问道。

"这可说来话长了。要讲上一大篇,你们才会明白。"

"您就讲一讲吧。"

伊万·瓦西里耶维奇沉思了一下,摇了摇头。

"是啊,"他说,"我的整个生活在一个夜晚,或者不如说,在一个早晨,就起了变化。"

"到底是怎么回事啊?"

"是这么回事:当时我正在热烈地恋爱。我恋爱过多次,可是这一次爱得最热烈。事情早过去了;她的几个女儿都已经出嫁了。她叫 Б——,是的,瓦莲卡·Б——"伊万·瓦西里耶维奇说出她的姓氏,"她到了五十岁还是一位出色的美人。在年轻的时候,十八岁的时候,她简直能叫人入迷:修长、苗条、优雅、端庄——正是端庄。她总是把身子挺得笔直,仿佛非这样不可似的,同时又微微仰起她的头,这配上她的姣美的容貌和修长的身材——虽然她并不丰满,甚至可以说是清瘦——就使她显出一种威仪万千的气概,要不是她的嘴边、她的迷人的明亮的眼睛里,以及她那可爱的年轻的全身有那么一抹亲切的、永远愉快的微笑,人家便不敢接近她了。"

"伊万·瓦西里耶维奇多么会渲染!"

"但是无论怎么渲染,也没法渲染得使你们能够明白她是怎样一个女人。不过问题不在这里。我要讲的事情出在四十年代。那时候我是一所外省大学的学生。我不知道这是好事还是坏事:那时我们大学里没有任何小组[1],也不谈任何理论,我们只是年轻,照青年时代特有的方式过生活:除了学习,就是玩乐。我是一个很愉快活泼的小伙子,况且家境又富裕。我有一匹烈性的溜蹄快马,我常常陪小姐们上山滑雪(溜冰还没有流行),跟同学们饮酒作乐(当时我们只喝香槟,没有钱就什么也不喝,可不像现在这样改喝伏特加)。但是我的主要乐趣在参加晚会和舞会。我跳舞跳得很好,人也不算丑陋。"

"得啦,不必太谦虚,"一位交谈的女士插嘴道,"我们不是见过您一张旧式的银版照片吗?您不但不丑,还是一个美男子哩。"

"美男子就美男子吧,反正问题不在这里。问题是,正当我狂热地爱着她的期间,我在谢肉节[2]的最后一天参加了本省贵族长家的舞会,他是一位忠厚长者,豪富好客的侍从官。他的太太接待了我,她也像他一样忠厚,穿一件深咖啡色的丝绒长衫,戴一副钻石头饰[3],她祖露着衰老可是丰腴白净的肩膀和胸脯,如同伊丽莎白·彼得罗夫娜[4]的画像上描画的那样。这是一次绝妙的舞会:设有乐队楼厢的富丽的舞厅,来自爱好音乐的地主之家的、当时有名的农奴乐师,丰美的菜肴,喝不完的香槟。我虽然也喜欢香槟,但是并没有喝,因为不用喝酒我就醉了,陶醉在爱情中了,不过我跳舞却跳得筋疲力尽,——又跳卡德里尔舞,又跳华尔兹舞,又跳波尔卡舞,自然是尽可能跟瓦莲卡跳。她身穿白色长衫,束着粉红腰带,一双白羊皮手套差点儿齐到她的纤瘦的、尖尖的肘部,脚上是白净的缎鞋。玛祖尔卡舞开始的时候,有人抢掉了我的机会:她刚一进场,讨厌透顶的工程师阿尼西莫夫——我直到现在还不能原谅他——就邀请了她,我因为上理发店去买手套[5],来晚了一步。所以我跳玛祖尔卡舞的女伴不是瓦莲卡,而是一位德国小姐,从前我也曾稍稍向她献过殷勤。可是这天晚上我对她恐怕很不礼貌,既没有跟她说话,也没有望她一眼,我只看见那个穿白衣衫、束粉红腰带的修长苗条的身影,只看见她的晖朗、红润、有酒窝的脸蛋和亲切可爱的眼睛。不光是我,大家都望着她,欣赏她,男人欣赏她,女人也欣赏她,显然她盖过了她们所有的人。不能不欣赏她啊。

"照规矩应该说,我不是她跳玛祖尔卡舞的舞伴,而实际上,我几乎一直都在跟她跳。她大大方方地穿过整个舞厅,径直向我走来,我不待邀请,就连忙站了起来,她微微一笑,酬答我的机灵。当我们[6]被领到她的跟前而她没有猜出我的代号[7]时,她只好把手伸给别人,耸耸她的纤瘦的肩膀,向我微笑,表示惋惜和安慰。当大家在玛祖尔卡舞中变出花样,插进华尔兹的时候,我跟她跳了很久的华尔兹,她尽管呼吸急促,还是笑眯眯地对我说:'Encore.'[8]于是我再一次又一次地跳着华尔兹,甚至感觉不到自己还有一个沉甸甸的肉体。"

"咦,怎么感觉不到呢?我想,您搂着她的腰,不但能够清楚地感觉到自己的肉体,还能感觉到她的哩,"一个男客人说。

伊万·瓦西里耶维奇突然涨红了脸,几乎是气冲冲地叫喊道:

"是的,你们现代的青年就是这样。你们眼里只有肉体。我们那个时代可不同。我爱得越强烈,就越是不注意她的肉体。你们现在只看到腿子、脚踝和别的什么,你们恨不得把所爱的女人脱个精光,而在我看来,正像 Alphonse Karr[9]——他是一位好作家——说的:我的恋爱对象永远穿着一身铜打的衣服。我们不是把她脱个精光,而是极力遮盖她赤裸的身体,像挪亚的好儿子[10]一样。嗨,反正你们不会了解……"

"不要听他的。后来呢?"我们中间的一个男人问道。

"好吧。我就这样净跟她跳,没有注意时光是怎么过去的。乐师们早已累得要命,——你们知道,舞会快结束时总是这样,——翻来覆去地演奏玛祖尔卡舞曲,老先生和老太太们已经从客厅里的牌桌旁边站起来,等待吃晚饭,仆人拿着东西,更频繁地来回奔走着。这时是两点多钟。必须利用最后几分钟。我再一次选定了她,我们沿着舞厅跳到一百次了。

"'晚饭以后还跟我跳卡德里尔舞吗?'我领着她回到她的座位时问她。

"'当然,只要家里人不把我带走,'她笑眯眯地说。

"'我不让带走,'我说。

"'扇子可要还给我,'她说。

"'舍不得还,'我说,同时递给她那把不大值钱的白扇子。

"'那就送您这个吧,您不必舍不得了,'说着,她从扇子上扯下一小片羽毛给我。

"我接过羽毛,只能用眼光表示我的全部喜悦和感激。我不但愉快和满意,甚至感到幸福、陶然,我善良,我不是原来的我,而是一个不知有恶、只能行善的超凡脱俗的人了。我把那片羽毛塞进手套,呆呆地站在那里,再也离不开她。

"'您看,他们在请爸爸跳舞,'她对我说道,一边指着她那身材魁梧端正、戴着银色肩章的上校父亲,他正跟女主人和其他的太太们站在门口。

"'瓦莲卡,过来,'我们听见戴钻石头饰、露出伊丽莎白式肩膀的女主人的响亮声音。

"瓦莲卡往门口走去,我跟在她后面。

"'Ma chére[11],劝您父亲跟您跳一跳吧。喂,彼得·弗拉季斯拉维奇,请,'女主人转向上校说。

"瓦莲卡的父亲是一个器宇不凡的老人,长得端正、魁梧、神采奕奕。他的脸色红润,留着两撇雪白的、à la Nicolas I[12]尖端鬈曲的唇髭和同样雪白的、跟唇髭连成一片的络腮胡子,两鬓的头发向前梳着,他那明亮的眼睛里和嘴唇上,也像他女儿一样露出亲切快乐的微笑。他生就一副堂堂的仪表,宽阔的胸脯照军人的派头高挺着,胸前挂了不多几枚勋章,此外他还有一副健壮的肩膀和两条匀称的长腿。他是一位具有尼古拉一世风采的宿将型的军事长官。

"我们走近门口的时候,上校推辞说,他对于跳舞早已荒疏,不过他还是笑眯眯地把手伸到左边,从刀剑带上取下佩剑,交给一个殷勤的青年人,右手戴上鹿皮手套,'一切都要合乎规矩,'他含笑说,然后握住女儿的一只手,微微转过身来,等待着拍子。

"等到玛祖尔卡舞曲开始的时候,他灵敏地踏着一只脚,伸出另一只脚,于是他的魁梧肥硕的身体就一会儿文静从容地,一会儿带着靴底踏地声和两脚相碰声,啪哒啪哒地,猛烈地,沿着舞厅转动起来了。瓦莲卡的优美的身子在他的左右翩然飘舞,她及时地缩短或放长她那穿白缎鞋的小脚的步子,灵巧得叫人难以察觉。全厅的人都在注视这对舞伴的每个动作。我不仅欣赏他们,而且受了深深的感动。格外使我感动的是他用裤脚的带[13]扣得紧紧的靴子,那是一双上好的小牛皮靴,但不是时兴的尖头靴,而是老式的、没有后跟的方头靴。这双靴子分明是部队里的靴匠做的。'为了把他的爱女带进社交界和给她穿戴打扮,他不买时兴的靴子,只穿自制的靴子,'我想;所以这双方头靴格外使我感动。他显然有过舞艺精湛的时候,可是现在身体发胖,要跳出他竭力想跳的那一切优美快速的步法,腿部的弹力已经不够。不过他仍然巧妙地跳了两圈。他迅速地叉开两腿,重又合拢来,虽说不太灵活,他还能跪下一条腿。她微笑着理了理被他挂住的裙子,从容地绕着他跳了一遍,这时候,所有的人都热烈鼓掌了。他有点吃力地站立起来,温柔亲热地抱住女儿的后脑,吻吻她的额头,随后领她到我身边,他以为我要跟她跳舞。我说,我不是她的舞伴。

"'呃,反正一样,您现在跟她跳吧,'他说,一边亲切地微笑着,将佩剑插进刀剑带里。

"瓶子里的水只要倒出一滴,其余的便常常会大股大股地跟着往外倾泻,同样,我心中对瓦莲卡的爱,也把蕴藏在我内心的全部爱的力量释放出来了。那时我真是用我的爱拥抱了全世界。我也爱那戴着头饰、露出伊丽莎白式的胸脯的女主人,也爱她的丈夫、她的客人、她的仆役,甚至那个对我板着脸的工程师阿尼西莫夫。至于对她的父亲,连同他的家制皮靴和像她一样的亲切的微笑,当时我更是体验到一种深厚的温柔的感情。

"玛祖尔卡舞结束之后,主人夫妇请客人去用晚饭,但是Б上校推辞说,他明天必须早起,就向主人告别了。我惟恐连她也给带走,幸好她跟她母亲留下了。

"晚饭以后,我跟她跳了她事先应许的卡德里尔舞,虽然我似乎已经无限地幸福,而我的幸福还是有增无已。我们完全没谈爱情。我甚至没有问问她,也没有问问我自己,她是否爱我。只要我爱她,在我就尽够了。我只担心一点——担心有什么东西破坏我的幸福。

"等我回到家中,脱下衣服,想要睡觉的时候,我就看出那是决不可能的事。我手里有一小片从她的扇子上扯下的羽毛和她的一只手套,这只手套是她离开之前,我先后扶着她母亲和她上车时,她送给我的。我望着这两件东西,不用闭上眼睛,便能清清楚楚地回想起她来:或者是当她为了从两个男舞伴中挑选一个而猜测我的代号,用可爱的声音说出'骄傲?是吗?',并且快活地伸手给我的时候,或者是当她在晚餐席上一点一点地呷着香槟,皱起眉头,用亲热的眼光望着我的时候;不过我多半是回想她怎样跟她父亲跳舞,她怎样在他身边从容地转动,露出为自己和为他感到骄傲与喜悦的神态,瞧了瞧欣然赞赏的观众。我不禁对他和她同样发生柔和温婉的感情了。

"当时我和我已故的兄弟单独住在一起。我的兄弟向来不喜欢上流社会,不参加舞会,这时候又在准备学士考试,过着极有规律的生活。他已经睡了。我看看他那埋在枕头里面、叫法兰绒[14]被子遮住一半的脑袋,不觉对他动了怜爱的心。我怜悯他,因为他不知道也不能分享我所体验到的幸福。服侍我们的农奴彼得鲁沙拿着蜡烛来接我,他想帮我脱下外衣,可是我遣开了他。我觉得他的睡眼惺忪的面貌和蓬乱的头发使人非常感动。我极力不发出声响,踮起脚尖走进自己房里,在床沿坐下。不行,我太幸福了,我没法睡。加之我在炉火熊熊的房间里感到闷热,我就不脱制服,轻轻地走入前厅,穿上大衣,打开通向外面的门,走到街上去了。

"我离开舞会是四点多钟,等我到家,在家里坐了一坐,又过了两个来钟头,所以,我出门的时候,天已经亮了。那正是谢肉节的天气,有雾,饱含水分的积雪在路上融化,所有的屋檐都在滴水。当时 Б 家住在城市的尽头,靠近一大片空地,空地的一头是人们游息的场所,另一头是女子中学。我走过我们的冷僻的胡同,来到大街上,这才开始碰见行人和装运柴禾的雪橇,雪橇的滑木触到了路面[15]。马匹在光滑的木轭下有节奏地摆动着湿漉漉的脑袋,车夫们身披蒲席,穿着肥大的皮靴,跟在货车旁边扑嚓扑嚓行走,沿街的房屋在雾中显得分外高大,——这一切都使我觉得特别可爱和有意思。

"我走到 Б 宅附近的空地,看见靠游息场所的一头有一大团黑糊糊的东西,听到从那边传来笛声和鼓声。我一直满心欢畅,有时玛祖尔卡舞曲还在我耳边萦绕。但这里是另一种音乐,一种生硬难听的音乐。

"'这是怎么回事?'我想,随即沿着空地当中一条由车马碾踏出来的溜滑的道路,朝着发出声音的方向走去。走了一百来步,我开始从雾霭中看出那里有许多黑色的人影。显然是一群士兵。'大概在上操,'我想,便跟一个身穿油迹斑斑的短皮袄和围裙、手上拿着东西,走在我前头的铁匠一起,更往前走近些。士兵们穿着黑军服,面对面地分两行持枪立定,一动也不动。鼓手和吹笛子的站在他们背后,不停地重复那支令人不快的、刺耳的老调子。

"'他们这是干什么?'我问那个站在我身边的铁匠。

"'对一个鞑靼[16]逃兵用夹鞭刑[17],'铁匠瞧着远处的行列尽头,愤愤地说。

"我也朝那边望去,看见两行士兵中间有个可怕的东西正在向我逼近。向我逼近来的是一个光着上身的人,他双手被捆在枪杆上面,两名军士用这枪牵着他。他的身旁有个穿大衣、戴制帽的魁梧的军官,我仿佛觉得面熟。受刑人浑身痉挛着,两只脚扑嚓扑嚓地踩着融化中的积雪,向我走来,棍子从两边往他身上纷纷打下,他一会儿朝后倒,于是两名用枪牵着他的军士便把他往前一推,一会儿他又向前栽,于是军士便把他往后一拉,不让他栽倒。那魁梧的军官迈着坚定的步子,大摇大摆地,始终跟他并行着。这就是她的脸色红润、留着雪白的唇髭和络腮胡子的父亲。

"受刑人每挨一棍子,就好像吃了一惊似的,把他的痛苦得皱了起来的脸转向棍子落下的一边,露出一口雪白的牙齿,重复着两句同样的话。直到他离我很近的时候,我才听清这两句话。他不是说话,而是呜咽道:'弟兄们,发发慈悲吧。弟兄们,发发慈悲吧。'但是弟兄们不发慈悲,当这一行人走到我的紧跟前时,我看见站在我对面的一名士兵坚决地向前跨出一步,呼呼地挥动着棍子,使劲朝鞑靼人背上劈啪一声打下去。鞑靼人往前扑去,可是军士们拽住了他,接着,同样的一棍子又从另一边落在他的身上,又是这边一下,那边一下。上校在旁边走着,一会儿瞧瞧自己脚下,一会儿瞧瞧受刑人,他吸进一口气,鼓起腮帮,然后撅着嘴唇,慢慢地吐出来。这一行人经过我站立的地方的时候,我向夹在两行士兵中间的受刑人的背脊扫了一眼。这是一个斑斑驳驳的、湿淋淋的、紫红色的、奇形怪状的东西,我简直不相信这是人的躯体。

"'天啊,'铁匠在我身边说道。

"这一行人慢慢离远了,棍子仍然从两边落在那跟跟跄跄、浑身抽搐的人背上,鼓声和笛声仍然鸣响着,身材魁梧端正的上校也仍然迈着坚定的步子,在受刑人身边走动。突然间,上校停下来,快步走到一名士兵跟前。

"'我要让你知道厉害,'我听见他用气呼呼的声音说,'你还敢糊弄吗?还敢吗?'

"我看见他举起戴麂皮手套的有力的手,给了那惊慌失措、没有多大气力的矮个子士兵一记耳光,只因为这个士兵没有使足劲儿往鞑靼人的紫红的脊背上打下棍子。

"'来几条新的军棍!'他一边吼叫,一边回头观看,终于看见了我。他假装不认识我,可怕地、恶狠狠地皱起眉头,连忙转过脸去。我觉得那样羞耻,不知道往哪里看才好,仿佛我有一桩最可耻的行径被人揭发了似的,我埋下眼睛,匆匆回家去了。一路上我的耳边时而响起鼓声和笛声,时而传来'弟兄们,发发慈悲吧'这两句话,时而又听见上校充满自信的、气呼呼的吼声:'你还敢糊弄吗?还敢吗?'同时我感到一种近似恶心的、几乎是生理上的痛苦,我好几次停下脚步,觉得我马上就要把这幅景象在我内心引起的恐怖统统呕出来了。我不记得是怎样到家和躺下的。可是我刚刚入睡,就又听见和看到那一切,我索性一骨碌爬起来了。

"'他显然知道一件我所不知道的事情,'我想起上校,'如果我知道他所知道的那件事,我也就会了解我看到的一切,不致苦恼了。'可是无论我怎样反复思索,还是无法了解上校所知道的那件事,我直到傍晚才睡着,而且是上一位朋友家里去,跟他一起喝得烂醉以后才睡着的。

"嗯,你们以为我当时就断定了我看到的是一件坏事吗?决不。'既然这是带着那样大的信心干下的,并且人人都承认它是必要的,那么可见他们一定知道一件我所不知道的事情。'我想,于是努力去探究这一点。但是无论我多么努力,始终探究不出来。探究不出,我就不能像原先希望的那样去服军役,我不但没有进军队供职,也没有在任何地方供职,所以正像你们看到的,我成了一个废物。"

"得啦,我们知道您成了什么'废物',"我们中间的一个男人说,"您还不如说:要是没有您,有多少人会变成废物。"

"得了吧,这完全是扯淡,"伊万·瓦西里耶维奇真正懊恼地说。

"好,那么,爱情呢?"我们问。

"爱情吗?爱情从这一天起衰退了。当她像平常那样面带笑容在沉思的时候,我立刻想起广场上的上校,总觉得有点别扭和不快,于是我跟她见面的次数渐渐减少,结果爱情便消失了。世界上就有这样的事情,它使得人的整个生活发生变化,走上新的方向。你们却说……"他结束道。

(1903年8月20日作于亚斯纳亚波利亚纳)

(选自《列夫·托尔斯泰文集》第四卷下册,托尔斯泰著,蒋路译,人民文学出版社1986年版)

【注释】

[1] 19世纪30年代,莫斯科一部分大学生成立了各种小组,探讨哲学和文学问题,传播先进思想,其中最重要的是斯坦凯维奇小组和赫尔岑—奥加辽夫小组。——原注
[2] 谢肉节:又称送冬节、烤薄饼周,是一个从俄罗斯多神教时期就流传下来的传统俄罗斯节日。后来由于俄罗斯民众开始信奉东正教,该节日与基督教四旬斋之前的狂欢节发生了联系。现在谢肉节的开始日期为每年东正教复活节前的第8周。
[3] 钻石头饰:一种金链或绒布带,当中镶一颗宝石,束在额头上,作为装饰。——原注
[4] 伊丽莎白·彼得罗夫娜:1741—1761年的俄国女皇。
[5] 有些理发店兼卖手套、领带等。——原注
[6] 我们:指他和另一个男舞伴。——原注
[7] 男舞伴必须给自己选定一个代号,如"温顺"或"骄傲"、"喜悦"或"悲哀"之类,跳舞以前,两个男舞伴由第三者领到女舞伴面前,请她猜测代号,被猜中的就可以跟她跳舞。——原注
[8] 法语,表示再来一次。——原注
[9] 阿尔封斯·卡尔(1808—1890),法国作家。——原注
[10] 见《圣经·旧约·创世纪》第九章:有一次挪亚喝醉酒,光着身子入睡,他的儿子闪和雅弗用衣服给他盖上。——原注
[11] 法语,表示"我亲爱的"。——原注
[12] 法语,表示尼古拉一世式的。——原注
[13] 缝在裤脚口的带子,捆在鞋跟和鞋掌之间的地方,以免人坐下时裤脚往上吊,露出袜子来。——原注
[14] 法兰绒:一种用粗梳毛纱织制的柔软而有绒面的毛织物。于18世纪创制于英国的威尔士。
[15] 说明春天来到,积雪不深。——原注
[16] 鞑靼:鞑靼人属突厥语族,混合了蒙古人和跟随蒙古人西征的其他种类的突厥人的血统,俄罗斯的鞑靼人,分喀山鞑靼人、克里米亚鞑靼人、西伯利亚鞑靼人等很多种,是今俄罗斯联邦人口最多的少数民族,迁入中国新疆境内的称塔塔尔族。
[17] 沙皇军队中惩罚兵士的笞刑。受罚者行经两排手持鞭条的兵士中间,受每人的抽打。——原注

【知识链接】

作家作品评论选

《安娜·卡列尼娜》是欧洲文坛上没有任何一部作品可以与之相媲美的、白璧无瑕的艺术珍品。作者本人是空前绝后的艺术大师。

——(俄)陀思妥耶夫斯基

《战争与和平》是我们的时代最伟大的史诗,是近代的《伊利亚特》。

——(法)罗曼·罗兰

托尔斯泰富于独创性的全部观点,恰恰表现了俄国革命是农民资产阶级革命的特点。他观点中的矛盾,的确是一面反映俄国革命所处的各种矛盾状况的镜子。

——(苏)列宁

托尔斯泰是一位史诗性人物,又是一位史诗的创造者。

——(美)哈曼德·布鲁姆

托尔斯泰等辈,若用勃兰兑斯的话来说,乃是"轨道破坏者"。其实他们不单是破坏,而且是扫除,是大呼猛进,将碍脚的旧轨道不论整条或碎片,一扫而空。

——鲁迅

是的,爱,但不是那种爱,即因为什么东西,为了什么目的,或者因为什么缘故而爱,而是这种爱,即当我临死时,我看见了我的敌人却仍然爱他的时候,我第一次所体验到的爱。我体验到那种爱的心情,它是心灵的本质,它不需要对象。我现在也体验到了那幸福的心情。爱邻人、爱仇敌、爱一切——爱有着各种表现的上帝。爱亲爱的人,可以用人间的爱;但是爱敌人,只能用神圣的爱。因此当我觉得我爱那个人的时候,我感觉到那样的快乐。他的情形怎么样了?他还活着吗?

——《战争与和平》

同心灵的高度相比,尘世的一切显得多么卑下。

——《战争与和平》

人并不是因为美丽才可爱,而是因为可爱才美丽。

——《安娜·卡列尼娜》

如果爱一个人,那就爱整个的他,实事求是地照他本来的面目去爱他,而不是脱离实际希望他这样那样的……

——《复活》

他身上发生的这一系列可怕的变化,原因仅仅是他不再相信自己,转而去相信别人。至于他不再相信自己,而去相信别人的原因,那是因为如果相信自己,生活就会变得过于困难:相信自己,意味着处理各种问题都不能考虑追求轻松快乐的肉体的自我,而且几乎总是同他作对;相信别人,意味着无需处理任何问题,所有的问题都已经得到解决,解决问题的原则总是不考虑精神的自我,而只考虑肉体的自我。

——《复活》

阅读书目

1. 托尔斯泰.托尔斯泰小说全集[M].草樱,译.上海:上海文艺出版社,2004.
2. 罗曼·罗兰.托尔斯泰传[M].傅雷,译.北京:华文出版社,2013.
3. 李正荣.托尔斯泰的体悟与托尔斯泰的小说[M].北京:北京师范大学出版社,2001.

【拓展与训练】

1. 小说描写了舞会中与舞会后的两个截然不同的场景,谈谈这篇小说的对比艺术。
2. 作品没有对女主人公瓦莲卡的形象进行转换,瓦莲卡并没有出现她父亲似的舞会以后的第二副嘴脸,在这整个事件中,她是不是很无辜?对主人公伊万·瓦西里耶维奇的人生观和价值取向,我们应该怎么看?谈谈你的看法。
3. 小说也描写了舞会的场景,却为什么取名《舞会以后》?

受 戒

汪曾祺

明海出家已经四年了。

他是十三岁来的。

这个地方的地名有点怪,叫庵赵庄。赵,是因为庄上大都姓赵。叫做庄,可是人家住得很分散,这里两三家,那里两三家。一出门,远远可以看到,走起来得走一会,因为没有大路,都是弯弯曲曲的田埂。庵,是因为有一个庵。庵叫菩提庵,可是大家叫讹了,叫成荸荠庵。连庵里的和尚也这样叫。"宝刹何处?"——"荸荠庵。"庵本来是住尼姑的。"和尚庙""尼姑庵"嘛。可是荸荠庵住的是和尚。也许因为荸荠庵不大,大者为庙,小者为庵。

明海在家叫小明子。他是从小就确定要出家的。他的家乡不叫"出家",叫"当和尚"。他的家乡出和尚。就像有的地方出劁猪的,有的地方出织席子的,有的地方出箍桶的,有的地方出弹棉花的,有的地方出画匠,有的地方出婊子,他的家乡出和尚。人家弟兄多,就派一个出去当和尚。当和尚也要通过关系,也有帮。这地方的和尚有的走得很远。有到杭州灵隐寺的、上海静安寺的、镇江金山寺的、扬州天宁寺的。一般的就在本县的寺庙。明海家田少,老大、老二、老三,就足够种的了。他是老四。他七岁那年,他当和尚的舅舅回家,他爹、他娘就和舅舅商议,决定叫他当和尚。他当时在旁边,觉得这实在是在情在理,没有理由反对。当和尚有很多好处。一是可以吃现成饭,哪个庙里都是管饭的。二是可以攒钱。只要学会了放瑜伽焰口,拜梁皇忏,可以按例分到辛苦钱。积攒起来,将来还俗娶亲也可以;不想还俗,买几亩田也可以。当和尚也不容易,一要面如朗月,二要声如钟磬,三要聪明记性好。他舅舅给他相了相面,叫他前走几步,后走几步,又叫他喊了一声赶牛打场的号子:"格当嘚——",说是"明子准能当个好和尚,我包了!"要当和尚,得下点本,——念几年书。哪有不认字的和尚呢!于是明子就开蒙入学,读了《三字经》《百家姓》《四言杂字》《幼学琼林》《上论、下论》《上孟、下孟》,每天还写一张仿。村里都夸他字写得好,很黑。

舅舅按照约定的日期又回了家,带了一件他自己穿的和尚领的短衫,叫明子娘改小一点,给明子穿上。明子穿了这件和尚短衫,下身还是在家穿的紫花裤子,赤脚穿了一双新布鞋,跟他爹、他娘磕了一个头,就随舅舅走了。

他上学时起了个学名,叫明海。舅舅说,不用改了。于是"明海"就从学名变成了法名。

过了一个湖。好大一个湖!穿过一个县城。县城真热闹:官盐店,税务局,肉铺里挂着成边的猪,一个驴子在磨芝麻,满街都是小磨香油的香味,布店,卖茉莉粉、梳头油的什么斋,卖绒花的,卖丝线的,打把式卖膏药的,吹糖人的,耍蛇的,……他什么都想看看。舅舅一劲地推他:"快走!快走!"

到了一个河边,有一只船在等着他们。船上有一个五十来岁的瘦长瘦长的大伯,船头蹲着一个跟明子差不多大的女孩子,在剥一个莲蓬吃。明子和舅舅坐到舱里,船就开了。

明子听见有人跟他说话,是那个女孩子。

"是你要到荸荠庵当和尚吗?"

明子点点头。

"当和尚要烧戒疤欸!你不怕?"

明子不知道怎么回答,就含含糊糊地摇了摇头。

"你叫什么?"

"明海。"

"在家的时候?"

"叫明子。"

"明子!我叫小英子!我们是邻居。我家挨着荸荠庵。——给你!"

小英子把吃剩的半个莲蓬扔给明海,小明子就剥开莲蓬壳,一颗一颗吃起来。

大伯一桨一桨地划着,只听见船桨拨水的声音:"哗——许!哗——许!"

……

荸荠庵的地势很好,在一片高地上。这一带就数这片地势高,当初建庵的人很会选地方。门前是一条河。门外是一片很大的打谷场。三面都是高大的柳树。山门里是一个穿堂。迎门供着弥勒佛。不知是哪一位名士撰写了一副对联:

大肚能容容天下难容之事

开颜一笑笑世间可笑之人

弥勒佛背后,是韦驮。过穿堂,是一个不小的天井,种着两棵白果树。天井两边各有三间厢房。走过天井,便是大殿,供着三世佛。佛像连龛才四尺来高。大殿东边是方丈,西边是库房。大殿东侧,有一个小小的六角门,白门绿字,刻着一副对联:

一花一世界

三藐三菩提

进门有一个狭长的天井,几块假山石,几盆花,有三间小房。

小和尚的日子清闲得很。一早起来,开山门,扫地。庵里的地铺的都是筛底方砖,好扫得很,给弥勒佛、韦驮烧一炷香,正殿的三世佛面前也烧一炷香、磕三个头、念三声"南无阿弥陀佛",敲三声磬。这庵里的和尚不兴做什么早课、晚课,明子这三声磬就全都代替了。然后,挑水,喂猪。然后,等当家和尚,即明子的舅舅起来,教他念经。

教念经也跟教书一样,师父面前一本经,徒弟面前一本经,师父唱一句,徒弟跟着唱一句。是唱哎。舅舅一边唱,一边还用手在桌上拍板。一板一眼,拍得很响,就跟教唱戏一样。是跟教唱戏一样,完全一样哎。连用的名词都一样。舅舅说,念经:一要板眼准,二要合工尺。说:当一个好和尚,得有条好嗓子。说:民国二十年闹大水,运河倒了堤,最后在清水潭合龙,因为大水淹死的人很多,放了一台大焰口,十三大师——十三个正座和尚,各大庙的方丈都来了,下面的和尚上百。谁当这个首座?推来推去,还是石桥——善因寺的方丈!他往上一坐,就跟地藏王菩萨一样,这就不用说了;那一声"开香赞",围看的上千人立时鸦雀无声。说:嗓子要练,夏练三伏,冬练三九,要练丹田气!说:要吃得苦中苦,方为人上人!说:和尚里也有状元、榜眼、探花!要用心,不要贪玩!舅舅这一番大法要说得明海和尚实在是五体投地,于是就一板一眼地跟着舅舅唱起来:

"炉香乍爇——"

"炉香乍爇——"

"法界蒙薰——"

"法界蒙薰——"

"诸佛现金身……"

"诸佛现金身……"

……

等明海学完了早经,——他晚上临睡前还要学一段,叫做晚经,——荸荠庵的师父们就都陆续起床了。

这庵里人口简单,一共六个人。连明海在内,五个和尚。

有一个老和尚,六十几了,是舅舅的师叔,法名普照,但是知道的人很少,因为很少人叫他法名,都称之为老和尚或老师父,明海叫他师爷爷。这是个很枯寂的人,一天关在房里,就是那"一花一世界"里。也看不见他念佛,只是么一声不响地坐着。他是吃斋的,过年时除外。

下面就是师兄弟三个,仁字排行:仁山、仁海、仁渡。庵里庵外,有的称他们为大师父、二师父;有的称之为山师父、海师父。只有仁渡,没有叫他"渡师父"的,因为听起来不像话,大都直呼之为仁渡。他也只配如此,因为他还年轻,才二十多岁。

仁山,即明子的舅舅,是当家的。不叫"方丈",也不叫"住持",却叫"当家的",是很有道理的,因为他确实实干的是当家的职务。他屋里摆的是一张账桌,桌子上放的是账簿和算盘。账簿共有三本。一本是经账,一本是租账,一本是债账。和尚要做法事,做法事要收钱,——要不,当和尚干什么?常做的法事是放焰口。正规的焰口是十个人。一个正座,一个敲鼓的,两边一边四个。人少了,八个,一边三个,也凑合了。荸荠庵只有四个和尚,要放整焰口就得和别的庙里合伙。这样的时候也有过,通常只是放半台焰口。一个正座,一个敲鼓,另外一边一个。一来找别的庙里合伙费事;二来这一带放得起整焰口的人家也不多。有的时候,谁家死了人,就只请两个,甚至一个和尚咕噜咕噜念一通经,敲打几声法器就算完事。很多人家的经钱不是当时就给,往往要等秋后才还。这就得记账。另外,和尚放焰口的辛苦钱不是一样的。就像唱戏一样,有份子。正座第一份。因为他要领唱,而且还要独唱。当中有一大段"叹骷髅",别的和尚都放下法器休息。只有首座一个人有板有眼地曼声吟唱。第二份是敲鼓的。你以为这容易呀?哼,单是一开头的"发擂",手上没功夫就敲不出迟疾顿挫!其余的,就一样了。这也得记上:某月某日、谁家焰口半台,谁正座,谁敲鼓……省得到年底结账时赌咒骂娘。……这庵里有几十亩庙产,租给人种,到时候要收租。庵里还放债。租、债一向倒很少亏欠,因为租佃借钱的人怕菩萨不高兴。这三本账就够仁山忙的了。另外香烛灯火、油盐"福食",这也得随时记记账呀。除了账簿之外,山师父的方丈的墙上还挂着一块水牌,上漆四个红字:"勤笔免思"。

仁山所说当一个好和尚的三个条件,他自己其实一条也不具备。他的相貌只要用两个字就说清楚了:黄、胖。声音也不像钟磬,倒像母猪。聪明么?难说,打牌老输。他在庵里从不穿袈裟,连海青直裰也免了。经常是披着件短僧衣,袒露着一个黄色的肚子。下面是光脚趿拉着一双僧鞋,——新鞋他也是趿拉着。他一天就是这样不衫不履地这里走走,那里走走,发出母猪一样的声音:"哼——哼——"。

二师父仁海。他是有老婆的。他老婆每年夏秋之间来住几个月,因为庵里凉快。庵里有六个人,其中之一,就是这位和尚的家眷。仁山、仁渡叫她嫂子,明海叫她师娘。这两口子都很爱干净,整天地洗涮。傍晚的时候,坐在天井里乘凉。白天,闷在屋里不出来。

　　三师父是个很聪明精干的人。有时一笔账大师兄扒了半天算盘也算不清,他眼珠子转两转,早算得一清二楚。他打牌赢的时候多,二三十张牌落地,上下家手里有些什么牌,他就差不多都知道了。他打牌时,总有人爱在他后面看歪头胡。谁家约他打牌,就说"想送两个钱给你。"他不但经忏俱通(小庙的和尚能够拜忏的不多),而且身怀绝技,会"飞铙"。七月间有些地方做盂兰会,在旷地上放大焰口,几十个和尚,穿绣花袈裟,飞铙。飞铙就是把十多斤重的大铙钹飞起来。到了一定的时候,全部法器皆停,只几十副大铙紧张急促地敲起来。忽然起手,大铙向半空中飞去,一面飞,一面旋转。然后,又落下来,接住。接住不是平平常常地接住,有各种架势,"犀牛望月"、"苏秦背剑"……这哪是念经,这是耍杂技。也算是地藏王菩萨爱看这个,但真正因此快乐起来的是人,尤其是妇女和孩子。这是年轻漂亮的和尚出风头的机会。一场大焰口过后,也像一个好戏班子过后一样,会有一个两个大姑娘、小媳妇失踪,——跟和尚跑了。他还会放"花焰口"。有的人家,亲戚中多风流子弟,在不是很哀伤的佛事——如做冥寿时,就会提出放花焰口。所谓"花焰口"就是在正焰口之后,叫和尚唱小调,拉丝弦,吹管笛,敲鼓板,而且可以点唱。仁渡一个人可以唱一夜不重头。仁渡前几年一直在外面,近二年才常住在庵里。据说他有相好的,而且不止一个。他平常可是很规矩,看到姑娘媳妇总是老老实实的,连一句玩笑话都不说,一句小调山歌都不唱。有一回,在打谷场上乘凉的时候,一伙人把他围起来,非叫他唱两个不可。他却情不过,说:"好,唱一个。不唱家乡的。家乡的你们都熟,唱个安徽的。"

　　　　姐和小郎打大麦,
　　　　一转子讲得听不得。
　　　　听不得就听不得,
　　　　打完了大麦打小麦。

唱完了,大家还嫌不够,他就又唱了一个:

　　　　姐儿生得漂漂的,
　　　　两个奶子翘翘的。
　　　　有心上去摸一把,
　　　　心里有点跳跳的。

　　……

　　这个庵里无所谓清规,连这两个字也没人提起。

　　仁山吃水烟,连出门做法事也带着他的水烟袋。

　　他们经常打牌。这是个打牌的好地方。把大殿上吃饭的方桌往门口一搭,斜放着,就是牌桌。桌子一放好,仁山就从他的方丈里把筹码拿出来,哗啦一声倒在桌上。斗纸牌的时候多,搓麻将的时候少。牌客除了师兄弟三人,常来的是一个收鸭毛的,一个打兔子兼偷鸡的,都是正经人。收鸭毛的担一副竹筐,串乡串镇,拉长了沙哑的声音喊叫:

　　"鸭毛卖钱——!"

　　偷鸡的有一件家什——铜蜻蜓。看准了一只老母鸡,把铜蜻蜓一丢,鸡婆子上去就是一口。这一啄,铜蜻蜓的硬簧绷开,鸡嘴撑住了,叫不出来了。正在这鸡十分纳闷的时候,上去一把薅住。

明子曾经跟这位正经人要过铜蜻蜓看看。他拿到小英子家门前试了一试,果然!小英的娘知道了,骂明子:

"要死了!儿子!你怎么到我家来玩铜蜻蜓了!"

小英子跑过来:

"给我!给我!"

她也试了试,真灵,一个黑母鸡一下子就把嘴撑住,傻了眼了!

下雨阴天,这二位就光临荸荠庵,消磨一天。

有时没有外客,就把老师叔也拉出来,打牌的结局,大都是当家和尚气得鼓鼓的:"×妈妈的!又输了!下回不来了!"

他们吃肉不瞒人。年下也杀猪。杀猪就在大殿上。一切都和在家人一样,开水、木桶、尖刀。捆猪的时候,猪也是没命地叫。跟在家人不同的,是多一道仪式,要给即将升天的猪念一道"往生咒",并且总是老师叔念,神情很庄重:

"……一切胎生、卵生、息生,来从虚空来,还归虚空去。往生再世,皆当欢喜。南无阿弥陀佛!"

三师父仁渡一刀子下去,鲜红的猪血就带着很多沫子喷出来。

……

明子老往小英子家里跑。

小英子的家像一个小岛,三面都是河,西面有一条小路通到荸荠庵。独门独户,岛上只有这一家。岛上有六棵大桑树,夏天都结大桑椹,三棵结白的,三棵结紫的;一个菜园子,瓜豆蔬菜,四时不缺。院墙下半截是砖砌的,上半截是泥夯的。大门是桐油油过的,贴着一副万年红的春联:

向阳门第春常在
积善人家庆有余

门里是一个很宽的院子。院子里一边是牛屋、碓棚;一边是猪圈、鸡窠,还有个关鸭子的栅栏。露天地放着一具石磨。正北面是住房,也是砖基土筑,上面盖的一半是瓦,一半是草。房子翻修了才三年,木料还露着白茬。正中是堂屋,家神菩萨的画像上贴的金还没有发黑。两边是卧房。隔扇窗上各嵌了一块一尺见方的玻璃,明亮亮的,——这在乡下是不多见的。房檐下一边种着一棵石榴树,一边种着一棵栀子花,都齐房檐高了。夏天开了花,一红一白,好看得很。栀子花香得冲鼻子。顺风的时候,在荸荠庵都闻得见。

这家人口不多,他家当然是姓赵,一共四口人:赵大伯、赵大妈,两个女儿,大英子、小英子。老两口没得儿子。因为这些年人不得病,牛不生灾,也没有大旱大水闹蝗虫,日子过得很兴旺。他们家自己有田,本来够吃的了,又租种了庵上的十亩田。自己的田里,一亩种了荸荠,——这一半是小英子的主意,她爱吃荸荠,一亩种了茨菇。家里喂了一大群鸡鸭,单是鸡蛋鸭毛就够一年的油盐了。赵大伯是个能干人。他是一个"全把式",不但田里场上样样精通,还会罩鱼、洗磨、凿砻、修水车、修船、砌墙、烧砖、箍桶、劈篾、绞麻绳。他不咳嗽,不腰疼,结结实实,像一棵榆树。人很和气,一天不声不响。赵大伯是一棵摇钱树,赵大娘就是个聚宝盆。大娘精神得出奇。五十岁了,两个眼睛还是清亮亮的。不论什么时候,头都是梳得滑滴滴的,身上衣服都是格挣挣的。像老头子一样,她一天不闲着。煮猪食,喂猪,腌咸菜,——她腌的咸萝卜干非常好吃,春粉子,磨小豆腐,编蓑衣,织芦筐。她还会剪花样子。

这里嫁闺女,陪嫁妆,磁坛子、锡罐子,都要用梅红纸剪出吉祥花样,贴在上面,讨个吉利,也才好看:"丹凤朝阳"呀、"白头到老"呀、"子孙万代"呀、"福寿绵长"呀。二三十里的人家都来请她:"大娘,好日子是十六,你哪天去呀?"——"十五,我一大清早就来!"

"一定呀!"——"一定!一定!"

两个女儿,长得跟她娘像一个模子里托出来的。眼睛长得尤其像,白眼珠鸭蛋青,黑眼珠棋子黑,定神时如清水,闪动时像星星。浑身上下,头是头,脚是脚。头发滑滴滴的,衣服格挣挣的。——这里的风俗,十五六岁的姑娘就都梳上头了。这两个丫头,这一头的好头发!通红的发根,雪白的簪子!娘女三个去赶集,一集的人都朝她们望。

姐妹俩长得很像,性格不同。大姑娘很文静,话很少,像父亲。小英子比她娘还会说,一天咭咭呱呱地不停。大姐说:

"你一天到晚咭咭呱呱——"

"像个喜鹊!"

"你自己说的!——吵得人心乱!"

"心乱?"

"心乱!"

"你心乱怪我呀!"

二姑娘话里有话。大英子已经有了人家。小人她偷偷地看过,人很敦厚,也不难看,家道也殷实,她满意。已经下过小定,日子还没有定下来。她这二年,很少出房门,整天赶她的嫁妆。大裁大剪,她都会。挑花绣花,不如娘。可她又嫌娘出的样子太老了。她到城里看过新娘子,说人家现在绣的都是活花活草。这可把娘难住了。最后是喜鹊忽然一拍屁股:"我给你保举一个人!"

这人是谁?是明子。明子念"上孟下孟"的时候,不知怎么得了半套《芥子园》,他喜欢得很。到了荸荠庵,他还常翻出来看,有时还把旧账簿子翻过来,照着描。小英子说:

"他会画!画得跟活的一样!"

小英子把明海请到家里来,给他磨墨铺纸,小和尚画了几张,大英子喜欢得了不得:

"就是这样!就是这样!这就可以乱孱!"——所谓"乱孱"是绣花的一种针法:绣了第一层,第二层的针脚插进第一层的针缝,这样颜色就可由深到淡,不露痕迹,不像娘那一代绣的花是平针,深浅之间,界限分明,一道一道的。小英子就像个书童,又像个参谋:

"画一朵石榴花!"

"画一朵栀子花!"

她把花掐来,明海就照着画。

到后来,凤仙花、石竹子、水蓼、淡竹叶,天竺果子、腊梅花,他都能画。

大娘看着也喜欢,搂住明海的和尚头:

"你真聪明!你给我当一个干儿子吧!"

小英子捺住他的肩膀,说:

"快叫!快叫!"

小明子跪在地下磕了一个头,从此就叫小英子的娘做干娘。

大英子绣的三双鞋,三十里方圆都传遍了。很多姑娘都走路坐船来看。看完了,就说:"啧啧啧,真好看!这哪是绣的,这是一朵鲜花!"她们就拿了纸来央大娘求小和尚来画。有求画帐檐的,有求画门帘飘带的,有求画鞋头花的。每回明子来画花,小英子就给他做点好吃的,煮两个鸡蛋,蒸一碗芋头,煎几个藕团子。

因为照顾姐姐赶嫁妆,田里的零碎生活小英子就全包了。她的帮手,是明子。

这地方的忙活是栽秧、车高田水、薅头遍草、再就是割稻子、打场了。这几茬重活,自己一家是忙不过来的。这地方兴换工。排好了日期,几家顾一家,轮流转。不收工钱,但是吃好的。一天吃六顿,两头见肉,顿顿有酒。干活时,敲着锣鼓,唱着歌,热闹得很。其余的时候,各顾各,不显得紧张。

薅三遍草的时候,秧已经很高了,低下头看不见人。一听见非常脆亮的嗓子在一片浓绿里唱:

栀子哎开花哎六瓣头哎……

姐家哎门前哎一道桥哎……

明海就知道小英子在哪里,三步两步就赶到,赶到就低头薅起草来。傍晚牵牛"打汪",是明子的事——水牛怕蚊子。这里的习惯,牛卸了轭,饮了水,就牵到一口和好泥水的"汪"里,由它自己打滚扑腾,弄得全身都是泥浆,这样蚊子就咬不通了。低田上水,只要一挂十四轧的水车,两个人车半天就够了。明子和小英子就伏在车杠上,不紧不慢地踩着车轴上的拐子,轻轻地唱着明海向三师父学来的各处山歌。打场的时候,明子能替赵大伯一会,让他回家吃饭。——赵家自己没有场,每年都在荸荠庵外面的场上打谷子。他一扬鞭子,喊起了打场号子:

"格当嘚——"

这打场号子有音无字,可是九转十三弯,比什么山歌号子都好听。赵大娘在家,听见明子的号子,就侧起耳朵:

"这孩子这条嗓子!"

连大英子也停下针线:

"真好听!"

小英子非常骄傲地说:

"一十三省数第一!"

晚上,他们一起看场。——荸荠庵收来的租稻也晒在场上。他们并肩坐在一个石磙子上,听青蛙打鼓,听寒蛇唱歌,——这个地方以为蝼蛄叫是蚯蚓叫,而且叫蚯蚓叫"寒蛇",听纺纱婆子不停地纺纱,"唦——",看萤火虫飞来飞去,看天上的流星。

"呀!我忘了在裤带上打一个结!"小英子说。

这里的人相信,在流星掉下来的时候在裤带上打一个结,心里想什么好事,就能如愿。

……

"搓"荸荠,这是小英子最爱干的生活。秋天过去了,地净场光,荸荠的叶子枯了,——荸荠的笔直的小葱一样的圆叶子里是一格一格的,用手一捋,哔哔地响,小英子最爱捋着玩,——荸荠藏在烂泥里。赤了脚,在凉浸浸滑溜溜的泥里踩着,——哎,一个硬疙瘩!伸手下去,一个红紫红紫的荸荠。她自己爱干这生活,还拉了明子一起去。她老是故意用自己的光脚去踩明子的脚。

她挎着一篮子荸荠回去了,在柔软的田埂上留了一串脚印,明海看着她的脚印。傻了。五个小小的趾头,脚掌平平的,脚跟细细的,脚弓部分缺了一块。明海身上有一种从来没有过的感觉,他觉得心里痒痒的。这一串美丽的脚印把小和尚的心搞乱了。

……

明子常搭赵家的船进城,给庵里买香烛,买油盐。闲时是赵大伯划船;忙时是小英子去,划船的是明子。

从庵赵庄到县城,当中要经过一片很大的芦花荡子。芦苇长得密密的,当中一条水路,四边不见人。划到这里,明子总是无端端地觉得心里很紧张,他就使劲地划桨。

小英子喊起来:

"明子!明子!你怎么啦?你发疯啦?为什么划得这么快?"

……

明海到善因寺去受戒。

"你真的要去烧戒疤呀?"

"真的。"

"好好的头皮上烧十二个洞,那不疼死啦?"

"咬咬牙。舅舅说这是当和尚的一大关,总要过的。"

"不受戒不行吗?"

"不受戒的是野和尚。"

"受了戒有啥好处?"

"受了戒就可以到处云游,逢寺挂褡。"

"什么叫'挂褡'?"

"就是在庙里住。有斋就吃。"

"不把钱?"

"不把钱。有法事,还得先尽外来的师父。"

"怪不得都说'远来的和尚会念经'。就凭头上这几个戒疤?"

"还要有一份戒牒。"

"闹半天,受戒就是领一张和尚的合格文凭呀!"

"就是!"

"我划船送你去。"

"好。"

小英子早早就把船划到荸荠庵门前。不知是什么道理,她兴奋得很。她充满了好奇心,想去看看善因寺这座大庙,看看受戒是个啥样子。

善因寺是全县第一大庙,在东门外,面临一条水很深的护城河,三面都是大树,寺在树林子里,远处只能隐隐约约看到一点金碧辉煌的屋顶,不知道有多大。树上到处挂着"谨防恶犬"的牌子。这寺里的狗出名的厉害。平常不大有人进去。放戒期间,任人游看,恶狗都锁起来了。

好大一座庙!庙门的门坎比小英子的胯膝都高。迎门矗着两块大牌,一边一块,一块写着斗大两个大字:"放戒",一块是:"禁止喧哗"。这庙里果然是气象庄严,到了这里谁也不敢大声咳嗽。明海自去报名办事,小英子就到处看看。好家伙,这哼哈二将、四大天王,有三丈多高,都是簇新的,才装修了不久。天井有二亩地大,铺着青石,种着苍松翠柏。"大雄宝殿",这才真是个"大殿"!一进去,凉嗖嗖的。到处都是金光耀眼。释迦牟尼佛坐在一个莲花座上。单是莲座,就比小英子还高。抬起头来也看不全他的脸,只看到一个微微闭着的嘴唇和胖墩墩的下巴。两边的两根大红蜡烛,一搂多粗。佛像前的大供桌上供着鲜花、绒花、绢花,还有珊瑚树、玉如意、整棵的大象牙。香炉里烧着檀香。小英子出了庙,闻着自己的衣服都是香的。挂了好些幡。这些幡不知什么缎子的,那么厚重,绣的花真细。这么大一口磬,里头能装五担水!这么大一个木鱼,有一头牛大,漆得通红的。她又去转了转罗汉堂,爬到千佛楼上看了看。真有一千个小佛!她还跟着一些人去看了看藏经楼。藏经楼没有什么看头,都是经书!妈吔!逛了这么一圈,腿也酸了。小英子想起还要给家里打油,替姐姐配丝线,给娘买鞋面布,给自己买两个坠围裙飘带的银蝴蝶,给爹买旱烟,就出庙了。

等把事情办齐,晌午了。她又到庙里看了看,和尚正在吃粥。好大一个"膳堂",坐得下八百个和尚。吃粥也有这样多讲究:正面法座上摆着两个锡胆瓶,里面插着红绒花,后面盘膝坐着一个穿了大红满金绣袈裟的和尚,手里拿了戒尺。这戒尺是要打人的。哪个和尚吃粥吃出了声音,他下来就是一戒尺。不过他并不真的打人,只是做个样子。真稀奇,那么多的和尚吃粥,竟然不出一点声音!她看见明子也坐在里面,想跟他打个招呼又不好打。想了想,管他禁止不禁止喧哗,就大声喊了一句:"我走啦!"她看见明子目不斜视的微微点了点头,就不管很多人都朝自己看,大摇大摆地走了。

第四天一大清早小英子就去看明子。她知道明子受戒是第三天半夜,——烧戒疤是不许人看的。她知道要请老剃头师傅剃头,要剃得横摸顺摸都摸不出头发茬子,要不然一烧,就会"走"了戒,烧成了一片。她知道是用枣泥子先点在头皮上,然后用香头子点着。她知道烧了戒疤就喝一碗蘑菇汤,让它"发",还不能躺下,要不停地走动,叫做"散戒"。这些都是明子告诉她的。明子是听舅舅说的。

她一看,和尚真在那里"散戒",在城墙根底下的荒地里。一个一个,穿了新海青,光光的头皮上都有十二个黑点子。——这黑疤掉了,才会露出白白的、圆圆的"戒疤"。和尚都笑嘻嘻的,好像很高兴。她一眼就看见了明子。隔着一条护城河,就喊他:

"明子!"

"小英子!"

"你受了戒啦?"

"受了。"

"疼吗?"

"疼。"

"现在还疼吗?"

"现在疼过去了。"

"你哪天回去?"

"后天。"

"上午?下午?"

"下午。"

"我来接你!"

"好!"

……

小英子把明海接上船。

小英子这天穿了一件细白夏布上衣,下边是黑洋纱的裤子,赤脚穿了一双龙须草的细草鞋,头上一边插着一朵栀子花,一边插着一朵石榴花。她看见明子穿了新海青,里面露出短褂子的白领子,就说:"把你那外面的一件脱了,你不热呀!"

　　他们一人一把桨。小英子在中舱,明子扳艄,在船尾。

　　她一路问了明子很多话,好像一年没有看见了。

　　她问,烧戒疤的时候,有人哭吗?喊吗?

　　明子说,没有人哭,只是不住地念佛。有个山东和尚骂人:

　　"俺日你奶奶!俺不烧了!"

　　她问善因寺的方丈石桥是相貌和声音都很出众吗?

　　"是的。"

　　"说他的方丈比小姐的绣房还讲究?"

　　"讲究。什么东西都是绣花的。"

　　"他屋里很香?"

　　"很香。他烧的是伽楠香,贵得很。"

　　"听说他会做诗,会画画,会写字?"

　　"会。庙里走廊两头的砖额上,都刻着他写的大字。"

　　"他是有个小老婆吗?"

　　"有一个。"

　　"才十九岁?"

　　"听说。"

　　"好看吗?"

　　"都说好看。"

　　"你没看见?"

　　"我怎么会看见?我关在庙里。"

　　明子告诉她,善因寺一个老和尚告诉他,寺里有意选他当沙弥尾,不过还没有定,要等主事的和尚商议。

　　"什么叫'沙弥尾'?"

　　"放一堂戒,要选出一个沙弥头,一个沙弥尾。沙弥头要老成,要会念很多经。沙弥尾要年轻,聪明,相貌好。"

　　"当了沙弥尾跟别的和尚有什么不同?"

　　"沙弥头,沙弥尾,将来都能当方丈。现在的方丈退居了,就当。石桥原来就是沙弥尾。"

　　"你当沙弥尾吗?"

　　"还不一定哪。"

　　"你当方丈,管善因寺?管这么大一个庙?!"

　　"还早呐!"

　　划了一气,小英子说:"你不要当方丈!"

　　"好,不当。"

　　"你也不要当沙弥尾!"

　　"好,不当。"

　　又划了一气,看见那一片芦花荡子了。

小英子忽然把桨放下,走到船尾,趴在明子的耳朵旁边,小声地说:
"我给你当老婆,你要不要?"
明子眼睛鼓得大大的。
"你说话呀!"
明子说:"嗯。"
"什么叫'嗯'呀!要不要,要不要?"
明子大声地说:"要!"
"你喊什么!"
明子小小声说:"要——!"
"快点划!"
英子跳到中舱,两只桨飞快地划起来,划进了芦花荡。
芦花才吐新穗。紫灰色的芦穗,发着银光,软软的,滑溜溜的,像一串丝线。有的地方结了蒲棒,通红的,像一枝一枝小蜡烛。青浮萍,紫浮萍。长脚蚊子,水蜘蛛。野菱角开着四瓣的小白花。惊起一只青桩(一种水鸟),擦着芦穗,扑鲁鲁鲁飞远了。
……

(选自《汪曾祺文集·小说卷(上)》,汪曾祺著,江苏文艺出版社 1993 年版)

万家诉讼（节选）

陈源斌

　　下来一两个月，丈夫腿间紫血淤肿消尽，能下床走动了。这段日子的间隙，何碧秋兼带忙着地里和家里的事。上回两头猪卖的钱，进城剩有些许，用它另买了四只秧子猪，养在圈里，用玉米掺老糠放尽架子，等开春阳暖细料催膘。地里又铺了一遍塘泥，一交圈肥和三袋磷粉。把这些活儿做完，六九交尽，到七九末尾了，春节也早过了。

　　丈夫来地里帮些活，稍稍出点力，就觉着累。何碧秋问他："到底哪儿硌着呢？"丈夫说："不硌哪儿，只是胸口闷。"何碧秋说："一口气憋在心里，岂有不闷的道理？"话转到官司上，何碧秋说："这许多日子，该有消息了。怕是我没进城去问。"丈夫说："怎么进城呢？三九头下了场大雪，三九尾又是一场雪，头雪连着尾雪，地里的庄稼活没了，人却被它锁住。摆渡口封冰了，从新修土路走，不把人累死？"何碧秋说："从公讲，我交了复议的申请；从私讲，我登门送过鱼。他严局长也该给个信嘛。"丈夫叹道："人活着，就是多事有事。村长也不过让我们毁了麦子，补栽上油菜。若不跟他拗，没这出戏的。"何碧秋瞅他道："你倒说这个理！"

　　丈夫说："大面积种油种麦，不是他当村长的，是上面布置的。他选定这块地方，因它是出进村的路口，一村的面子。细想，大伙都想通种油了，只咱一家种麦，是像他说的一块疤痢。再说上次上面来验收扣了分，也不是扣他村长个人的，是扣王桥村的。从这里想，咱略也有些理亏。"

　　何碧秋讥他道："你吃了忘心果了。早些年，上面让种三季稻，他也选定这地方做面子，老辈劝也不听。早稻三百二，中稻三百二，晚稻瘪多实少，实的也就一百来斤。种一稻一麦或一稻一油呢，轻巧巧一千过头。'三三念九，不如二五得十'。他懂得这个算数，却硬着干！"

　　丈夫辩道："那是早十多年前的事了。这些年田分到户种，讲空的百姓不听，上面说话不都不实在了？说村长呢，当年他不跟着干行吗？"何碧秋反问道："怎么不行？他当时是民兵营长，末等角色，硬出头干了，把别人踹倒，自己爬了上去。况且眼下不是十多年前了，容他动手打人，往人要害处踢？"

　　对嘴之间，听人隔着油菜地朝这边喊："万善庆，村长让你去他家呢。"应了一声，那人走了。何碧秋说："还是我去。"丈夫说："依我说，你见好就收罢。"何碧秋道："告也告了，复议也申请了。"丈夫说："杀人不过头落地。哪怕不正规给个说法，他若服些软，也了事吧。"

　　何碧秋点头应允，顶着一天灰云回到村里，到村长家，绕过那狗，听见堂屋里呼么喝六，想是上边来了客，探头却见都是村里的熟脸色。村长看见她，起身迎到门边，"来了？"何碧秋道："来了。"

　　村长笑道："你看见了，我这里放着四桌赌呢。"何碧秋说："与我有相干？"村长收了笑道："你常进政法口门槛呀？告到乡里，又告到县公安局，再告到市公安局，你牌子硬着呢，对眼前的违法事，怎么不去举报？"

　　说话声惊动了屋里，有站着看闲的不看桌上牌了，转来门口看对嘴。何碧秋道："你喊我来，是又污糟我呀？你怕我不敢！"村长说："我还有话呢。"她也不听了，把一口气提在胸口，拔腿往村边走。

走了一阵,天上的云色越发积得厚重,风缓了一些。何碧秋被话一激,加上这般急走,身上出了些汗。来到摆渡口,眺见库水中央被风推出道道波花,找船不见,却搁在岸上。转来敲门,船工正在屋里对着一盆炭火取暖,对她说:"库中央化是化开了,岸边还有三五丈宽的冰,早上破开,夜里它又冻住,船板吃不消的。"出来指给她看,到门口打一个寒噤,就倚在门边指说:"你看看,天上积的不都是雪团?脚跟脚要落了。恐怕等这场雪过,才开始渡呢。"何碧秋说一遍,船工劝道:"他故意惹你呢,你到乡里举报了人来,他早收摊了。再说他并不一定真的是赌——别生这个气,回家歇歇更好。"

回家听丈夫说:"你去哪儿了?我从地里回来,村长也来了。"何碧秋问:"来干什么?"丈夫说:"他说你话没听完就走了,市公安局复议决定下了,维持县里的裁决。"

听罢愣了,看看盖了红印的复议决定书,闷坐了一会儿,说:"他是村长,却也是这桩官司的被告,好歹不该由他的手转交。我得进城问这个理!"丈夫阻拦道:"怎么就走?摆渡口不通。"何碧秋说:"我从新土路走!"丈夫说:"绕十万八千里?你再看看这天!"门外果然有雪花飘来飘去。

何碧秋出了村子,雪泼泼洒洒起来。沿新修土路走进江苏地面,那雪越发大了,一片接一片落成棉花朵儿了,慢慢地那棉花朵儿粉了碎了,人像走进了机麦面的厂房,纷纷扬扬,睁眼上下都是个白。此时已打过春,春雪赛如跑马,因此那雪只在空中和眼前飞,一触地面,眨眼就踪影儿不见了。新修路面已被千百只脚踩过,踩硬了,被雪水一润,走着一粘一滑。何碧秋绊腿走着,恨老天爷也这般逼迫人,直想跟它赌一个高低。揣着这种念头,走进了雪的深处。

何碧秋好歹挣扎进城,见天黑尽了,便去老地方住下。次日雪小了些许,换了衣服,转来市公安局,老传达员指指说:"严局长在办公室,这会儿怕正有空闲呢。"

进门见一中年男子桌前坐着,何碧秋对他说:"您是严局长吧?我是西北乡水库那边王桥村的,我们村长叫王长柱,我叫何碧秋,我丈夫叫万善庆。"说了一遍,又惊讶道:"您还不晓得?"严局长边为她泡茶边解释道:"我们几个局长各有分工,具体管的王局长恰好不在,我让承办人接待你吧。"何碧秋赶紧说:"我专程来找您呢。我去过您家,就是您被小偷刺伤的那回。您住医院了,家里有一位大娘。"严局长说:"哦,不错,是前些时来过的一位北方亲戚。她老人家耳朵不好,说话像吵架似的,你没被吓着吧?"

听他这话,何碧秋疑心那天说的,大娘都没听清。看光景严局长也不晓得送鱼的事,这么一来,几十块钱扔进水里了。她不好明说,也不哀怨,只说:"我告的是村长,你们却把复议决定由他转交我,不合情理吧?"严局长说:"是吗?"出门走进另一间屋子。

何碧秋拿眼看屋里摆设,也就简单几样:身边靠墙是一张沙发,头顶墙上贴了白纸黑字。屋中央一架烤火炉子,装有白铁皮管儿拐出窗外去。炉前是一张桌子,足有见过的四张大。一把转椅。后面是一只竹编篓子,里面些许揉皱的纸团。桌上一小块石板,插着两支笔,边上两瓶墨水。铁网盒里一叠字纸。一只茶杯跟李公安员几个人用的一样,也是凹腰的。看到这里,严局长进来说:"你稍等会儿,我让人问了。"

待会儿有人进来汇报:"电话打过了,是乡里李公安员接的。他说本想亲自送达,恰好出了盗牛案子要破,便请文书了。文书走到水库边,摆渡口不通,只好回头,准备从新修土路上绕过去。回到乡里,却碰到王桥村的村长。文书是新调来的,不了解情况,更不知道村长是当事人被告,就托他转交了。"何碧秋接口道:"这样,也不怪你们。"

严局长问她:"你对复议决定,有什么看法呢?"何碧秋说:"我是百姓,他是村长。我告到乡李公安员处,又告到县公安局,再告到市公安局,都是一种评判,我不服怎样?"严局长解释道:"我们工作难保没错,权限是有制约的。你不服,可以向法院起诉,这是你的权利。"何碧秋问:"怎么起诉呢?"严局长说:"你这种情况,应该找个律师。"何碧秋听这口气,猜想他原不知情,现在晓得办颠倒了,却不好自纠自错,也许是绕个弯子把理扳平。心里有了底,趁机说:"我人不熟,您能帮我认识一个吗?"严局长写张纸条交给她:"你去司法局,找这个人。"

这个人却是上回见过的吴律师。吴律师赞道:"这个法刚颁布,你学了就敢做了,可敬可嘉呀。"何碧秋听糊涂了,照实说:"您说的法,我并不晓得。我只想问问官司能不能打赢。"吴律师道:"我对案情了解不够,不好说。"问这回请代理人不?何碧秋问:"收费还像上次讲的?"吴律师皱眉道:"当然。"何碧秋说:"算了,仍请您代写张诉状吧。"

去法院递了诉状,转来街前,天上雪又细小些,变做雨了。回到旅店,含糊应答店主几句,睡了一宿,起来换上昨日泥衣裤,踩着一地雨水,回家。

忽然间九天了了。了九过后,地气逐渐腾漫上来,日子一天比一天暖了。地里的麦子往上拔起身子,周遭的油菜尽数开花,像一汪黄灿灿的库水,围住麦田这块孤岛。畜牲也焦躁得很,四只秧子猪忽地由两拃长窜到五拃六拃,总偎在食槽前哼哼唧唧。丈夫显得好了些,只因官司未见分晓,一口气憋着,心口还闷。等法院送达开庭传票,何碧秋进城来,旅店费却大涨了。店主因是熟客,又怜她这桩遭遇,只加了她每宿五毛钱。

店主说道:"国家年前颁布了个行政诉讼法,就是民告官的法。本以为是面子账,不承想动了真格的。说有个乡下妇女抢了风气之先,把市公安局给告了,大名鼎鼎的严局长还得出庭当被告应诉呢。"何碧秋不信道:"她怕是吃多了荤油,把心窍糊住了。这一告,能有个好?"店主说:"这件事,一座城,城郊四乡八村,上上下下都轰动了,要来争看希奇。说宾馆里住了好几位记者,等作报道呢。"何碧秋道:"看乡下人笑话呀?"店主道:"这你又不懂了。眼下文化还不很发达,国家颁布新法令,下面不免心揣疑团;国家又诚恳想百姓理解,往往先选一两件注目的案子,隆重地办一下。百姓看在眼里心里,揣知了深浅,就领会这个法了。"何碧秋说:"照这话,乡下女人赢定了?"店主道:"若她输了,这个民告官的法也就砸了,今后还有谁碰它?"

何碧秋打一个比方道:"世上一团乱麻。若百姓不对,政府在理,也得违心判政府错吗?"店主说:"当然依理判决。不过,这是头一回,不比寻常。都猜测这个乡下妇女是预选好的典型,她必定站住理,而事情又不很大,判个民赢官输,于政府面子上无大碍,反倒显出它的宽容大度。"何碧秋觉着新鲜,听了一会儿,洗漱了上床。

第二天出了大好太阳,拿眼看到的都是清爽鲜亮。头几天落过春雨,地面将干还湿。空气润润的,又暖暖的,吸在胸里,有些滋补人。满街的人如坐赌桌旁熬过七昼夜困乏极了又放倒身子睡足了七昼夜,方才尽兴醒来,脚下锵锵的,嘴里喊的都是响亮。街上食的摊儿、用的摊儿、伺候人的摊儿,摊主七吆八喝,像杂鸟闹林。整座城市像刚刚洗了透澡,又剪理了头发,面容神采崭新。

何碧秋拿着开庭传票来到法院,见楼下院子里站着一地的人,各人脸上都摆有事情,嘴上乱说。过去听了几句,瞅见店主在另一人群里插嘴岔舌,上前问道:"您来了,店面谁看呢?"店主说:"我昨天讲的那个官司呀,场面千载难逢,顾得上店面?"何碧秋不觉心疑道:"法院一天要开庭审几桩官司呢?"店主说:"多少不等。有时好几天闲着,有时一天开好几个庭,有时一个庭开好几天。不过今天上午,只开这一个庭。"何碧秋待要开口,店主摇手边走边说:"我托熟人在里面留了空位,待会儿门口堵塞,挤不进去了。"

耳边听见有人在叫,却是上次见过的其中一位法警。法警说:"我们到处找你,却站在这里。"何碧秋道:"说是九点整开庭,还有十多分钟呢。"法警道:"那是指正式开始审理。当事人至少提前十分钟到位。"何碧秋听了,脸上急出来。法警看了道:"你要上厕所吧?二楼楼梯口靠左就是,你也别急,我在下边等着你。"

解了手,洗干净了,随法警进一扇小门,穿过一间放了桌椅的空房子,打开另一扇门,一望便知是法庭大厅了。

扑面一片森森的人的气息压迫而来,何碧秋被它逼住眼光,低头随法警走过一段地板,下了五六级台阶,走几步,到一个半圆形桌柜前,就在跟前的椅子上坐下,法警转去一边了。听有喧哗声按着捺着散布开来,何碧秋慢慢将心静住。见这座法庭犹如一段坡地,主台面上高出一层,自己坐的地方略矮些。人声响动处是旁听席,成一段斜坡形状,近处低,远处高,许多长椅连横放着,坐满了人。过道和大门的人也站满了,猜想不准是院子里的许多人刚刚进来,还是里面的人早就来了,把剩余的人挤在门外。如此乱想,忽听头顶屋上有东西"吱——"一阵糙响,老大房子陡地静下来,几十几百个人都把气屏住,似要听一根绣花针徐徐落地。

坐主台面正中穿制服的法官咳嗽一声,开口说:"我们今天开庭审理,何碧秋诉市公安局复议决定一案。"说到此处,不说了,改说法庭组成人员。先报自己名字,他便是这个庭的审判长。再报旁边两位没穿制服作陪审的,再报外两边两位穿制服的,又报边上一个穿制服当书记员记录的。下边说到原告,叫了名字,何碧秋起身应答坐下。接着叫被告名字,对面一座桌柜前坐着的几个人中,有一个起身应答。

何碧秋抬起眼来看时,阳光由窗户射得庭内明亮,对面站着的,却是市公安局的严局长。正自疑讶,听审判长说:"现在宣读诉状,因原告当事人识字不多,由法庭代为宣读。"书记员刚读罢开头,何碧秋听了,急口叫道:"不是这么回事!"只这一句,听众席上的嘈杂之声泼撒开来。审判长拍拍案木,顿时静住。审判长道:"原告当事人何碧秋,你有什么话,不要紧,慢慢说吧。"

何碧秋说:"你们弄错了,我告的根本不是市公安局严局长,告的是我们王桥村村长王长柱……"约略说了。审判长说:"对的,这是一回事。"何碧秋道:"怎么一回事?他在城里,我在乡下水库那边,八竿子也搭不到一块,他跟我丈夫今生今世从没照过面呢,我凭什么告他?"审判长说了几句,何碧秋焦躁道:"我理不清其中弯曲,我只要打我丈夫的村长王长柱,坐到对面当被告。"听众席上又哄嗡起来,乱了一阵,被告席上严局长要求发言,这乱跟着停了。

严局长说了,审判长听罢,跟身边穿制服和不穿制服的嘀咕几句,将他的说法采纳了。清了嗓子宣布:"现在暂时休庭。"一齐起身退到台后的门里去。法警也过来为何碧秋引路,听众席上有人问:"上午还开不开庭呀?"穿制服的书记员从门里出来回答:"休庭半小时左右,足够了。"

何碧秋进门见审判长等都在椅上坐着,严局长几个也坐着。让她坐,她坐了。法警为她泡了茶,看别人各自凹腰茶杯里都有茶水。审判长道:"何碧秋同志,我们事先估计不足,工作没做好,向你道歉。"

何碧秋责怪道:"这我又不懂了:我告到乡李公安员处,告到县、市公安局,他们虽有偏差,也讲出个理。你们倒好,让我告市公安局长,岂不是将砖头在火里烧红了,哄我去抓吗?"

审判长听罢,辩说不清,急了,又笑了。严局长几个也笑了。何碧秋奇怪道:"别人让我告你,牵连你上法庭当被告人,你不生气,反而笑?"几个中的一个插言道:"被告人这个词,说着难听,其实是个称呼。特别是民事和行政,被告人不一定就做了错事。"严局长接着话头说:"村长打了你丈夫,按其行为该由公安部门处理。县公安局作了处惩裁决,你觉得偏了,请市局复议。市局复议了,你仍觉得偏,来法院起诉,这是你的正当权利。你代表你一方,我代表市公安局,你我两个此刻是平等的,谁对谁错,都听法庭判决。"说毕,让何碧秋喝茶。

何碧秋喝几口茶道:"照这讲,法庭若判你错呢?"严局长道:"就依法庭的,对王长柱重新处罚。"在座的人都点头认定。又说几句,将茶水喝完,谈妥了。

去楼上解了手,何碧秋随这拨人各归原位。听众席上扑面气息比先前柔软了些,不再逼迫人了。庭铃又响,乱声静住,审判长把嗓子清了,重说各色人等的名字,说完了,先由书记员代读了诉状,听他吐字也还清楚,纸上所列详情,也还实在。下边由被告答辩。严局长领头先说,身边几个各自说了,无非是说当初县公安局的裁决,是按哪条哪款,后来市局的复议决定,又是按哪条哪款。听口气倒还随和。旁边椅子上的听众不知是进到事情里面了,还是懂得约束了,有好几处忍不住嗓痒,自己憋住,实在憋不住,不过放开窄道由它排泄少许,若听法庭上有人开口了,便复又噤声。

当下两边都把话说完了。审判长又搭个桥,让双方对嘴,对了一会儿,词儿说尽了。审判长捉住火候宣布:"上午开庭就到这里。下午四点整,复审。"听了这话,听众四散走了。审判长由台上过来对何碧秋说:"你进城很不方便,好在双方看法虽然不同,但对事实的认定,并无歧异,证据也是齐全的。我们合议庭中午加个班,争取下午当庭作出判决。"何碧秋谢一声,和他分手。

顺道在街摊上吃了饭,回到店里,店主早等在窗口,赞啧一番,说到下午的判决,店主道:"照上午所说,打人情形没有分歧,县和市公安局的处理,也是有依据的。"何碧秋灰心道:"你说我输了?"店主道:"你绝对赢。还是昨晚的道理,国家诚心要百姓领会这个民告官的法,必要选几桩活例子,让人亲眼实见入肉入髓,才有应验。按这个理,必定要把官司判给你。"何碧秋心里踏实了些,店主又道:"你且放宽心,快把城里该逛的地方,细逛了罢。"

何碧秋稍歇出城,走到废城墙下一带水塘边来。七八年前见过的杂树林修整过了,补栽了各种眼生眼熟的树,高的矮的,团的蓬的,猜想春夏耀眼红绿。有一种树没落叶子,叶色也不是绿色,是冷下来的猪血一般的紫。走出老远回头,又疑是一树月季。那树丛里掖许多石雕的禽兽,形状不同,都是见过的:张牙舞爪的狮子,翘甩鼻头的大象,狂跑的鸵鸟,眯觉的狗熊。有两样不能放一起的兽放一起了:一匹恶虎将一匹马扑倒在地,嘴啃进好深一块肉,叫人不敢多看。看水边造了好些亭子和石桥,亭子一层两层三层四层不等,砌在路口和桥边。石桥有拱着的,有曲着的,担在水上。都没多少希罕处。见塘里的水已不如七八年前清净了。

忽听有人声闹动。转过弯去,见坡岸凹了进去,约有半块麦场大小地盘,铺着大大小小的石块,地上站了一些穿红着绿的人。春阳斜射下来,被凹地聚起了热,近前暖融融的。这些人就站在石块上脱衣服,男女夹杂,不见有个躲的避的。那男的把上下都扒光了,单剩裆间一张薄皮。女的有只穿遮胸连裆服的,也有戴着护奶罩子和遮羞短衩的。上述脱好了的,原地跑两圈,把脚捯一捯,吸口气,"扑通"跳进冷水里去,看水面上散布着多少颗湿头。远眺对面的亭栏上,有男有女一个接一个爬在上面,返身朝水里跳。只觉得那塘水的冰凉,激到自己身上了,身上也就迸出了鸡皮疙瘩。

　　看到这里,不由得身子往后退退,站到坡上的树林里。树林里也站了些人。这拨人跟凹地上的那拨并不相干,一并穿得整齐,有的毛衣厚袄,有的棉布冬衣,有的鸭毛鹅毛夹克,把手插在裤袋或袖口里,只管睁眼朝下看,见岸边水里动荡的几个女的,正在二八二九好年岁。这几个女子脱剩贴身的,要么是红,要么是黄,要么是绿,要么是紫。水中有几个尽了兴,爬上岸来,却不急着穿衣服,站着让水自己滴落。风由一个突坡处荡过来,将皮肉上吹出寒噤,人便用干毛巾略揩揩,来捡衣服。何碧秋身边这拨看客,此时盯定一个穿红色衣的小女子身上。那女子不去寻隐蔽处,就站空地上,在大众目光里脱换。见她将刚揩身子的干毛巾往腰间一围,借它的遮挡,躬腰把下身湿衣脱了,顺势套上长裤,嘴里还跟面前几个赤膊男子不停搭碴。再看她把一件罩衫由头颈套好,探手解脱上身的湿衣,几次没脱下,猜想是其中一个纽扣紧了,又猜想是背带打了死结。往下她动作大了一些,之间见有白白的奶一闪,见坡上的看客眼光一亮,她本人倒坦然地不停口舌。岸上这几个穿好衣服,坡上的看客把目光转了,移去水面上看红黄绿紫。

　　看到这里,一颗春阳渐渐西下去,何碧秋忙向一个看客问了钟点,转身赶回法院开庭。

　　到了四点整,庭铃响过,审判长说话,说的也都是上午各方说过的话,说完了,起身清清嗓子,开始宣判。

　　审判长道:"本案经本法庭依法开庭审理,并经合议庭慎重讨论,特判决如下:市公安局对县公安局对西北乡王桥村村长王长柱殴打本村村民万善庆一案裁定的复议决定,正确无误,本庭无异议。"

　　听他说罢,何碧秋晓得是自己输了,呆在那里。耳听听众席上的腔调,有一些向着她,这些人都散退走了。见审判长和严局长几个人走过来,和缓着口气说话,说的还是她如果对判决不服,仍可以向中级法院上诉。听见这句,何碧秋好了一些,坐在那里说:"上诉,当然上诉!"

(节选自《万家诉讼》,陈源斌著,原载《中国作家》1991年第3期)

竹 林 中

[日]芥川龙之介

樵 夫 供 词

是呀，发现那具尸体的，正是小的。今儿个早上，小的像往常一样，去后山砍柴，结果在山后的竹林里，看到那具尸体。老爷问在哪儿吗？那地方离山科大路约莫一里来地，是片竹子和小杉树的杂树林，很少有人迹。

尸身穿一件浅蓝色绸子褂，头上戴了一顶城里人的细纱帽，仰天躺在地上。虽说只挨了一刀，可正好扎在心口上，尸体旁的竹叶子全给染红了。不，血已经不流了。伤口好像也干了。而且有只大马蝇死死叮在上面，连我走近都不理会。

没看见刀子什么的吗？——没有，什么都没看见。就是旁边杉树根上，留下一条绳子。后来……对了，除了绳子，还有一把梳子。尸体旁边没别的，就这两样东西。不过，有一片地里，荒草和竹叶给踩得很乱，看样子那男子被杀之前，准有过一场恶斗。

怎么，没有马？——那地方，马压根儿进不去。能走马的路，在竹林外面呐。

行脚僧供词

贫僧昨日确曾遇见过死者。昨天……大约是晌午时分吧。地点是从关山快到山科的路上。他与一个骑马女子同去关山。女子竹笠上遮着面纱，所以贫僧不曾得见她的容貌。只看见那身紫色绸夹衫。马是桃花马……马鬃剃得光光的，不会记错。个头有多高么？总有四尺多吧……贫僧乃出家之人，这些事情不甚了然。那男子……不，佩着刀，还带着弓箭。特别是黑漆箭筒里，插了二十多枝箭，要说这点，贫僧至今还如在眼前。

做梦也想不到，那男子会有如此结局。真可谓人生如朝露，性命似电光。呜呼哀哉，贫僧实无话可说。

捕 快 供 词

大人问小人捉到的那家伙吗？他确确实实是臭名远扬的大盗多襄丸。小人去抓的时候，他正在粟田石桥上哼呀叫痛，大概是从马上摔下来的缘故。什么时辰吗？是昨晚初更时分。上次逮他的时候，穿的也是这件藏青褂子，佩着这把雕花大刀。不过，这一回，如大人所见，除了刀，还带着弓箭。是吗？被害人也带着刀箭……那么，行凶杀人的，必是多襄丸无疑。皮弓，黑漆箭筒，十七枚鹰羽箭矢……这些想必都是被害人的。是的，正如大人所说，马是秃鬃桃花马。那畜生摔他下来，是他报应。马拖着长长的缰绳，在石桥前面不远的地方，啃着路旁的青草。

这个叫多襄丸的家伙，在京畿一带出没的强盗中，最是好色之徒。去年秋天，鸟部寺宾头卢后山，有个像是去进香的妇人连同丫鬟一起被杀，据说就是这家伙犯的案。这回，这男的若又是他下的毒手,那骑桃花马的女子,究竟给弄到什么地方去了,把她怎么样了,就不得而知了。也许小人多嘴,还望大人明察。

老妪供词

是的,死者正是小女的丈夫。他并非京都人士。是若狭国府的武士,名叫金泽武弘,二十六岁。不,他性情温和,不可能惹祸招事的。

小女吗?闺名真砂,年方十九。倒是刚强好胜,不亚于男子。除了武弘以外,没跟别的男人相好。小小的瓜子脸,肤色微黑,左眼角上有颗痣。

武弘昨天是同小女一起动身去若狭的。不料竟出了这样的事。真是造孽哟!女婿死了,认倒霉罢,可小女究竟怎样了?老身实在担心得很。恳求青天大老爷,不论好歹,务必找到小女的下落才好。说来说去,最可恨的便是那个叫什么多襄丸的狗强盗,不但杀了我女婿,连小女也……(余下之言,泣不成声)

多襄丸的供词

杀那男的,是我;可女的,我没杀。那她去哪儿啦?——我怎么知道!且慢,大老爷。不管再怎么拷问,不知道的事也还是招不出来呀。再说,咱家既然落到这一步,好汉做事好汉当,绝不隐瞒什么。

我是昨天过午,遇见那小两口的。正巧一阵风吹过,掀起竹笠上的面纱,一眼瞟见那小娘儿们的姿容。可一眨眼——就再无缘得见了。八成是这个缘故吧。觉得她美得好似天仙。顿时打定主意,即使要开杀戒,除去她男人,老子也非把她弄到手不可。

什么?杀个把人,压根儿不像你们想的,算不得一回事。反正得把女人抢到手,那男的就非杀不可。只不过我杀人用的是腰上的大刀,可你们杀人,不用刀,用权,用钱,有时甚至是几句假仁假义的话,就能要人的命。不错,杀人不见血,人也活得挺风光,可总归是凶手哟。要讲罪孽,到底谁个坏,是你们?还是我?鬼才知道!(挖苦地一笑)

当然,只要能把那小娘儿们抢到手,不杀她男人也没什么。说老实话,按我当时的心思,只想把她弄到手,那男的能不杀就尽量不杀。可是,在山科大道上,这种事,没法动手。于是,就想法子,把那小两口诱进山里。

这倒不是什么难事。我跟他们一搭上伴,就瞎编了一套话,说对面山里有座古墓,掘出来一看,竟有许多古镜和宝刀,我不想让人知道,就偷偷埋在后山的竹林里。若是有人要,随便哪件,打算便宜出手——不知不觉间,男的对我这套话动了心。这后来嘛——你说怎么着?人的贪心真叫可怕!不出半个时辰,小两口竟掉转马头,跟我上山了。

到了竹林前,我推说,宝物就埋在里边,进去瞧瞧吧。男的财迷心窍,自然答应。可女的,连马也不肯下,说:我就在这儿等。那竹林子密密匝匝,也难怪她要说这话。老实说,这倒正中咱家下怀。于是便让那小娘儿们留下,我跟她男人一起钻进了林子。

开头林子里尽是竹子,过去十多丈地,才是一片稀疏的杉树林。——要下手,那地方再合适不过了。我一面拨开竹丛,一面煞有介事地骗他说:宝物就埋在杉树下面。男的信以为真,就朝看得见杉树的地方拼命赶去。不大会儿工夫,便来到竹子稀疏,但有几棵杉树的地方——说时迟那时快,我一下子便把他摔倒在地。还真不愧是个佩刀的武士,力气像是蛮大的哩。可是不意着了我的道儿,他也没辙。我当即把他绑在一棵杉树根上。绳子吗?这正是干我们这行的法宝,说不准什么时候要翻墙越户,随时拴在腰上。当然啦,我用竹叶塞了他一嘴,叫他出不了声。这样,就不用怕什么了。

将男的收拾停当,回头去找那小娘儿们,谎报她男人好像得了急症,叫她快去看看。不用说,她也中了圈套。便摘下竹笠,由我拽着她的手,拉进竹林深处。到了那里,她一眼就看见了——丈夫给绑在杉树跟上。霎时间,她从怀里掏出一把明晃晃的匕首来。老子从来没见过那么烈性的女人。当时要是一个不小心,没准肚子就会挨上一刀。虽说我闪开了身子,可她豁出命来,一阵乱刺,保不住哪儿得挂点彩。不过,老子是多襄丸,何须拔刀,结果还不是将她的匕首打落在地。一个女子再烈性,没了家伙,也就傻了眼了。我终于称心如意,用不着杀那男人,也能把他小媳妇儿弄到手。

用不着杀她男人——不错,我本来就没打算杀。可是,当我撇下趴在地上嘤嘤啜泣的小娘儿们,正想从竹林里溜之大吉,不料她一把抓住我胳膊,发疯似的缠上身来。只听她断断续续嚷道:不是你强盗死,便是我丈夫亡,你们两个总得死一个。让两个男人看我出丑,比死还难受。接着,她又喘吁吁地说:你们两个,谁活我就跟谁去。这时,我才对她男人萌生杀机。(阴郁的兴奋)

听我这么说来,你们必定把我看得无比残忍。那是因为你们没看到她的脸庞,尤其没看到那一瞬间,她那对火烧火燎的眼珠子。我盯着她的眼看,心想,就是天打雷劈,也要娶她为妻。我心里只转着这个念头。我绝非你们大人先生所想的,什么无耻下流,淫邪色欲。如果当时仅止于色欲,而无一点向往,我早一脚踢开她,逃之夭夭了。我的刀也不会沾上她男人的血。可是,在幽暗的竹林里,我凝目望着她的脸庞,刹那间,主意已定:不杀她男人,誓不离开此地。

不过,即便杀人,也不愿用卑鄙手段。我松开绑,叫他拿刀跟我一决生死(杉树脚下的绳子,就是那时随手一扔,忘在那里的)。他脸色惨白,拔出那把大刀。一声不吭,一腔怒火,猛地一刀朝我劈来——决斗的结果,也不必再说了。到第二十三回合,我一刀刺穿他的胸膛。请注意——是第二十三回合!只有这一点,我对他至今还十分佩服。因为跟我交手,能打到二十回合的,普天之下也只他一人啊!(欣然一笑)

男人一倒下,我提着鲜血淋漓的大刀,回头去找那小娘儿们。谁知,哪儿都没有。逃到什么地方去啦?我在杉树林里找来找去。地上的竹叶,连一点踪迹都没留下。侧耳听听,只听见她男人临终前在噎气。

说不定我们打得难分难解之际,她早就溜出竹林搬救兵去了。为自己想,这可是性命交关的事。当即捡起大刀和弓箭,又回到原来的山路。小娘儿们的马还在那里静静地吃草。后来的事,也就不必多说了。只是进京之前,那把刀,给我卖掉了——我要招的,便是这些。横竖我脑袋总有一天会悬在狱门前示众的,尽管处我极刑好啦!(态度昂然)

女人在清水寺的忏悔

那个穿藏青褂子的汉子把我糟蹋够了,瞧着我那给捆在一旁的丈夫,又是讥讽又是嘲笑。我丈夫心里该多难受啊。不论他怎么挣扎,绳子却只有越勒越紧的份儿。我不由得连滚带爬,跑到丈夫身边去。不,我是想要跑过去。但是,那汉子却冷不防把我踢倒在地。就在那一刹那,我看见丈夫眼里,闪着无法形容的光芒。我不知该怎样形容好,至今一想起来,都禁不住要打颤。他嘴里说不出话，可是他的心思，全在那一瞥的眼神里表达了出来。他那灼灼的目光，既不是愤怒，也不是悲哀——只有对我的轻蔑，真个是冰寒雪冷呀！挨那汉子一脚不算什么，可丈夫的目光，却叫我万万受不了。我不由得惨叫一声，昏了过去。

过了一会儿，才恢复神志，穿藏青褂子的汉子已不知去向。只留下我丈夫还捆在杉树根上。我从落满竹叶的地上抬起身子，凝目望着丈夫的面孔。他的眼神同方才一样，丝毫没有改变，依然是那么冰寒雪冷的，轻蔑之中又加上憎恶的神色。那时我的心呀，又羞愧，又悲哀，又气愤，简直不知怎么说才好。我晃晃悠悠地站了起来，走到丈夫跟前。

"官人！事情已然如此，我是没法再跟你一起过了。狠狠心，还是死了干净。可是……可是你也得给我死掉！你亲眼看我出丑，我就不能让你再活下去。"

我好不费劲才说出这番话来。但是我丈夫仍是不胜憎恶地瞪着我。我的心都快碎了。我克制住自己，去找他的刀。也许叫那强盗拿走了，竹林里不仅没大刀，连弓箭也找不见。幸好那把匕首还在我脚边。我挥动匕首，最后对他说：

"那么，就把命交给我吧。为妻的随后就来陪你。"

听了这话，我丈夫动了动嘴唇。嘴里塞满了落叶，当然听不见一点声音。可我一看，立即明白他的意思。他对我依然不胜轻蔑，只说了一句：杀吧！我丈夫穿的是浅蓝色的绸褂，我懵懵懂懂，朝他胸口猛一刀扎了下去。

这时，我大概又晕了过去。等到回过气来，向四处望了望，丈夫还绑在树上，早已断了气。一缕夕阳，透过杉竹的隙缝，射在他惨白的脸上。我忍气吞声，松开尸身上的绳子。接下来——接下来，怎么样呢？我真没勇气说出口来。要死，我已没了那份勇气！我想过种种办法，拿匕首往脖子上抹，在山脚下投湖，试试都没死成。这么苟活人世，实在没脸见人。（凄凉的微笑）我这不争气的女人，恐怕连大慈大悲的观世音菩萨都不肯度化的。我这个杀夫的女人呀，我这个强盗糟蹋过的女人呀，究竟怎么办才好啊！我究竟，我……（突然痛哭不已）

亡灵借巫之口所作供词

强盗将我妻子凌辱过后，坐在那里花言巧语，对她百般宽慰。我自然没法开口，身子还绑在杉树根上。可是，我一再向妻子以目示意："千万别听他的，他说的全是谎话。"可她只管失神落魄，坐在落叶上望着膝头，一动也不动。那样子，分明对强盗的话，听得入了迷。我不禁妒火中烧。而强盗还在甜言蜜语，滔滔不绝："你既失了身，和你丈夫，恐怕破镜就难圆了。与其跟他过那种日子，不如索性当我老婆，怎么样？咱家真正是爱煞你这俏冤家，才胆大包天，做出这种荒唐事儿。"——这狗强盗居然连这种话都不怕说出口。

听强盗这样一说，我妻子抬起她那张神迷意荡的面孔！我从来没见过妻有这样美丽。然而，我这娇美的妻子当着我——她那给人五花大绑的丈夫的面，是怎样回答强盗的呢？尽管我现在已魂归幽冥，可是一想起她的答话，仍不禁怒火中烧。她确是这样说的："好吧，随你带我去哪儿都成。"（沉默有顷）

妻的罪孽何止于此。否则在这幽冥界，我也不至于这样痛苦了。她如梦如痴，让强盗拉着她手，正要走出竹林，猛一变脸，指着杉树下的我，说："把他杀掉！有他活着，我就不能跟你。"她发狂似的连连喊着："杀掉他！"这话好似一阵狂风，即便此刻也能将我一头刮进黑暗的深渊。这样可憎的话，有谁说得出？这样可诅咒的要求，又有谁听到过？哪怕就一次……

(突然冷笑起来)连那个强盗听了,也不免大惊失色。妻拉住强盗的胳膊,一面喊着:"杀掉他!"强盗一声不响,望着她,没有说杀,也没有说不杀……就在这一念之间,他一脚将妻踢倒在落叶上。(又是一阵冷笑)抱着胳膊,镇静地望着我,说道:"这贱货,你打算怎么办?杀掉吗?还是放过她?回答呀,你只管点点头就行。杀掉?"——就凭这一句话,我已愿意饶恕强盗的罪孽。(又沉默良久)

趁我还在游移之际,妻大叫一声,随即逃向竹林深处。强盗立刻追了过去,似乎连她衣袖都没抓着。我像做梦似的,望着这一情景。

妻逃走后,强盗捡起大刀和弓箭,将我身上的绳子割了一刀。"这回该咱家溜之大吉了。"——记得他的身影隐没在林外时,这样自语。然后,四周是一片沉寂。不,似有一阵呜咽之声。我一面松开绳子,一面侧耳谛听。原来呜呜咽咽的,竟是我自家呀。(第三次长久沉默)

我疲惫不堪,好不容易才从杉树下站起身子。在我面前,妻掉下的那把匕首,正闪闪发亮。我捡起来,一刀刺进了胸膛。嘴里涌进一股血腥味。可是没有一丝儿痛苦。胸口渐渐发凉,四周也愈发沉寂。啊,好静呀!山林的上空,连只小鸟都不肯飞来鸣啭。那杉竹的梢头,唯有一抹寂寂的夕阳。可是,夕阳也慢慢暗淡了下来。看不见杉,也看不见竹。我倒在地上,沉沉的静寂将我紧紧地包围。

这时,有人蹑足悄悄走近我身旁,我想看看是谁。然而,周围已暝色四合。是谁……谁的一只我看不见的手,轻轻拔去我胸口上的匕首。同时,我嘴里又是一阵血潮喷涌。从此,我永远沉沦在黑暗幽冥之中……

(一九二一年十二月)

(选自《世界十大中短篇小说家:芥川龙之介》,芥川龙之介著,高慧勤等译,人民文学出版社2011年版)

第四单元 戏 剧

一、戏剧的定义

戏剧是一种运用文学、表演、音乐、舞蹈、美术等艺术手段反映社会生活的综合性舞台艺术。文学上的戏剧是指为舞台戏剧表演而作的脚本,即剧本。一般来说,戏剧具有四个要素,即演员、故事(情境)、舞台(表演场地)和观众,其中"演员"是最重要的要素。关于戏剧的起源,一般认为是源于原始宗教巫术祭祀仪式或原始农业丰收时举行的一种庆祝仪式。古今中外,戏剧种类繁多,不同种类的戏剧有着各自鲜明的特征,但又有着这一艺术门类的共同的特征。

二、戏剧的种类

按照内容、性质和产生的审美感受可以分为悲剧、喜剧、正剧(悲喜剧)。按照艺术表现形式,可以分为话剧、歌剧、舞剧和我国特有的戏曲。按照容量和场次,可以分为独幕剧和多幕剧。各种分类方法并不矛盾,同一部戏剧作品可以对应不同的种类,如《雷雨》是悲剧,是话剧,也是多幕剧。

(一)悲剧、喜剧、正剧(悲喜剧)

1. 悲剧

悲剧的根本特征是"将人生有价值的东西毁灭给人看"(鲁迅《再论雷峰塔的倒掉》),它通过悲剧主人公和现实之间不可调和的矛盾及其悲惨结局,来解释生活中的不合理、不公正的现象,以激起观众悲愤、崇高的感情,达到提高思想和情操的目的。如元代关汉卿的杂剧《窦娥冤》即是典型的悲剧。

2. 喜剧

喜剧主要是以夸张的手法对丑恶、落后的事物进行辛辣的讽刺和无情的嘲笑,即"将那些无价值的东西撕破给人看"(鲁迅《再论雷峰塔的倒掉》)。喜剧必须在戏剧性冲突中塑造喜剧性格,"笑"是喜剧中主要的表现手法,但这种"笑"不能低级庸俗,喜剧要在笑声中发人深省。"讽刺"是喜剧创作重要的手法,但讽刺必须分清对象,分清矛盾性质,不能乱用。如莎士比亚的《威尼斯商人》即是喜剧。

此外，闹剧（滑稽戏）和戏剧小品也属于喜剧。闹剧（滑稽戏）是运用比一般喜剧更夸张怪诞的手法，通过异常滑稽的情节和热闹场面，展示剧中人物的可笑行为。

戏剧小品是近年来中国剧坛上出现的新的戏剧形式，它遵循"以小见大""以少胜多"的原则，独具慧眼地运用夸张的手法表现平常的、司空见惯的事物中的某些异常的、反常的现象，再从这异常的、反常的现象中揭示出某种带有普遍意义的真理。戏剧小品结构不求完整齐全，表演时间短，台词机敏而风趣，广受观众欢迎。

3. 正剧（悲喜剧）

正剧兼有悲剧和喜剧的因素，能够多方面地反映社会生活，故又有悲喜剧之称。一般来说，正剧（悲喜剧）里进步的、正义的力量最终总是战胜落后的、邪恶的力量，剧中主人公也总是能获得胜利的结局。正剧中的悲剧性或喜剧性因素都是局部的，不能贯穿全剧。传奇剧是正剧（悲喜剧）起源，如莎士比亚的《暴风雨》《一报还一报》，易卜生开创的社会问题剧是正剧（悲喜剧）的重要类型，中国古典戏曲中的公案戏、家庭伦理剧、爱情剧等也都属于正剧（悲喜剧）。

（二）话剧、歌剧、舞剧和戏曲

1. 话剧

话剧是一种外来形式。清代末年传入我国，当时称"文明戏"或"新剧"，1929年始称话剧。1899年上海圣约翰书院学生演出自编的《官场丑史》、1906年留日学生组织的春柳社演出《茶花女》，这些剧作内容取材于时事或外国名著，形式上学习日本新派剧与西洋话剧形式，并采用分幕制，是中国现代话剧的源头。曹禺的《雷雨》《日出》创作，标志着中国现代话剧文学的成熟。

话剧的主要表现手段是台词和动作。

2. 歌剧

歌剧一般指综合音乐、诗歌、舞蹈等艺术，而以歌唱为主的戏剧形式。唱词可以叙事、抒情、描写心理、过渡情节、评价议论等，多用诗的语言，所以情节的跳跃性较大。我国歌剧是在民间音乐（包括戏曲）的基础上，借鉴西洋歌剧，创造发展起来的。《白毛女》《江姐》等即是著名的歌剧。

3. 舞剧

舞剧是指以舞蹈为表现手段，结合音乐、哑剧塑造人物形象，展示作品内容的一种戏剧形式。现代舞剧中音乐和舞蹈之间的关系更加密切，音乐作为舞蹈和表情的伴奏，不仅说明动作，而且对展现戏剧内容，烘托时代环境气氛，以及塑造人物形象都有重要作用。《丝路花雨》《祝福》等即是著名的舞剧。

4. 戏曲

我国传统的"以歌舞演故事"（王国维《戏曲考原》）的戏曲萌芽于上古的歌谣，如《吕氏春秋·古乐》所载："昔葛天氏之乐，三人操牛尾，投足以歌八阕：一曰载民，……八曰总禽兽之极。"这种祭祀神灵的载歌载舞的歌谣就带有戏曲的因素。从表演的角度来说，春秋时期出现了一种职业叫"滑稽"，即滑稽演员。这些"滑稽"在国王面前说笑话供他解闷，或通过讲故事用讽喻的手法提意见。经过一千多年的发展，滑稽戏和说唱结合，又和歌舞（民间歌舞、军中竞技、宫廷歌舞）结合，就产生了"我中国之真戏曲"（王国维《宋元戏曲史·元杂剧之渊源》）——元杂剧。关汉卿、王实甫等都是元代伟大的杂剧作家。除杂剧以外，中国历史上还有南戏、传奇行于世。

现在我国戏曲包括京剧和其他各地方剧种,其主要表现手段是"唱念做打"。

(三) 多幕剧、独幕剧(小戏)

我国传统的戏剧不分幕,分幕是从欧洲学来的。"幕"是指舞台前的大幕,拉开一次,算是一幕。每一幕用写实的布景,把时间、空间固定下来。"场"是每一幕划分的小段落。分场时,一般不闭大幕,只闭二道幕,表示时间和空间的变化。欧洲古典剧是以舞台上人物变化分场的,上台一个人物或下台一个人物,场面发生变化即为一场。

1. 多幕剧

多幕剧的容量较大,可以反映长时间内的生活画面,可以多方面地塑造人物。因此,多幕剧人物较多,情节线索比较复杂,展开矛盾冲突比较充分,具有更强烈的艺术感染力。

2. 独幕剧

一般指大幕开合一次的戏剧为独幕剧,又称小戏。它容量较小,受时间、空间的限制更严格。因此,要求矛盾更集中,情节更单纯,结构更紧凑,戏剧冲突的展开更迅速,结局也更简捷。

三、戏剧的一般特征

戏剧的一般特征可以概括为以下几点:

(一) 综合性

任何一种戏剧形式都是以表演艺术为中心,吸取了各种艺术手段而形成的综合性艺术。这些艺术手段主要来自四个门类:第一是文学。任何戏剧演出都要有剧本,这是进行戏剧艺术创造的基础。剧本质量的优劣直接关系到整个戏剧演出的艺术水平。第二是表演。在戏剧形式中,表演艺术是中心。剧本提供的人物形象、故事情节,只有经过演员的再创造,使其活现在舞台上,才能发挥其作用。第三是音乐。主要指歌剧和戏曲中的唱腔设计、乐器伴奏以及各种戏剧形式的音响效果、速度节奏等。音乐的设计要依据剧本的需要,为烘托人物的思想感情,揭示人物的心理活动,渲染舞台气氛,推动情节发展服务。第四是美术。包括舞台构图、布景、道具、灯光和演员的化妆、服装等。美术设计要塑造人物形象,提供人物活动的典型环境,为情节的展开制造气氛。在传统的中国戏曲表演中,与音乐相配合、以肢体语言表达思想感情的舞蹈是塑造人物形象必不可少的手段。

(二) 舞台性

戏剧舞台只有几十平方米的空间。演出时间一般来说,独幕剧(小戏)在一小时之内,多幕剧也不超过三四个小时。这样,戏剧就受到较大的时间和空间的限制。由于舞台时空的限制,戏剧必须在以下几个方面进行高度的集中:第一,人物集中。戏剧不允许刻画太多的人物。人物多了,笔力分散,无法塑造鲜明丰满的形象,甚至会造成舞台的拥挤。第二,矛盾集中。戏剧必须抓住主要矛盾,置人物于矛盾斗争的漩涡之中,通过尖锐、激烈的冲突来展示人物性格。第三,情节集中。戏剧矛盾的集中,使故事情节不致头绪纷繁,在一出戏里,要把几个月、几年乃至几十年的事件,集中在几天、几小时之内,构成单纯的情节线索,能够在三四个小时之内演完。第四，场面集中。戏剧为了适合舞台演出，必须把天南地北的人物和事件集中到一个或几个场面中来，因此选择场景，为人物提供典型环境对戏剧创作具有更为特殊的意义。

清代剧作家和戏曲理论家李渔在《闲情偶寄》中突出强调了戏剧结构单一化、"立主脑"、"减头绪"、戏为一人一事而设的主张。西方古典主义剧论提出的"三一律"，也是要求动作、情节、时空的整一，强调的就是戏剧的舞台性特征。这虽然有些程式化，但也在一定程度上体现了戏剧的浓缩性、集中性。只有使剧情高度集中、概括，才能充分发挥戏剧的表现功能，在有限的舞台表演时空中表现丰富的内容。

（三）集体性

戏剧创作的集体性包括两个方面的内容。一方面由于戏剧的综合性，决定了它必须由各艺术门类的艺术家们共同来进行创造。任何一出戏的演出都是由编剧、导演、演员、音乐设计、舞蹈设计、美术设计以及舞台工作人员等集体创造的艺术成果，其中导演是戏剧创作集体的组织者和领导者。他根据剧本提供的艺术蓝图，形成完整的、统一的导演构思，所有参与创作的成员都为实现导演的艺术构思服务。

另一方面，戏剧是表演艺术，人物、故事、生活画面，都活生生地再现于观众面前，直接影响观众、感染观众，而观众的感受、反应，也会直接地作用于演员，影响演员的情绪。演员表演越真实动人，观众的反响越强烈，也就越加激发演员的情感。可以说，演与看双方是相互依存、相互矛盾而又相互影响的矛盾统一体。从这个意义上讲，观众也是戏剧艺术创作集体中的重要成员。一出感情充沛、精彩动人的戏剧演出，离开了观众的密切配合也是很难实现的。

本单元所选七篇作品（后三篇为泛读文选）有传统戏剧戏曲，有现代话剧，也有经典地方戏曲，都是中外剧坛曲坛名作，对了解戏剧戏曲全貌会有很大帮助。

关大王独赴单刀会（第四折）

关汉卿

【导读】

　　关汉卿，号已斋叟，大都人，是我国古代伟大的戏剧家，元杂剧的奠基人。大约生于十三世纪初，卒于十三世纪末。在元蒙贵族的暴力统治下，关汉卿不乐仕进，长期接触社会底层，对底层民众的疾苦，有深切的了解与同情。故其杂剧多能深刻反映当时的社会现实，既揭露政治的黑暗，又表现底层民众的苦难与斗争，对妇女的社会地位和命运，尤为关怀。关汉卿是元代剧坛前期的领袖，明代贾仲明悼词中称他为"驱梨园领袖，总编修帅首，捻杂剧班头"，尝"至躬践排场，面傅粉墨，以为我家生活，偶倡优而不辞"（《元曲选》序）。所作杂剧多达六十多种，为诸家之冠。现存确系关汉卿作杂剧十四种，其中以《窦娥冤》《救风尘》《单刀会》为最著名。关剧曲辞质朴、精炼，情节生动而富有戏剧性，人物形象鲜明。

　　《关大王独赴单刀会》，简称《单刀会》，是关汉卿的代表作。剧情叙述三国鼎立时代吴蜀间激烈的利害冲突：东吴大将鲁肃，为索取荆州，埋伏下甲兵邀请关羽赴宴，意图劫持。关羽明知对方不怀好意，却凭借超群的胆略，单刀赴会。席间，他严正而从容地驳斥了对方的无理要求，不失时机地运用智巧迫使鲁肃不敢轻举妄动，而后从容退席、胜利返回。

　　本文所选系这部戏的第四折，也是全剧的高潮部分。全折通过关羽赴宴途中的即景抒怀、席间的临危不惧和沉着应对，塑造了一个心胸广阔、智勇双全的英雄形象，千百年来深受观众的喜爱。

　　（鲁肃上，云）欢来不似今朝，喜来那逢今日？小官鲁子敬是也。我使黄文持书去请关公，欣喜许今日赴会。荆襄地合归还俺江东。英雄甲士已暗藏壁衣之后，令人江上相候，见船到便来报我知道。（正末[1]关公引周仓上，云）周仓，将到那里也？（周云）来到大江中流也。（正末云）看了这大江，是一派好水呵！（唱）

　　【双调】【新水令】大江东去浪千叠[2]，引着这数十人驾着这小舟一叶。又不比九重龙凤阙[3]，可正是千丈虎狼穴。大丈夫心别[4]，我觑这单刀会似赛村社[5]。（云）好一派江景也呵！（唱）

　　【驻马听】水涌山叠，年少周郎何处也？不觉的灰飞烟灭，可怜黄盖转伤嗟。破曹的樯橹一时绝[6]，鏖兵的江水犹然热[7]，好教我情惨切！（带云）这也不是江水，（唱）二十年流不尽的英雄血！

　　（云）却早来到也，报复去[8]。（卒报科）（做相见科）（鲁云）江下小会，酒非洞里之长春，乐乃尘中之菲艺，猥劳君侯屈高就下[9]，降尊临卑，实乃鲁肃之万幸也！（正末云）量某有何德能，着大夫置酒张筵？既请必至。（鲁云）黄文，将酒来。二公子满饮一杯。（正末云）大夫饮此杯。

(把盏科)(正末云)想古今咱这人过日月好疾也呵!(鲁云)过日月是好疾也。光阴似骏马加鞭,浮世似落花流水。(正末唱)

【胡十八】想古今立勋业,那里也舜五人、汉三杰[10]?两朝相隔数年别,不甫能见者[11],却又早老也。开怀的饮数杯,(云)将酒来。(唱)尽心儿待醉一夜。

(把盏科)(正末云)你知"以德报德,以直报怨"么[12]?(鲁云)既然将军言"以德报德,以直报怨",借物不还者谓之怨。想君侯文武全材,通练兵书,习《春秋》、《左传》[13],济拔颠危,匡扶社稷[14],可不谓之仁乎?待玄德如骨肉,觑曹操若仇雠,可不谓之义乎?辞曹归汉,弃印封金[15],可不谓之礼乎?坐服于禁,水淹七军,可不谓之智乎?且将军仁义礼智俱足,惜乎止少个"信"字,欠缺未完。再若得全个"信"字,无出君侯之右也。(正末云)我怎生失信?(鲁云)非将军失信,皆因令兄玄德公失信。(正末云)我哥哥怎生失信来?(鲁云)想昔日玄德公败于当阳之上,身无所归,因鲁肃之故,屯军三江夏口。鲁肃又与孔明同见我主公,即日兴师拜将,破曹兵于赤壁之间。江东所费巨万,又折了首将黄盖。因将军贤昆玉无尺寸地,暂借荆州以为养军之资;数年不还。今日鲁肃低情曲意,暂取荆州,以为救民之急;待仓廪丰盈,然后再献与将军掌领。鲁肃不敢自专,君侯台鉴不错[16]。(正末云)你请我吃筵席来那,是索荆州来?(鲁云)没、没、没,我则这般道。孙、刘结亲,以为唇齿,两国正好和谐。(正末唱)

【庆东原】你把我真心儿待,将筵宴设,你这般攀今览古[17],分甚枝叶[18]?我跟前使不着你"之乎者也"、"诗云子曰",早该豁口截舌[19]!有意说孙、刘,你休目下翻成吴、越[20]!

(鲁云)将军原来傲物轻信!(正末云)我怎傲物轻信?(鲁云)当日孔明亲言:破曹之后,荆州即还江东。鲁肃亲为代保。不思旧日之恩,今日恩变为仇,犹自说"以德报德,以直报怨"!圣人道:"信近于义,言可复也[21]。""去食去兵,不可去信[22]"。"大车无輗,小车无軏,其何以行之哉[23]?"今将军全无仁义之心,枉作英雄之辈。荆州久借不还,却不道"人无信不立"!(正末云)鲁子敬,你听的这剑戒么[24]?(鲁云)剑戒怎么?(正末云)我这剑戒,头一遭诛了文丑,第二遭斩了蔡阳[25],鲁肃呵,莫不第三遭到你也?(鲁云)没、没,我则这般道来。(正末云)这荆州是谁的?(鲁云)这荆州是俺的。(正末云)你不知,听我说。(唱)

【沉醉东风】想着俺汉高皇图王霸业,汉光武秉正除邪,汉王允将董卓诛,汉皇叔把温侯灭[26],俺哥哥合承受汉家基业。则你这东吴国的孙权,和俺刘家却是甚枝叶?请你个不克己先生自说[27]!

(鲁云)那里甚么响?(正末云)这剑戒二次也。(鲁云)却怎么说?(正末云)这剑按天地之灵,金火之精,阴阳之气,日月之形;藏之则鬼神遁迹,出之则魑魅潜踪[28];喜则恋鞘沉沉而不动,怒则跃匣铮铮而有声。今朝席上,倘有争锋,恐君不信,拔剑施呈。吾当摄剑[29],鲁肃休惊。这剑果有神威不可当,庙堂之器岂寻常。今朝索取荆州事,一剑先交鲁肃亡[30]。(唱)

【雁儿落】则为你三寸不烂舌,恼犯我三尺无情铁。这剑饥餐上将头,渴饮仇人血。

【得胜令】则是条龙向鞘中蛰[31],唬得人向座间呆。今日故友每才相见[32],休着俺弟兄每相间别[33]。鲁子敬听者,你内心休乔怯[34],畅好是随邪[35],休怪我十分酒醉也。

(鲁云)臧宫动乐[36]。(臧宫上,云)天有五星,地攒五岳;人有五德,乐按五音。五星者:金、木、水、火、土。五岳者:常、恒、泰、华、嵩[37]。五德者:温、良、恭、俭、让。五音者:宫、商、角、徵、羽。(甲士拥上科)(鲁云)埋伏了者。(正末击案,怒云)有埋伏也无埋伏?(鲁云)并无埋伏。(正末云)若有埋伏,一剑挥之两段!(做击案科)(鲁云)你击碎菱花[38]。(正末云)我特来破镜[39]!(唱)

【搅筝琶】却怎生闹吵吵军兵列,上来的休遮当莫拦截。(云)当着我的,呵呵!(唱)我着他剑下身亡,目前流血!便有那张仪口、郦通舌[40],休那里躲闪藏遮。好生的送我到船上者,我和你慢慢的相别。

（鲁云）你去了倒是一场伶俐[41]。（黄文云）将军,有埋伏哩。（鲁云）迟了我的也。（关平领众将上,云）请父亲上船,孩儿每来迎接哩。（正末云）鲁肃,休惜殿后。（唱）

【离亭宴带歇指煞】我则见紫袍银带公人列[42],晚天凉风冷芦花谢,我心中喜悦。昏惨惨晚霞收,冷飕飕江风起,急飐飐云帆扯[43]。承管待、承管待,多承谢、多承谢。唤梢公慢者[44],缆解开岸边龙,船分开波中浪,棹搅碎江心月[45]。正欢娱有甚进退,且谈笑不分明夜[46]。说与你两件事先生记者:百忙里趁不了老兄心[47],急切里倒不了俺汉家节[48]。（下）

题目　孙仲谋独占江东地
　　　请乔公言定三条计
正名　鲁子敬设宴索荆州
　　　关大王独赴单刀会

（选自《全元戏曲》,王季思主编,人民文学出版社1990年版）

【注释】

[1] 正末:元杂剧角色名。元杂剧角色分旦、末、净、杂四大类。末为男角,犹京剧中的"生",内分正末、副末、外末、小末等。正末系剧中男主角。

[2] 大江东去:宋苏轼《念奴娇·赤壁怀古》首句:"大江东去,浪淘尽千古风流人物。"此处亦含喟叹之意。

[3] 九重龙凤阙:封建时代帝王住的宫殿。

[4] 大丈夫心别:豪杰心情不同于一般人。

[5] 赛村社:社指"社火",系民间自行组织表演技艺的团体,每于节日进行演出竞赛,谓之"赛社"。此系关羽轻视对方本领的一种比喻,谓与东吴在这番较量中能取胜。

[6] 樯(qiáng)橹:樯,桅杆;橹,行舟的工具。此处联用借指船只。

[7] 鏖(áo)兵:激烈地战斗。

[8] 报复:回报。

[9] 猥劳:猥系谦辞,犹言辱,猥劳即辱劳之意。此句意谓,有劳大驾光临我们这个小地方。

[10] 舜五人、汉三杰:舜五人,相传帝舜手下有五位贤臣:禹(司空,掌平治水土)、弃(后稷,掌教种五谷)、契(司徒,掌教育百姓)、皋陶(士官,掌刑法)、后夔(乐正,掌制韶乐)。汉三杰,指辅佐刘邦定天下的张良、萧何、韩信。

[11] 不能甫见者:好容易。

[12] 你知二句:以德报德,以直报怨,语出《论语·宪问》篇。意谓有恩德施于我的,当以恩德报答他;与我有仇怨的,我也该用公正的态度对待他。鲁肃引这两句话,是指东吴曾借荆州给刘备暂住,而现在西蜀拒绝归还,是忘恩负义,不符合古人行事的道德。

[13] 习《春秋》、《左传》:相传关羽爱读《春秋》《左传》,能粗通大意。

[14] 匡扶:匡正扶助。社稷,指国家。社,土地的神;稷,五谷的神。二者都是国家的根本,故通常以社稷代指国家。此处指关羽协助刘备恢复汉王朝的统治。

[15] 弃印封金:关羽在许昌得到刘备的消息后,把曹操所授"汉寿亭侯"之印留在原处,并封存曹操所赐金银,而后离去,以示清白。

[16] 台鉴:致对方的客气话,意同"尊裁"。台,旧时对人的敬称。鉴,审察。"台鉴不错"谓"您裁夺得很对"。

[17] 览:应为"揽"。

[18] 枝叶：枝、叶都是树木的一部分，此处系比喻东吴西蜀两国的关系，意思是像鲁肃那样琐细计较，对原来密切的两国都很不利。后文中"枝叶"作"关系"解，"甚枝叶"，犹"有什么关系"。
[19] 豁口截舌：割开嘴，截断舌头。意谓说这些不该说的话，真当割嘴断舌。
[20] 吴、越：春秋时，吴越世为敌国，后人用之以比喻敌对关系。
[21] 信近于义，言可复也：语见《论语·学而》篇。集注："信，约信也；义者，事之宜也；复，践言也。言约信而合其宜，则言必可践矣。"
[22] 去食去兵二句：《论语·颜渊》："足食足兵，民信之矣。子贡曰：必不得已而去，于斯三者何先？曰：去兵。子贡曰：必不得已而去，于斯二者何先？曰：去食。——自古皆有死，民无信不立。"意思是说，信用最重要。
[23] "大车无輗（ní）"三句：出自《论语·为政》。"子曰：人而无信，不知其可也。大车无輗，小车无軏（yuè），其何以行之哉？"輗、軏俱驾车的工具，缺少它就不能行走。此处比喻人无信用就难以在社会上生存下去。
[24] 剑戒：剑鸣报警之意。王恽《秋涧集·剑戒》："仆有一剑……每临静夜，屡聆悲鸣。比复作声，铮然也。且闻百炼之精，或尝试人者鸣，世传以为剑戒。"
[25] "头一遭"二句：文丑，袁绍所部名将。蔡阳，《三国志·魏书》作蔡扬，曹操部下的将军。关羽杀文丑、蔡阳事，与史书记载不符，而与元代新安虞氏刊印的《全相三国志平话》相合；故事来源可能出自宋元民间艺人的"讲史"。
[26] 温侯：吕布，字奉先，东汉九原人。官奋威将军，封温侯。据史书记载为曹操所杀。
[27] 不克己：不肯吃亏。
[28] 魑（chī）魅（mèi）：古代传说中害人的山林精怪。此处谓宝剑可以辟邪。
[29] 摄剑：拔剑。
[30] 先交：同"先教"。
[31] 蛰：藏。
[32] 故友每：老朋友们。"每"，人称代词的复数，同"们"。
[33] 间别：分离，阻绝。
[34] 乔怯：畏惧。
[35] 随邪：不正经。
[36] 臧宫：作者在本剧中创造的人物。
[37] 常、恒：恒当作"衡"。常山即恒山，与衡、泰、华、嵩合称"五岳"。
[38] 菱花：古代镜子的代称，以铜镜背面的装饰图案多用菱花之故。
[39] 破镜：象征决裂与分离，镜与"子敬"的"敬"谐音，语义双关。
[40] 张仪：战国时魏国人，相于秦，曾游说六国连横事秦，后封武信君。蒯通，楚汉相争时辩士，武臣用其计，降燕赵三十余城；韩信从其计，得平齐地。二人皆辩士之佼佼者。
[41] 伶俐：作干净利落解。
[42] 紫袍银带：均古代官员服饰，此处用喻高级官员。公人，指官员。
[43] 急飐（zhǎn）：船只顺风疾行貌。
[44] 梢公：梢，船尾，在船尾掌舵的人称"梢公"。
[45] 棹（zhào）：船桨。
[46] 不分明夜：不分白天和晚上。
[47] 趁：此处同"称"。趁心即"称心"。
[48] 急切里：匆忙急迫之间。

【知识链接】

元杂剧

元杂剧是元代用北曲演唱的戏曲形式。金末元初产生于中国北方。是以宋杂剧和金院本为基础,融合宋金以来的音乐、说唱、舞蹈等多种艺术发展而成。剧本体裁一般每本分为四折,每折用同一宫调的若干曲牌组成套曲,必要时另加"楔子"。也偶有分成多本多折演唱的,如《西厢记》就有五本二十一折。角色有旦、末、净、杂等四大类。一剧大都由正末或正旦一种角色唱到底,以正末主唱的称"末本",以正旦主唱的称"旦本"。

阅读书目

1. 臧懋循.元曲选[M].北京:中华书局,1979.
2. 隋树森.元曲选外编[M].北京:中华书局,1980.
3. 王洲明.杂剧与传奇[M].济南:山东文艺出版社,1992.
4. 宛新彬.元曲三百首[M].合肥:安徽文艺出版社,2005.

【拓展与训练】

1. 《关大王独赴单刀会》《西蜀梦》是关汉卿的两部著名的历史剧,都以三国故事为题材。请阅读这两部作品,结合元代社会现实谈谈关汉卿历史剧的特点。

2. 王国维在《宋元戏曲考》中称赞关汉卿:"一空依傍,自铸伟词,而其言曲尽人情,字字本色,故当为元人第一。"请结合自己的读剧体会谈谈对这句话的理解。

惊　　梦

汤显祖

【导读】

汤显祖(1550—1616),字义仍,号海若,又号若士,晚年自号茧翁,别署清远道人,江西临川人,明代剧作家。万历十一年(1583)进士,因不愿结交权贵张居正、张四维等人,而不能官居要津。后任浙江遂昌知县,万历二十六年(1598)弃官归家。其所作《紫钗记》《牡丹亭》《南柯记》《邯郸记》四部剧作称为"临川四梦",又称"玉茗堂四梦"。这四部剧作完整地展示了他的"至情论"思想。

《牡丹亭》讲述的是杜丽娘与柳梦梅的生死离合故事。南安太守杜宝的女儿杜丽娘冲破约束,私出游园,在梦中和书生柳梦梅幽会。从此一病不起,怀春而死。杜宝升官离任后,在女儿的墓地建造梅花观。柳生进京赴试,借宿观中。他在园内拾得杜丽娘殉葬的自画像,终于和画中人的阴灵幽会。柳生掘墓开棺,杜丽娘起死回生。两人结成夫妇,同往临安。杜丽娘的老师陈最良看到墓地的情况,柳生又不告而别,就往淮安向杜宝告发柳生盗墓之罪。柳生在临安应试后,恰逢金兵南侵,延迟放榜。安抚使杜宝在淮安被围。柳生受丽娘嘱托,送家信传报还魂的喜讯,反被囚禁。金兵退出,柳生高中状元。杜宝升任同平章军国大事,拒不承认婚事,强迫女儿离异。纠纷闹到皇帝面前,才得到和解。

本文所选是全剧的第十出《惊梦》,这一出由【绕池游】和【山坡羊】两套组成,说的是在婢女春香的鼓舞下,杜丽娘违背父母、塾师的训诫,走出深闺,来到后花园,看到了一个美丽的新天地。她痛惜自己的青春埋没在小庭深院中,自我意识开始觉醒,在归来后的梦中与柳梦梅幽会。这里有对礼教的不满,有对自然和青春的赞美和热爱,有对春色的惊叹和对命运的感伤,更有对爱情的向往。这出戏以炽热的情感、细腻的心理刻画和华美的辞藻为历代读者所喜爱,也是戏曲舞台上常演常新的一出戏。

【绕池游】(旦上)梦回莺啭,乱煞年光遍[1]。人立小庭深院。(贴)炷尽沉烟[2],抛残绣线,恁今春关情似去年?[乌夜啼]"(旦)晓来望断梅关[3],宿妆残[4]。(贴)你侧着宜春髻子恰凭阑[5]。(旦)剪不断,理还乱[6],闷无端。(贴)已分付催花莺燕借春看。"(旦)春香,可曾叫人扫除花径?(贴)分付了。(旦)取镜台衣服来。(贴取镜台衣服上)"云髻罢梳还对镜,罗衣欲换更添香。"[7]镜台衣服在此。

【步步娇】(旦)袅晴丝吹来闲庭院[8],摇漾春如线。停半晌、整花钿。没揣菱花[9],偷人半面,迤逗的彩云偏[10]。(行介)步香闺怎便把全身现!

(贴)今日穿插的好。

【醉扶归】(旦)你道翠生生出落的裙衫儿茜[11],艳晶晶花簪八宝填[12],可知我常一生儿爱好是天然[13]。恰三春好处无人见[14]。不堤防沉鱼落雁鸟惊喧[15],则怕的羞花闭月花愁颤。

(贴)早茶时了,请行。(行介)你看:"画廊金粉半零星,池馆苍苔一片青。踏草怕泥新绣袜[16]，惜花疼煞小金铃[17]。"（旦）不到园林，怎知春色如许！

【皂罗袍】原来姹紫嫣红开遍[18]，似这般都付与断井颓垣，良辰美景奈何天，赏心乐事谁家院[19]！恁般景致，我老爷和奶奶再不提起。（合）朝飞暮卷[20]，云霞翠轩；雨丝风片，烟波画船——锦屏人忒看的这韶光贱[21]！

（贴）是花都放了[22]，那牡丹还早。

【好姐姐】（旦）遍青山啼红了杜鹃[23]，荼蘼外烟丝醉软[24]。春香呵，牡丹虽好，他春归怎占的先[25]！（贴）成对儿莺燕呵。（合）闲凝眄，生生燕语明如翦[26]，呖呖莺歌溜的圆。

（旦）去罢。（贴）这园子委是观之不足也。（旦）提他怎的！（行介）

【隔尾】观之不足由他缱[27]，便赏遍了十二亭台是枉然[28]。到不如兴尽回家闲过遣。

（作到介）（贴）"开我西阁门，展我东阁床。瓶插映山紫[29]，炉添沉水香。"小姐，你歇息片时，俺瞧老夫人去也。（下）（旦叹介）"默地游春转，小试宜春面[30]。"春啊，得和你两留连，春去如何遣？咳，恁般天气，好困人也。春香那里？（作左右瞧介）（又低首沉吟介）天呵，春色恼人，信有之乎！常观诗词乐府，古之女子，因春感情，遇秋成恨，诚不谬矣。吾今年已二八，未逢折桂之夫；忽慕春情，怎得蟾宫之客？昔日韩夫人得遇于郎[31]，张生偶逢崔氏[32]，曾有《题红记》《崔徽传》二书。此佳人才子，前以密约偷期[33]，后皆得成秦晋[34]。（长叹介）吾生于宦族，长在名门。年已及笄[35]，不得早成佳配，诚为虚度青春，光阴如过隙耳。（泪介）可惜妾身颜色如花，岂料命如一叶乎[36]！

【山坡羊】没乱里春情难遣[37]，蓦地里怀人幽怨。则为俺生小婵娟，拣名门一例、一例里神仙眷。甚良缘，把青春抛的远！俺的睡情谁见？则索因循腼腆[38]。想幽梦谁边，和春光暗流转？迁延，这衷怀那处言！淹煎，泼残生[39]，除问天！

身子困乏了，且自隐几而眠[40]。（睡介）（梦生介）（生持柳枝上）"莺逢日暖歌声滑，人遇风情笑口开。一径落花随水入，今朝阮肇到天台。"[41]小生顺路儿跟着杜小姐回来，怎生不见？（回看介）呀，小姐，小姐！（旦作惊起介）（相见介）（生）小生那一处不寻访小姐来，却在这里！（旦作斜视不语介）（生）恰好花园内，折取垂柳半枝。姐姐，你既淹通书史，可作诗以赏此柳枝乎？（旦作惊喜，欲言又止介）（背想）这生素昧平生，何因到此？（生笑介）小姐，咱爱杀你哩！

【山桃红】则为你如花美眷，似水流年，是答儿闲寻遍[42]。在幽闺自怜。小姐，和你那答儿讲话去。（旦作含笑不行）（生作牵衣介）（旦低问）那边去？（生）转过这芍药栏前，紧靠着湖山石边。（旦低问）秀才，去怎的？（生低答）和你把领扣松，衣带宽，袖梢儿揾着牙儿苫也，则待你忍耐温存一晌眠[43]。（旦作羞）（生前抱）（旦推介）（合）是那处曾相见，相看俨然，早难道这好处相逢无一言[44]？

（生强抱旦下）（末扮花神束发冠，红衣插花上）"催花御史惜花天[45]，检点春工又一年。蘸客伤心红雨下[46]，勾人悬梦彩云边。"吾乃掌管南安府后花园花神是也。因杜知府小姐丽娘，与柳梦梅秀才，后日有姻缘之分。杜小姐游春感伤，致使柳秀才入梦。咱花神专掌惜玉怜香，竟来保护他，要他云雨十分欢幸也。

【鲍老催】（末）单则是混阳蒸变，看他似虫儿般蠢动把风情扇。一般儿娇凝翠绽魂儿颤[47]。这是景上缘[48]，想内成，因中见。呀，淫邪展污了花台殿[49]。咱待拈片落花儿惊醒他。（向鬼门丢花介[50]）他梦酣春透了怎留连？拈花闪碎的红如片。秀才才到的半梦儿；梦毕之时，好送杜小姐仍归香阁。吾神去也。（下）

【山桃红】（生、旦携手上）（生）这一霎天留人便，草藉花眠。小姐可好？（旦低头介）（生）则把云鬟点，红松翠偏。小姐休忘了呵，见了你紧相偎，慢厮连，恨不得肉儿般团成片也，逗的个日下胭脂雨上鲜。(旦)秀才,你可去呵?(合)是那处曾相见,相看俨然,早难道这好处相逢无一言?

(生)姐姐,你身子乏了,将息,将息。(送旦依前作睡介)(轻拍旦介)姐姐,俺去了。(作回顾介)姐姐,你可十分将息,我再来瞧你那。"行来春色三分雨,睡去巫山一片云。"(下)(旦作惊醒,低叫介)秀才,秀才,你去了也?(又作痴睡介)(老旦上)"夫婿坐黄堂[51],娇娃立绣窗。怪他裙衩上,花鸟绣双双。"孩儿,孩儿,你为甚瞌睡在此?(旦作醒,叫秀才介)咳也。(老旦)孩儿怎的来?(旦作惊起介)奶奶到此!(老旦)我儿,何不做些针指,或观玩书史,舒展情怀?因何昼寝于此?(旦)孩儿适花园中闲玩,忽值春暄恼人,故此回房。无可消遣,不觉困倦少息。有失迎接,望母亲恕儿之罪。(老旦)孩儿,这后花园中冷静,少去闲行。(旦)领母亲严命。(老旦)孩儿,学堂看书去。(旦)先生不在,且自消停。(老旦叹介)女孩儿长成,自有许多情态,且自由他。正是:"宛转随儿女,辛勤做老娘。"(下)(旦长叹介)(看老旦下介)哎也,天那,今日杜丽娘有些侥幸也。偶到后花园中,百花开遍,睹景伤情。没兴而回,昼眠香阁。忽见一生,年可弱冠[52],丰姿俊妍。于园中折得柳丝一枝,笑对奴家说:"姐姐既淹通书史,何不将柳枝题赏一篇?"那时待要应他一声,心中自忖,素昧平生,不知名姓,何得轻与交言。正如此想间,只见那生向前说了几句伤心话儿,将奴搂抱去牡丹亭畔,芍药阑边,共成云雨之欢。两情和合,真个是千般爱惜,万种温存。欢毕之时,又送我睡眠,几声"将息"。正待自送那生出门,忽值母亲来到,唤醒将来。我一身冷汗,乃是南柯一梦[53]。忙身参礼母亲,又被母亲絮了许多闲话。奴家口虽无言答应,心内思想梦中之事,何曾放怀。行坐不宁,自觉如有所失。娘呵,你教我学堂看书去,知他看那一种书消闷也。(作掩泪介)

【绵搭絮】雨香云片[54],才到梦儿边。无奈高堂,唤醒纱窗睡不便。泼新鲜冷汗粘煎,闪的俺心悠步嚲[55],意软鬟偏。不争多费尽神情[56],坐起谁忺[57]?则待去眠。

(贴上)"晚妆销粉印,春润费香篝[58]。"小姐,熏了被窝睡罢。

【尾声】(旦)困春心游赏倦,也不索香薰绣被眠。天呵,有心情那梦儿还去不远。

春望逍遥出画堂(张说)

间梅遮柳不胜芳(罗隐)

可知刘阮逢人处(许浑)

回首东风一断肠(韦庄)

(选自《牡丹亭》,徐朔方、杨笑梅校注,人民文学出版社 1991 年版)

【注释】

[1] 乱煞年光遍:缭乱的春光到处都是。
[2] 沉烟:沉水香,熏用的香料。
[3] 梅关:大庾岭,宋代在这里设有梅关。在本剧故事发生地点江西省南安府(大庾)的南面。
[4] 宿妆:隔夜的残妆。
[5] 宜春髻子:相传立春那天,妇女剪彩作燕子状,戴在发髻上,上贴"宜春"二字。见《荆楚岁时记》:"立春之日,悉剪彩为燕以戴之,帖宜春二字。"
[6] 剪不断,理还乱:出自南唐后主李煜词《相见欢》。
[7] "云髻罢梳"二句:出自唐代薛逢诗《宫词》。
[8] 晴丝:游丝、飞丝,也即后文所说的烟丝,虫类所吐出的丝缕,常在空中飘游,在春天晴朗的日子最容易看见。

[9] 没揣：不意，蓦然。菱花，镜子。古时用铜镜，背面所铸花纹一般为菱花，因此称菱花镜，或用菱花作镜子的代称。

[10] 迤逗的彩云偏：迤逗，引惹，挑逗；彩云，美丽的发卷的代称。句意谓想不到镜子(拟人化)偷偷地照见了她。害得(迤逗的)她羞答答地把发卷也弄歪了。这几句写出了一个少女的含情脉脉的微妙心理，她是连看见镜子里的自己的影子也有些不好意思的。

[11] 翠生生出落的裙衫儿茜(qiàn)：翠生生，极言色彩鲜艳。苏轼诗《和述古冬日牡丹四首》："一朵妖红翠欲流"用法正同。陆游《老学庵笔记》："鲜翠，犹言鲜明也。"出落的，显出，衬托出。茜，大红色。茜本指茜草，多年生攀援草本，根可以作大红色染料，因即以茜指大红色。

[12] 艳晶晶花簪八宝填：镶嵌着多种宝石的光灿灿的簪子。

[13] 爱好是天然：爱好，犹言爱美。《紫箫记》第十一出《懒画眉》："道你绿鬓乌纱映画罗。"系丫环赞李十郎词，下接李十郎云："小生从来带一种爱好的性子。"用法正同。天然，天性使然。

[14] 三春好处：比喻自己的青春美貌。

[15] 沉鱼落雁：小说戏曲中用来形容女人的美貌。意思说，鱼见到她的美色，自愧不如而下沉，雁则为贪看她的美色而停落下来。下文羞花闭月，同。

[16] 泥：沾污。这里作动词用。

[17] 惜花疼煞小金铃：《开元天宝遗事》："天宝初，宁王……于后园中纫红丝为绳，密缀金铃，系于花梢之上。每有鸟鹊翔集，则令园吏掣铃以惊之。盖惜花之故也。"疼，为惜花常掣铃，连小金玲都被拉得疼煞了。这是夸大的描写。

[18] 姹紫嫣红：花色色鲜艳貌。

[19] 谁家：哪一家。全句本谢灵运《拟魏太子邺中集诗序》："天下良辰美景赏心乐事，四者难并。"

[20] 朝飞暮卷：句出唐王勃《滕王阁诗》。"画栋朝飞南浦云，珠帘暮卷西山雨。"

[21] 锦屏人：深闺中人，包括自己在游园之前。

[22] 是：凡是，所有的。

[23] 啼红了杜鹃：开遍了红色的杜鹃花。从杜鹃(鸟)泣血联想起来的。杜鹃鸟相传是蜀古望帝魂魄所化，啼声哀怨动人，听去好像在说"不如归去"，故又名子规。白居易《琵琶行》："其间旦暮闻何物，杜鹃啼血猿哀鸣。"寇准《句》："杜鹃啼处血成花。"

[24] 荼蘼：花名，属蔷薇科，羽状复叶，新枝及叶柄有刺，晚春时开放，花白色，重瓣。这里指荼蘼架。烟丝，即游丝。

[25] 牡丹虽好，他春归怎占的先：皮日休牡丹诗有"独占人间第一春"句。朱有燉《诚斋乐府·牡丹品》第三折《喜迁莺》："花索让牡丹先。"牡丹当春尽才开放，故有此反问。整句意为，牡丹虽美，但它开花太迟了，怎能占春花中第一呢？这里寓有杜丽娘对美丽的青春被耽误了的幽怨和伤感。

[26] 生生燕语明如翦：形容燕语明快如剪。

[27] 缱(qiǎn)：留恋不舍。

[28] 十二：虚指，犹言所有。

[29] 映山紫：映山红(杜鹃花)的一种。

[30] 宜春面：指新妆。

[31] 韩夫人得遇于郎：唐人传奇故事。唐僖宗时，宫女韩氏以红叶题诗，从御沟中流出，被于祐拾到。于祐也以红叶题诗，投入沟水的上游，寄给韩氏。后来两人结为夫妇。见《青琐高议》前集卷五《流红记》。汤显祖同时代人王骥德曾以这个故事写成戏曲《题红记》。见王骥德《曲率·杂论》第三十九下。

[32] 张生偶逢崔氏：张生和崔莺莺的爱情故事，见唐代元稹《会真记》。后来杂剧《西厢记》演的就是这个故事。下文说的《崔徽传》是另外一个故事，见《丽情集》：妓女崔徽和裴敬中相爱，分别之后不再相见。崔徽请画工画了一幅像，托人带给裴敬中说："崔徽一旦不及卷中人，徽且为郎死矣！"此处《崔徽传》疑是《莺莺传》或《西厢记》的笔误。

[33] 偷期：幽会。

[34] 得成秦晋:得成夫妇。春秋时代,秦晋两国世代联姻,后世称婚姻为秦晋。
[35] 及笄(jī):古代女子十五岁开始以笄(簪)束发,叫及笄,意指女子已经成年,到了婚配的年龄。见《礼记·内则》。
[36] 岂料命如一叶句:元好问《鹧鸪天·薄命妾》:"颜色如花画不成,命如叶薄可怜生。"
[37] 没乱里:形容心绪很乱。
[38] 腼腆:害羞。上文只索,只得。索,要,须。
[39] 淹煎、泼残生:淹煎,受煎熬,遭折磨;泼残生,苦命儿。泼,表示厌恶,原来是骂人的话。
[40] 隐儿:靠着几案。
[41] 阮肇到天台:见到爱人。刘晨和阮肇在天台山采药,于桃源洞遇见二仙女,结成良缘。但二人尘缘未断,动思乡之念,又回到人间,比及回家,已经隔世。后来重新到天台山寻找仙女。见元杂剧《误入桃源》。
[42] 是答儿:到处。是,凡。下文,那答儿,那边。
[43] 一晌:一会儿。
[44] 早难道:这里就是难道,但语气较强。
[45] 催花御史:《说郛》卷二十七《云仙散录》引《玉尘集》:唐"穆宗,每宫中花开,则以重顶帐蒙蔽栏槛,置惜花御史掌之。"
[46] 蘸:指红雨(落花)沾在人身上。
[47] 单则是混阳蒸变……魂儿颠:形容幽会。
[48] 景上缘:景,影;与下文的想、因都是佛家的说法。景上缘,想内成,喻姻缘短促,是不真实的梦幻。因中见(现),佛家认为这一切事物都是由于因缘造合而成。
[49] 展污:沾污,弄脏。
[50] 鬼门:一作古门,戏台上演员的上、下场门。
[51] 黄堂:古时太守衙中的正堂。范成大《吴郡志》卷六据《郡国志》云:"黄堂在鸡陂之侧(今苏州市东),春申君子假君之殿也,后太守居之。以数失火,涂以雌黄,遂名黄堂,即今太守之正厅是也。今天下郡治,皆名黄堂,仿此。"后因称太守为"黄堂"。剧中杜宝为南安太守,故其妻曰"夫婿坐黄堂"。
[52] 弱冠:二十岁。《礼·曲礼》上:"人生十年曰幼;二十曰弱冠;三十曰壮,有室……"冠,男子到二十岁行冠礼,表示已经成人。
[53] 南柯一梦:唐人传奇故事。淳于梦梦见自己被大槐安国招为驸马,做南柯太守。历尽了富贵荣华,人世沉浮。醒来,才发现槐安国不过是大槐树下的一个蚁穴,南柯郡则是南面树枝下的另一个蚁穴。见《太平广记》卷四七五李公佐《淳于梦》。南柯,后来被用作梦的代称。
[54] 雨香云片:云雨,指梦中的幽会。
[55] 步躔:脚步挪不动。躔,偏斜。上文闪得俺,弄得我,害得我。
[56] 不争多:差不多,几乎。
[57] 忺(xiān):惬意。
[58] 香篝:香笼,薰香用。

【知识链接】

至情论

汤显祖景仰李贽,与公安派袁氏兄弟有交往,思想上也与他们相近,核心是"情"。《牡丹亭》第一出《标目》诗云:"白日消磨断肠句,世间只有情难诉。玉茗堂前朝复暮,红烛迎人,俊得江山助。但是相思莫相负,牡丹亭上三生路。"汤显祖认为文学艺术的本质就是这个"情"字,各种文学艺术都是从"情"字产生出来的,文学艺术所以能感人,也是因为有"情","世总为情,情生诗歌"(《耳伯麻姑游诗序》)"人生而有情"(《宜黄县戏神清源师庙记》)。有情人生的最高境界是"至情",《牡丹亭》便是"至情"的演绎,他在《牡丹亭题词》中说:"情不知所起,一往而深。生者可以死,死者可以生。生而不可与死,死而不可复生者,皆非情之至也。"

汤显祖的"情"的新内容:首先,汤显祖的"情"是和"理"相对立的范畴。"理"就是宋明理学的"理",它的内容就是伦理规范。在汤显祖看来"情"和"理"是互不相容的,他引用达观和尚的话说:"情有者,理必无;理有者,情必无。"(《寄达观》)他认为"情"是人生来就有的,反对"以理相格",即反对以"理"来否定"情"。他说:"第云理之所必无,安知情之所必有邪!"(《牡丹亭记题词》)即"情"有存在的理由,应该从"理"的束缚下解放出来。其次,汤显祖的"情"又是与"法"相对立的。"法"就是明代那一套专制的政治法律制度。他说"世有有情之天下,有有法之天下"(《青莲阁记》)。他认为李白所生活的时代是"有情之天下",所以李白能发挥他的才能。而他自己生活的则是"有法之天下",即使李白生活在这个时代也不能发挥他的才能。可见汤显祖的"情"包含了个性自由、个性解放的因素。

汤显祖追求"有情之人"(即"真人"),追求"有情之天下"(即"春天"),但现实世界是"有法之天下",现实中也没有"春天"。"春天"被"理""法"扼杀了。于是"因情成梦"(《复甘义麓》),由"情"引出"梦",在"梦"中,无情之人变得有情,成了"真人",有法之天下变成有情之天下,成了"春天"。所以"梦"就是汤显祖的理想,"梦中之情,何必非真?"(《牡丹亭题词》)再进一步,"因梦成戏","戏"就是写"梦",把他的理想化为艺术形象。他的"临川四梦",特别是《牡丹亭》就是他理想主义的表现,在这部戏里他塑造了一个"有情人"的典型——杜丽娘。

阅读书目

1. 佐荣,宇文昭点校.中国四大古典名剧[M].杭州:浙江古籍出版社,1989.
2. 徐朔方.汤显祖评传[M].南京:南京大学出版社,1994.
3. 尹恭弘.汤显祖新论:多重文化视角下的汤显祖[M].北京:社会科学文献出版社,2015.

【拓展与训练】

1. 查阅相关资料,了解中国古代戏剧的发展脉络。
2. 汤显祖说:"情不知所起,一往而深。生者可以死,死者可以生。生而不可与死,死而不可复生者,皆非情之至也。"结合这句话,谈谈你对作品中的女主人公杜丽娘的认识。

雷雨（第四幕）

曹禺

【导读】

　　曹禺(1910—1996)，原名万家宝，现代杰出的剧作家，中国新文化运动的开拓者之一，与鲁迅、郭沫若、茅盾、巴金、老舍齐名。祖籍湖北潜江，出生于天津。在南开中学、清华大学求学时，接触并钻研了大量中外古今的文学、戏剧名著，参加了业余戏剧团体的演出实践。大学学习结束后，到国立戏剧专科学校任教。抗日战争期间，随学校迁到大后方，一面教学，一面创作和演出，以戏剧为武器，进行抗日救亡活动。新中国成立后，参与戏剧界、文艺界的领导工作，曾担任北京人民艺术剧院院长，中国作家协会副主席，中国戏剧家协会主席，中国文学艺术界联合会主席等职务。

　　曹禺的主要剧作：创作于1930年的《雷雨》《日出》《原野》（被称作曹禺三部曲）；创作于抗日战争时期的《蜕变》《北京人》《家》（根据巴金的同名小说改编）；创作于1950—1970年代的《明朗的天》《胆剑篇》（与梅阡、于是之合作）《王昭君》。他的剧本数量不多，但以质量取胜，几乎每一部剧作都以巨大的艺术力量打动了读者和观众。

　　《雷雨》是中国现实主义话剧的基石，展示的是一幕人生大悲剧：上天命运对人的残忍捉弄。全剧叙述的是在一个带有浓厚传统色彩的资本家家庭中，两代人之间产生的不可调和的恩怨纠结。故事情节跌宕起伏，人物个性鲜明，结构严谨。剧作家遵循西方戏剧"三一律"理论，又不为"三一律"所限，通过戏剧冲突，在一个昼夜之内，在周公馆这个特定的环境中展示了30年两代人的命运。

　　本文所选系《雷雨》的第四幕（节选），是戏剧冲突的高潮。跨域30年的两代人的情感纠葛：周朴园与鲁侍萍的爱情悲剧、周萍与周繁漪的乱伦悲剧、周萍与鲁四凤的乱伦悲剧，在一个雷雨之夜，在周家客厅得以集中展现。在复杂的矛盾冲突中，剧中人物逐渐认识到或在有意中、或在无意中，自己都是爱情悲剧、人伦悲剧的参与者，最终走向各自命运的终点。作品以三位年轻人的死亡揭露了专制家庭的罪恶。这一幕戏中，剧中人物各自的性格特征：周朴园的伪善专横、周繁漪的果敢阴鸷、鲁侍萍的温婉隐忍、周萍的坚定执着、鲁四凤的单纯炽热、周冲的纯正善良等，通过人物的交锋，一一展示。

人　　物

　　周朴园——某煤矿公司董事长，五十五岁。
　　周繁漪——周朴园的妻子，三十五岁。
　　周　萍——其前妻生子，年二十八。
　　周　冲——繁漪生子，年十七。
　　鲁侍萍——周宅仆人鲁贵之妻，某校女佣，年四十七。
　　鲁大海——侍萍前夫之子，煤矿工人，年二十七。

鲁四凤——鲁贵与侍萍之女,年十八,周家使女。
周宅仆人等:仆人甲,仆人乙……老仆。

第四幕(节选)

景:周家客厅内。半夜两点钟光景。

开幕时,周朴园一人坐在沙发上,读文件;旁边燃着一个立灯,四周是黑暗的。外面还隐隐滚着雷声,雨声淅沥可闻,窗前帷幕垂了下来,中间的门紧紧地掩了,由门上玻璃望出去,花园的景物都掩埋在黑暗里,除了偶尔天空闪过一片耀目的电光,蓝森森的看见树同电线杆,一瞬又是黑漆漆的。

…………

〔四凤由中门进,头发散乱,衣服湿透,眼泪同雨水流在脸上,眼角粘着淋漓的鬓发,衣裳贴着皮肤,雨后的寒冷逼着她发抖,她的牙齿上下地震战着。她见周萍如同失路的孩子再见着母亲,呆呆地望着他。

鲁四凤:萍!

周萍:(感动地)凤。

鲁四凤:(胆怯地)没有人吧?

周萍:(难过,怜悯地)没有。(拉着她的手)

鲁四凤:(放胆地)哦!萍!(抱着萍抽咽)

周萍:(如许久未见她)你怎样,你怎样会这样?你怎么会找着我?(止不住地)你怎样进来的?

鲁四凤:我从小门偷进来的。

周萍:凤,你的手冰凉,你先换一换衣服。

鲁四凤:不,萍,(抽咽)让我先看看你。

周萍:(引她到沙发,坐在自己一旁,热切地)你,你上哪儿去了,凤?

鲁四凤:(看着他,含着眼泪微笑)萍,你还在这儿,我好像隔了多年一样。

周萍:(顺手拿起沙发上的一条紫线毯给她围上)我可怜的凤儿,你怎么这样傻,你上哪儿去了?我的傻孩子!

鲁四凤:(擦着眼泪,拉着萍的手,萍蹲在旁边)我一个人在雨里跑,不知道自己在哪儿。天上打着雷,前面我只看见模模糊糊的一片;我什么都忘了,我像是听见妈在喊我,可是我怕,我拼命地跑,我想找着我们门口那一条河跳。

周萍:(紧握着四凤的手)凤!

鲁四凤:——可是不知怎么绕来绕去我总找不着。

周萍:哦,凤,我对不起你,原谅我,是我叫你这样,你原谅我,你不要怨我。

鲁四凤:萍,我怎样也不会怨你的,我糊糊涂涂又碰到这儿,走到花园那电线杆底下,我忽然想死了。我知道一碰那根电线,我就可以什么都忘了。我爱我的母亲,我怕我刚才对她起誓,我怕我说我这么一声坏女儿,我情愿不活着。可是,我刚要碰那根电线,我忽然看见你窗户的灯,我想到你在屋子里。哦,萍,我突然觉得,我不能这样就死,我不能一个人死,我丢不了你。我想起来,世界大得很,我们可以走,我们只要一块儿离开这儿。萍啊,你——

周萍:(沉重地)我们一块儿离开这儿?

鲁四凤：(急切地)就是这一条路,萍,我现在已经没有家,(辛酸地)哥哥恨死我,母亲我是没有脸见的。我现在什么都没有,我没有亲戚,没有朋友,我只有你,萍,(哀告地)你明天带我去吧。

［半晌。

周　萍：(沉重地摇着头)不,不——

鲁四凤：(失望地)萍。

周　萍：(望着她,沉重地)不,不——我们现在就走。

鲁四凤：(不相信地)现在就走？

周　萍：(怜惜地)嗯,我原来打算一个人现在走,以后再来接你,不过现在不必了。

鲁四凤：(不相信地)真的,一块儿走么？

周　萍：嗯,真的。

鲁四凤：(狂喜地,扔下线毯,立起,亲周萍的一手,一面擦着眼泪)真的,真的,真的,萍,你是我的救星,你是天底下顶好的人,你是我——哦,我爱你！(在他身下流泪)

周　萍：(感动地,用手绢擦着眼泪)凤,以后我们永远在一块儿了,不分开了。

鲁四凤：(自慰地,在周萍的怀里)嗯,我们离开这儿了,不分开了。

周　萍：(约束自己)好,凤,走以前我们先见一个人。见完他我们就走。

鲁四凤：一个人？

周　萍：你哥哥。

鲁四凤：哥哥？

周　萍：他找你,他就在饭厅里头。

…………

［四凤拉萍至中门,中门开,鲁妈与大海进。

［两点钟内鲁妈的样子另变了一个人。声音因为在雨里叫喊哭号已经喑哑,眼皮失望地向下垂,前额的皱纹很深地刻在上面,过度的刺激使着她变成了呆滞,整个激成刻板的痛苦的模型。她的衣服像是已经烘干了一部分,头发还有些湿,鬓角凌乱地贴着湿的头发。她的手在颤,很小心地走进来。

鲁四凤：(惊慌)妈！(畏缩)

［略顿,鲁妈哀怜地望着四凤。

鲁侍萍：(伸出手向四凤,哀痛地)凤儿,来！

［四凤跑至母亲面前,跪下。

鲁四凤：妈！(抱着母亲的膝)

鲁侍萍：(抚摸四凤的头顶,痛惜地)孩子,我的可怜的孩子。

鲁四凤：(泣不成声地)妈,饶了我吧,饶了我吧,我忘了你的话了。

鲁侍萍：(扶起四凤)你为什么早不告诉我？

鲁四凤：(低头)我疼您,妈,我怕,我不愿意有一点叫您不喜欢我,看不起我,我不敢告诉您。

鲁侍萍：(沉痛地)这还是你的妈太糊涂了,我早该想到的。(酸苦地)然而天,这谁又料得到,天底下会有这种事,偏偏又叫我的孩子们遇着呢？哦,你们妈的命太苦,你们的命也太苦了。

鲁大海：(冷淡地)妈,我们走吧,四凤先跟我们回去。——我已经跟他(指周萍)商量好了,他先走，以后他再接四凤。

鲁侍萍：(迷惑地)谁说的？谁说的？

鲁大海：(冷冷地望着鲁妈)妈，我知道您的意思，自然只有这么办。所以，周家的事我以后也不提了，让他们去吧。

鲁侍萍：(迷惑，坐下)什么？让他们去？

周　萍：(嗫嚅)鲁奶奶，请您相信我，我一定好好地待她，我们现在决定就走。

鲁侍萍：(拉着四凤的手，颤抖地)凤，你，你要跟他走！

鲁四凤：(低头，不得已紧握着鲁妈的手)妈，我只好先离开您了。

鲁侍萍：(忍不住)你们不能够在一块儿！

鲁大海：(奇怪地)妈您怎么？

鲁侍萍：(站起)不，不成！

鲁四凤：(着急)妈！

鲁侍萍：(不顾她，拉着她的手)我们走吧。(向大海)你出去叫一辆洋车，四凤大概走不动了。我们走，赶快走。

鲁四凤：(死命地退缩)妈，您不能这样做。

鲁侍萍：不，不成！(呆滞地，单调地)走，走。

鲁四凤：(哀求)妈，您愿意您的女儿急得要死在您的眼前么？

周　萍：(走向鲁妈前)鲁奶奶，我知道我对不起你。不过我能尽我的力量补我的错，现在事情已经做到这一步，你——

鲁大海：妈，(不懂地)您这一次，我可不明白了！

鲁侍萍：(不得已，严厉地)你先去雇车去！(向四凤)凤儿，你听着，我情愿你没有，我不能叫你跟他在一块儿。——走吧！

［大海刚至门口，四凤喊一声。

鲁四凤：(喊)啊，妈，妈！(晕倒在母亲怀里)

鲁侍萍：(抱着四凤)我的孩子，你——

周　萍：(急)她晕过去了。

［鲁妈急按着她的前额，低声唤"四凤"，忍不住地泣下。

［萍向饭厅跑。

鲁大海：不用去——不要紧，一点凉水就好。她小时就这样。

［萍拿凉水洒在她面上，四凤渐醒，面呈死白色。

鲁侍萍：(拿凉水灌四凤)凤儿，好孩子。你回来，你回来。——我的苦命的孩子。

鲁四凤：(口渐张眼睁开，喘出一口气)啊，妈！

鲁侍萍：(安慰地)孩子，你不要怪妈心狠，妈的苦说不出。

鲁四凤：(叹出一口气)妈！

鲁侍萍：什么？凤儿？

鲁四凤：我，我不能告诉你，萍！

周　萍：凤，你好点了没有？

鲁四凤：萍，我，总是瞒着你；也不肯告诉您(乞怜地望着鲁妈)妈，您——

鲁侍萍：什么，孩子，快说。

鲁四凤：(抽咽)我，我——(放胆)我跟他现在已经有……(大哭)

鲁侍萍：(切迫地)怎样，你说你有——(过受打击，不动)

周　萍：(拉起四凤的手)四凤！怎么，真的，你——

鲁四凤：(哭)嗯。

周　萍：(悲喜交集)什么时候？什么时候？

鲁四凤：(低头)大概已经三个月。

周　萍：(快慰地)哦，四凤，你为什么不告诉我，我，我的——

鲁侍萍：(低声)天哪！

周　萍：(走向鲁)鲁奶奶，你无论如何不要再固执哪，都是我错，我求你！(跪下)我求你放了她吧。我敢保我以后对得起她，对得起你。

鲁四凤：(立起，走到鲁妈面前跪下)妈，您可怜可怜我们，答应我们，让我们走吧。

鲁侍萍：(不做声，坐着，发痴)我是在做梦。我的女儿，我自己生的女儿，三十年的功夫——哦，天哪，(掩面哭，挥手)你们走吧，我不认得你们。(转过头去)

周　萍：谢谢你！(立起)我们走吧。凤！(四凤起)

鲁侍萍：(回头，不自主地)不，不能够！

〔四凤又跪下。

鲁四凤：(哀求)妈，您，您是怎么？我的心定了。不管他是富，是穷，不管他是谁，我是他的了。我心里第一个许了他，我看得见的只有他，妈，我现在到了这一步：他到哪儿我也到哪儿；他是什么，我也跟他是什么。妈，您难道不明白，我——

鲁侍萍：(指手令她不要向下说，苦痛地)孩子。

鲁大海：妈，妹妹既是闹到这样，让她去了也好。

周　萍：(阴沉地)鲁奶奶，您心里要是一定不放她，我们只好不顺从您的话，自己走了。凤！

鲁四凤：(摇头)萍！(还望着鲁妈)妈！

鲁侍萍：(沉重的悲伤，低声)啊，天知道谁犯了罪，谁造这种孽！——他们都是可怜的孩子，不知道自己做的是什么。天哪！如果要罚，也罚在我一个人身上；我一个人有罪，我先走错了一步。(伤心地)如今我明白了，我明白了，事情已经做了的，不必再怨这不公平的天，人犯了一次罪过，第二次也就自然地跟着来。——(摸着四凤的头)他们是我的干净孩子，他们应当好好地活着，享着福。冤孽是在我心里头，苦也应当我一个人尝。他们快活，谁晓得就是罪过？他们年轻，他们自己并没有成心做了什么错。(立起，望着天)今天晚上，是我让他们一块儿走，这罪过我知道，可是罪过我现在替他们犯了；所有的罪孽都是我一个人惹的，我的儿女们都是好孩子，心地干净的，那么，天，真有了什么，也就让我一个人担待吧。(回过头)凤儿，——

鲁四凤：(不安地)妈，您心里难过，——我不明白您说的什么。

鲁侍萍：(回转头。和蔼地)没有什么。(微笑)你起来，凤儿，你们一块儿走吧。

鲁四凤：(立起，感动地，抱着她的母亲)妈！

周　萍：去！(看表)不早了，还只有二十五分钟，叫他们把汽车开出来，走吧。

鲁侍萍：(沉静地)不，你们这次走，是在暗地里走，不要惊动旁人。(向大海)大海，你出去叫车去，我要回去，你送他们到车站。

鲁大海：嗯。

〔大海由中门下。

鲁侍萍：(向四凤哀婉地)过来，我的孩子，让我好好地亲一亲。(四凤过来抱母；鲁妈向萍)你也来,让我也看你一下。(萍至前,低头,鲁望他擦眼泪)好!你们走吧——我要你们两个在未走以前答应我一件事。

周萍:您说吧。

鲁侍萍:你们不答应,我还是不要四凤走的。

鲁四凤:妈,您说吧,我答应。

鲁侍萍:(看他们两人)你们这次走,最好越走越远,不要回头。今天离开,你们无论生死,永远也不许见我。

鲁四凤:(难过)妈,那不——

周萍:(眼色,低声)她现在很难过,才说这样的话,过后,她就会好了的。

鲁四凤:嗯,也好,——妈,那我们走吧。

〔四凤跪下,向鲁妈叩头,四凤落泪,鲁妈竭力忍着。

鲁侍萍:(挥手)走吧!

周萍:我们从饭厅出去吧,饭厅里还放着我几件东西。

〔三人——周萍,四凤,鲁妈——走到饭厅门口,饭厅门开。繁漪走出,三人俱惊视。

鲁四凤:(失声)太太!

周繁漪:(沉稳地)咦,你们到哪儿去?外面还打着雷呢!

周萍:(向繁漪)怎么你一个人在外面偷听!

周繁漪:嗯,不只我,还有人呢。(向饭厅上)出来呀,你!

〔周冲由饭厅上,畏缩地。

鲁四凤:(惊愕地)二少爷!

周冲:(不安地)四凤!

周萍:(不高兴,向弟)弟弟,你怎么这样不懂事?

周冲:(莫明其妙地)妈叫我来的,我不知道你们这是干什么。

周繁漪:(冷冷地)现在你就明白了。

周萍:(焦躁,向繁漪)你这是干什么?

周繁漪:(嘲弄地)我叫你弟弟来给你们送行。

周萍:(气愤)你真卑——

周冲:哥哥!

周萍:弟弟,我对不起你!——(突向繁漪)不过世界上没有像你这样的母亲!

周冲:(迷惑地)妈,这是怎么回事?

周繁漪:你看哪!(向四凤)四凤,你预备上哪儿去?

鲁四凤:(嗫嚅)我……我……

周萍:不要说一句瞎话。告诉他们,挺起胸来告诉他们,说我们预备一块儿走。

周冲:(明白)什么,四凤,你预备跟他一块儿走?

鲁四凤:嗯,二少爷,我,我是——

周冲:(半质问地)你为什么早不告诉我?

鲁四凤:我不是不告诉你;我跟你说过,叫你不要找我,因为我——我已经不是个好女人。

周萍:(向四凤)不,你为什么说自己不好?你告诉他们!(指繁漪)告诉他们,说你就要嫁我!

周冲：(略惊)四凤，你——

周繁漪：(向周冲)现在你明白了。(周冲低头)

周萍：(突向繁漪,刻毒地)你真没有一点心肝！你以为你的儿子会替——会破坏么？弟弟，你说，你现在有什么意思，你说，你预备对我怎么样？说！哥哥都会原谅你。

〔周冲望繁漪，又望四凤，自己低头。

周繁漪：冲儿，说呀！(半晌,急促)冲儿，你为什么不说话呀？你为什么不抓着四凤问？你为什么不抓着你哥哥说话呀？(又顿。众人俱看周冲，周冲不语。)冲儿你说呀，你怎么，你难道是个死人？哑巴？是个糊涂孩子？你难道见着自己心上喜欢的人叫人抢去，一点儿都不动气么？

周冲：(抬头，羊羔似的)不，不，妈！(又望四凤，低头)只要四凤愿意，我没有一句话可说。

周萍：(走到冲面前,拉着他的手)哦，我的好弟弟，我的明白弟弟！

周冲：(疑惑地,思考地)不，不，我忽然发现……我觉得……我好像我并不是真爱四凤；(渺渺茫茫地)以前——我，我，我——大概是胡闹！

周萍：(感激地)不过，弟弟——

周冲：(望着周萍热烈的神色，退缩地)不，你把她带走吧，只要你好好地待她！

周繁漪：(整个幻灭，失望)哦，你呀！(忽然，气愤)你不是我的儿子；你不是我的儿子；你不像我，你——你简直是条死猪！

周冲：(受侮地)妈！

周萍：(惊)你是怎么回事！

周繁漪：(昏乱地)你真没有点男子气，我要是你，我就打了她，烧了她，杀了她。你真是糊涂虫，没有一点生气的。你还是父亲养的，你父亲的小绵羊。我看错了你——你不是我的，你不是我的儿子。

周萍：(不平地)你是冲弟弟的母亲么？你这样说话。

周繁漪：(痛苦地)萍，你说，你说出来；我不怕，你告诉他，我现在已经不是他的母亲！

周冲：(难过地)妈，您怎么了？

周繁漪：(丢掉了拘束)我叫他来的时候，我早已忘了我自己，(向冲,半疯狂地)你不要以为我是你的母亲，(高声)你的母亲早死了，早叫你父亲压死了，闷死了。现在我不是你的母亲。她是见着周萍又活了的女人，(不顾一切地)她也是要一个男人真爱她，要真真活着的女人！

周冲：(心痛地)哦，妈。

周萍：(眼色向周冲)她病了。(向繁漪)你跟我上楼去吧！你大概是该歇一歇。

周繁漪：胡说！我没有病，我没有病，我神经上没有一点病。你们不要以为我说胡话。(揩眼泪,哀痛地)我忍了多少年了，我在这个死地方，监狱似的周公馆，陪着一个阎王十八年了，我的心并没有死；你的父亲只叫我生了冲儿，然而我的心，我这个人还是我的。(指周萍)就只有他才要了我整个的人，可是他现在不要我，又不要我了。

周冲：(痛极)妈，我最爱的妈，您这是怎么回事？

周萍：你先不要管她，她在发疯！

周繁漪：(激烈地)不要学你的父亲。没有疯——我这是没有疯！我要你说，我要你告诉他们——这是我最后的一口气！

周萍：(狠狠地)你叫我说甚么？我看你上楼睡去吧。

周繁漪：(冷笑)你不要装！你告诉他们，我并不是你的后母。

〔大家俱惊,略顿。

周冲:(无可奈何地)妈!

周繁漪:(不顾地)告诉他们,告诉四凤,告诉她!

鲁四凤:(忍不住)妈呀!(投入鲁妈怀)

周萍:(望着弟弟,转向繁漪)你这是何苦!过去的事你何必说呢?叫弟弟一生不快活。

周繁漪:(失了母性,喊着)我没有孩子,我没有丈夫,我没有家,我什么都没有,我只要你说:我——我是你的。

周萍:(苦恼)哦,弟弟!你看弟弟可怜的样子,你要是有一点母亲的心——

周繁漪:(报复地)你现在也学会你的父亲了,你这虚伪的东西,你记着,是你欺骗了你的弟弟,是你欺骗我,是你才欺骗了你的父亲!

周萍:(愤怒)你胡说,我没有,我没有欺骗他!父亲是个好人,父亲一生是有道德的,(繁漪冷笑)——(向四凤)不要理她,她疯了,我们走吧。

周繁漪:不用走,大门锁了。你父亲就下来,我派人叫他来的。

鲁四凤:哦,太太!

周萍:你这是干什么?

周繁漪:(冷冷地)我要你父亲见见他将来的好媳妇你们再走。(喊)朴园,朴园……

周冲:妈,您不要!

周萍:(走到繁漪面前)疯子,你敢再喊!

〔繁漪跑到书房门口,喊。

鲁侍萍:(慌)四凤,我们出去。

周繁漪:不,他来了!

〔朴园由书房进,大家俱不动,静寂若死。

周朴园:(在门口)你叫什么?你还不上楼去睡?

周繁漪:(倨傲地)我请你见见你的好亲戚。

周朴园:(见鲁妈,四凤在一起,惊)啊,你,你,——你们这是做什么?

周繁漪:(拉四凤向朴园)这是你的媳妇,你见见。(指着朴园向四凤)叫他爸爸!(指着鲁妈向朴园)你也认识认识这位老太太。

鲁侍萍:太太!

周繁漪:萍,过来!当着你父亲,过来,给这个妈叩头。

周萍:(难堪)爸爸,我,我——

周朴园:(明白地)怎么——(向鲁妈)侍萍,你到底还是回来了。

周繁漪:(惊)什么?

鲁侍萍:(慌)不,不,您弄错了。

周朴园:(悔恨地)侍萍,我想你也会回来的。

鲁侍萍:不,不!(低头)啊!天!

周繁漪:(惊愕地)侍萍?什么,她是侍萍?

周朴园:嗯。(烦厌地)繁漪,你不必再故意地问我,她就是萍儿的母亲,三十年前死了的。

周繁漪:天哪!

〔半晌。四凤苦闷地叫了一声,看着她的母亲,鲁妈苦痛地低着头。周萍脑筋昏乱,迷惑地望着父亲,同鲁妈。这时繁漪渐渐移到周冲身边,现在她突然发现一个更悲惨的命运,逐渐地使她同情周萍,她觉出自己方才的疯狂,这使她很快地恢复原来平常母亲的情感。她不自主地愧恨地望着自己的冲儿。

　　周朴园:(沉痛地)萍儿,你过来。你的生母并没有死,她还在世上。
　　周　萍:(半狂地)不是她!爸,您告诉我,不是她!
　　周朴园:(严厉地)混帐!萍儿,不许胡说。她没有什么好身世,也是你的母亲。
　　周　萍:(痛苦万分)哦,爸!
　　周朴园:(尊严地)不要以为你跟四凤同母,觉得脸上不好看,你就忘了人伦天性。
　　鲁四凤:(向母痛苦地)哦,妈!
　　周朴园:(沉重地)萍儿,你原谅我。我一生就做错了这一件事。我万没有想到她今天还在,今天找到这儿。我想这只能说是天命。(向鲁妈叹口气)我老了,刚才我叫你走,我很后悔,我预备寄给你两万块钱。现在你既然来了,我想萍儿是个孝顺孩子,他会好好地侍奉你。我对不起你的地方,他会补上的。
　　周　萍:(向鲁妈)您——您是我的——
　　鲁侍萍:(不自主地)萍——(回头抽咽)
　　周朴园:跪下,萍儿!不要以为自己是在做梦,这是你的生母。
　　鲁四凤:(昏乱地)妈,这不会是真的。
　　鲁侍萍:(不语,抽咽)
　　周繁漪:(笑向周萍,悔恨地)萍,我,我万想不到是——是这样,萍——
　　周　萍:(怪笑,向朴园)父亲!(怪笑,向鲁妈)母亲!(看四凤,指她)你——
　　鲁四凤:(与萍相视怪笑,忽然忍不住)啊,天!(由中门跑下)
　　〔萍扑在沙发上,鲁妈死气沉沉地立着。
　　周繁漪:(急喊)四凤!四凤!(转向周冲)冲儿,她的样子不大对,你赶快出去看她。
　　〔冲由中门下,喊四凤。
　　周朴园:(至萍前)萍儿,这是怎么回事?
　　周　萍:(突然)爸,你不该生我!(跑,由饭厅下)
　　〔远处听见四凤的惨叫声,周冲狂呼四凤,过后冲也发出惨叫。
　　鲁侍萍:四凤,你怎么啦!
(同时叫)
　　周繁漪:我的孩子,我的冲儿!
　　〔二人同由中门跑出。
　　周朴园:(急走至窗前拉开窗幕,颤声)怎么?怎么?
　　〔仆由中门跑上。
　　仆　人:(喘)老爷!
　　周朴园:快说,怎么啦?
　　仆　人:(急不成声)四凤……死了……
　　周朴园:(急)二少爷呢?
　　仆　人:也……也死了。
　　周朴园:(颤声)不,不,怎……么?
　　仆　人:四凤碰着那条走电的电线。二少爷不知道,赶紧拉了一把,两个人一块儿中电死了。
　　周朴园:(几晕)这不会。这,这,——这不能够,这不能够!

〔朴园与仆人跑下。

〔周萍由饭厅出,颜色惨白,但是神气沉静地。他走到那张放大海的手枪的桌前,抽开抽屉,取出手枪,手微颤,慢慢走进右边书房。

〔外面人声嘈乱,哭声,吵声,混成一片。鲁妈由中门上,脸更呆滞,如石膏人像。老仆人跟在后面,拿着电筒。

〔鲁妈一声不响地立在台中。

老仆:(安慰地)老太太,您别发呆!这不成,您得哭,您得好好哭一场。

鲁侍萍:(无神地)我哭不出来!

老仆:这是天意,没有法子。——可是您自己得哭。

鲁侍萍:不,我想静一静。(呆立)

〔中门大开,许多仆人围着蘩漪,蘩漪不知是在哭在笑。

仆人:(在外面)进去吧,太太,别看哪。

周蘩漪:(为人拥至中门,倚门怪笑)冲儿,你这么张着嘴?你的样子怎么直对我笑?——冲儿,你这个糊涂孩子。

周朴园:(走在中门中,眼泪在面上)蘩漪,进来!我的手发木,你也别看了。

老仆:太太,进来吧。人已经叫电火烧焦了,没有法子办了。

周蘩漪:(进来,干哭)冲儿,我的好孩子。刚才还是好好的,你怎么会死,你怎么会死得这样惨?(呆立)

周朴园:(已进来)你要静一静。(擦眼泪)

周蘩漪:(狂笑)冲儿,你该死,该死!你有了这样的母亲,你该死!

〔外面仆人与大海打架声。

周朴园:这是谁?谁在这时候打架。

〔老仆下问,立时令一仆人上。

周朴园:外面是怎么回事?

仆人:今天早上那个鲁大海,他这时又来了,跟我们打架。

周朴园:叫他进来!

仆人:老爷,他连踢带打地伤了我们好几个,他已经从小门跑了。

周朴园:跑了?

仆人:是,老爷。

周朴园:(略顿,忽然)追他去,给我追他去。

仆人:是,老爷。

〔仆人一齐下。屋中只有朴园,鲁妈,蘩漪三人。

周朴园:(哀伤地)我丢了一个儿子,不能再丢第二个了。

〔三人都坐下来。

鲁侍萍:都去吧!让他去了也好,我知道这孩子。他恨你,我知道他不会回来见你的。

周朴园:(寂静,自己觉得奇怪)年轻的反而走到我们前头了,现在就剩下我们这些老——(忽然)萍儿呢?大少爷呢?萍儿,萍儿!(无人应)来人呀!来人!(无人应)你们给我找呀,我的大儿子呢?

〔书房枪声,屋内死一般的静默。

周蘩漪:(忽然)啊!(跑下书房,朴园呆立不动,立时蘩漪狂喊跑出)他……他……

周朴园:他……他……

〔朴园与繁漪一同跑下,进书房。

〔鲁妈立起,向书房颤踬了两步,至台中,渐向下倒,跪在地上,如序幕结尾老妇人倒下的样子。

〔舞台渐暗,奏序幕之音乐(High Mass-Bach)若在远处奏起,至完全黑暗时最响,与序幕末尾音乐声同。幕落,即开,接尾声。

(选自《曹禺戏剧选》,曹禺著,人民文学出版社1997年版)

【知识链接】

南开新剧团与曹禺

1914年正式成立的南开新剧团是继春柳社(1906年底)、进化团(1910年)之后,20世纪初期有重大影响的演出剧团,它的成立是中国话剧史上的重要事件。

南开新剧团的首脑人物是南开学校的校长张寿春(字伯苓)和其弟张彭春(字仲述)。张伯苓在对中外戏剧及戏剧与教育、与国民精神的关系有了清晰的认识之后,形成了一套教育救国的方针:"培养新道德,立矫时弊;提倡科学知识,介绍西方科学,灌输新思想;注重体育锻炼,培养强健的体魄,培养组织能力,灌输爱国思想。"实施这个方针,戏剧是重要的手段。为此张伯苓自编自导自行设计舞台,带领学生一起上演新剧《用非所学》,在社会上引起很大的反响。此后,南开学校定下一条校规:每年校庆之日公演新剧。从此,南开学校每年编演新剧,从1908年到1922年就上演剧目近50个,这些剧目全部为学校师生自己创作。

南开新剧团是从欧美移植到我国的,形成以天津为中心的北方话剧,与春柳社从日本移植的,以上海为中心的流行于南方的新剧,共同构成了我国早期话剧的整体。它在培养现代戏剧人才方面更是功不可没,曹禺就是在南开新剧团成长起来的伟大的剧作家。

1922年,13岁的曹禺进入南开中学。1925年,曹禺加入张彭春主持的南开新剧团。1926年校庆前夕,曹禺出演两部京剧《打渔杀家》和《南天门》的男主角。1928年易卜生诞辰100周年之际,张彭春先后把他的《国民公敌》和《娜拉》搬上舞台,两剧的女主角佩特拉和娜拉都由曹禺扮演。演出时南开礼堂座无虚席,"最佳者是两位主角万家宝和张平群先生大得观众之好评"(《校闻》,《南开双周》,1928年第二卷第三期)。除了易卜生的两部大剧,曹禺当时参演的话剧剧目还有霍普特曼的《织工》、丁西林的《压迫》、田汉的《获虎之夜》、未来派戏剧《换个丈夫吧》、与张彭春一道改译的英国戏剧家高尔斯华绥的《争强》等。这些演出经历决定了后来曹禺的人生道路:"感谢南开新剧团,它使我最终决定搞一生的戏剧。南开新剧团培养了我对话剧的兴趣。"(曹禺《我的生活和创作道路》)

阅读书目

1. 曹禺.曹禺戏剧选[M].北京:人民文学出版社,1997.
2. 曹禺.曹禺戏剧集——论戏剧[M].成都:四川文艺出版社,1985.
3. 田本相.曹禺传[M].北京:北京十月文艺出版社,1988.
4. 郭富民.插图中国话剧史[M].济南:济南出版社,2003.

【拓展与训练】

1."他由我们这腐烂的社会层里雕塑出那么些有血有肉的人物,贬责继之以抚爱,直像我们这个时代突然来了一位摄魂者。在题材的选择、剧情的支配以及背景的运用上,都显示着他浩大的气魄。这一切都因为他是一位自觉的艺术者,不尚热闹,却精于调遣,能透视舞台的效果。"

1937年曹禺剧作《日出》获天津出版的《大公报》首届文艺奖,《大公报》对曹禺作出如上评论。请结合曹禺的剧作谈谈你对这段话的理解。

2. 阅读与欣赏其他戏剧,了解戏剧的创作特点,尝试写一部独幕剧。

哈姆莱特(第三幕)

[英]莎士比亚

【导读】

威廉·莎士比亚(William Shakespeare,1564—1616),英国文学史上最杰出的戏剧家。出生于英国中部艾汶河畔斯特拉福镇一个商人家庭,父亲曾做过市参议会委员和乡镇镇长,家境优裕。14岁时,家庭濒于破产,莎士比亚辍学,他敏感而早熟,已经开始创作十四行诗。18岁时,莎士比亚结了婚,后来却由于父亲被关进监狱,经济陷入绝境来到伦敦。他在剧团里从最下等的马夫、仆役做起,后来成了一名喜剧演员。当时这是一种卑贱的职业,但莎士比亚开始创作戏剧,并以非凡的才华改变了惨淡的境遇。他在戏剧界的地位迅速攀升,咄咄逼人,以至于受到了同行的嫉妒。从1594年开始,莎士比亚所在的剧团受到内侍大臣的赏识和庇护,被称为"宫廷大臣剧团"。大约在1598年,他作为股东,与别人合作修建了环球剧场,专门用来上演他自己的剧作。他的戏剧成就为他带来越来越多的荣耀,他不仅拥有了"绅士"的称号和家族纹章,他和他剧团的演员还被任命为"御前侍从"。1612年莎士比亚告老还乡。1616年4月23日,即他的生日,病逝,葬于三圣一教堂。

据说莎士比亚生前创作的剧本不计其数,流传于世的就有37个。其中有喜剧《错误的喜剧》(1592)、《仲夏夜之梦》(1595—1596)、《威尼斯商人》(1596—1597)、《温莎的风流娘儿们》(1598—1601)、《第十二夜》(1599—1600)等;悲剧有《罗密欧与朱丽叶》(1595)、《哈姆莱特》(1601)、《奥赛罗》(1604)、《李尔王》(1605)、《麦克白》(1606)、《安东尼与克里奥佩特拉》(1607)等;此外,还有历史剧《理查三世》(1592—1593)、《亨利四世》(1596—1597)等。

《哈姆莱特》取材于一个古老的丹麦传说。这个传说流传到英国后,变成一部复仇悲剧。在莎士比亚的笔下,这一复仇悲剧被赋予了新的含义,融入了特定时代的人文背景。从国外归来的丹麦王子哈姆莱特本来是皇室的宠儿,娇嫩而高贵。在他心中,正义和尊严,善良和纯正是坚定的信念。但是现在他却遭受了打击、面临着困境:失去了父亲,那登上王位的叔父迎娶了他的母亲。阴魂不散的老王向哈姆莱特诉说自己被现在的国王克劳狄斯陷害的经过,并要儿子为他复仇。通过"戏中戏",哈姆莱特确认叔父是杀父仇人,在接下来的复仇行动中,哈姆莱特却因错误地杀死了心爱的姑娘奥菲莉亚的父亲波罗涅斯,导致奥菲莉亚自杀,而不得不接受了与其兄雷欧提斯的决斗。决斗中哈姆莱特的母亲乔特鲁德因误喝克劳狄斯为哈姆莱特准备的毒酒而中毒死去,哈姆莱特和雷欧提斯也双双中了毒剑,得知中毒原委的哈姆莱特在临死前杀死了克劳狄斯。

本文所选的是第三幕的第三场和第四场。哈姆莱特试图趁着国王祈祷时刺杀他为父报仇,却又怀疑此举不算是复仇,因而错失良机;哈姆莱特谴责母亲的从恶行为,杀死波洛涅斯,破坏克劳狄斯企图探听他内心真实想法的阴谋。作为一个复仇者,哈姆莱特反复思考复仇动机的合理性、所采取的手段的正义性,既为复仇的烈焰所灼烧,又珍视别人的生命,固然少了一份勇猛,却多了一份高贵。大段台词里更有着对爱情、友谊、盟誓、贞洁、希望的哲理思考,展现的又是他的学者风范和品格的超俗、精神的超拔。

人 物

克劳狄斯——丹麦国王
哈姆莱特——前王之子,今王之侄
福丁布拉斯——挪威王子
霍拉旭——哈姆莱特之友
波洛涅斯——御前大臣
雷欧提斯——波洛涅斯之子
伏提曼德——朝臣
考尼律斯——朝臣
罗森格兰兹——朝臣
吉尔登斯吞——朝臣
奥斯里克——朝臣
侍臣
教士
马西勒斯——军官
勃那多——军官
弗兰西斯科——兵士
雷奈尔多——波洛涅斯之仆
队长
英国使者
众伶人
二小丑——掘墓者
乔特鲁德——丹麦王后,哈姆莱特之母
奥菲利娅——波洛涅斯之女
贵族、贵妇、军官、兵士、教士、水手、使者及侍从等
哈姆莱特父亲的鬼魂

第三场　城堡中一室

〔国王、罗森格兰兹及吉尔登斯吞上。
国王:我不喜欢他;纵容他这样疯闹下去,对于我是一个很大的威胁。所以你们快去准备起来吧;我马上叫人办好你们要递送的文书,同时打发他跟你们一块儿到英国去。就我的地位而论,他的疯狂每小时都可以危害我的安全,我不能让他留在我的近旁。
吉尔登斯吞:我们就去准备起来;许多人的安危都寄托在陛下身上,这一种顾虑是最圣明不过的。
罗森格兰兹:每一个庶民都知道怎样远祸全身,一个身负天下重寄的人,尤其应该时刻不懈地防备危害的袭击。君主的薨逝不仅是个人的死亡,它像一个漩涡一样,凡是在它近旁的东西,都要被它卷去同归于尽;又像一个矗立在最高山峰上的巨轮,它的轮辐上连附着无

数的小物件,当巨轮轰然崩裂的时候,那些小物件也跟着它一齐粉碎。国王的一声叹息,总是随着全国的呻吟。

国王:请你们准备立刻出发;因为我们必须及早制止这一种公然的威胁。

罗森格兰兹、吉尔登斯吞:我们就去赶紧预备。(罗森格兰兹、吉尔登斯吞同下。)

〔波洛涅斯上。

波洛涅斯:陛下,他到他母亲房间里去了。我现在就去躲在帏幕后面,听他们怎么说。我可以断定她一定会把他好好教训一顿的。您说得很不错,母亲对于儿子总有几分偏心,所以最好有一个第三者躲在旁边偷听他们的谈话。再会,陛下;在您未睡以前,我还要来看您一次,把我所探听到的事情告诉您。

国王:谢谢你,贤卿。(波洛涅斯下)啊!我的罪恶的戾气已经上达于天;我的灵魂上负着一个元始以来最初的咒诅,杀害兄弟的暴行!我不能祈祷,虽然我的愿望像决心一样强烈;我的更坚强的罪恶击败了我的坚强的意愿。像一个人同时要做两件事情,我因为不知道应该先从什么地方下手而徘徊歧途,结果反弄得一事无成。要是这一只可咒诅的手上染满了一层比它本身还厚的兄弟的血,难道天上所有的甘霖,都不能把它洗涤得像雪一样洁白吗?慈悲的使命,不就是宽宥罪恶吗?祈祷的目的,不是一方面预防我们的堕落,一方面救拔我们于已堕落之后吗?那么我要仰望上天;我的过失已经犯下了。可是唉!哪一种祈祷才是我所适用的呢?"求上帝赦免我的杀人重罪"吗?那不能,因为我现在还占有着那些引起我的犯罪动机的目的物,我的王冠、我的野心和我的王后。非分攫取的利益还在手里,就可以幸邀宽恕吗?在这贪污的人世,罪恶的镀金的手也许可以把公道推开不顾,暴徒的赃物往往成为枉法的贿赂;可是天上却不是这样的,在那边一切都无可遁避,任何行动都要显现它的真相,我们必须当面为我们自己的罪恶作证。那么怎么办呢?还有什么法子好想呢?试一试忏悔的力量吧。什么事情是忏悔所不能做到的?可是对于一个不能忏悔的人,它又有什么用呢?啊,不幸的处境!啊,像死亡一样黑暗的心胸!啊,越是挣扎,越是不能脱身的胶住了的灵魂!救救我,天使们!试一试吧:屈下来,顽强的膝盖;钢丝一样的心弦,变得像新生之婴的筋肉一样柔嫩吧!但愿一切转祸为福!(退后跪祷。)

〔哈姆莱特上。

哈姆莱特:他现在正在祈祷,我正好动手;我决定现在就干,让他上天堂去,我也算报了仇了。不,那还要考虑一下:一个恶人杀死我的父亲;我,他的独生子,却把这个恶人送上天堂。啊,这简直是以恩报怨了。他用卑鄙的手段,在我父亲满心俗念、罪孽正重的时候乘其不备把他杀死;虽然谁也不知道在上帝面前,他的生前的善恶如何相抵,可是照我们一般的推想,他的孽债多半是很重的。现在他正在洗涤他的灵魂,要是我在这时候结果了他的性命,那么天国的路是为他开放着,这样还算是复仇吗?不!收起来,我的剑,等候一个更惨酷的机会吧;当他在酒醉以后,在愤怒之中,或是在乱伦纵欲的时候,有赌博、咒骂或是其他邪恶的行为的中间,我就要叫他颠踬在我的脚下,让他幽深黑暗不见天日的灵魂永堕地狱。我的母亲在等我。这一服续命的药剂不过延长了你临死的痛苦。(下)

〔国王起立上前。

国王:我的言语高高飞起,我的思想滞留地下;没有思想的言语永远不会上升天界。(下)

第四场 王后寝宫

〔王后及波洛涅斯上。

波洛涅斯：他就要来了。请您把他着实教训一顿，对他说他这种狂妄的态度，实在叫人忍无可忍，倘没有您娘娘替他居中回护，王上早已对他大发雷霆了。我就悄悄地躲在这儿。请您对他讲得着力一点。

哈姆莱特：（在内）母亲，母亲，母亲！

王后：都在我身上，你放心吧。下去吧，我听见他来了。（波洛涅斯匿帏后。）

〔哈姆莱特上。

哈姆莱特：母亲，您叫我有什么事？

王后：哈姆莱特，你已经大大得罪了你的父亲啦。

哈姆莱特：母亲，您已经大大得罪了我的父亲啦。

王后：来，来，不要用这种胡说八道的话回答我。

哈姆莱特：去，去，不要用这种胡说八道的话问我。

王后：啊，怎么，哈姆莱特！

哈姆莱特：现在又是什么事？

王后：你忘记我了吗？

哈姆莱特：不，凭着十字架起誓，我没有忘记你；你是王后，你的丈夫的兄弟的妻子，你又是我的母亲——但愿你不是！

王后：嗳哟，那么我要去叫那些会说话的人来跟你谈谈了。

哈姆莱特：来，来，坐下来，不要动；我要把一面镜子放在你的面前，让你看一看你自己的灵魂。

王后：你要干什么呀？你不是要杀我吗？救命！救命呀！

波洛涅斯：（在后）喂！救命！救命！救命！

哈姆莱特：（拔剑）怎么！是哪一个鼠贼？准是不要命了，我来结果你。（以剑刺穿帏幕）

波洛涅斯：（在后）啊！我死了！

王后：嗳哟！你干了什么事啦？

哈姆莱特：我也不知道；那不是国王吗？

王后：啊，多么卤莽残酷的行为！

哈姆莱特：残酷的行为！好妈妈。简直就跟杀了一个国王再去嫁给他的兄弟一样坏。

王后：杀了一个国王！

哈姆莱特：嗯，母亲，我正是这样说。（揭帏见波洛涅斯）你这倒运的、粗心的、爱管闲事的傻瓜，再会！我还以为是一个在你上面的人哩。也是你命不该活；现在你可知道爱管闲事的危险了。——别尽扭着你的手。静一静，坐下来，让我扭你的心；你的心倘不是铁石打成的，万恶的习惯倘不曾把它硬化得透不进一点感情，那么我的话一定可以把它刺痛。

王后：我干了些什么错事，你竟敢这样肆无忌惮地向我摇唇弄舌？

哈姆莱特：你的行为可以使贞节蒙污，使美德得到了伪善的名称；从纯洁的恋情的额上取下娇艳的蔷薇，替它盖上一个烙印；使婚姻的盟约变成博徒的誓言一样虚伪；啊！这样一种行为，简直使盟约成为一个没有灵魂的躯壳，神圣的婚礼变成一串谵妄的狂言；苍天的脸上也为它带上羞色,大地因为痛心这样的行为,也罩上满面的愁容,好像世界末日就要到来一般。

王后:唉!究竟是什么极恶重罪,你把它说得这样惊人呢?

哈姆莱特:瞧这一幅图画,再瞧这一幅;这是两个兄弟的肖像。你看这一个的相貌多么高雅优美:太阳神的鬈发,天神的前额,像战神一样威风凛凛的眼睛,像降落在高吻穹苍的山巅神使一样矫健的姿态;这一个完善卓越的仪表,真像每一个天神都曾在那上面打下印记,向世间证明这是一个男子的典型。这是你从前的丈夫。现在你再看这一个:这是你现在的丈夫,像一株霉烂的禾穗,损害了他的健硕的兄弟。你有眼睛吗?你甘心离开这一座大好的高山,靠着这荒野生活吗?嘿!你有眼睛吗?你不能说那是爱情,因为在你的年纪,热情已经冷淡下来,变驯服了,肯听从理智的判断;什么理智愿意从这么高的地方,降落到这么低的所在呢?知觉你当然是有的,否则你就不会有行动;可是你那知觉也一定已经麻木了;因为就是疯人也不会犯那样的错误,无论怎样丧心病狂,总不会连这样悬殊的差异都分辨不出来。那么是什么魔鬼蒙住了你的眼睛,把你这样欺骗呢?有眼睛而没有触觉,有触觉而没有视觉,有耳朵而没有眼或手,只有嗅觉而别的什么都没有,甚至只剩下一种官觉还出了毛病,也不会糊涂到你这步田地。羞啊!你不觉得惭愧吗?要是地狱中的孽火可以在一个中年妇人的骨髓里煽起了蠢动,那么在青春的烈焰中,让贞操像蜡一样融化了吧。当无法阻遏的情欲大举进攻的时候,用不着喊什么羞耻了,因为霜雪都会自动燃烧,理智都会做情欲的奴隶呢。

王后:啊,哈姆莱特!不要说下去了!你使我的眼睛看进了我自己灵魂的深处,看见我灵魂里那些洗拭不去的黑色的污点。

哈姆莱特:嘿,生活在汗臭垢腻的眠床上,让淫邪熏没了心窍,在污秽的猪圈里调情弄爱——

王后:啊,不要再对我说下去了!这些话像刀子一样戳进我的耳朵里;不要说下去了,亲爱的哈姆莱特!

哈姆莱特:一个杀人犯、一个恶徒、一个不及你前夫二百分之一的庸奴、一个冒充国王的丑角、一个盗国窃位的扒手,从架子上偷下那顶珍贵的王冠,塞在自己的腰包里!

王后:别说了!

哈姆莱特:一个下流褴褛的国王——

〔鬼魂上。

哈姆莱特:天上的神明啊,救救我,用你们的翅膀覆盖我的头顶!——陛下英灵不昧,有什么见教?

王后:嗳哟,他疯了!

哈姆莱特:您不是来责备您的儿子不该消磨时间和热情,把您煌煌的命令搁在一旁,耽误了应该做的大事吗?啊,说吧!

鬼魂:不要忘记。我现在是来磨砺你的快要蹉跎下去的决心。可是瞧!你的母亲那副惊愕的表情。啊,快去安慰安慰她的正在交战中的灵魂吧!最柔弱的人最容易受幻想的激动。去对她说话,哈姆莱特。

哈姆莱特:您怎么啦,母亲?

王后:唉!你怎么啦?为什么你把眼睛睁视着虚无,向空中喃喃说话?你的眼睛里射出狂乱的神情;像熟睡的兵士突然听到警号一般,你的整齐的头发一根根都像有了生命似的竖立起来。啊,好儿子!在你的疯狂的热焰上,浇洒一些清凉的镇静吧!你瞧什么?

哈姆莱特:他,他!您瞧,他的脸色多么惨淡!看见了他这一种形状,要是再知道他所负的沉冤,即使石块也会感动的。——不要瞧着我,免得你那种可怜的神气反会妨碍我的冷酷的决心;也许我会因此而失去勇气,让挥泪代替了流血。

王后:你这番话是对谁说的?

哈姆莱特:您没有看见什么吗?

王后:什么也没有;要是有什么东西在那边,我不会看不见的。

哈姆莱特:您也没有听见什么吗?

王后:不,除了我们两人的说话以外,我什么也没有听见。

哈姆莱特:啊,您瞧!瞧,它悄悄地去了!我的父亲,穿着他生前所穿的衣服!瞧!他就在这一刻,从门口走出去了!(鬼魂下。)

王后:这是你脑中虚构的意象;一个人在心神恍惚之中,最容易发生这种幻妄的错觉。

哈姆莱特:心神恍惚!我的脉搏跟您的一样,在按着正常的节奏跳动哩。我所说的并不是疯话;要是您不信,不妨试试,我可以把话一字不漏地复述一遍,一个疯人是不会记忆得那样清楚的。母亲,为了上帝的慈悲,不要自己安慰自己,以为我这一番说话,只是出于疯狂,不是真的对您的过失而发;那样的思想不过是骗人的油膏,只能使您溃烂的良心上结起一层薄膜,那内部的毒疮却在底下愈长愈大。向上天承认您的罪恶吧,忏悔过去,警戒未来;不要把肥料浇在莠草上,使它们格外蔓延起来。原谅我这一番正义的劝告;因为在这种万恶的时世,正义必须向罪恶乞恕,它必须俯首屈膝,要求人家接纳他的善意的箴规。

王后:啊,哈姆莱特!你把我的心劈为两半了!

哈姆莱特:啊!把那坏的一半丢掉,保留那另外的一半,让您的灵魂清净一些。晚安!可是不要上我叔父的床;即使您已经失节,也得勉力学做一个贞节妇人的样子。习惯虽然是一个可以使人失去羞耻的魔鬼,但是它也可以做一个天使,对于勉力为善的人,它会用潜移默化的手段,使他徙恶从善。您要是今天晚上自加抑制,下一次就会觉得这一种自制的功夫并不怎样为难,慢慢地就可以习以为常了;因为习惯简直有一种改变气质的神奇的力量,它可以制服魔鬼,并且把他从人们心里驱逐出去。让我再向您道一次晚安;当您希望得到上天祝福的时候,我将求您祝福我。至于这一位老人家,(指波洛涅斯)我很后悔自己一时卤莽把他杀死;可是这是上天的意思,要借着他的死惩罚我,同时借着我的手惩罚他,使我成为代天行刑的凶器和使者。我现在先去把他的尸体安顿好了,再来承担这个杀人的过咎。晚安!为了顾全母子的恩慈,我不得不忍情暴戾;不幸已经开始,更大的灾祸还在接踵而至。再有一句话,母亲。

王后:我应当怎么做?

哈姆莱特:我不能禁止您不再让那肥猪似的僭王引诱您和他同床,让他拧您的脸,叫您做他的小耗子;我也不能禁止您因为他给了您一两个恶臭的吻,或是用他万恶的手指抚摩您的颈项,就把您所知道的事情一起说了出来,告诉他我实在是装疯,不是真疯。您应该让他知道的;因为哪一个美貌聪明懂事的王后,愿意隐藏着这样重大的消息,不去告诉一只蛤蟆、一只蝙蝠、一只老雄猫知道呢?不,虽然理性警告您保守秘密,您尽管学那寓言中的猴子,因为受了好奇心的驱使,到屋顶上去开了笼门,把鸟儿放走,自己钻进笼里去,结果连笼子一起掉下来跌死吧。

王后:你放心吧,要是言语来自呼吸,呼吸来自生命,只要我一息犹存,就决不会让我的呼吸泄漏了你对我所说的话。

哈姆莱特：我必须到英国去；您知道吗？

王后：唉！我忘了；这事情已经这样决定了。

哈姆莱特：公文已经封好，打算交给我那两个同学带去，对这两个家伙我要像对待两条咬人的毒蛇一样随时提防；他们将要做我的先驱，引导我钻进什么圈套里去。我倒要瞧瞧他们的能耐。开炮的要是给炮轰了，也是一件好玩的事；他们会埋地雷，我要比他们埋得更深，把他们轰到月亮里去。啊！用诡计对付诡计，不是顶有趣的吗？这家伙一死，多半会提早了我的行期；让我把这尸体拖到隔壁去。母亲，晚安！这一位大臣生前是个愚蠢饶舌的家伙，现在却变成非常谨严庄重的人了。来，老先生，该是收场的时候了。晚安，母亲！（各下。哈姆莱特曳波洛涅斯尸入内。）

（选自《莎士比亚全集》，莎士比亚著，朱生豪译，人民文学出版社1994年版）

【知识链接】

文艺复兴与莎士比亚戏剧创作

文艺复兴是14至16世纪欧洲的一场思想文化运动。它的原意是指"希腊、罗马古典文化的再生"，起源于14世纪的意大利。随着西欧新兴资产阶级文化革命运动的发展，"文艺复兴"的内涵越来越丰富，其中最主要是人文主义运动的兴起。新兴资产阶级要求肯定人的现世生活与个性自由，倡导人的全面发展和理性生活，反对中世纪宗教神学和禁欲主义，创造宣传以"人"为中心的人文主义（Humanism）的新思想与新主张。因此，文艺复兴不是复古而是创新，它是近代文化的开端。戏剧这一艺术形式在这场伟大的变革中也经历了史无前例的革新与发展。人文主义者在古希腊和罗马的戏剧作品中索求戏剧故事的始末，在新的情境中融入自己的时代观念、审美情趣和艺术感悟，彻底打破一直由宗教剧独占戏剧舞台的局面，他们用戏剧反映现实，多角度阐释"自由""民主""科学"。

15世纪后期文艺复兴运动席卷法国、德国、西班牙、英国，各种戏剧艺术形式与戏剧创作走向了全面复兴，欧洲戏剧发展的新时代才真正到来。

尽管英国的文艺复兴起步较晚，但后来居上，孕育了一大批影响世界的文化艺术巨匠，这其中的杰出代表便是世界级的文豪——莎士比亚。莎士比亚的戏剧创作分为三个阶段：第一阶段（1590—1600），这一时期英国王权巩固，国力强盛，作者对生活充满乐观的情绪，作品如《威尼斯商人》《仲夏夜之梦》《皆大欢喜》《第十二夜》《亨利五世》等，洋溢着人文主义者乐观、激情、进取的人生愿望和社会理想。第二阶段（1601—1607），这一时期英国政治经济形势恶化，国内矛盾重重。四大悲剧《哈姆莱特》《奥赛罗》《李尔王》《麦克白》写于此时，莎士比亚通过悲剧表现人文主义理想和社会现实之间的矛盾，用沉郁、悲愤的语调感叹理想的幻灭。第三阶段（1608—1612），这一时期詹姆士一世王朝腐败，社会矛盾更加尖锐，莎士比亚人文主义理想破灭，退居故乡写浪漫传奇剧，如《暴风雨》《亨利八世》，步入晚年的莎士比亚让作品笼罩着宗教神秘色彩的面纱，显得浪漫空幻。本·琼森称赞莎士比亚是"时代的灵魂"，"他不属于一个时代而是属于所有的世纪"，他非凡的戏剧成就开创了西方戏剧发展的新纪元。

阅读书目

1. 莎士比亚.莎士比亚悲剧选[M].朱生豪，译.上海：上海文艺出版社，2015.

2. 曹其敏. 戏剧美学[M]. 北京:东方出版社,1991.

3. 陈爱敏. 西方戏剧十五讲[M]. 北京:对外经济贸易大学出版社,2013.

4. 刘建军. 欧洲文艺复兴文学的重新阐释[M]. 长春:东北师范大学出版社,2015.

【拓展与训练】

1. "很难想象,在西班牙总督的统治下,或者在罗马宗教裁判所的旁边,或者甚至在几十年后莎士比亚自己的国家里,英国革命时期,能产生一个莎士比亚。达到完美地步的戏剧是每一个文明的晚期的产物,它必须等待它自己的时代和命运的到来。"

"我要论述的是一个为所有法国式的分析头脑和推理头脑所迷惑不解的非凡心灵,一个既能描写庄严又能描写卑贱的才气横溢的全能大师;这是在准确地表现真实生活细节方面,在千变万化地运用幻想方面,在深刻复杂地刻画出类拔萃的激情方面最伟大的创造力;他有着诗人的气质,放荡不羁,灵感焕发,由于一个先知式的入神状态的突然启示而超越在理性之上;他的悲观是这样趋于极端,他的步伐是这样唐突奇特,他的迷恋是这样凶猛强烈,只有这个伟大的时代才能诞生这样一个婴孩。"——(法)泰纳

请结合16世纪后期至17世纪前期英国的社会特点、时代思潮与莎士比亚剧作,谈谈你对以上两段话的理解。

2. 哈姆莱特这个舞台形象体现了人文主义者的哪些特征?

我们的荆轲

莫 言

人 物

荆轲——侠士,三十余岁
高渐离——侠士,善击筑,四十余岁
秦舞阳——侠士,二十余岁
狗屠——四十余岁
田光——侠士,七十余岁
丹——燕国太子
燕姬——太子宠姬,二十余岁
樊於期——秦国叛将,四十余岁
秦王——三十余岁
秦宫侍卫数人。
太子丹随从数人。

第七节 副 使

[同前景。
[荆轲双手抱头,伏在地上。
[秦舞阳和狗屠急得如同热锅蚂蚁团团转。
[高渐离试着荆轲的脉搏。
[燕姬扮成秦王,冷冷地坐在一旁。
幕后:太子的车驾已经出发了!
狗屠:这可如何是好?
秦舞阳:立即通报太子,就说大侠因严重失眠导致头痛,演习计划取消!
狗屠:早不头痛,晚不头痛,偏偏这个时候头痛……
高渐离:天有不测阴晴,人有旦夕疾病……
秦舞阳:那么多猫头鹰的脑袋也没起作用……
高渐离:大侠的病已经不是失眠,而是一种怪症……
狗屠:火烧眉毛了,高先生,你就死马当成活马医,给大侠扎上两针吧!
高渐离:(严厉地)什么话! 大侠是一匹骏马,只不过患了点小病。我看,咱们还是暂且退下,让大侠安静一会。

〔高、秦、狗屠下。

荆轲：（缓缓地抬起头，对燕姬）我头痛欲裂，你无动于衷。

燕姬：（抖抖身上衣服）我现在是秦王，难道要我对一个即将刺我的刺客同情？

荆轲：脱下这身黑衣，你就是燕姬。

燕姬：是你们要我穿上这身黑衣。

荆轲：即便穿着黑衣，你也是燕姬。

燕姬：这世上的人，有几个知道自己是谁？

荆轲：是啊，我是即将名扬天下的大侠，还是正犯头痛的小丑？

燕姬：你是即将成为大侠但突然犯了头痛的荆轲。

荆轲：大侠还会患病？

燕姬：大侠也是人，自然也会患病。

荆轲：如果没有昨天那个难忘的夜晚，我也会这样认为；但现在，我认为一个头痛的人是不配做大侠的。只有凡人才会头痛，大侠怎么可以头痛？

燕姬：可你的头的确在痛。

荆轲：大侠没有头痛的权利。

燕姬：大侠也有一颗头颅，有头颅自然就会头痛。

荆轲：就算大侠也可以头痛，但一个头痛的大侠，怎么能去完成这伟大的使命。

燕姬：你是怕了吧？

荆轲：我知道你会这样说。

燕姬：不是我想这样说，是世上的人会这样说。

荆轲：大侠还是没有头痛的权利。

燕姬：你有头痛的权利，但没有以头痛为借口不去完成自己使命的权利。

荆轲：如果我没有头痛，也不去完成这所谓的使命，那会怎么样呢？

燕姬：你竟然让我回答这样愚蠢的问题？

荆轲：我自然知道答案，但我需要你来回答。

燕姬：众人的唾沫会将你淹死。

荆轲：他们会说我是懦夫。

燕姬：对。

荆轲：他们会骂我忘恩负义。

燕姬：对。

荆轲：他们会说我坏了侠道里的规矩，他们会说我是侠道里的败类。

燕姬：对。

荆轲：他们是谁？

燕姬：看来你头痛不是装的，你的脑袋的确出了问题。他们是谁？他们是你的朋友，他们是太子，他们是你，是我，是天下人，即便是秦王知道了，也会瞧你不起。

荆轲：看来这出戏我必须演下去了。

燕姬：未必。

荆轲：难道还有别的选择？

燕姬：你死。

荆轲：怎么死？

燕姬：临阵脱逃，忘恩负义，被太子杀死。

荆轲：还有呢？

燕姬：饮剑自刎，服毒自杀，撞墙自尽，或者跳水自沉，总之，想个办法将自己弄死。

荆轲：然后呢？

燕姬：遗臭万年。

荆轲：而我死在秦国大殿上就会流芳百世。

燕姬：你的头还痛吗？

荆轲：似乎轻了一些。

燕姬：是不是可以让太子的车驾出发？

荆轲：慢着。我毕竟是一个活生生的人，眼见着就要去送死。

燕姬：是人就要死。

荆轲：你希望我怎样死？

燕姬：我希望你不得好死。

荆轲：不得好死？

燕姬：在秦宫中让甲士剁成肉泥。

荆轲：太子说过，你是秦王身边的人，为他司梳头之职；我想，你站在他的身后，用你柔软的酥手，抚摸着他的头颈，你身上的香气，让他心醉神迷……

燕姬：何须那么多铺垫？秦宫里的女人，都是秦王的东西，他想怎么的就怎么的。

荆轲：我是说你，你对他是不是动过真情？

燕姬：让我动过真情的，是我故乡的一个羊倌，他站在山顶上，放声高唱——与妹妹立下山盟海誓，要分开除非东做了西……

荆轲：你恨秦王？

燕姬：不。

荆轲：他拆散了你们的姻缘。

燕姬：能拆散的姻缘不算姻缘。

荆轲：你恨太子？

燕姬：不，他没有什么对我不起。

荆轲：你说过，他将你像一件物品一样赠送给我。

燕姬：也许，我该对他心存感激。

荆轲：这么说，你并不厌恶我？

燕姬：你是即将名扬天下的大侠啊！

荆轲：你想不想知道我是什么人？我是说，你想不想知道我的历史？

燕姬：我没有堵住你的嘴巴。

荆轲：我曾经欺负过邻居家的寡妇。

燕姬：好。

荆轲：我还将一个瞎子推到井里。

燕姬：好。

荆轲：我出卖过自己的朋友，还勾引过朋友的妻子……总之，我干过你能想到的所有的坏事。

燕姬：你像一条蚕，不断地排出粪便，剩下满肚子银丝，你已经接近于无限透明。

荆轲：为了赎罪，我才背上一把剑，当上侠客，不惜性命，干一些能够让人夸奖的好事。
燕姬：我欣赏你的反思。一个能够将自己干过的坏事说出来的人，起码算半个君子。
荆轲：因为我把你当成了亲人，因为我爱上了你。
燕姬：你爱的是你自己。
荆轲：从你身上我看到了我自己。
燕姬：这么说我成了你的镜子？
荆轲：我也是你的镜子。
燕姬：那就让我们互相照一照吧。
荆轲：我看到了一个怯懦的人。
燕姬：也是一个勇敢的人。
荆轲：一个暧昧的人。
燕姬：也是一个明朗的人。
荆轲：一个小人。
燕姬：也是一个伟人。
荆轲：合起来就是我？
燕姬：也是我。
荆轲：我就是你，你也是我。
燕姬：其实都是普通人。你的头还痛吗？
荆轲：似乎不痛了，但还是有些麻木。
〔燕姬脱掉外衣，露出红妆。
燕姬：太子说过，我是治你病的良药。
荆轲：我想把你抱进卧室。
燕姬：只要你想，这里就是卧室。
荆轲：我还有一件大事还没有决定。
燕姬：挑选副使。
荆轲：聪明！
燕姬：女人都爱耍小聪明。
荆轲：那么，你说，我该选谁做副使？
燕姬：我。
荆轲：你？
燕姬：穿上男装就是一个英俊少年。
荆轲：你也想流芳百世？
燕姬：我怕你路上失眠，更怕你在紧要关头犯了头痛。
荆轲：看来你是最合适的副使。
燕姬：这是大事，还请三思。
荆轲：吾意已决，何必犹疑。
燕姬：你应该想到，我也许会向秦王通风报信。
荆轲：女人都爱看戏，你不会再让一出好戏提前闭幕。
燕姬：你应该想到，我也许在路途上找机会杀你，譬如在你的酒里加上毒药——
荆轲：死得很传奇。

燕姬：趁你睡觉时用刀抹了你的脖子。

荆轲：在睡梦中被女人杀死是一件风流韵事。

燕姬：你应该想到，也许我会找机会逃走。

荆轲：那我会嗅着你的气味追你。

燕姬：我有气味吗？

荆轲：你有独特的气味。

燕姬：如果你将我追上……

荆轲：那就是范蠡和西施的故事了。

燕姬：接下来呢？

荆轲：男耕女织，生儿育女。

燕姬：你的头还痛吗？

荆轲：你似乎看透了我。

燕姬：你是我的主人啊！

荆轲：(高声传呼)请太子车驾起行！

第九节　壮　别

〔易水边。

〔舞台中铺一席，席中置一几，几上有酒器。

〔高渐离击筑，乐声悲愤。

〔荆轲背剑、木匣。

〔秦舞阳背地图及行囊。

〔狗屠背剑，无聊地站在一旁。

〔太子(依然吊着胳膊)及随从。

太子：(跪在席上，举酒祝祷)皇天后土，过往神灵。佑我大燕，助我荆卿。一路顺遂，抵达秦境，刺杀暴君，天下和平。

〔太子行奠酒之礼。

太子：荆卿，秦卿，请入席。

〔荆轲和秦舞阳卸下行囊，跪坐几案前，与太子相对。

〔太子亲为荆轲和秦舞阳斟酒。

〔狗屠在一边，尴尬地转来转去。

太子：(举杯)荆卿，秦卿，请干了这杯酒，以壮行色！

〔三人干杯，干杯后相互拜。

〔太子再为二人斟酒。

太子：(举杯)二位爱卿，请再干一杯酒，愿天遂人愿，马到成功！

〔三人干杯，干杯后相互拜。

〔太子再斟酒。

太子：(举杯)二位大侠，盖世英雄。丹之再生父母，燕国人民的救星。请干了这第三杯酒，易水壮别，天地动容；引颈西盼，捷报早传！

〔三人干杯。

太子：(传呼)船来——渡荆、秦二卿过易水！

[众立起。秦舞阳欲行。

[荆轲稳坐，低头沉思。

太子：(惊慌地)荆卿，难道你反悔了吗？

荆轲：侠士一言九鼎，焉能反悔？

太子：难道还有什么事情没有齐备吗？

荆轲：万事俱备。

太子：(注目秦舞阳)可要调换副使？

高渐离：(匆忙膝行至太子面前)微臣愿为太子效命。

狗屠：(匆忙膝行至太子面前)狗屠愿像杀狗一样把秦王杀死。

秦舞阳：(匆忙跪在荆轲面前)荆卿，荆大哥，舞阳四肢发达，头脑简单，一切听您调遣，您让我怎么样，我就怎么样，决不调皮捣蛋。

荆轲：副使是我亲自擢选，不须调换。

太子：(疑惑地)那就请荆卿尽早上船。荆卿如有什么要求，请尽管直言。为了刺秦救燕，我燕丹，连这颗愁白了的头颅，也可以奉献。

荆轲：荆轲孤身一人，无牵无挂无所求。

太子：那荆卿欲行又止，迟疑不发，到底是为了什么？

荆轲：微臣在考虑一个问题。

太子：(急切地)什么问题？

荆轲：我为什么要杀燕姬？

太子：(长舒一口气)荆卿亲口所言，燕姬乃秦王奸细。

荆轲：我在想，她也许是殿下派来的卧底。

太子：荆卿万勿多疑，本宫可以对天盟誓。她只是我身边一个略有姿色的女人，送给荆卿，消烦解闷而已，哪里是什么卧底？

荆轲：殿下，田光先生因为您一句话而自刎，为的是太子对他有所怀疑。燕姬在微臣面前屡屡渲染秦宫的森严和秦王的威仪，言外似乎含有深意。微臣猜想是殿下怀疑我刺秦之意不坚，特派燕姬前来试探。如果是这样，微臣愿意死在这易水河边，向殿下表明心迹，刺秦之事，请殿下另派忠义之士。

太子：呜呼荆卿，燕丹不才，也知道用人不疑的道理。您是田大侠以死荐举之人，本宫如果怀疑，怎么对得起田大侠那番情意？荆卿，你死了，燕国就要灭亡啊。就让本宫在你面前自刎了吧，如其蒙受这天大的冤屈，活着，还不如死去。

[太子拔剑做出欲自刎状，被左右侍卫拦住。

荆轲：殿下不要轻生，您的性命，关系到燕国的江山社稷。

太子：那就把这颗卑贱的头颅，暂时寄存在这颈上，为的是等待荆卿的胜利消息。但本宫送人不当，使荆卿心生疑忌。这是我的过错，头可以留下，但惩罚不能免却。我知道碍于情面和礼仪，你们谁也不会对我动手，那就让我自己……(尖利地)批颊二十，向荆卿表明我的心迹。(拔出剑)你们谁也不要拦我，谁敢拦我，我就伏剑而死！

[太子抽打着自己的面颊，一边抽，一边自己报数。

高渐离：(以手捶胸)糊涂的殿下啊……殿下好糊涂啊……你让微臣百感交集……

荆轲：殿下，燕姬不是您的卧底，那她就是秦王奸细？

太子：是的，她原本就是秦王身边之人，我一直就对她心存疑忌。把她送到你的身边，就是要看她如何表演。感谢荆卿，替我，也替燕国除了一大隐患。

荆轲：这么说，我没有杀错？

太子：没有杀错。

荆轲：没有杀错，没有杀错。（站起，狂笑。）

太子：绝对没有杀错。

荆轲：没有杀错，其实就是杀错了。看起来杀的是她，其实杀的是我自己。呜呼，燕姬……

〔荆轲再次坐下。

太子：请先生上船！

荆轲：船来了吗？不，还没有来。望殿下少安勿躁，荆轲不走，是因为高人未到。

太子：什么高人？

荆轲：（神秘地）吾与高人有约，今日午时三刻，他将乘船，从天河飘来。

〔众人茫然相顾。

高渐离：故弄玄虚，掩饰卑怯心理。

太子：这个世界上，难道还有比荆卿更高的人吗？

荆轲：与他相比，荆轲只是一具行尸走肉。

高渐离：越弄越玄虚了。

荆轲：（立起，仰望长天）高人啊，高人，你说过今天会来，执我之手，伴我同行，点破我的痴迷，使我成为一个真正的人。高人啊，我心中的神，理智的象征，智慧的化身，自从你走后，我食不甘味，寝不安席，回首来路，污泥浊水，遥望前程，遍布榛荆。茫茫人世，芸芸众生，或为营利，或为谋名。难道这就是人生的意义吗？难道这就是生活的真谛吗？是的，如果我将这场戏演完——我会将这场戏演完的，我必须将这场戏演完，为了你们这些可敬的看客！——我知道史官会让我名垂青史，后人会将我奉为英雄。但名垂青史又怎么样？奉为英雄又有什么用？可怕的是在这场戏尚未开演之前，我已经厌恶了我扮演的角色，可怕的是我半生为之奋斗的东西，突然间变得比鸿毛还轻。高人啊高人，你为何要将我从梦中唤醒？我醒来，似乎又没醒，我似乎明白了，但似乎还糊涂，我期待着你引领我走出黑暗，但在这黑暗和光明的交界处，你却扔下我飘然而去，仿佛化为一缕清风。我本来可以随你而去，但临行时却突然失去了勇气。我用自己的手杀死了这个超越自我的机会，我的手不受我的控制。我梦到你让我在这个古老的渡口等你，等你渡我，渡我到彼岸，但河上只有越来越浓的雾，却见不到你的身影。眼见着众人暧昧的面孔，耳闻着好汉们的耻笑讥讽，羲和的龙车隆隆西去，易水的浊浪滚滚东行，却为何听不到天河里的桨声？你会来吗？你还来吗？我知道你不来了，我不配让你来，我不敢让你来，你要真来了我怎么敢正视你的眼睛？我的孤魂在高空飘荡，盼望着一场奇遇，到处都是你的气味，但哪里去找你的踪影？我在高高的星空，低眉垂首，俯瞰大地，高山如泥丸，大河似素练，马如甲虫，人如蛆虫，我看到了我自己，那个名叫荆轲的小人，收拾好他的行囊，带着他的随从，登上了西行的破船，去完成他的使命……

荆轲：（突起尖利高腔，似河北梆子与河南豫剧糅合而成的声调）开弓没有回头箭／扁舟欲行兮心茫然／心茫然兮仰天叹／雁阵声声泪潸然／知我心者在何处／乱我意者是婵娟／平生无爱兮悔之晚／头颅早白兮叹流年／风萧萧兮易水寒／壮士一去不复还……

〔荆轲背起行囊，下，秦舞阳随下，频频回首。

高渐离:(猛击筑,悲愤地)家有贤妻,可令愚夫立业;世无英雄,遂使竖子成名……
太子:(鄙夷地)他又在啰唆什么?
随从:(诏媚地)大概还是人生哲学,殿下。
狗屠:(举剑突向太子)燕太子丹,我要刺你——
〔太子身后侍卫轻松地将狗屠手中剑击落。
〔狗屠爬行,捡起剑,再刺。剑再次被击落,人也被踩在地上。
太子:你这可恶的狗屠,本宫与你无冤无仇,为何刺我?
狗屠:十年前,你乘车路过我家门前,轧死了我家一只母鸡。我为我家那只母鸡刺你——
太子:想出名想出毛病来了吧?(对侍卫)捆起来,扔到河里喂鱼!
狗屠:殿下,您仁义之名播于四海,如果把我扔到河里,对你的名声也是个伤害。
太子:那你想怎么着?难道我就老老实实让你刺死?
狗屠:(鹦鹉学舌般)臣闻明主不掩人之美,忠臣有死名之义。今日,我是该死,唯求殿下外衣,让我以剑击之。一则实现了为我家母鸡复仇的心愿,二来将仁人君子的名声赠你。
太子:(嘲讽地)这事儿听起来怎么这般耳熟?哦,想起来了,是高先生为你们讲过的豫让刺赵襄子故事。想成名呢,也不是什么坏事;别跟在人家屁股后边学样儿,多少有点自己的创意。
狗屠:我一个杀狗的,你还要我怎么的(dì)?能学成这样,已经很不容易。
太子:好吧,狗屠,看你为人还算诚实,本宫今日就成全了你。(脱下袍子,扔在狗屠面前。)
〔狗屠杖剑,跳跃连击三次。
太子:(冷冷地)接下来呢?要不要高先生再教教你?
狗屠:伏剑自刎?这也忒他妈痛了,我还是跳河吧,这也算是我的创意!
〔狗屠跑下。
太子:(对随从)扔两块石头下去,别让这"丫"潜水跑了。
高渐离:(站起,抱筑下)戏到终场,我却越来越糊涂啦!
太子:(对随从)去,把他的眼睛挖出来,他看的戏太多了。
〔太子与随从下。

(选自《莫言文集·我们的荆轲》,莫言著,作家出版社 2012 年版)

天仙配(节选)

人　　物

七仙女
董永
土地公公,以下简称土地
槐荫树

路　　遇

七仙女:(唱)拜谢大姐好心肠,助我下凡赠难香。辞别大姐到人间去,霞光万丈祥云开,飘飘荡荡下凡来。神仙岁月我不爱,愿做鸳鸯比翼飞。人间景色胜瑶台,万紫千红花似锦,几株垂柳一棵槐,我若与董永成婚配,好比那莲花并蒂开,一片深情我怎开口,唤出土地巧安排。(白)本方土神哪里?
土地:噢,仙姑驾到,小神有礼。
七仙女:罢了。
土地:不知仙姑唤出小神有何吩咐。
七仙女:嗯,你附耳上来。
土地:哎,这可使不得,若被玉帝知道,小神吃罪不起。
七仙女:哎,有道是一人做事一人当,又不连累你遭殃。
土地:小神遵命,但不知怎样行事。
七仙女:就请公公见机行事。
土地:是,是,小神告退。(退下,又转身)噢,仙姑,我看你还是改扮一个村姑模样才好。
七仙女:多谢公公。
土地:(唱)仙姑动了鸳鸯情,鸳鸯情,活活难坏我土地神,怎样相机行好事,我也要改扮一个庄稼人。
董永:(唱)含悲忍泪往前走,见村姑站路口却是为何,她那里用眼来看我,我哪有心肠看娇娥,爹爹在世对我说过,男女交谈是非多,大路不走走小路,又只见她那里把我拦阻,回转身来再把大路走,你为何耽误我穷人工夫!(白)大姐,这就是你的不是了,你三番两次拦阻与我是何道理?
七仙女:呀呀啐,自古道大路通天各走各边,难道说你走得我站都站不得么?
董永:是呀,大姐,请你行个方便让我过去吧!
七仙女:如此。请!
董永:大姐你撞了我一膀。
七仙女:你,肩背包裹,手拿雨伞,心中有事慌里慌张,你撞了我一膀,我都不怪你,你反怪我么?

董永：我撞了她一膀？也未可知。大姐，我们再请。
七仙女：请！
董永：哎呀，大姐，到底是你撞了我，还是我撞了你呀？
七仙女：大哥，我来问你，你可想过去？
董永：我怎么不想过去？
七仙女：你家住哪里？姓甚名谁？讲得清楚明白，我就让你过去。
董永：你？咳，大姐呀！（唱）家住丹阳姓董名永，父母双亡孤单一人，只因爹死无棺木，卖身为奴葬父亲，满腹忧愁叹不尽，三年长工受苦辛，有劳大姐让我走，你看红日快西沉。
七仙女：（唱）大哥休要泪淋淋，我有一言奉劝君，你好比杨柳遭霜打，但等春来又发青。
董永：多谢大姐相劝。
七仙女：（唱）小女子我也有伤心事，你我都是苦根生。
董永：但不知大姐家住哪里，要往哪道而去？
七仙女：（唱）我本住在蓬莱村，千里迢迢来投亲，有谁知亲朋故旧无踪影，天涯冷落叹飘零。
董永：如此说来我们倒是一样的命苦了。
七仙女：（唱）只要大哥不嫌弃，我愿与你（董：怎样？）配成婚！
董永：（唱）大姐说话欠思忖，陌路相逢怎能成婚，何况我卖身付家去为奴，怎能害你同受苦辛！
七仙女：大哥带我同走，免得我流落他乡。
董永：我怎能连累于你？
七仙女：大哥，带我一起走。
董永：大姐，你不要耽误我的工夫呀！
七仙女：哎呀呀，耽误了大哥的路程，待我这厢与你赔礼。
董永：哦，这厢还礼。
七仙女：你肩背包裹，手拿雨伞，慢说是一礼，就是十礼百礼也是算不得的。
董永：这，好，我就放下包裹雨伞与你还礼，大姐，这厢还礼。
七仙女：有理无理，包裹雨伞我拾起。
董永：哎呀，我的包裹雨伞哪里去了？我的包裹雨伞哪里去了？我的……大姐，你为何把我的包裹雨伞拿了去了？
七仙女：这包裹雨伞分明是我的，怎说是你的？
董永：哎，是我的。
七仙女：是我的。
（合）是我的，大姐（哥）你放手，你放手，你放手！
〔二人争夺包裹雨伞。
土地：哈哈，在这荒郊野外一男一女拉拉扯扯成何体统？
董永：哎呀，公公你怎不问青红皂白，信口乱说！
土地：你二人原来是夫妻吵架！
董永：你不要胡说。我，我与她非亲非故，哪里来的什么夫妻？
土地：那你二人为何争执起来？
董永：公公，你哪里知道，我是个行路之人，方才我从大路行走，这位大姐拦阻了我的去路,二次我就从下大路行走,谁知这位大姐又来拦阻我的去路,是我二人言语之中争吵起来,她与我见礼,我就与她还礼,她说我肩背包裹,手拿雨伞,慢说是一礼,就是十礼百礼也是算不得的,二次我就放下包裹雨伞与她还礼,谁知她……

土地:她怎么样?

董永:她就把我的包裹雨伞拿了去了,公公,你说哪个有理呀?

土地:如此说来倒是你有理的了?

董永:哎,公公,我有多大的理?

土地:这,这,你有芝麻那么大的理!

董永:大小总是有理。

土地:仙姑,看着汉子说得可怜,你就放他过去吧!

七仙女:公公,你不要听他说得好,他前三天从我门前经过,约我同行,今日来至在这阳关大道,他有抛别之意,这包裹雨伞分明是我的,他若不肯带我同走,那我就要……

土地:你不要哭啊!

七仙女:休要管我快去劝他。

土地:是,哎,还是你无理。

董永:怎么又是我无理?

土地:这位大姐言道,你前三天从她门前经过,约她同行,今日来至在这阳关大道,你有抛别之意,这包裹雨伞分明是她的。

董永:我有抛别之意?这就不对了。是了,公公,你去问她,既是我相约同行,我们何物为凭何物为证?

土地:这,你二人何物为凭何物为证?

七仙女:有凭有证。

土地:有凭有证。

董永:有何凭证?

七仙女:他把包裹雨伞与我为凭,我把白扇与他为证。

土地:你把包裹雨伞与她为凭,她把白扇与你为证。

董永:白扇?在哪里?

土地:嗯,这白扇在哪里呀?

七仙女:在他的颈项后面。

土地:在你的颈项后面。

董永:颈项后面?

土地:哎,是这一边。

董永:哎呀,冤枉呀!

土地:你拿过来吧,过来过来,我来问你,在这荒郊野外,一不冤枉张三,二不冤枉李四,怎么单单地冤枉起你来了?我来问你,你是公和还是私休?

董永:公和怎说私休怎讲?

土地:公和公和,板子拦途,我把你送至有司衙门,打你的板子!

董永:哎呀,那这私休呢?

土地:这私休吗?我看你就与这位大姐结为夫妇,就这样私休了吧!

董永:我看这位大姐确实不错,只生得品貌端正,又待我一片诚心,我若与她结为夫妇,倒是一桩美事,只是我落得这般光景,若是与她成婚,岂不害她一世受苦,咳,也罢,我不免想一借口回绝了吧。公公,好倒是好,只是这荒郊野外无有主婚为媒之人也是枉然。

土地:你看老汉偌大年纪可能与你们主得婚?

七仙女:主得婚的。

董永:那谁来为媒呢?

土地:老汉与你们为媒。

董永:哎呀,公公,有道是一个头不能戴两顶纱帽,主婚就不能为媒,为媒就不能主婚。

七仙女:这谁来为媒呢?大哥,你来看,那厢有一株槐荫树就请它为媒如何?

董永:啊?槐荫树?它怎能为媒?它乃是个哑木头,有了,大姐你要那槐荫树为媒倒也使得,只是一件……

七仙女:哪一件?

董永:我要上前高叫三声,那槐荫树它若开口讲话我就与你结为夫妇,它若不开口,我们就各奔前程。

七仙女:就请大哥上前呼唤。

董永:我若叫它不应呢?

七仙女:叫它不应么,你走你的阳关道,我过我的独木桥。

董永:此话当真?

七仙女:绝无戏言。

董永:好,槐荫树,槐荫树,我与这位大姐结为夫妇,请你为媒,你开口讲话!公公,它可曾开口?

土地:未曾开口。

董永:包裹把我。

土地:包裹把他。

七仙女:再叫第二声。

土地:包裹拿去,再叫第二声。

董永:槐荫树,槐荫树,我与这位大姐结为夫妇,请你为媒,你开口讲话!公公,它还是不开口,雨伞把我。

土地:雨伞把他。

七仙女:公公,三声叫了两声,还有一声你叫他叫来,包裹雨伞交付与你,他若逃走我就找你。

土地:雨伞把你。

董永:包裹雨伞到手,我要上工去了。

土地:哈哈,三声叫了两声,还有一声快去叫来。

董永:槐荫树,槐荫树,我与这位大姐结为夫妇,请你为媒,你开口讲话。

槐荫树:(唱)槐荫开口把话提呀,把话提。叫声董永你听知,你与大姐成婚配,槐荫与你做红媒,做红媒!

董永:(唱)这件事儿真稀奇!

土地:(唱)真稀奇呀!

董永:(唱)哪有哑木头能把话提?莫不是苍天也有成全意?

土地:(唱)这天赐良缘莫迟疑,天赐良缘莫迟疑!

董永：(唱)虽说是天赐良缘莫迟疑,终身大事非儿戏,大姐待我情义好,你何苦要做我穷汉妻,我上无片瓦遮身体,下无寸土立足基,大姐与我成婚配,怕的是到后来连累与你挨冻受饥。

七仙女：(唱)上无片瓦我不怪你,下无寸土我自己情愿的,我二人患难之中夫妻成婚配,任凭是海枯石烂我一片真心永不移。

土地：(唱)来来来,你二人快快拜天地,槐荫树下好夫妻。(白)老汉要赞你们几句,槐荫树下结鸾凤,夫妻恩爱乐融融,来年生下一个胖娃子,老汉要讨饶你酒三盅。我要告辞了。

董永：送公公。

土地：不用送,嘿嘿!

董永：娘子!

七仙女：董郎,你我夫妻同行!

董永：哎呀,慢来,想我那卖身纸上明明写的我董永一人,如今哪来的夫妻二人?噢,娘子……

七仙女：嗯,董郎看你愁眉不展,莫非有什么为难之事?

董永：娘子呀!(唱)卖身纸写的是无挂无牵,到如今哪来的夫妻牵连,倘若付家将你作践,叫我董永怎能心安!

七仙女：(唱)董郎夫休要泪涟涟,不必为我把忧担,既然与你夫妻配,哪怕暂时受熬煎,夫是他家长工汉,妻到他家洗衣浆衫,等到三年长工满,夫妻双双回家园。

董永：(唱)听她说出肺腑言,倒叫我又是欢喜又辛酸,董永生来无人怜,这样的知心话我从未听见,心中欢乐精神爽。

七仙女：(唱)我与董郎肩并肩。

董永：(唱)夫妻恩爱同偕老。

七仙女：(唱)只羡鸳鸯不羡仙。

董永：(唱)手挽娘子大路走。

(合)夫妻双双同到付家湾。

(选自戏剧网 http://www.xijucn.com/html/huangmeixi/20121218/42636.html)

达尔杜弗（第四幕）

[法] 莫里哀

人　　物

奥尔贡——艾耳密尔的丈夫
艾耳密尔——奥尔贡的妻子
大密斯——奥尔贡的儿子
玛丽雅娜——奥尔贡的女儿与法赖尔的情人
法赖尔——玛丽雅娜的情人
克莱昂特——奥尔贡的内兄
达尔杜弗——伪信士
道丽娜——玛丽雅娜的侍女

地　　点

巴黎

第　四　幕

第　一　场

[克莱昂特，达尔杜弗

克莱昂特：是的，人人在谈论这事，你可以相信我的话，事情张扬出去，满城风雨，对你的名声并不有利。先生，机缘凑巧，我遇见你，我就简单几句话，把我的想法说给你听吧。旁人怎么解说，我不深究，也就不谈了，不过从最坏的角度看看问题，也有好处。我们假定大密斯作事欠考虑，不该告你一状，可是宽恕过错，取消一切报复的心思，不是基督徒的本分吗？难道由于你们吵闹，你就忍心看父亲把儿子赶出家门吗？我还是干脆对你全讲了吧，不分贵贱，人人听了气愤。你还是听我的劝告，化大为小，化小为无，不要把事情弄僵了才好。为了上帝的缘故，你就息息怒，让他们父子和好如初吧。

达尔杜弗：哎呀！说到我这方面，我倒真心诚意希望这样做。先生，我决不记仇；我宽恕他一切，不说一句责备他的话，愿意尽我的能力帮他，不过上天利益所在，上天不会同意我这样做的。他前脚进门，我就后脚出去。他干下了空前绝后的坏事，我和他再有来往，就要惹人议论了，上帝晓得大家一下子想到什么上头！大家会以为我完全是在耍手段，到处说我良心不安，对告发人装出一副慈悲面孔，假意热心，其实是我心里怕他，不得不敷衍他，希望私下里买住他的嘴，不声张出去。

克莱昂特：你说来冠冕堂皇，可惜全是空口搪塞。你的种种理由，先生，未免离题太远。

上天的利益何劳阁下操心？难道上天降罪，也要劳动我们的大驾？上天要报复，就由上天自己去报复吧，你只要想着上天指示我们宽大为怀也就成了。你既然唯上天之命是听，人世的评论，还是丢开了不管的好。什么？为了虚无缥缈的小小利益，居然放弃行好事的荣誉？不，不，我们顶好还是按照上天的指示行事，不要多操闲心，给自己制造混乱吧。

达尔杜弗：我已经对你讲过了，我宽恕他；先生，这就是上天的指示。可是经过今天这场辱骂以后，上天不指示我和他在一起安居下去了。

克莱昂特：先生，上天也指示你听他父亲的一时之见，接受送给你然而你绝对无权过问的财产吗？

达尔杜弗：知道我的人，就不会想到这是我有私心的结果。尘世的财宝和我无缘，它们的光彩，照耀人眼，可是迷糊不了我。他父亲愿意把家私赠送给我，我之所以决计接受，说实话，只是因为我怕这份财产落在歹人手中，他们分到这笔家私，在社会上胡作非为，不像我存心善良，用在上天的荣誉和世人的福利上。

克莱昂特：得啦，先生，别为旁人担忧了吧。你这样一来，倒要引起合法继承人的抱怨。还是让他继承他的财产，担当风险，你也不添麻烦。与其落一个明抢暗夺的坏名声，你想想看，倒不如由他乱用的好。我所奇怪的是，你会无愧于心，容纳这种建议。因为说到最后，真正的信士几时有过一条规定，可以抢夺合法继承人的财产的？万一和大密斯在一起安居下去，上天在你心中留下不可克服的困难，那么，与其让人家为了你的缘故，违反常理，把儿子赶出家门，何如自己放聪明，规规矩矩离开？先生，相信我吧，这样一来，你就显出自己为人正直了……

达尔杜弗：先生，现在是三点半钟，我要到楼上去做圣课，原谅我这样快离开你。

克莱昂特：啊！

第 二 场

〔艾耳密尔，玛丽雅娜，道丽娜，克莱昂特

道丽娜：求您啦，先生，跟我们一道儿帮她动动脑筋吧：她快难过死了。她父亲说定今天黄昏举行订婚仪式，她一听这话，简直折腾得死去活来。她父亲就要来了。我们合伙儿想个主意，文的也好，武的也好，我求您了，打消这搅乱我们大家的害人的主张吧。

第 三 场

〔奥尔贡，艾耳密尔，玛丽雅娜，克莱昂特，道丽娜

奥尔贡：啊哈！你们聚在一起，我见了喜欢。（向玛丽雅娜。）我带的这份契约，能叫你眉开眼笑。你已经晓得这话的意思。

玛丽雅娜：（跪下来。）爸爸，天晓得女儿有多痛苦。您就看在上天分上，收起您的铁石心肠，权且放弃生父的权利，饶了我这回吧。把您那无情的家法搁在一边，千万不要逼我，到天父眼前，抱怨您不该生我养我一场。这条性命是您给我的，哎！爸爸，您可不要让我这样命苦啊。我先前抱的美好希望，您即使不赞成，不许我嫁给我斗胆喜爱的男子，我跪在您面前，求您大发慈心，至少也要减轻我的痛苦，不拿您的威权统统用在我身上，逼我嫁给我厌恶的男子，把我朝绝路上赶。

奥尔贡：(觉得心软。)嗐，我的心，坚强些，不许有人的弱点。

玛丽雅娜：您待他好，我并不难过；您就跟他好下去吧，把您的财产给他好了，嫌不够，连我名下那一份也送他。我是真心同意，完全由您处分；不过至少，给我留下一个自由的身子，允许我进修道院修行，消磨上天给我规定好了的凄凉岁月。

奥尔贡：啊哈！我算遇到了，父亲一同她们的爱情作对，她们就要当女修士！起来！你越是不肯嫁他，你就越该嫁他：一样是吃苦修行，你就应了这门亲事，别再同我啰唆啦。

道丽娜：什么……？

奥尔贡：你给我住口；有话，找你那一帮人说去。我干脆就是不许你开口。

克莱昂特：假如你许我回答的话，我倒有两句话劝告……

奥尔贡：舅爷，你的劝告是世上最好的劝告，理由充分，我极其重视，不过我不采纳，你就免了吧。

艾耳密尔：(向她的丈夫。)我看了这半天，不晓得说什么才好，奇怪你怎么会成了睁眼瞎子。今天的事，明摆在眼面前，你还不信，你是迷上他了，有心向着他。

奥尔贡：对不起，我相信外表。我知道你讨好我那捣蛋鬼儿子，他打算对这可怜的人使坏，你怕泄了他的底。实有其事的话，你当时就要显出一副激动的神情了，总而言之，你太安静了，人不会相信的。

艾耳密尔：人家不过表示了一下爱慕的意思，我们就该为了名声，大惊小怪吗？难道人除了眼中冒火，破口相骂，就没有别的法子应付了吗？拿我来说，我听了这一类话，也就是一笑而已。我顶不待见的，就是一言不合，大吵大闹。我喜欢我们女人有克制，凡事通情达理。我根本讨厌那些疾言厉色的正经女人，张牙舞爪，保护名声，等闲一句话，就要抓破旁人的脸：愿上天保佑我，不守那种妇道！我要的一种美德，就是绝不急躁。我相信拒绝追求，不言不语，冷冷淡淡，不见其就不生效。

奥尔贡：反正我心中有数，决不上当。

艾耳密尔：我再说一回，我奇怪一个人会这样入迷。我们对你讲的是真事，你偏不信，可是我要是叫你亲眼看见，你怎么回答我呢？

奥尔贡：看见？

艾耳密尔：是啊。

奥尔贡：瞎掰。

艾耳密尔：什么？要是我有法子叫你清清楚楚看见，你怎么样？

奥尔贡：扯淡。

艾耳密尔：真有这种人！至少你也回答我一句呀。我并不一定要你相信我们，可是假定我们现在找得出这么一个地点，你能看得明，听得清，你这时候，还有什么话讲你那位品德高尚的人？

奥尔贡：这样嘛，我就讲……我什么也不讲，因为不会有这事的。

艾耳密尔：谬见太深了，倒把我说成了撒谎的人。哪怕是为了取乐，大家说过的话，我也要叫你此时此地亲眼看见。

奥尔贡：好，一言为定，就这么着吧。我倒要试试你的本事，看你怎么实现这句大话。

艾耳密尔：把他给我请过来。

道丽娜：他这人诡着呐，不见得会那么容易上钩。

艾耳密尔：会的：一个人闹恋爱，就容易叫对方骗了的。再说自尊心也会叫他上自己的当的。把他给我请下来吧。(向克莱昂特和玛丽雅娜。)你们出去吧。

第 四 场

[艾耳密尔，奥尔贡

艾耳密尔：我们把那张桌子抬过来。你钻到桌子底下。

奥尔贡：什么？

艾耳密尔：把你藏好了，是一个紧要关键。

奥尔贡：为什么要在这张桌子底下？

艾耳密尔：嗐，我的上帝！你就别管啦。我自有安排，你回头看好了。听我的安排，钻到底下去；待在底下，当心别叫人看见，也别叫人听见。

奥尔贡：我承认，我现在十分迁就你，不过你这事，我一定要看到底。

艾耳密尔：我相信，这样一来，你就没有话驳我了。(向桌子底下的丈夫)听好了，我要办一件稀罕事，你可千万动怒不得。不管什么话。都得由着我说，我方才说好了的，这是为了说服你。我要拿话媚他，因为我非这样做不可，也只有这样做，才能让这伪君子摘下假面具，扇起他恬不知耻的欲火，放胆胡作非为。我只是为了你，也为了更好地收拾他，回头才装出依顺他的模样，你一明白过来，我就不做下去了，事情也就是做到你不要做的地方停住。你觉得事情进展到了相当程度，勿需乎再继续下去，那么，打断不打断他的疯狂热情，爱惜不爱惜你女人，要不要我做到你清醒为止，就全看你自己啦；这是你自己的事，该你做主才是，再说……他来了。待好，当心身子别露出来。

第 五 场

[达尔杜弗，艾耳密尔，奥尔贡

达尔杜弗：有人告诉我，您愿意和我在这地方谈谈。

艾耳密尔：是的。我有几句秘密话要和您讲。不过在我说给您听以前，先把那扇门关好，再四处张望张望，别叫人撞见了。我们现在可千万别像方才那样，再来那么一回了。我从来没有那样吃惊过。大密斯闹得我为您担惊受怕到了极点；您也不是看不出来，我尽力劝他心平气静，收回他的主张。我当时也的确心慌意乱之至，简直没有想到否认他那些话；可是感谢上天，结果反而再好没有，我们倒是更有保障了。由于我丈夫对您的敬重，满天的乌云散了，他对您也不会起疑心了。为了杜绝坏人的流言蜚语，他要我们时时刻刻守在一起；这样一来，我就不怕别人责难，能像现在一样，关好了门，一个人和您待在一起，也才敢不避嫌疑，向您表白我的衷肠，不过我接受您的情意，也许显得有点儿太快了。

达尔杜弗：夫人，我不大了解您这番话的意思，方才您说话，可不是这样来的。

艾耳密尔：哎呀！您要是为了先前没有答应，就怒气冲冲的，可也真叫不懂女人的心啦！她明明是半推半就，您会看不出她的意思，也真叫不在行啦！男人在我们心里引起了好感，我们当时由于害羞，总要抵抗一阵子的。爱情在我们心里扎下了根，即使理由十足，可是当面承认，我们总有一点难为情的。我们开头不肯，可是人一看我们的模样，就知道我们心里其实愿意，面子上尽管口不应心，那样的拒绝也就等于满口应承。我对您表心显然过于露骨了些，很少顾到我们女人的廉耻，不过既然话已出口，我倒要请您说说看，我有没有用心劝阻大密斯？我有没有腼腼腆腆，耐着心烦，听您谈情说爱？我要是不喜欢听您谈情说爱，会不会像您看见的那样行事？婚事宣布以后，我要亲自劝您退婚，情急到了这般地步，您倒说说看，不是对您有意又是什么？我要整个儿心是我的，这门亲事成功的话，起码就有一半儿心给了别人，您说我会不会难过？

达尔杜弗：夫人，听心爱的人说这些话，当然是万分愉快。句句话像蜂蜜一样，一长滴又一长滴，沁人心脾，那种香甜味道，我从来没有尝过。我用心追求的幸福，就是得您的欢心，我把您能见爱看成我的正果。不过我对我的幸运，还是请您许我斗胆怀疑一下吧。您这番话，我可能当作一种权宜之计，要我取消就要成为定局的婚事。我不妨把话对您明说了吧，我决不相信甜言蜜语，除非是我盼望的恩情，能有一点实惠给我，保证情意真挚，让我对您的柔情蜜意，能在心里树立经久不渝的信念。

艾耳密尔：（她咳嗽，警告她的丈夫。）怎么？您想快马加鞭，一下子就把柔情蜜意汲干？人家好不容易把心里最多事情的话也给您掏出来了，您还嫌不够，难道不把好处全给您，真就不能满足您了吗？

杜尔杜弗：人越觉得自己不配，越不敢希望幸福到手。长篇大论也难保证我们的希望不落空。命运太辉煌了，人反而容易起疑心，要人相信，先得现享现受。拿我来说，我就相信自己不配您的慈悲，疑心我的唐突不会有好结果。夫人，我是什么也不相信，除非您有实实在在的好处，能以满足我的爱情。

艾耳密尔：我的上帝！您的爱情活像一位无道的暴君，压制人心，唯我独尊，予取予求，漫无止境，我就心慌意乱，不知道怎么办才好！什么？人就不能逃避您的追求，连喘气的时间您也不给？您一步也不放松，为所欲为，不留回旋余地，而且明明知道人家对您有意，还这样迫不及待地逼人，不也太过分些了吗？

达尔杜弗：您既然怜念我的赤诚，青眼相加，为什么又不肯给我确实的保证？

艾耳密尔：不过您口口声声全是上天，我同意您的要求，岂不得罪上天？

达尔杜弗：如果您只有上天和我的爱情作对，去掉这样一种障碍，在我并不费事，您大可不必畏缩不前。

艾耳密尔：可是人家一来就拿上天的裁判吓唬我们！

达尔杜弗：夫人，我能帮您取消这些可笑的畏惧，我有解除顾虑的方法。不错，上天禁止某一些享受；（这是一个恶棍在说话。）不过我能叫它让步的。有一种学问，根据不同的需要，放松束缚我们的良心的绳索，也能依照我们动机的纯洁，弥补失检的行为。夫人，我会教您这些秘诀的；您只要由我引导就成了。不要害怕，满足我的欲望吧；一切有我，有罪我受。夫人，您咳嗽得厉害。

艾耳密尔：可不，我真难受。

达尔杜弗：您要不要来块甘草糖？

艾耳密尔：我害的一定是一种恶性感冒，我看现在就是全世上的糖，也无济于事。

达尔杜弗：这可真糟。

艾耳密尔：是啊，说不出来有多糟。

达尔杜弗：说到最后，解除您的顾虑并不困难。您放心好了，事情绝对秘密。只有张扬出去的坏事才叫坏事。世人的议论是获罪于天的根源，私下里犯罪不叫犯罪。

艾耳密尔：（又咳嗽了一阵之后。）说到最后，我看，我非横下心来依顺您不可了，我非同意样样应允您不可了，不这样做的话，我就不必妄想人家心满意足，明白过来。走到这一步，的确糟糕；不守妇道，在我也是概不由己。不过人家既然是执意要我走这条路，不肯相信一切能说出来的话，要更有说服力的证据，我就非横下心来，满足人家不可。万一我同意这样做，事情本身有获罪于天的地方，谁逼我这样出丑丢人，谁就活该受着吧，反正罪过决不该归我承当。

达尔杜弗：对，夫人，由我承担，事情本身……

艾耳密尔：请您把门打开，看我丈夫在不在那边廊子。

达尔杜弗：您有什么必要顾虑到他？没有外人，我就说给您听吧，他是一个我牵着鼻子走路的人。他以我们的全部谈话为荣；我已经把他摆布到这步田地——看见什么，不信什么。

艾耳密尔：不管怎么样，请您先出去一会儿，在外面四处仔细看看。

第 六 场

［艾耳密尔，奥尔贡

奥尔贡：（从桌子底下爬出来。）这家伙，我承认，是一个大坏蛋！我说什么也料想不到，简直把我气死。

艾耳密尔：什么？这么快就出来啦！你在寻人开心。回到桌毯底下去，还不到时候；你就等水落石出，看明白了吧，将信将疑的事，还是不相信的好。

奥尔贡：不，从地狱里出来的鬼怪，没有比他再坏的了。

艾耳密尔：我的上帝！千万轻易相信不得。有了证据，再明白过来不迟。千万着急不得，小心弄错了。

［她把丈夫藏在背后。

第 七 场

［达尔杜弗，艾耳密尔，奥尔贡

达尔杜弗：夫人，天公作美，一切如我的意。我把这所房子全看过了，不见一个人，我是心花怒放……

奥尔贡：（拦住他。）慢来！你调情也调得太没有分寸了，你不该这样情急才是。嘻！嘻！品德高尚的人，你骗苦了我！你多经不起诱惑！你要娶我的女儿，又要偷我的女人！我好半天不信这是真事，我直以为你会改变腔调，可是证据已经够充分了，我这方面也用不着再添新的了。我知足了。

艾耳密尔：（向达尔杜弗。）我这样做，并非出于本心；我也是万不得已，才这样对付你的。

达尔杜弗：什么？你相信……？

奥尔贡：得，别辩啦，我求你。滚吧，别拘礼啦。

达尔杜弗：我的本意……

奥尔贡：废话少说，马上离开这所房子。

达尔杜弗：你说起话来，倒像主人，不过应该离开的，是你。房子是我的，回头就叫你知道。你们想出这些下流的鬼主意，故意和我为难，是白费心思。你们以为可以平白无故地作践我一顿，没有那么容易。我有本事揭穿骗局，处罚骗子，为受害的上天报仇，叫那些现在夸口撵我走的人懊悔不及。你们看着好了。

第 八 场

[艾耳密尔,奥尔贡

艾耳密尔:这叫什么话? 他这话是什么意思?

奥尔贡:真的,糟啦,我遇见要命的事啦。

艾耳密尔:什么?

奥尔贡:听他的话,我看出我把事做错了。赠送财产这件事苦了我了。

艾耳密尔:赠送财产……

奥尔贡:是的,这已经成了定局。可是我担心的还有旁的事。

艾耳密尔:什么事?

奥尔贡:你回头就全知道了。不过我们先快看看,有一只匣子还在不在楼上。

(选自《莫里哀喜剧全集》,莫里哀著,李健吾译,湖南文艺出版社 1992 年版)

下编 表达与应用

第五单元 语言运用与规范

语言是人类最重要的交际工具,文字是记录语言的书写符号系统,是最重要的辅助性交际工具。语言文字在人类社会中具有重要的意义,大而言之,语言文字是一个国家民族的标志,关系国家民族的生存和发展,小而言之,每个人生活、学习、工作中无时无刻不在运用语言,甚至做梦时也在运用语言,语言就像名片一样,是一个人身份的标志,关乎个人的发展和成功。学习大学语文,要对语言文字的性质、意义有一定的认识,努力加强语言修养,提高语言表达的能力和艺术水平,同时树立语言文字运用的规范意识,自觉践行语言文字运用的规范性要求。

本单元选取了七篇文章,分别为《为了汉字文化的伟大复兴》《文学是语言的艺术》《关于文学语言规范化问题》《网络语言的规范化问题》《谈语言和文字》《语言和社会》《信息时代的语言文字工作任务》,下面就这几篇文章简要交代一下学习的目的:

一、语言文字的性质和意义

语言就性质来说,是人与人之间的一种交流工具,是以语音为物质外壳,由词汇和语法构成并能表达人类思想的符号系统。文字是语言的视觉形式,是记录语言的符号系统。《谈语言和文字》《语言和社会》分别是我国著名的语言学家吕叔湘先生和胡明扬先生早年的文章,一篇是谈语言和文字的关系,一篇是谈语言和社会的关系,都是关于语言文字本质属性的论述。语言文字现象极为复杂,很多问题具有争议性,如果明白了语言文字的本质,看待和评价有关问题就有了标准和方向,就不会人云亦云,就会有自己独立的判断。如汉字改革问题,不少人认为就是将来走拼音化的道路,从语言和文字关系的角度看,这是误解,文字是记录语言的,在长期的发展过程中是与语言相适应的,如果改变了文字的形式,实行拼音化,就会带来一系列新的问题,如汉语大量的同音字如何区分、不同方言如何沟通等问题,因而走拼音化是难以成为现实的,全盘西化则更是不可能的。再如关于网络语言问题,有的人因为其中有低俗或消极的因素,因而就强烈抵制,但从语言和社会的角度看,新的词汇、新的表达方式的出现都是必然的,是无须也无法禁止的,需要的是根据语言发展的规律加以必要的引导和规范。这两篇文章非常重要,但因为篇幅较长,编排时没有放到精读文章中,不过这是语言大家的文章,娓娓道来,深入浅出,同学们不但可以完全读懂,而且还能领略到大家的风采,看大家是如何把深奥、枯燥的问题表述得清晰准确和饶有趣味的。

《为了汉字文化的伟大复兴》的作者是王蒙,同学们都比较熟悉。全球化的背景下,文化上趋同是一种趋势，王蒙这篇文章的特色就是站在全球化的背景下，从国家层面、从中华文化的角度谈汉语汉字对于国家民族和世界文化发展的重大意义。选读这篇文章，主要是希望同学们从思想认识上明确汉语汉字对于保持和弘扬中华文化的重大意义，以增强对中华文化的自信，热爱祖国的语言文字。

二、语言表达的艺术性

正常的人都具有语言交际的能力，但不同的人其语言能力和水平是有强弱高低之分的。语言能力对于大学生的成长具有重要的意义，在大学生的能力结构体系中，语言交际与表达的能力占有重要的地位。文学是语言的艺术，文学语言最能体现语言的艺术性，因此选了《文学是语言的艺术》这篇文章，希望能有效引导同学们进一步提高写作和赏析文学语言艺术的水平。这篇文章的作者王德春先生，是修辞研究方面的专家，该文的特色是既具有学术的严谨性，又具有实践的示范性，论述层层深入，非常透彻地剖析了"文学是语言的艺术"这个命题的两个研究角度和两重内涵。另外，本单元附录的三部关于修辞学、语言交际艺术和公关语言学的参考著作，很值得一读，相信对于同学们提高语言交际的能力和表达的艺术水平一定大有裨益。

三、语言运用的规范性

语言具有社会性，随着社会的发展，新事物不断出现，国际交流日益加深，语言中就会不断产生新的词语和新的表达方式，也会不断借用、吸收外来的词汇，这些都使语言很好地适应社会的发展，永葆生机与活力。但与之同时，在语言发展的过程中，也会出现一些不规范的现象，这突出表现在文学语言和网络语言中。文学的生命是创新，追求陌生化，这就要求作者不断创新艺术形象和表达方式，但在创新的过程中，不规范的现象也就会时有出现；网络语言使用的主体多是思想活跃的年轻人，叛逆愤激、求新求异，因此网络语言中新的词语和表达方式也是层出不穷，选读《关于文学语言规范化问题》《网络语言的规范化问题》两篇文章，目的是希望同学们对文学语言、网络语言的创新性和规范性有准确的认识和把握：创新和规范两者辩证地统一在一起，以创新拒绝规范，或以规范否定创新都不是正确的态度，应在规范中大胆创新，在创新中不断走向规范化。

为了汉字文化的伟大复兴

王　蒙

【导读】

　　王蒙,河北南皮人,1934年生于北京。中国当代著名作家、学者,曾任文化部部长、中国作家协会名誉主席。

　　本文是王蒙先生2004年9月3日在北京"2004文化高峰论坛"上的演讲,2005年刊发于《汉字文化》杂志。在全球化的时代背景下,文化的趋同也是一种必然,如何在全球化的过程中,既充分保持民族文化的个性,又积极融入世界文化,不断发展,是一个值得深入思考也是一个需要直面的问题。

　　文章高屋建瓴,抓住对中华文化具有根柢和灵魂意义的汉语汉字,以清新流畅的语言、丰富翔实的例证、情感真实并带有诗意的笔触,娓娓道来,指出了在全球化面前我们该如何应对和超越。首先,要对中华文化充满高度的自信,虽然中华文化有其封闭愚昧的一面,也曾经历过磨难,但其更有坚忍、包容、自省、自新的能力,这正是中华五千年文明源远流长的原因。其次,中华文化有各种载体和表现形式,但"汉语汉字更是我们的命脉,我们的灵魂,我们的根基。"因此,应充分认识到汉语汉字在传承和弘扬中华文化中的重要作用,要从国家战略、民族发展的高度来看待语言文字。一个国家、民族语言文字的沦落、消亡,其结果将是文化记忆、文化命脉的断裂,最终将是国家民族的灭亡。第三,汉语汉字有其独特性,汉语是典型的单音节语言,与之相应的是一个个汉字,字字珠玑、节奏鲜明,极富音乐美。汉字"特殊的整齐性、丰富性、简练性与音乐性"成就了中华文化中光辉灿烂的古典诗词,这些都是民族不老的记忆。最后,文章旗帜鲜明地指出,中国应该明确地放弃汉字拉丁化的目标,更好地进行汉语汉字的教学、传承、研究、数码化应用与审美化创造,坚持和发扬汉字文化的优越性,兼容并包,海纳百川,不断提高中华文化在国际上的地位。

　　只要语言文字不灭,文化就会繁荣、复兴,国家民族就会长存。读了这篇文章,希望同学们进一步提高对汉语汉字意义的认识,不断增强语言表达能力和语言文字规范的意识,使汉字文化这一中华儿女共有的精神家园,永远繁花似锦、芳香馥郁。

　　虽然受到全世界许多有识之士的批评以及群众的抗议斗争,全球化的趋势是无法阻挡的。因为全球化的大趋势就是现代化的大趋势,它有利于生产力的发展与社会的进步。同时它又必然面对质疑与讨伐。

　　历史是一个粗线条的大师,它勾勒了全球化的进程,却忽略了人们为这个发展和进步付出了极大的代价。首先一项令人担忧的就是:民族的、地域的、人的多样性与各自的特点、传统、身份与性格会不会逐渐泯灭?统一的市场和媒介会不会使精神生态消费化、产业化、标准化与批量化、克隆化？某个超级大国经济、政治、军事与文化的强势会不会变成霸权主义与单边主义，从而树立对于世界的全面与单一的统治？

幸好，历史又是一个自相矛盾的大师。当今世界的趋势并不是单向度的，与全球化并存着反题：民族的、地域的、传统的与自身的（原生的与自然的）特点日益引起重视，个性化、多极化与拒绝霸权主义的趋向正在发展。而这里，文化的作用特别重要。文化拒绝标准化与一体化，拒绝单一的GDP指标，拒绝批量制造、统一规格和条形码。

中国的长项在于文化。中国文化二百年来遭受了严峻的考验。中国文化大难不死，（必有后福！）已经和正在获得着新生。近代以降，中华文化不但暴露了它的封闭愚昧落后挨打的一面，更显示了它的坚韧性、包容性、吸纳性，自省能力、应变能力与自我更新能力。

中华文化在八国联军的时代没有灭亡，中华文化在日军占领中国大部的时候没有灭亡，在"文革"中也没有灭亡，近代以来中华文化经历了被批判与自我批判、危机、大量吸收异质的现代文明与进行创造性的转化的过程。（转化云云，是威斯康辛的林毓生教授提出来的。）近四分之一个世纪以来，中国国运日隆，中华文化日益兴旺看好，我们完全可以预期21世纪中华文化的伟大复兴。

中国的目标应该是在以经济建设为中心的同时建设文化大国。文化是我们中华民族赖以安身立命的根基，是我们中国的形象，是解决许多麻烦问题，实现持续发展、和平崛起与国家统一的依托。中华文化是全体华人的骄傲和共同资源。中华文化是当今世界上的强势文化的最重要的比照与补充系统之一，中华文化是人类文明的宝贵财富。没有中华文化的人类文化，将是多么残缺的文化！

这里，我着重就一些个人的感受、经验谈一谈汉语汉字（海外习惯通称为华文华语）与我们的文化传统与现状的某些关系。

对于大多数民族来说，她们的独特的语言与文字是她们文化的基石。尤其是使用人数最多，延续传统最久，语音语词语法文字最为独特的汉语汉字更是我们的命脉，我们的灵魂，我们的根基。

汉语属于词根语，汉藏语系。我的小说《夜的眼》译成了英、德、俄等印欧语系许多文字。所有的译者都向我提出过一个问题："眼"是单数还是复数，是"eye"还是"eyes"？

我无法回答这个问题，因为汉语是字本位的，"眼"是一个有着自己的独立性的字，它的单数和复数决定于它与其他字的搭配。汉字"眼"给了我以比"eye"或者"eyes"更高的概括性与灵活性：它可以代表主人公的双眼，它可以象征黑夜的或有的某个无法区分单数与复数的神性的形而上的而非此岸的形而下的眼睛，它可以指向文本里写到的孤独的电灯泡。

汉语培养了这样一种追本溯源，层层推演的思想方法。眼是本，第二位的问题才是一只眼或多只眼的考量——那是关于眼的数量认知。眼派生出来眼神、眼球、眼界、眼力、眼光等概念，再转用或发挥作心眼、慧眼、开眼、天眼、钉子眼、打眼（放炮）、眼皮子底下等意思。

动词与系动词也是如此，华文里的"是"字，既是"to be"也是"am"，又是"was"，还是"were"，包括了"have been"、"has been"和"used to be"等。

组词造词也是如此，有了牛的概念，再分乳牛母牛公牛，黄牛水牛牦牛野牛，牛奶牛肉牛油牛皮牛角。这与例如英语里的 cattle -牛、calf -小牛、beef -牛肉、veal -小牛肉、cow -母牛、bull 或者 ox -公牛、buffalo -水牛、milk -牛奶、butter -牛油……大异其趣。这些与牛有关的词，在华文里，是以牛字为本位，为本质，为纲，其余则是派生出来的"目"。这样的牛字本位,则难以从英语中看出来。

所以中华传统典籍注重最根本的概念,多半也是字本位的:如哲学里的天、地、乾、坤、有、无、阴、阳、道、理、器、一、元、真、否、泰……伦理里的仁、义、德、道、礼、和、合、诚、信、廉、耻、勇……戏曲主题则讲忠、孝、节、义,读诗(经)则讲兴、观、群、怨。然后是自然、主义、理论、原则……有了仁,就要求仁政;有了道,就认定执政的合法性在于有道,并区分王道与霸道还有道法自然与朝闻道夕死可矣;有了义,就提倡舍生取义的价值观念,有了主义就有"砍头不要紧,只要主义真",有了原则,就有绝对"不拿原则做交易"……这些文字、概念、命题,不但有表述意义、价值意义、哲学意义,也有终极信仰的意义与审美意义。华文注重文字概念的合理性与正统性,宁可冒实证不足或者郢书燕说的危险,却要做到高屋建瓴与势如破竹,做到坚贞不屈与贯彻始终。在中国,常常存在一个正名的问题。训诂占据了历代中国学人太多的时间与精力,然而又是无法回避的。许多从外语译过来的名词都被华人望文生义地做了中国化的理解,中文化常常成为中国化的第一步。这产生了许多误读、麻烦,也带来许多创造和机遇,丰富了人类语言与思想。这里起作用的是华文的字本位的整体主义、本质主义、概念崇拜与推演法(如从正心诚意推演到治国平天下),与西方的实证主义和实用主义、理性主义和神本或者人本主义大相径庭。

(字本位问题在语言学内部是有争议的,但至少可以肯定,华文的字比拼音文字的字母不知重大凡几,而词与句的组合,仍然离不开字。即使不承认百分之百的字本位,也得承认七八成的字本位现象。华文文学讲究炼字,这与拼音文字大不相同。)

汉字是表意兼表形的文字,汉字是注重审美形象的文字,汉字如歌如画如符咒。汉字的信息量与某些不确定性和争议性无与伦比。在中华民族的统一与凝聚方面,在维护中华民族的尊严和身份方面,在源远流长、一以贯之而又充满机变以摆脱困境方面,汉字功莫大焉。没有统一的汉字只有千差万别的方言,维系一个统一的大国,抵抗列强的殖民化是困难的。比较一下中国与亚、非、拉丁美洲其他国家的被列强殖民统治的历史,我们可以看到中华文化的力量。比较一下社会主义的苏联与社会主义的中国命运,我们也可以看到中华文化特别是汉字文化的强大生命力。

相传当年仓颉造字的时候"天雨粟,鬼夜哭",何其惊天动地。汉字特殊的整齐性、丰富性、简练性与音乐性形成了我们的古典文学特别是诗词。现在中国大陆的幼儿不会说话已经会背诵"床前明月光……"武汉的黄鹤楼虽系后修,非原址,但是有崔颢与李白的诗在,黄鹤楼便永远矗立在华人心中。黄鹤楼、滕王阁、岳阳楼、赤壁、泰山……因诗文而永垂不朽。一位定居欧美的华人学人告诉我,在海外,欠缺不在物质方面,在各种东方店亚洲店里可以买到榨菜,也可以买到"过桥米线",然而总有一点沟通上的困难,洋人永远体会不了他读到杜甫的诗"露从今夜白,月是故乡明"和陶潜的"暧暧远人村,依依墟里烟"的心情。它们就是香港歌曲中唱颂的"我的中国心"。

在推广普通话(国语、mandaren)的同时,中华方言的丰富多彩正在引起人们的重视。吴侬软语,三秦高腔,川语的刚哆相济与粤语的铿锵自得尤其是各少数民族的语言文字同样是我们的语言财富。它们影响着乃至决定着我们的民族音乐,特别是多种多样的地方戏曲、曲艺和少数民族歌舞。"一声《何满子》,双泪落君前","一声乡音,两行清泪","乡音无改鬓毛衰","万方奏乐有于阗",中华儿女的乡愁乡情永不止息,汉字文化便是中华儿女的永远的精神家园。

同时在中华传统中,书画同源,汉字影响了我们的造型艺术,催生了我们独特的灵动的气韵、风骨、写实、写意、言志、抒怀等观念。

在华文中,"国家"既包含着"country"也包含着"nation"同时包括了"state"的意义,知道这一点,对于理解国人的国家民族观念,忠于祖国的观念与爱国主义的情愫有很大好处。在华文中"人民"一词有自己不尽相同于"people"的含义,而且"人"与"民"各有不同的乃至划分等级的含义。这些知识与思考,对于理解中国的政治生活与政治语言大有帮助。越是有志于中国的改革开放与现代化事业,越应该理解并善于运用几千年的中华文化的传统,趋利避害,将大胆变革与稳定发展结合起来。我的河北南皮同乡张之洞提倡的"中学为体,西学为用",他所信奉的"厉行新政,不悖旧章……"等原则,也许在学术上是浅薄的与有懈可击的,然而却是语重心长的。

我们中国应该明确地放弃汉字拉丁化的目标。我们实在难于从 bai ri yi shan jin, huang he ru hai liu 这 29 个字母上读出唐诗的效果。我们应该更好地进行汉语汉字的教学、传承、研究、数码化应用与审美化创造。我们应该创造出无愧于祖先的语言艺术的传世之作。我们应该更加重视在世界上推广普及华文与汉学教育,为此加大投入。我们应该在语言文字上对各种媒体与出版物提出更加严格的要求:少一点错别字,少一点洋泾浜,少一点文理不通。

我们所关切的汉字文化毕竟是全球化时代的民族文化,是面向世界的开放的与面向未来的文化。只有民族的才是世界的,是说我们的文化要有自己的传统、自己的立足点和自己的性格。同时,只有开放的、面向世界的、经得起欧风美雨和与时俱进的中华文化,才是有活力的民族的,而不是博物馆里的木乃伊。聪明的做法不是把全球化、民族化与地域化对立起来,而是结合起来。

在浅层次上,争论要不要花那么多时间学外语可能是有意义的。从根本上说,母语是进修外语的基础,外语是学好母语、精通母语的不可或缺的参照。说起近现代中国,大概没有很多人的外语比辜鸿铭、林语堂和钱钟书更好,同时他们的华文修养也令我辈感到惭愧。设想未来的中华儿女个个熟悉汉语汉字华文经典,同时至少是他们当中受过良好教育的人,熟练掌握一两门外语特别是英语,这完全是可以做到的,也是必须做到的。中国人大脑的聪明足以做到这一步。而做到这一步不会降低而只会提高中华文化的地位。

即使是纯然的文化舶来品,到了中国也会在一定程度上中国化。可口可乐在中国已经与生姜煮在一起作为解表去瘟的感冒药品使用。芭蕾舞与意大利歌剧,当中国人表演的时候,很可能多了些东方的妩媚与甘甜,多了些 tender 与 sentimental。近年来意式法式港式西装在中国大陆大行其道的同时,唐装、旗袍与土布对襟小褂正在悄然兴起。而且,据 CNN 的解说,目前三枚纽扣西装的设计受到了毛式服装的影响,而中山装、毛制服与当前改进了的立领无兜盖的青年服,又是中国受到日本、印度等国服装样式影响的结果。我们大可以增强对于中华文化、汉字文化的自信,以海纳百川、开阔明朗的心态对待文化的开放与交流,而决不是鼠目寸光,抱残守缺。当然也不是民族虚无主义与全盘西化。

1998 年我在建立已有七十余年历史的纽约华美协进会上讲演,有听众问:"为什么中国人那么爱国?"

我戏答曰:"第一,我们都爱汉字汉诗,第二,我们都爱中餐。"可惜我今天没有时间再谈中华料理了,那就让我们的听众们会议休息时间尽情地去享用中餐吧,美味的中餐毕竟首先要出现在餐桌上,而不是出现在我的讲演里的。谢谢。

(选自《汉字文化》,2005 年第 1 期)

【知识链接】

孔子学院

中华文化博大精深,源远流长,随着中国综合国力的提升,世界上学习汉语的人越来越多,掀起了一股学习汉语的热潮——汉语热。为让世界人民更好地学习汉语,了解中国、了解中华文化,也让悠久的中国文化走出国门,造福世界人民,本着"增进世界人民对中国语言和文化的了解,发展中国与外国的友好关系,促进世界多元文化发展,为构建和谐世界贡献力量"的宗旨,国家汉办在全球广泛设立"孔子学院"和孔子课堂。截至2015年12月1日,在全球134个国家(地区)建立了500所孔子学院和1000个孔子课堂[①]。

阅读书目

1. 张玉梅,李柏令. 汉字汉语与中国文化[M]. 上海:上海人民出版社,2012.
2. 丁迪蒙. 汉语语言文化学教程[M]. 上海:上海大学出版社,2012.
3. 黄德宽,常森. 汉字阐释与文化传统[M]. 北京:北京师范大学出版社,2014.

【拓展与训练】

1. 多年来,国内学习外语(主要是英语)的热潮一直不退,加之近年来出国的热潮兴起,不少同学都在努力学习英语,花费了大量的时间和精力,与之同时,也有不少有识之士在呼吁,希望国人重视母语的学习,重视母语能力的提高,当然也有不少同学对学习外语持怀疑和否定的态度,请就这些情况,从文化的角度谈谈你对学习外语的认识。

2. 汉字是中华文化的结晶,汉字中文化信息极其丰富,深刻反映了中国人的思维方式和认识世界、看待世界的成果,相较于世界上表音体系的文字,表意体系的汉字确实具有其特殊性,请结合具体实例,谈谈汉字在表现中华文化方面的优越性。

3. 登录中国语言文字网(http://www.china-language.gov.cn),进一步获取语言文字方面的信息。

---

① 资料来源于孔子学院总部/国家汉办网站,http://www.hanban.edu.cn。

文学是语言的艺术

王德春

【导读】

王德春(1934—2011),著名语言学家,曾任中国修辞学会会长,中外语言文化比较学会副会长。

文学是语言的艺术,这句话为大家所熟知,但这句话的内涵到底是什么,有时却又语焉不详。文学作品的创作与赏析和话语的生成与理解本质上是相通的。本文以学术的严谨和深刻,从文学与语言角度细致分析了"文学是语言的艺术"的内涵,同时辅以大量文学作品的语言艺术分析,既鞭辟入里,又生动形象。阅读此文,有助于同学们进一步把握"文学是语言的艺术"的内涵,也有助于提高写作和赏析文学作品语言艺术的能力;同时,对于如何把习见的问题引向深入,如何环环紧扣地思考和分析问题,也有很好的启示意义。

学习这篇文章,需要明白的重点问题主要有四方面。首先,语言是文学的表达手段和存在形式,文学和语言密切相关,可以从语言的角度研究文学,也可以从文学的角度研究语言,但语言学界对文艺作品语言的研究和文学界对文艺作品语言的研究有两者分离的倾向,因此要"用语言学和文艺学的理论和方法,从新的角度探索文艺作品的语言艺术,深入研究作家和作品的言语风格。"其次,"言语风格是使用语言的特点的综合,是言语的格调。"言语风格可以从不同角度解析其表现形式,如功能风格、民族风格、时代风格及个人风格,但具体到某一作家,这些不同形式的风格则综合表现于个人风格之中,言语风格实质上就是个人风格,平常说的风格即生命,指的也就是综合性的具有鲜明特点的个人风格。个人言语风格因人而异,要加强对个人风格的研究。第三,如何使用语言形成自己的风格,如何根据交际需要创造不同的风格,这是本文的重点。具体来说,一是要明白语言风格要素(即不同语言要素在表现风格方面的不同作用)在风格形成中的意义和作用,二是要充分结合话语整体和言语环境来分析言语艺术,不能脱离作品、作家等语境来机械地分析作品的语言艺术。最后,作者进行了归纳和总结,"文学是语言的艺术",包括两方面的内涵:从话语生成与作品创作的角度,"作者驾驭语言,依赖言语环境,建构话语,塑造艺术形象,艺术地反映世界"是语言艺术;从话语理解与作品赏析的角度,"读者通过语言,依赖言语环境,分析话语,理解文艺作品,形象地认识世界"也是语言艺术。

王德春先生是著名的语言学家,其对"文学是语言的艺术"两方面内涵的阐释有鲜明的语言学特色,这对于一般从文学的角度单向度地理解"文学是语言的艺术",显然具有矫正和充实的作用,因而对问题的分析也更深入一步。

一

文学是语言的艺术,因而语言是文学的第一要素。从语言的角度研究文学,与从文学的角度研究语言都应引起重视。

从现实情况看,文艺研究和文学评论是重视语言因素的,对作家和作品的评论一般都涉及语言特点。语言研究也很重视文艺作品,不断探讨作家的言语风格。这两方面的相互交织是传统语文学的特色。直到现在,大学中文系、外文系的设立,还是以语文学为前提的,与现代的语言学系或文学系有所不同。

语言学和文艺学各有自己的对象、任务和研究范围,它们的交叉点就在文艺作品语言上。就是在这个交叉点上,语言学和文艺学也有明确的界限。总的说来,语言学研究是从语言单位和话语组织到文艺作品的内容。它通过语言成分的研究,了解文艺作品中的语言单位与语言体系中的语言单位的异同,了解组成话语的语言结构;通过言语风格研究,了解文艺作品言语风格与功能风格(语体)的相互关系;通过修辞研究,了解文艺作品中语言单位的形象美学功能,通过规范评价研究,评论作家或作品语言同标准语规范的异同。这种种研究都离不开文艺作品的内容,但着眼点是在语言和话语。文艺学研究则从文艺作品的内容到体现这种内容的语言手段和话语组织。它通过研究,了解语言手段在形成文学形象中的作用,了解话语结构对作品思想内容的影响。这种研究,离不开对语言的分析,但着眼点是文艺作品的内容。

所以,语言学和文艺学在对文艺作品语言的研究上,既有密切的联系,又有明显的区别。

现代科学的发展,一方面不断分化,形成不同的分科;另一方面又不断综合,形成各种边缘学科。语言学和文艺学从传统的语文学中独立出来,各自有了明确的对象和任务;它们又在某种交叉点上综合起来,形成像文艺言语风格学、文艺修辞学这类边缘学科。从这种趋势来看,语言学家和文学家在各自研究文艺作品语言的同时,要彼此吸收对方的理论和方法,克服本身的局限,以便对文艺作品语言进行更全面更深刻的研究。

现在语言学界对文艺作品语言的研究,往往习惯于把语言单位和语言现象抽出来分析,无非是选词如何,择句如何,修辞方法如何,把丰富多彩的文艺作品语言归纳成若干千篇一律的条条框框,忽视主题、题材、结构、人物、场景等文学因素和言语的关系,甚至脱离言语环境和话语的整体性。这种研究充其量只能阐明文艺作品语言的一般性特点,而不能全面反映具体对象的特殊言语技巧,不利于风格学和文艺修辞学的深入探索。

而文学界对文艺作品语言的研究,又往往就事论事,把使用语言的效果与作品所反映的客体直接联系起来,缺少对言语规律的概括和总结。这种研究虽然也能具体地说明"其然",但由于忽视了对语言因素的规律性研究,却常常不能说明其"所以然"。例如对戏剧语言的研究,目前文学界对各家的戏剧语言大致从动作性、个性化和诗化等角度着手,从戏剧动作、人物性格的客体剖析来说明台词的动作性和性格化;从言语的"动作""性格"效果来说明创作手法。可是,构成动作和性格的语言规律和言语规律究竟如何,不同剧作家表现动作和性格的言语技巧有何差别,则往往未能论及或语焉不详。可是,全面而深刻地弄清这些相互有关的问题,才是真正语言艺术之所在。

考虑到对文艺作品语言研究的现状,用语言学和文艺学的理论和方法,从新的角度探索文艺作品的语言艺术,深入研究作家和作品的言语风格,就成为当前的迫切任务。

二

言语风格是使用语言特点的综合,是言语的格调。它可以从不同的标准加以分类。语体在其相应的言语环境中有其特定的功能,为全社会所公认,它是功能风格。此外,在使用语言时表现的民族特点就是民族风格,所表现的时代特点就是时代风格,等等。这一切风格特点综合表现于具体作家的作品中,加上他本人使用语言的特色,就构成了作家的个人言语风格。

关于风格,有两个著名的定义。布封认为"风格就是本人";斯维弗特认为"风格就是恰当的词用在恰当的地方"。这两种定义相互补充,相反相成。前者指风格中表现个人的形象特点,后者指使用语言的个人特点,两者合起来就是个人言语风格。它通过具体言语作品中的语言表现出来,风格要素是语音、语义、词汇、语法的特点和修辞方式的特点。言语环境因素对使用语言的影响总是集中到个人的言语行为和言语作品之中,形成个人的言语特色。如选词的特点,造句的特点,建构话语的特点和独特的修辞方式等。人们在感受言语风格时,往往是以具体作家作品的总体特点为依据,如谢冰心自然、平淡、绚丽、典雅;朱自清朴素、秀美、亲切、风趣;老舍简洁深刻,含蓄隽永;侯宝林风趣幽默,谐而不俗等等。这些个人言语风格的特点主要是由比较经常起作用的言语环境的主观因素,如个人的思想、性格、修养、经历等决定的。它们经常起作用的结果,一些个人言语特点便有规律地大量重复,形成言语风格相对稳定的部分。另一些主观因素,如身份、境遇、心情等也起一定作用,心情愉快,语多诙谐;心情郁闷,出言沉重。但这类因素比较容易变化,由它们影响而形成的言语特点是个人言语风格的变动部分。它从属于相对稳定部分,两者共同构成一个人统一的言语风格。

个人言语风格因人而异。有的特点突出,格调鲜明;有的不够突出,语言平平。一般说来,风格固然人皆有之,但鲜明的言语格调是对语言锤炼加工的结果,是说话写作时表现出的独特的成熟的言语艺术。因此,语言学要研究一切人的言语风格,更要研究作家、科学家的言语风格。

个人言语风格与个人的思想性格和生活经历密切相关。鲁迅和周作人两兄弟处于同一时代,但言语风格迥异。鲁迅早期是一位民主主义者,对半封建半殖民地的旧社会"立意在反抗",下定了"我以我血荐轩辕"的决心,他的言语作品总是像利刃那样刺向旧社会。在词语选用、句子组合、修辞方法运用等方面,常常采用超常搭配。在言语方式上,或反意顺推,或以正托反,用言语的偏离来揭露旧社会的怪异现象,产生强烈而深刻的修辞效果,构成鲁迅尖锐泼辣、冷峻、凌厉的言语风格的重要方面,真实地再现了鲁迅对旧世界进击的英雄形象。周作人初期虽信仰过唯物论,但他以"知"为满,以"沉默"为法,认为写文章"只不过在高兴的时候弄点小把戏,籍资排遣",所以其言语风格清淡自然。

郭沫若和谢冰心也是同时代的作家,但言语风格大不相同。郭沫若有强烈的爱国主义激情,崇尚积极浪漫主义,言语风格以豪放洒脱著称,并追求雄丽的诗歌格调,让诗歌形式服从于感情的倾泻。不拘一格的复沓回旋,一泻无余的反复排比,使言语呈现出璀璨绚丽的色彩和气吞山河的革命雄风。一代诗风,非他莫属。谢冰心提倡"爱的哲学",崇尚为自己的艺术,追求的是"满蕴着温柔,微带着忧愁,欲语又停留"的格调,用词浅近文雅,造句简短轻盈,清新隽秀,端丽柔婉。散文淡雅,非她不能。个人的文化修养对他们的言语风格也有影响,郭沫若早期作品中有西方浪漫大师歌德、拜伦等的身影,冰心的言语与泰戈尔有不解之缘。

三

我国传统的风格研究，一直沿用《文心雕龙》的理论体系，对风格的形成和风格因素的分析是多角度的。因此，语言风格要素的提炼比较笼统，有时甚至深奥莫测。风格的描写，时而从词语性质角度(平淡，绚丽)，时而从话语表现力的角度(豪放，婉约)，时而从行文的角度(简洁，繁丰)，时而从表达手法的角度(明快，含蓄)加以概括，这固然可帮助人们加强对风格特征的认识，但对如何使用语言形成自己的风格，如何根据交际需要创造不同的风格，则难施其技。

现代风格理论准确地论述了风格的本质，提炼了语言风格要素，明确了风格要素在形成风格中的地位和作用，可帮助人们自由地选择、运用语言风格要素形成一定的风格，进而根据交际的需要，创造不同的风格，最大限度地提高语言的社会功能。

以语音要素为例，汉语元音占优势，声调区别意义，音节划分为声韵调，可使声律协调，平仄对称，节奏鲜明。有意识地调动各种语音要素，可以形成不同的风格。例如，儿化和叠音都富于感情描绘色彩，含有亲切、随意、轻松活泼的意味，可用来描绘形象，渲染感情。通过具体的语音处理，人物言语风格就趋于鲜明。电影《青松岭》中主人公的发音，是高密度的儿化音和浓重的后鼻音韵尾(ng)使言语带上浓郁的北方土味；电视剧《孔乙己》中的主人公在讲"不多，不多，多乎哉，不多也"时，"不"字采用入声声调，使话语带上鲜明的南方风味。这些处理，强化了原著的言语风格，使人物形象更为生动。在汉语新闻广播中，由于语音要素的不同特点，也会形成不同风格。如大陆播音，音节饱满，声母发声有力，韵母归韵到位，语调抑扬的幅度较大，节奏鲜明，显示出刚劲明快的风格。港台播音声母力度小，韵母中有较多的装饰音，语气变化少，节奏不明朗，形成轻软柔媚的风格。各种语音要素都可成为风格要素，话语中语音要素特点不断复现，就会形成某种风格。

语音这样，语义、词汇、语法莫不如此。词汇中的口语词、方言词、外语词、科学术语、艺术辞藻、熟语；语法中的句型、句式；语义中的同义、反义、歧义、多义、比喻义、引申义等等，在特定的言语环境中有规律地复现时，都可成为风格要素，从不同角度显示出不同的言语风格，形成作家个人或作品主人公个人的言语特色。例如，曹禺在《原野》序幕中，描写焦大星和金子小夫妻俩在郊外话别，焦母跟踪而来，说了一段出言不逊的话：

焦氏(用杖指着地)死人！还不滚，还不到镇上办事去，(狠恶地)你难道还想死在那骚娘儿们的手里！死人，你是一辈子没有见过女人是什么样是怎么！你为什么不叫你媳妇把你当元宵吞到肚里呢？我活这么大年纪，我就没见过你这样的男人，你还配那死了的爸爸养活的？

这段话语，调动了一系列语言风格要素，恶毒的语气，凶狠的腔调溢于言表，感叹句和反问句连用，语气强烈，使人有恶浪汹涌之感。作者使用了"死人、骚娘儿们"等名词，"滚、死、吞"等动词，刻画了极端憎恶的感情，活画出焦氏专横、狠恶的个性，塑造出一个鲜明的人物形象。

人们在言语交际中，可以自由选用语言风格要素，自觉形成言语风格，并进一步根据交际需要，创造不同的风格。苏轼以风格豪放而著名，但他既有汪洋恣肆的"大江东去"的词作，又有深沉细腻的"悼亡"诗作；鲁迅以凌厉的风格著称，但他既写了亲切平和的《朝花夕拾》，又写了新奇瑰丽的《故事新编》。梁晓声在自己的创作实践中体会到作家应该创造不同的风格,他说:"一个作家,长久以一种语言,一种风格,写同一类题材的小说,无论对自己还是对读者来说,都是很乏味的。"他基于这种认识,希望读者读了他的作品后会说:"真想不到是他写的!"这种认识是难能可贵的。一个作家作为语言艺术家,的确应有创造不同风格的能力。当然,在创造之前,首先要形成自己独特的个人言语风格。如果语言平平,话语没有鲜明的特色,就谈不上进一步根据交际需要,创造不同的风格。所以,作家首先应追求读者会说:"这篇作品一定是他写的!"进而追求"真想不到是他写的!"

在小说和戏剧创作中,了解个人言语风格的成因,就能够自觉地使人物言语个性化,并让关键人物的话语有不同的风格表现,达到栩栩如生。例如,曹禺在《日出》中描写的陈白露,言语风格充满嘲讽和玩世不恭的情味,但作者不满足于单纯地体现这一种风格,他以主人公个性中的矛盾为核心,调动各种风格因素,使她的话语丰富多彩,格调多样。时而显露,时而含蓄;有时泼辣,有时雅静。有的作家也明白人物言语个性化的重要,但由于不了解风格理论的实质,不善于调动语言风格要素,往往只用一些口头禅或所谓的豪言壮语贴在人物的言语上,或者用语体的变化来区别角色的个性,难免单薄浮浅。

除人物言语外,叙述语言也可通过人物角度的变化而有所不同。贾平凹在创作实践中体会到:"便这么不停变化人物角度,以其身份发感慨,不全然是以其感觉为依据。这样,没想则有了一些淡淡味道,或者说有了一点小小的冷的幽默。"他在小说《天狗》中作了一些尝试,但不够明显。戴厚英的《人啊,人!》在这方面有更为成功的尝试。

在欣赏、分析作家的语言艺术时,也要落实到语言风格要素,以免失之空灵。例如,宋词的"豪放"和"婉柔"两种风格对峙,都是具体可感的。以岳飞的《满江红·怒发冲冠》和李清照的《声声慢·寻寻觅觅》为例。《满江红》中"三十功名尘与土,八千里路云和月""壮志饥餐胡虏肉,笑谈渴饮匈奴血"等句对仗工整、三、四音顿,节奏感强,音调激越,铿锵有声。壮怀激烈的英雄气概,气吞山河的民族激情,转战千里的气势,报仇雪恨的义愤,收复失地的决心,无不跃然纸上,体现出豪放刚健的风格。《声声慢》从"寻寻觅觅"到"点点滴滴"一连串迭音词,巧妙自然,把恍然若失的心情,冷落凄清的场景,悲戚哀伤的愁思渲染得淋漓尽致。北雁南归,菊花凋落,雨打梧桐,日近黄昏,无不使诗人增添愁绪,种种情况,一个"愁"字怎能概括得了,表现了婉约凄清的风格。一个"凭栏处",在急风骤雨后,"仰天长啸,壮怀激烈";一个"守着窗儿"在寂寞空虚中担心"独自怎生得黑"。一个面对强敌,报仇心切,发誓"笑谈渴饮匈奴血";一个在战乱中颠沛流离,孤独无依,内心充满着"凄凄惨惨戚戚。"两首词各以自己独特的言语风格,成为脍炙人口的千古绝唱。这就是语言艺术。

四

这种语言艺术得之不易,要千锤百炼,才能炉火纯青。作家的语言水平和言语修养是其作品感人的必要条件,所以说"语言是文学的第一要素"。

语言水平主要表现在语言材料的储备和选择。现代汉语是丰富的语言,语言体系中有无限宝藏,有丰富多彩的描绘表现手段。作家掌握的语汇丰富,就可以选用自如,为作品增色。例如,文艺作品要绘声绘影。声音怎么描绘?首先要靠描绘表现手段。什么"泉水幽咽、江河咆哮、狂风呼啸、细雨淅沥、私语切切、书声琅琅、歌声嘹亮";什么"银铃般的笑声,雷鸣般的掌声,声震屋宇的呐喊声"如此等等,不一而足。同样是流水有时"哗哗",有时"潺潺",有时"渠渠",有时"汩汩";同样是鸟鸣,时而"喈喈",时而"啾啾";时而"呖呖",时而"喳喳"。这些用语,如能选择恰当,应用裕如,作品自会有声有色。若使用不当或堆砌辞藻,反而弄巧成拙。可是,文艺作品的言语美,不仅在于个别词语的选用,更在于依赖言语环境建构话语整体。作家要重视锤词炼句,以考虑一着之得失;更要重视协调话语,以考虑全局之安危。因此,作家要具有精湛的言语修养。这种修养,比起搜集词语,储备语言材料要困难得多。古今知名作家往往都能善于把语言体系中静态的语言单位,在言语行为中化为动态的手段,运用于话语之中。例如形容乐声,不限于"音乐悦耳""歌声激越"等描绘,而是从话语整体显示出绘声效果。形容高亢激越的乐声是"划然变轩昂,勇士赴敌场"(韩愈),"银瓶乍破水浆迸,铁骑突出刀枪鸣"(白居易),形容低沉委婉的乐声是"昵昵儿女语,恩怨相尔汝"(韩愈),"弦弦掩抑声声思,似诉平生不得志"(白居易)。乐声舒徐缓慢,是"空山凝云颓不流"(李贺)"幽咽泉流冰下难"(白居易);乐声轻盈飘逸,是"浮云柳絮无根蒂,天地阔远随飞扬"(韩愈)。在方纪的《笛声与歌声》中也有类似的描写:"那只嘹亮的笛子,又象云雀一般飞上云霄划破青色的夜空,然后,又仿佛被飘浮的云朵托住,在天空中随风飘扬,久久地、久久地在山谷里荡漾着回响。"最精彩的是描绘乐声暂停的一刹那,"冰泉冷涩弦凝绝,凝绝不通声暂歇。别有忧愁暗恨生,此时无声胜有声。"(白居易)这种"此时无声胜有声"的境界,方纪也描写过:"忽然,三弦停止了;随着,舞蹈也停止了,广场上立刻变得寂然无声。仿佛连月光洒落,云朵飘流,都可以听得见声音。"因为"寂然无声",所以连"月光洒落,云朵飘流"都有声了。这种对声音的描绘,情景交融,感人至深。我们如能结合言语环境,深入领会柳永《雨霖铃》中"执手相看泪眼,竟无语凝噎"句,以及林则徐《赠诗送行邓延桢入关》中的"客中送客转无言"句,就会体验"此时无声胜有声"的绝妙意境。

绘声的效果同其他修辞效果一样,最终要在话语整体和言语环境中显示出来。白居易《琵琶行》中琵琶女的弹奏效果是"满座重闻皆掩泣"竟使"江州司马青衫湿"。大家感动得掩面而泣,诗人竟哭湿了衣衫。这种对音乐绘声绘形、传神传韵的刻画,表现了诗人高度的驾驭语言的能力。所产生极强的修辞效果是通过话语整体和言语环境显示出来的。

琵琶女年轻时色艺超人,名噪一时,不幸"年老色衰",委身为"贾人妇",漂泊江湖,过着悲凉孤寂的生活。这身世触发诗人对自己政途失意的感慨。当时诗人因遭诬陷,被逐出长安,贬官降职到江州当司马,"感斯人言,是夕始觉有迁谪意"。全诗贯穿着真情实感,气氛悲凉。先是"送客",在秋风中枫叶荻花瑟瑟有声,衬托出离愁别绪。接着邀商妇弹琵琶,"转轴拨弦三两声,未成曲调先有情。"什么情呢?"弦弦掩抑声声思,似诉平生不得志,低眉信手续续弹,说尽心中无限事。"商妇的"不得志"衬托出诗人的"不得志",商妇心中的"无限事",勾引起诗人心中的"无限事"。诗人用各种比喻来描写琵琶声悠扬、低沉、委婉、激烈。时而清脆流滑,时而缠绵悱恻,时而激越雄壮,难怪诗人说"如听仙乐耳暂明"。最后,在达到高潮时,以"四弦一声如裂帛"戛然而止,使听众沉浸在余音绕缭之中。演奏了琵琶曲,商妇自诉身世,如泣如诉,也像琵琶声的激扬幽抑。她的不幸遭遇,引起诗人深切的同情:"我闻琵琶已叹息,又闻此语重唧唧"。联系自己的遭遇,诗人不禁发出:"同是天涯沦落人,相逢何必曾相识。"作品主人公的感情、作者的感情,通过绘声绘形的诗句感染着读者,引起读者对琵琶女的同情,并为白居易无故遭贬而愤慨。

分析了整篇话语,揭示了言语环境,就可以深刻领会《琵琶行》以声托情的表达效果。

五

白居易诗中的"未成曲调先有情"一句用在修辞学上是一种重要的谋篇方法。言语的修辞效果，作品的感染力往往由此产生。现以苏轼的《前赤壁赋》为例。作者在谋篇中两次运用"未成曲调先有情"的修辞方法，达到两次高潮，获得两次高度的修辞效果。第一次是从文章开头到"倚歌而和之"。在一个秋高气爽、月明星稀，"清风徐来，水波不兴"的夜晚，作者与客泛舟游于赤壁之下，一面喝酒赏月，一面"诵明月之诗，歌窈窕之章"。他们"纵一苇之所如，凌万顷之茫然"，仿佛到了"羽化而登仙"的境界。于是"饮酒乐甚，扣弦而歌之"。在这情感已近升华之际，文章悠然转入"客有吹洞箫者，倚歌而和之。其声呜呜然，如怨如慕，如泣如诉，余音袅袅，不绝如缕，舞幽壑之潜蛟，泣孤舟之嫠妇。"形成了第一次高潮。吹箫者情不可遏，把心中的隐痛通过呜呜然的箫声倾诉出来，让藏于幽深涧谷中的蛟龙闻而起舞，使孤单小船上的寡妇听之哭泣。作者借朋友的箫声抒发自己瘀结胸中的如怨、如慕、如泣、如诉的情感，用这种声情并茂的优美描绘来感动读者，收到高度修辞效果。

第二次"未成曲调先有情"的修辞方法是从第一次高潮之后到"托遗响于悲风"。作者对人生的感慨寄托洞箫凄凉的尾音于悲风之中，接下来笔锋一转，进入第二个高潮，即阐述对人生、对宇宙的看法，描述本人正直不苟的形象，使读者折服于他的人生哲理，敬佩他的为人。收到又一次高度的修辞效果。

这种"未成曲调先有情"的谋篇方法，是从话语整体显示修辞效果的，这种效果单从语句的孤立分析是领会不到，理解不了的。在《老残游记》中，作者形容王小玉说书时说"唱了十数句之后，渐渐的越唱越高，忽然拔了一个尖儿，像一线钢丝抛入天际，不禁暗暗叫绝。那知他于那极高的地方，尚能回环转折；几啭之后，又高一层，接连有三四叠，节节高起"。这段描写，生动传神，特别是"像一线钢丝抛入天际"的比喻，令人联想起李贺形容乐声激越时"石破天惊逗秋雨"的名句。但是，王小玉的说书之所以震慑读者，除掉这段锤词炼句，巧加修饰的精彩描写外，作者运用的"未成曲调先有情"的谋篇方法也是一个重要原因。

在王小玉演出的前一天，有两个挑担子的说："明儿白妞说书，我们可以不必做生意，来听书吧。"有个站柜台的说："前次白妞说书是你告假的，明儿的书，应该我告假了。"歇了生意、请了假去听书，可见书说得吸引人。一个茶房介绍，王小玉常去看戏，学了各种唱腔。就是说能博采各家之长，融于自己的唱腔。待到开演时，又有人说，"黑妞的好处说得出，学得到，白妞的好处人说不出，学不到。"可见其演技的独特高超。接下来，作者描写白妞出场时左右一顾一看，连坐在远远墙根的人，"都觉得王小玉看见我了。"可见演技多么吸引人。这种种衬托，层层铺垫，早已使读者动情。待到白妞一出场，不仅听众的情绪进入高潮，读者的情绪也进入了高潮。自然会产生出独特的修辞效果。

前面说过，了解《琵琶行》的修辞效果要依赖言语环境，其声所以感人，其情必然动人。了解白居易遭贬谪的背景，就能领会他与琵琶女的同病相怜，"同是天涯沦落人"，怎能不彼此同情。这个道理，适用于理解任何话语。

柳宗元的《小石潭记》写道："从小丘西行百二十步，隔篁竹闻水声，如鸣佩环，心乐之。"柳宗元遭受打击，被贬为永州司马，但他不向黑暗势力低头，自然界的流水声带给他的乐趣通过朴素优美的言语感染读者。

王安石的《泊船瓜洲》，历来为修辞学家、文学评论家所称颂。但称赞和欣赏的焦点集中在一个"绿"字上,即从炼词的角度进行修辞分析,认为王安石在第三句诗中先后换去"到、过、入、满"等十许词,最后定为"春风又绿江南岸",这"绿"字写活了一片江南春色。这种分析是正确的,但只是注意了词语锤炼,而忽视了话语分析,只注意了修辞方法,而忽视了言语环境。如果依赖言语环境,从话语整体来分析,则可以发现此诗前三句对时间、地点、风景的交代和描写,只是一种衬托,以便借景抒怀。全诗的信息核心却在最后一句:"明月何时照我还?"王安石的变法主张受到保守势力的攻击,被罢官回乡。后来又奉召入京复相继续变法。在春光明媚的日子,船从家乡南京出发,停泊瓜洲。距镇江只一水之隔,离南京也仅数山之遥。但此去复官变法,成败如何,孰难逆料。这儿,泊船的季节和地理位置是第一层语言环境,更深一层的言语环境是作者罢官后复相的历史背景。他在这一片春意盎然的大好时光,在离家不远的地方,遥想到"明月何时照我还?"这次进京,是变法成功、凯旋,还是再度失败,罢黜而回?从话语整体和言语环境一分析,此诗的艺术境界全出,作者借景抒情,最后一个问句凝结了百感交集的心情。此情此景,正是作者通过此诗所抒发的,也是读者应该从此诗中所捕捉的信息核心。

所以,从生成话语的角度来看,作者的创作说明文学是语言的艺术,从理解话语的角度来看,读者的欣赏也说明文学是语言的艺术。作者驾驭语言,依赖言语环境,建构话语,塑造艺术形象,艺术地反映世界;读者通过语言,依赖言语环境,分析话语,理解文艺作品,形象地认识世界。语言是文学的第一要素,作家的语言艺术,作家的个人言语风格是语言学研究的重要领域,应该用现代语言学的理论和方法开拓这个领域,开辟出新的艺术天地。程乃珊最近在采访者的本子上题词:"每个人的心灵都是一个无垠的宇宙,表现这宇宙的文字就叫文学……"这句朴素而深刻的话揭示了用语言文字表现心灵、表现宇宙是文学的实质,文学是语言的艺术。

(选自《语文研究》,1987年第1期)

【知识链接】

风格学

作者、作品风格问题涉及语言学和文学两方面,是综合性的边缘学科。风格比较抽象,不易捉摸,但又是实实在在的,因此语言学和文艺学都非常重视风格的研究,由此形成了专门研究言语风格及其表现手段的风格学。风格可以从不同的角度来透视和解析,如从语体角度的功能风格、从民族角度的民族风格、从时代性角度的时代风格、从地域性角度的地域风格等,另外,不同作者的人生阅历、思想感情状态及艺术审美的观点不一样,因而个人风格也多种多样。个人风格是风格学重要的范畴,既是风格中的一个侧面,同时也是融汇了其他风格的综合性风格。风格学的研究不论是对于提高言语交际能力,还是文学创作的艺术性都有重要的意义。但具有鲜明个性的风格的形成则需要在理性认识的基础上,认真学习体会,长期艰苦磨炼,日积月累,方能成就。

阅读书目

1. 王德春.现代修辞学[M].上海:上海外语教育出版社,2001.
2. 马志强.语言交际艺术[M].北京:中国社会科学出版社,2009.
3. 黎运汉.公关语言学[M].4版.广州:暨南大学出版社,2010.

【拓展与训练】

1. 随着计算机技术和网络的发展，QQ、微信、微博等已成为青年人重要的交际方式，这种传递信息的方式虽然便利、及时、迅速，但是其语言文字是碎片化的，逻辑性不强，也缺乏深度思考。甚至有的人已经不适应用书面语言来表达了，常常是发一张图片或一段视频来表情达意。显然，这是不利于语言能力和语言艺术水平的提高的，请结合身边的事实，谈谈这种情况下该如何克服缺点，提高语言表达的能力和水平。

2. 请基于本文关于"文学是语言的艺术"双重研究方向或双重内涵的阐释，从本教材中选择一篇文章，分别从语言学的角度和文学的角度，或分别从写作和赏析的角度，分析其语言的风格特点和艺术性。

关于文学语言规范化问题

李润新

【导读】

李润新(1937—),河北迁安人,中国作协会员,中外文化研究所所长,老舍研究学会会员,曾赴也门、埃及等国进行学术交流和讲学。

语言是全社会的交际工具,党和国家历来对语言的规范问题都极为重视,1951年6月6日《人民日报》发表社论《正确地使用祖国的语言,为语言的纯洁和健康而斗争》,正式吹响了新中国语言文字规范化工作的号角。多年来,围绕"促进汉字改革、推广普通话、实现汉语规范化"三大任务,国家在语言文字规范化方面做了大量工作,取得了卓越的成效,其中还于2000年颁布了中国历史上第一部语言文字法《中华人民共和国国家通用语言文字法》。

文学是语言的艺术,其一个重要特质就是要不断地进行创新,因此,文学语言的创新与规范化一直是讨论的热点问题,不少人对此问题的认识还存在一定的误区,认为强调文学语言的规范化,就会妨碍文学语言甚至文学的发展。

李润新先生既是语言研究的专家,也是作家,其对文学语言规范化的认识是比较客观的,其谈文学语言的规范化也是有说服力的。本文首先抓住问题的症结之所在,即要谈文学语言的规范化,前提是要明确语言"规范化"的内涵。规范不是和发展对立的,更不是否定发展,而恰恰是为了更健康地促进语言发展。文学语言有稳定的一面,也有创新的一面,两者辩证地统一在一起,语言的创新要符合语言发展的规律,要符合人类的认知规律,同时语言的创新也不断丰富语言,促进语言的发展。其次,文章结合当时文学创作的情况,提出了文学语言规范化的紧迫性:"今天的文学语言现状,实在让人忧虑,语言上的种种'不正之风'大有越刮越烈之势,已到了非煞不可的地步了!"并一针见血地指出了文学语言的四种流行病:"语言虚伪症""语言生造症""语言返古病""方言癖好症"。

当前新媒体发达,网络文学发展迅速,人人皆可成为作家。但网络文学等发展的同时,也带来不少问题,为了博取眼球和点击率,获取更高的商业价值,因此不少作者竭力以求新、求奇、求异为能事,加之有的作者文化素质有限,因此网络文学语言规范化问题也是比较突出的。网络文学的传播速度、传播范围和网络效应都远远超过传统纸质媒体文学,文学语言的规范化主体也由当初的"小众的规范化"过渡到了时下的"大众的规范化"了。这篇文章写于上世纪九十年代,虽然时过境迁,但其意义丝毫未减,文学语言规范化的问题依然存在。

一、正确理解"规范化"的内涵

文学语言要不要规范化的问题,跟如何理解"规范化"的内涵有密切关系。关于"规范化"的内涵,不少专家、学者都给它下过定义。王力先生说:"所谓规范化,就是要求民族共同语更加明确,更加一致。"吕叔湘、罗常培指出:"语言的'规范'指的是某一语言在语音、词汇、语法各方面的标准。"林焘先生说:"'规范化'则是就语言的发展给它定出一定的规范,从而促进语言的发展。""使语言能够按照它自己发展的规律更迅速地向前发展,从而促进文化的发展。"有人误以为强调文学语言要"规范化",就会妨碍文学语言的发展。他们把"规范化"与"僵化的教条"等同起来,提出"要扭断语法的脖子""文学语言在本质上是反规范的""超越规范,突破规范"等说法。我们应辩证地来看待文学语言"规范化"问题,文学语言既有稳定性的一面,又有可变性的一面。片面地强调文学语言的稳定性,否定它的发展,当然是错误的;如果只看见文学语言的可变性,由此而否定它规范化的必要性,甚至把规范与发展对立起来,同样也是错误的。如前所述,我们讲求规范化,不是妨碍,而是促进语言本身更健康地向前发展。我们揭示事物固有的内在规律,是为了从"必然王国"向"自由王国"的飞跃。正如一切自由都有限制一样,语言的运用也不能有绝对的自由。不遵循客观规律,不顺着语言自身的内在规律来运用语言,天马行空,独往独来,甚至以"玩语言"为乐趣,以"突破规范,超越规范"为"创新",是行不通的。试想,我们的作家都竞相"超越规范,突破规范",我们的文学语言将会出现怎样的混乱和分歧?翻阅中外文学史,那些堪称语言艺术大师的作家,有哪一个不是既注重语言规范,又以自己的创作来丰富和发展本民族的语言呢?

  以鲁迅先生为例,收在《鲁迅全集》中的小说、散文、杂文、论文、日记、书信、译文等,大都是典范的现代白话文著作,"表现了我国现代汉语最熟练和最精确的用法","是使用这种活泼、丰富、优美的语言的模范"。尽管当时还没有提出明确的文学语言要规范化的要求,但是,他从热爱祖国语言、纯洁祖国语言、促进祖国语言健康发展的目的出发,对文学语言与大众口语的关系,对现代汉语与古代汉语、外来语和方言土语的关系等文学语言规范化的主要问题,都作了深刻而精辟、具体而全面的阐释。他提出了"博采口语""将活人的唇舌作为源泉""大众语是毛坯,加了工的便是文学""择取中国的遗产,融合新机""采用外国的良规,加以发挥""太僻的土语,是不必用的"等等文学语言规范化方面的重要意见。这些意见对"五四"以来新文学语言的发展,都起了很大的指导作用,至今仍值得我们遵循。鲁迅先生不愧是我国现代汉语文学语言的杰出奠基人,也不愧是文学语言规范化的楷模。

  还有人把文学语言规范化跟个人风格对立起来,这种看法也是站不住的。文学语言规范化,绝非束缚作家手脚的绳索,而是作家从"必然王国"向"自由王国"飞跃的阶梯。在规范化的广阔天地中,作家可以充分发挥自己的主观能动性,自由地发展自己的创作个性。在我国现代文学史上,凡是极力主张文学语言要规范化的作家,往往也都是有鲜明的语言艺术风格的作家。以公认的语言艺术大师老舍先生为例,他一生写了许多倡导文学语言要规范化的文章。新中国成立后,他将自己写的关于文学语言的理论文章编成《出口成章》的专集,目的之一,是为了引导作家,特别是青年作家走文学语言规范化的路。他对种种不规范的"文病"进行了多次批评,循循善诱地劝导作家一定要把文学语言的规范化、民族化和个人的独创性统一起来。他曾多次批评"闭门造车""胡编硬造"的现象。他指出:"所谓语言的创造并不是自己闭门造车,硬造出只有自己能懂的一套语言,而是用普通的话,经过千锤百炼,使语言得到新的生命,新的光芒。就像人造丝那样,用的是极为平常材料,而出来的是光泽柔美的丝。我们应有点石成金的愿望,叫语言一经过我们的手就变了样儿,谁都能懂,谁又都感到惊异,拍案叫绝。"他甚至把要不要规范化视为"政治任务"。他热诚地说:"语言的统一是个政治任务,个人须克服自由主义,克服一些困难,要求自己在往统一的路上走的过程中有些帮助,尽自己的一份力量。"正是这位如此执著于文学语言规范化的语言巨匠,把我国文学艺术水平提到一个新的高度。老舍先生的艺术风格并未受到规范化的约束,他成为举世公认的有着独特语言艺术风格的杰出作家。

有些人把属于修辞学范围的语句说成是文学语言不能规范化的例证,这更是不能成立的。语言的规范化,它的涵盖面,不仅包括语音、词汇、文字、语法的规范化,也应包括修辞格的规范化。文学语言的规范化与作家运用各式各样的修辞手段并不矛盾。有人说一讲求语言规范化,语言就会变成"白开水"一样淡而无味。其实并非如此。修辞学上的"隐喻""借代""夸张""通感""飞白""拈连""降用"等等修辞手法,与语言的规范化是相辅相成的。我们倡导语言规范化与作家用各式各样的修辞手法使语言更确切、更鲜明、更生动,是完全一致的。修辞手法用得越美妙,越新奇,越能说明语言规范化是确保语言准确、鲜明、生动的前提。不规范的语言,不可能是准确的,当然就更谈不上鲜明、生动了。

二、文学语言规范化的紧迫性

文学语言要不要规范化的问题,跟文学语言的现状也有着密切的关系。如果当代的文学语言都是规范化了的语言,那当然无须大张旗鼓地倡导规范化。今天的文学语言现状,实在让人忧虑,语言上的种种"不正之风"大有越刮越烈之势,已到了非煞不可的地步了!

在这次《语文建设》组织的讨论中,许多语言学家、著名作家都无不忧虑地指出了很多语言不规范的现象,并深入分析了种种不规范现象产生的原因。他们大声疾呼,倡导文学语言的规范化。即使是认为"文学语言在本质上是反规范的"的同志,也承认存在着"语言混乱、错别字连篇、食洋不化、故作时髦而又内底空虚浅薄等等现象",并说这类文学语言的作者"无资格谈什么反规范,因为他们压根儿不懂规范"。今天我们有必要对"压根儿不懂规范"的作者进行"发蒙"教育。

本来,文艺工作者在文学语言规范化方面应该起"示范作用",正如《人民日报》1955年10月26日社论《为促进汉字改革、推广普通话、实现现代汉语规范化而努力》中指出的那样:"要促使每一个说话和写文章的人,特别是在语言上有示范作用的人,注意语言的纯洁和健康。语言的规范必须寄托在有形的东西上。这首先是一切作品,特别重要的是文学作品,因为语言的规范主要是通过作品传播开来的。作家们和翻译工作者们重视或不重视语言的规范,影响所及是难以估计的,我们不能不对他们提出特别严格的要求。"

然而,现在有一些文艺工作者却早把这种应起的"示范作用"忘记了,或者有意无意地抛弃了。他们不但不起"示范作用",而且反其道而行之,任意破坏语言的规范化。有些文艺评论家,对破坏规范的"通病"不但不予以根治,而且加以褒誉,加以鼓励,使得有些作家堕入了"玩文学"和"玩语言"的泥坑难以自拔。对此,我们不能不大声疾呼,请你们听听已故著名作家和文艺理论家秦牧的遗言吧:"大力倡导流畅自然的文风,不要让那些病句累累,使用文学语言不合规范的文章见于报刊,以免孽种流传,误人不浅!"为了让人们更深切地感受到文学语言规范化的必要性和紧迫性,为了引起人们对带有普遍性的、时髦的破坏语言规范化的"通病"的注意,我们从种种"通病"中举出四种"流行病":

其一,故弄玄虚,装腔作势,曲里拐弯,莫测高深。本来问题并不复杂,却故意使句子弯弯绕绕,朦朦胧胧,隐隐晦晦,古古怪怪,使人如坠五里云雾。我们倡导"深入浅出",有人却背道而驰,醉心于"浅入深出",搞得玄而又玄,成心不让人懂,我们可称此病为"语言虚伪症"。

其二,生造谁也不懂的新名词和形容词,像变戏法一样,玩弄文字游戏,甚至如玩积木一样,堆砌一串串生造词语;还有人在汉语里掺进不少外国原文,或生吞活剥一些"洋货",贴上

"国货"的标签,四处兜售。我们可称此病为"语言生造症"。

其三,"马拉松式"语句,就是少则几十个字,多则一二百个字,不点标点;甚至一大段话也不点标点。他们"向标点符号发起了猛烈进攻,要消灭标点符号,而且据说只有不用标点符号才能写出伟大的文学作品来"。写文章,点标点,这是连小学生都懂得的常识。而这些人却偏要违背常识,故意不断句,不停顿,以"马拉松句式"为时髦。我们可称此病为"语言返古病"。

其四,大量使用方言土语。作品中不论是叙述语言,还是人物语言,都用了许多只有某一地区才通行的土话;还有人热衷于说"港话"。有的电视剧、话剧简直就是方言剧,作者以为唯有用方言土语才能表现出地方色彩。本来应用普通话写的,却偏用方言土语来表述。我们称此病为"方言癖好症"。

以上四种"流行病",再不治是不得了的。祖国的语言好比一个人的机体,患上了这四种病,难道不应引起一切关心祖国语言纯洁、健康的疗救者的关注吗?现在,香港、澳门、台湾都兴起了学习和推广普通话的热潮,世界上许多国家和地区也兴起了"汉语热"。我们中国大陆,是汉语的故乡,也是汉语规范化的中心。我们应该把现代汉语最纯正、最典范、最精确的文学语言首先传遍全国,传遍港、澳、台,进而传到海外各国。热爱汉语,维护它的纯洁性,促使它健康地向前发展,是我们每一位文艺工作者和语言工作者的神圣职责。

(选自《语文建设》,1993年第2期)

【知识链接】

《中华人民共和国国家通用语言文字法》

这是我国第一部语言文字方面的专门法律,2000年10月31日由第九届全国人大常委会第十八次会议审议通过,2001年1月1日起施行。该法一共四章,分别为总则、国家通用语言文字的使用、管理和监督、附则。其中,第一章交代了本法的制定目的,明确了普通话和规范汉字作为国家通用语言文字的地位;第二章一共十二条,对国家通用语言文字的使用作了具体的规定。语言文字法的颁布,对于推动国家通用语言文字的规范化、标准化,更好地发挥语言文字在社会生活中的作用,促进各民族、各地区经济文化交流具有重要的意义。

阅读书目

1. 高万云.文学语言的多维视野[M].济南:山东文艺出版社,2001.
2. 雷淑娟.文学语言美学修辞[M].上海:学林出版社,2004.
3. 教育部语言文字信息管理司.语言文字规范标准手册[M].北京:商务印书馆,2015.

【拓展与训练】

1. 语言是文学的第一要素,文学语言的创新性和语言的规范性一直是一对矛盾,有人认为文学语言可以不受规范的约束,否则就失去了文学的创造性和文学的灵性,甚至有人认为文学语言本质上就是反规范的。根据你的认识,请谈谈这种观点是否合理,该如何正确理解文学语言的规范性问题。

2. 下文节选自莫言的散文《会唱歌的墙》,请谈谈这段文字语言的艺术性和规范性的关系。

我站在池塘边倾听着唧唧虫鸣,美人的头发闪烁着迷人的光泽,美人的身上散发着蜂蜜的气味。突然,一阵湿漉漉的蛙鸣从不远处的一个池塘传来,月亮的光彩纷纷扬扬,青蛙的气味凉森森地粘在我们的皮肤上。仿佛高密东北乡的全体青蛙都集中在这个约有半亩大的池塘里了,看不到一点点水面,只能看到层层叠叠地在月亮中蠕动鸣叫的青蛙和青蛙们腮边那些白色的气囊。月亮和青蛙们混在一起,声音原本就是一体——自然是人的自然,人是自然的一部分。人在天安门集会,青蛙在池塘里开会。

网络语言的规范化问题(节选)

苏培成

【导读】

　　苏培成(1935—),天津人,著名语言学家,北京大学中文系教授。曾任中国语文现代化学会会长。

　　伴随网络的出现和快速发展,一种主要在网络交际中使用的网络语言便应运而生且快速发展。网络语言适应了网民的求新、求异的个性化表达心理,很多时候具有幽默、戏谑的表达效果,因此颇受网民的喜爱与追捧。网络语言的发展,一方面适应了时代的需要,也在一定程度上丰富了汉语的表达,但同时也带来不规范的问题,需要积极面对。

　　本文论述了三方面的问题:一是网络语言的性质和其主要形态;二是网络语言规范化的标准;三是如何正确对待字母词问题。网络语言是网民在网络交际中使用的一种语言变体,其与一般社会交际语言的不同,主要是在词汇和一些特殊语体方面。新兴的网络语言对传统语言既是一种突破,同时也带来一定的冲击。因此,对网络语言需要具体分析,简单否定和任其自然都不是客观的态度。对于网络词汇,要坚持一般词汇规范的"必要性、明确性、普遍性"标准,至于一些特殊的网络语体,类似于对一般词汇的规范。字母词是一个比较复杂的问题,与中国的汉字体系完全异质。对此,苏培成先生花费了较多的笔墨,多角度论证了字母词存在的合理性和规范化问题。字母词的优势是它的开放性与国际性,便于国际科技文化交流,固然字母词具有异质性,但显然不能全盘否定和强行禁止,因此认识和规范字母词,需要把封闭的眼光改换成开放的眼光。取舍的标准应是"让汉语文成为规范、丰富和发展的语文",而不是保守、僵化、静止的汉语文。限于篇幅,字母词这部分内容未选,有兴趣的同学可以查阅原文。

　　语言文字的发展与社会发展息息相关。网络语言的出现、字母词的应用都是一种必然。对于新生事物,不必视为洪水猛兽,应该持一种宽容的胸怀,以发展的眼光看待。当然,也不能听之任之,而要根据语言文字发展的规律,从历史和现实的角度,具体问题具体分析,确定规范化的标准,进行必要的规范化引导。

一、网络语言

　　"网络语言"指的是网民在网络交际中使用的语言,它与一般社会交际所用的语言有所不同。网络语言主要在网民中流行,但其影响不可忽视,因为它的影响已经从虚拟空间走向纸质媒体,已经从网民中走向社会。

　　"网络语言"有三个特点:第一,交际方式是通过电脑和网络进行,沟通的媒介是网络。如果没有电脑和网络,网络语言很难在其他形式的媒体上生存。第二,使用者主要是生活在城市里的一部分青少年,网民不限于青少年,但是网络语言的使用主要是青少年。这部分青少年思想活跃,热心网络技术,崇尚张扬个性,具有反传统的意识。这些青少年年纪大了以后,逐渐放弃网络语言。第三,网络语言是全民语言的社会变体,在语音和语法上与全民语言没有什么不同,而不同点主要是一般词汇和网络语体。网络词汇和网络语体很多带有戏谑、嘲讽的意味。

网络语言是新生的东西,它对传统语言是突破也是冲击。它特有的那一套与传统语言不同的词汇和语体,深受青少年网民的喜爱,可是它又有那么多离经叛道的、不规范的东西,让人迷惘、不知所措,网络语言正在对汉语汉字的发展产生深刻的影响,其中既有积极的影响,也有消极的影响。

语言文字是社会交际工具,它是社会现象,不是个人现象。语言文字的规范化就是要确定并且推行语言文字的统一的标准,使得语言文字的交际能够顺利进行。语言文字的规范化是社会语文生活里的十分重要问题。如果没有起码的规范化,语言文字就无法使用,交际就无法进行。网络语言的规范化是信息网络时代社会语文生活里产生的新问题,我们必须认真研究,采取正确的对策。

二、网络词汇

20世纪90年代后,汉语里出现了第一批网络词汇。这一批词汇的构成有多种方式。例如:

(1) 简单的图形符号:"|－P"表示捧腹大笑、":－)"表示咧着嘴笑、":－P"表示吐舌头。
(2) 数字谐音:748(去死吧)、886(拜拜了)、7456(气死我了)、9494(就是就是)、5891(我不介意)。
(3) 汉语拼音的缩写:MM(妹妹)、JJ(姐姐)、PF(佩服)、FB(腐败)、PMP(拍马屁)。
(4) 英文的缩写:TYVM(太感谢你了。Thank you very much 的简缩)、SUL(再见 See you later 的缩写)、KISS(不是吻,是简单一些,傻瓜。Keep it Simple, Stupid 的缩写)。
(5) 汉字谐音:偶(我)、酱紫(这样子)、果酱(过奖)、油墨(幽默)。
(6) 生造词语:养眼(好看)、伟哥(伟大的男人)、菜鸟(网络新手)、恐龙(丑女)、拍砖(论坛上的争论)、东东(东西)。
(7) 网上笔名,五花八门:游侠、剑客、笑傲江湖、云淡风轻、率得发呆。

这一批网络词汇,来也匆匆,去也匆匆,生命多很短暂,很少有进入全民语言的。最近十年来,新一波的网络词汇迅速发展起来。图形符号的已经少见,主要是用汉字构成的。例如:眼缘(初次见面时彼此被吸引的可能性)、杯具(悲剧)、给力(大力支持,带劲)、水军(被网络公司召集起来的,为他人发帖造势的人)、织围脖(写微博)、傍傍族(希望借助某些捷径来实现个人目标的人)、犀利哥、神马都是浮云、羡慕嫉妒恨等。这些网络词汇还具有能产性,通过模仿可以派生出一系列词语。例如,由以"杯具"代替"悲剧"产生出以"洗具"代替"喜剧"、由"餐具"代替"惨剧"、以"茶具"代替"差距"。由模仿"羡慕嫉妒恨"产生出"空虚寂寞冷""无聊寂寞闷""神速麻利快""忠厚老实憨"。从对这先后两批网络词汇加以观察,可以发现网络词汇自身也在进行规范化。前期的图形符号、数字谐音等造词方式已经减少,主要采用汉字造词,而且后期还出现了网络语体。

这些网络词汇产生后,很快就引起了争论,支持的和反对的都很强烈。从规范化的角度应该怎样看待这些词汇呢?语言是随着社会的发展而发展,语言的发展首先是一般词汇的发展。网络词汇可以看作是一般词汇,它的规范主要有三条标准,就是必要性、明确性和普遍性。

"必要性"就是要保留在交际中有必要的，舍弃那些不必要的。社会中出现了新事物新观念，语言中必须有相应的词汇来表示。如果没有就要尽快想出办法创造新词，否则不能满足社会交际的需要。此外，人们在语言运用中有求新的倾向，在社会发生激烈变动时，这种倾向有时变得十分强烈。满足求新倾向而产生新词语也是必然的。从必要性来看网络词汇，它张扬个性，带有戏谑、嘲讽的色彩，可以满足求新的欲望，具有一定的必要性，可是这些词汇在严肃的场合不能使用，甚至不能在纸质媒体上使用。有些词汇不具有必要性，例如把"气死我了"说成"7456"，把"妹妹"说成"MM"。

"明确性"就是要保留表达意思明确的，舍弃那些含糊不清，模棱两可，甚至有歧义的。把"丑女"说成"恐龙"往往让人莫名其妙。"杯具"原指盛水的器具，因为与"悲剧"同音，在网上有人用来代替"悲剧"流行，用来表示失败感，或是委婉地表达对某人某事的不满。但是"杯具"和"悲剧"同音，口语里无法分辨，不够明确。"人生是一张茶几，上面摆满了杯具"，只是修辞手法的运用。另外，词汇是由语素构成的，而语素是音义结合体。新产生的词语和构成它的语素要有合乎逻辑的联系，符合汉语构词规律。把"我"说成"偶"，把"这样子"说成"酱紫"，看不出有什么构词理据。

"普遍性"就是要选择流通面广的，舍弃流通面窄的。流通面广就表示它已经被社会大众所接受。网络词汇的使用对象主要是一部分城市青少年，而不是多数成年网民，可见它的流通性不足。网络词汇很少能进入全民语言，始终在少数网民中生存。网民多是青少年，当他们成长为中老年，也会逐渐放弃这些词汇。

网络词汇的规范化要综合考虑以上三性做出取舍。从目前使用情况看，"给力"一词也许能够被社会接受。"给力"最早见于2010年11月10日的《人民日报》的标题："江苏给力'文化强省'"。很快就在网上得到传播。"给力"是动词，意思是"大力支持、发挥作用"。不久就有了用于形容词的用例。如"吃一个红辣椒问题不大，但你如果吃得太多到一定量的话，可能会有生命危险。这种化学物质很是给力，人们用它来作脱漆剂甚至警方用的胡椒喷雾。"意思是作用强大、效果明显。又如"今年，范冰冰在慈善公益方面也颇为给力"，意思是热心、尽力。

语言文字是交际工具，没有阶级性。不能用行政手段限制某种词汇的存在和发展，但是必须用规范手段加以引导。对于那些不具备"三性"的网络词汇不要进入规范性的语文工具书，不要进入语文教材。高考作文对网络词语的使用做出一些限制也是必要的。对于那些沉迷网络词汇的青少年网民要加强引导，要告诉他们必须认真学好普通话和规范汉字。如果他们只会使用网络词汇，而不会使用普通话词汇，他们就会成为语言的"残疾人"，使得他们在社会生活里难于发挥作用。网络词汇能不能"转正"，成为全民词汇？我看很难。网络词汇的大多数只是在狭窄的范围内生存，往往是昙花一现，没有长久的生命力。同时网络词汇具有的戏谑和调侃，使得它们的使用范围大受限制，不能用在一些重要的交际领域。

三、网络语体

近几年，网络语言里另一个值得注意的现象是网络语体的出现和传播，先后流行的有知音体、淘宝体、凡客体、咆哮体、纺纱体、羔羊体等。

（1）淘宝体最初见于淘宝网卖家对商品的描述。淘宝体后因其亲切、可爱的方式逐渐

在网上走红。2011年7月南京理工大学向录取学生发送"淘宝体"录取短信:

亲,祝贺你哦!你被我们学校录取了哦!亲,9月2号报到哦!录取通知书明天"发货"哦!亲,全5分哦!给好评哦!

2011年8月1日上午,一则关于外交部微博招人的消息在网上流传。这则招聘微博由外交部官方微博平台"外交小灵通"发布,采用了时下流行的"淘宝体",在三个多小时内被转载4800多次,引发网友热议。

亲,你大学本科毕业不?办公软件使用熟练不?英语交流顺溜不?驾照有木有?快来看,中日韩三国合作秘书处招人啦!这是个国际组织,马上要在裴勇俊李英爱宋慧乔李俊基金贤重RAIN的故乡韩国建立喔~此次招聘研究与规划、公关与外宣人员6名,有意咨询65962175~不包邮。

这则招聘微博发布后引来大量网友的围观,除对招聘信息的关注之外,轻松的淘宝体也引来诸多争议。一方面,许多网友大赞这种招聘语"好有创意",但另一方面,评论中也存在质疑的声音。有网友质疑道,该严肃的时候不严肃,这样合适吗?也有网友认为,官方的亲民不是仅仅在微博中使用亲民的语言就足够的。

(2) 凡客体即是凡客诚品(Vancl)广告文案宣传的文体。2010年7月凡客诚品邀请了青年作家韩寒和青年偶像王珞丹出任形象代言人,一系列的广告也铺天盖地地出现在公众的眼帘。该广告系列意在戏谑主流文化,彰显该品牌的自我路线和个性形象。然其另类手法也招致不少网友围观,网络上出现了大批恶搞"凡客体"的帖子。

韩寒的凡客体广告:

爱网络,爱自由,

爱晚起,爱夜间大排档,爱赛车;

也爱29块的T-SHIRT,我不是什么旗手,

不是谁的代言,我是韩寒,

我只代表我自己。

我和你一样,我是凡客。

王珞丹的凡客体广告:

我爱表演,不爱扮演;

我爱奋斗,也爱享受生活;

我爱漂亮衣服,更爱打折标签;

不是米莱,不是钱小样,不是大明星,我是王珞丹。

我没什么特别,我很特别;

我和别人不一样,我和你一样,我是凡客。

(3) 咆哮体是表示强烈感情的一种说话方式。它没有固定的格式或内容,就是带许多感叹号的字、词或者句子,一般出现在回帖或者QQ、MSN等网络聊天对话中。这种看上去带有很强烈感情色彩的咆哮体引来了粉丝的追捧。这种文章的特点是常以"伤不起"为标题,每句话的结尾都会有一连串的叹号,每隔几句就有"有木有"的质问结尾,让人感受到一种震耳欲聋的气势。例如:

学法语的人伤不起啊!!!

老子两年前选了法语课!!!! 于是踏上了尼玛不归路啊!!!!! ……76不念七十六啊!!!!! ……念六十加十六啊!!!! 96不念九十六啊!!!! 念四个二十加十六啊!!!! 法国

人数学好得不得了有木有!!!! 一百以内加减法老子不用计算器直接念出来了啊有木有!!!!

上新浪微博的人你们伤不起啊!!! 除了做梦的时候不上分分钟都在上啊!!! 没事就想点刷新啊!!! 手贱根本控制不住啊!!! 一小时不上就好几百条微博啊!!! 半天儿没上你就心里发虚不知道大伙儿都在说啥啊!!! 一天不上就尼玛有一种被社会遗弃的感觉啊!!!

咆哮体的出现和走红根本原因,是它本身具有的情感宣泄和娱乐功能。无论是表达对学习、生活中种种不易与艰辛,还是对生活中其他人和事的不满和感叹,都包含着幽默、夸张、调侃、戏谑。其次,咆哮体满足了年轻群体追求新颖追求时尚的心理趋向。在拥挤的网络中,平淡无奇的表达方式往往会被迅速淹没在海量信息之中,所以必须用一种新的方式来吸引注意,让别人听到自己的声音。

网络语体一般是在特定环境和特定群体中流行,而网络语体的快速传播也会加剧它的新鲜感和生命力的磨蚀。咆哮体和其他网络语体一样,其使用会受到内容、对象等的限制,同时流行也具有一定的时效性。大段的咆哮体文字很难永远占有网络。所以各种网络语体最终也会像"浮云"一样飘过,而逐渐消失。不过也会留下自己的痕迹。像其中的"伤不起"一词,可能长时间的在网络和纸质媒体里沿用下去。对网络语体的规范类似对一般词汇的规范。它适应了社会发展的需要,丰富了汉语的表达,但是这种语体不能取代已有的任何一种语体。它的使用范围和使用人员比较狭窄,使用时效短,难以持久。

……

(选自《通化师范学院学报》,2012年第1期)

【知识链接】

网络语言

网络语言是指主要在网络中产生和用于网上交流的一种语言,随着互联网的发展,于20世纪90年代诞生。网络语言有多种类型,基本构成元素有字母、标点、符号、拼音、文字以及图形等多种。网络语言本质上是全民语言的一种变体,其创造和使用的人群主要是青少年网民,语言学界一般将其归为社会方言。因为网络语言能较好地满足青少年网民强烈的创造性和特殊文化心理,有的诙谐、幽默;有的尖刻、恶搞;也有的极富表现力,因此深受网民的喜爱和追捧,不少人在"语言的狂欢"中得到宣泄或满足。但网络语言的发展,也给语言的纯洁性和规范性带来冲击,因此网络语言的规范问题也是一个不容忽视的问题。

阅读书目

1. 于根元.网络语言概说[M].北京:中国经济出版社,2001.
2. 吕明臣,李伟大,曹佳,等.网络语言研究[M].长春:吉林大学出版社,2008.
3. 汤玫英.网络语言新探[M].郑州:河南人民出版社,2010.

【拓展与训练】

1. 网络语言为广大网民发挥智慧提供了较好的途径,网民创造的一些词汇非常富有表现力,如"正能量""给力""蛮拼的""点赞"等,有的仿造某一词语的格式,还形成了词族,如模仿"被自杀"而形成的"被就业""被捐款"等"被××"词族,这些确实在一定程度丰富了汉语词汇,使语言满足交际的同时,也使社会语言生活变得很有趣味。但与之同时,由于自媒体缺乏监管,网民的素质也是参差不齐,创造网络语言的目的也是多种多样,因此,网络上也出现了一些表意不清甚至格调极其低下的词汇,如"屌丝""装逼"等。而这些词汇却是对语言的污染,也是对精神文明建设的一种败坏。请广泛收集网络词汇,分析一下对其规范的必要性。

2. 2009年,百度贴吧上有人发了一张一名男子在吃面的图片,并配上文字:"哥吃的不是面,是寂寞!"于是模仿这种句式,网上形成了一种很风靡的"寂寞体",如:"我发的不是帖子,是寂寞!""我用的不是手机,是寂寞!""哥睡的不是觉,是寂寞!""哥上的不是大学,是寂寞!""姐唱的不是歌,是寂寞!"请再收集一些类似这样的网络流行句式,分析其对语言发展的作用,并谈谈如何规范它。

谈语言和文字[①]

吕叔湘

语言,也就是说话,好像是极其稀松平常的事儿。可是仔细想想,实在是一件了不起的大事。正是因为说话跟吃饭、走路一样的平常,人们才不去想它究竟是怎么回事儿。其实这三件事儿都是极不平常的,都是使人类不同于别的动物的特征。别的动物都吃生的,只有人类会烧熟了吃。别的动物走路都是让身体跟地面平行,有几条腿使几条腿,只有人类直起身子来用两条腿走路,把另外两条腿解放出来干别的、更重要的活儿。同样,别的动物的嘴只会吃东西,人类的嘴除了吃东西还会说话。

记得在小学里读书的时候,班上有一位"能文"的大师兄,在一篇作文的开头写下这么两句:"鹦鹉能言,不离于禽;猩猩能言,不离于兽。"我们看了都非常佩服。后来知道这两句是有来历的,只是字句有些出入。[②]又过了若干年,才知道这两句话都有问题。鹦鹉能学人说话,可只是作为现成的公式来说,不会加以变化(所以我们管人云亦云的说话叫"鹦鹉学舌")。只有人们的说话是从具体情况(包括外界情况和本人意图)出发,情况一变,话也跟着一变。至于猩猩,根据西方学者拿黑猩猩做实验的结果,它们能学会极其有限的一点符号语言,可是学不会把它变成有声语言。人们的语言怎么样能够这样"随机应变"呢?这得从信号怎样起作用说起,因为语言是一种符号系统。信号有简单和复杂之分。比如在十字路口安上红绿灯,红灯禁止通行,绿灯表示放行,这就是最简单的信号。假如我们规定:绿灯亮两下是让前进,红灯亮两下是让停止,先绿后红是向左拐,先红后绿是向右拐,这就复杂点儿了。假如让红绿灯的作用改变一下,不是管理一个十字路口,而是指示开车的人往哪条街上去,规定每亮两下停一下,每停一下表示到达另一个十字路口。这样,"绿红——绿绿——红绿"就表示:现在向左拐,到第二个十字路口还是向前进,到第三个十字路口向右拐,这就更复杂了。如果再规定:亮灯的时间分长短,长表示开慢车,短表示开快车,这就又更复杂一层了。人类的语言当然比这还要复杂,但是这个例子已经足以比方语言的特征:它是由若干层次组成的系统,基本上是三个层次。(1)红灯或绿灯亮一下,犹如一个个语音,本身没有意义,只是构成有意义的信号的手段。(2)连续亮两下——红绿、绿红、绿绿——是简单的信号,犹如语言里的一个个"字"(语言学上叫"语素")。(3)这种简单的信号在一定的情况下可以起全部作用(例如要达到的目的地就在附近),但是在多数情况下需要有一系列这样的信号才能起应有的作用,正如一句话多半不止一个字。相同的几个信号,组织的方式不同,意义也就不同。"绿红——绿绿——红绿"和"绿绿——绿红——红绿"的意思不同,正如语言里"向左,再向前,再向右"和"向前,再向左,再向右"的意思不同,或者"我等你"和"你等

[①] 本文为吕叔湘先生《语文常谈》之一,选入本书时删去了前面关于"语文"和"常谈"的解释。

[②] 《礼记·曲礼》:鹦鹉能言,不离飞鸟;猩猩能言,不离禽兽。

我"的意思不同。鹦鹉能让人教会说"客人来了"和"阿姨倒茶",可是都是囫囵一块,各自适应一种情况。它不会分析,不会说"阿姨来了"或"客人倒茶"来适应另外的情况。这好比是前面说过的绿灯表示放行、红灯表示禁止通行那样的简单信号,不是由几个层次组成的复杂的信号系统,所以不是真正的语言。同样,猩猩的呼叫也是既没有分析又没有综合的简单的信号,算不了语言。

自从有了人类,就有了语言。世界上还没有发现过任何一个民族或者部落是没有语言的。至于文字,那就不同了。文字是在人类的文化发展到一定阶段的时候才出现的,一般是在具有国家的雏形的时候。直到现在,世界上还有很多语言是没有文字的,也可以说,没有文字的语言比有文字的语言还要多些。最早的文字也只有几千年的历史,而且就是在有文字的地方,直到不久以前,使用文字的也还是限于少数人。

文字起源于图画。最初是整幅的画,这种画虽然可以有表意的作用,可是往往意思含糊不清。比如画一个人骑在马上,可以表示"人骑马",也可以表示"骑马的人";如果是一个外出的人寄回家的信,可以表示他在外面已经得了一匹马,或者希望家里人骑马去接他,或者别的什么意思。看得懂看不懂这种图画的意思,取决于看画的人和画画的人生活上的联系或者其他条件,与他们是否说同一种语言无关。这种图画有人管它叫"图画文字",其实只是图画,不是文字。

图画发展成为文字,必然表现出这些特点:(1)把整幅的画拆散成个别的图形,一个图形跟语言里的一个词(或语素)相当。(2)许多抽象的意思得用转弯抹角的办法来表示,例如画一个人,再在他脚底下划一根地平线,表示"立"(会意);或者用移花接木的办法来表示,例如画一面旗子代表同音的"骑"(假借);或者为了避免误会,在旗子旁边再画上一匹马(形声,这里是为了便于举例,事实上"骑"字里的"奇"不是一面旗)。(3)这些图形必得作线性排列,它们的顺序得依照语言里的词的顺序,顺序不同,意思也就不同。例如先画一个人,再画一面旗,再画一匹马,这是"人骑马";如果先画旗和马,再画人,那就是"骑马的人"。

到了这个阶段以后,为了便于书写,图形可以大大简化(图案化,线条化,笔画化),丝毫不损害原来的意思。从汉字形体变化的历史来看,甲骨文最富于象形的味道,小篆已经不太像,隶书、楷书就更不用说了。从形状上看,第二阶段的零碎图形和第一阶段的整幅画很相似,第三阶段的笔画化图形和第二阶段的象形图形可以差别很大。但是从本质上看,象形文字和表意画有原则上的区别,而象形文字和后来的笔画化的文字则纯粹是字形上的变化,实质完全相等。

图画一旦变成文字,就和语言结上不解之缘。一个字,甚至是最象形的字,也必然要跟一定的字音相联系;表示抽象意思的字,笔画化了的字,就更加离不开字音了。这样,语言不同的人看不懂彼此的文字,哪怕是象形成分最多的文字。假如一个人的语言里的"骑"和"旗"不同音,他就不懂一面旗夹在一个人和一匹马中间是什么意思。

文字发展到了这种"词的文字"之后,仍然有可能进一步发展成纯粹表音的文字,这将来有机会再谈。这里所要强调的是:尽管文字起源于图画,图画是与语言不相干的独立的表意系统,只有在图画向语言靠拢,被语言吸收,成为语言的一种形式(用图形或笔画代替声音)之后,才成为真正的文字。

对于文字和语言的关系没有好好思考过的人,很容易产生一些不正确的理解。很常见的是把文字和语言割裂开来,认为文字和语言是并行的两种表达意思的工具。这种意见在我国知识分子中间相当普遍,因为我们用的是汉字,不是拼音字。例如有人说:"文字用它自己的形体来表达人的思维活动、认识活动。当人们写一个文字的时候,目的在写它的思想而不仅为的是写语言;当人们看文字的时候,也只是看它所包含的内容,不一定把它当作语言;只有把它读出来的时候,才由文字转化为语言。这个话显然是不对的。"文字必须通过语言才能表达意义;一个形体必须同一定的语音有联系,能读出来,才成为文字。如果一个形体能够不通过语音的联系直接表达意义,那就还是图画,不是文字。代表语言,也就是能读出来,这是文字的本质,至于写的时候和看的时候读出或者不读出声音来,那是不关乎文字的本质的。事实上,教儿童认字总是要首先教给他读音;不通过语言而能够学会文字的方法是没有的。粗通文字的人看书的时候总是要"念念有词",哪怕声音很小,小到你听不见,你仍然可以看见他的嘴唇在那儿一动一动。完全不念,只用眼睛看(所谓"默读"),是要受过相当训练才能做到的。

有人拿阿拉伯数字和科学上各种符号作为文字可以超脱语言的例子。这也是只看见表面现象,没有进一步观察。数字和符号也都是通过语言起作用的,不过这些符号是各种语言里通用,因此各人可以按照各自的语言去读罢了。例如"1,2,3"可以读成"一、二、三",可以读成"one, two, three",可以读成"один, два, три",等等,但是不把它读成任何语言的字音是不可能的。而况在任何语言的语汇里这种符号都只是极少数呢?

文字(书写符号)和字音不可分割,因而文字(书面语)和语言(口语)也就不可能不相符合。但是事实上文字和语言只是基本上一致,不是完全一致。这是因为文字和语言的使用情况不同。说话是随想随说,甚至是不假思索,脱口而出;写东西的时候可以从容点儿,琢磨琢磨。说话的时候,除了一个一个字音之外,还有整句话的高低快慢的变化,各种特殊语调,以及脸上的表情,甚至浑身的姿态,用来表示是肯定还是疑问,是劝告还是命令,是心平气和还是愤愤不平,是兴高采烈还是悲伤抑郁,是衷心赞许还是嘲讽讥刺,等等不一;写东西的时候没有这一切便利,标点符号的帮助也极其有限。因此,说话总是语汇不大,句子比较短,结构比较简单甚至不完整,有重复,有脱节,有补充,有插说,有填空的"呃、呃","这个,这个";而写文章就不然,语汇常常广泛得多,句子常常比较复杂,前后比较连贯,层次比较清楚,废话比较少。这都是由不同的使用条件决定的。另一方面,语言和文字又互相作用,互相接近。语言里出现一个新字眼或者新说法,慢慢地会见于文字,例如"棒""搞""注点儿意";文字里出现一个新字眼或者新说法,慢慢地也会见于语言,例如"问题""精简""特别是""在什么什么情况下"。剧作家和小说作者得尽可能把人物对话写得流利自然、生动活泼,虽然不能完全像实际说话。而一个讲故事或者作报告的人,却又决不能像日常说话那样支离破碎,即使不写稿子,也会更像一篇文章。所以一个受过文字训练的人,说起话来应该能够更细致、更有条理,如果有这种需要。一个原来善于说话也就是有"口才"的人,也应该更容易学会写文章。

一般来说,文字比语言更加保守。这是因为人们只听到同时代的人说话,听不到早一时期的人说话,可是不仅能看到同时代的文字,也能看到早一时期的文字,能模仿早一时期的文字,因而已经从口语里消失了的词语和句法却往往留存在书面语里。再还有一些特殊的著作,例如宗教经典、法律条文,它们的权威性叫人们轻易不敢改动其中的古老的字句;优秀的文学作品也起着类似的作用。在文字的保守力量特别强烈的场合,往往会形成文字和语言脱节的现象。中国、印度、阿拉伯国家、古代罗马,都曾经出现过这种情况。这时候,书面语和口语的差别就不仅是风格或者文体的差别,而是语言的差别了。但是只有在文字的使用限于少数人,也就是多数人是文盲的条件下,这种情况才能维持。一旦要普及文化,这种情况就必定要被打破,与口语相适应的新书面语就必定要取古老的书面语而代之。

  在人们的生活中,语言和文字都有很大的用处,也各有使用的范围。面对面的时候,当然说话最方便;除非方言不通,才不得不"笔谈"。如果对方不在面前,就非写信不可;如果要把话说给广大地区的人听,甚至说给未来的人听,更非写成文章不可。(有了录音技术之后,情况稍有不同,也还没有根本改变。)人们既不得不学会说话,也不得不学会写文章,也就是说,在语言文字问题上,不得不用两条腿走路。可是自从有了文字,一直就有重文轻语的倾向。为了学习写文章,人们不吝惜十年窗下的工夫,而说话则除了小时候自然学会的以外,就很少人再有意去讲究。这也难怪。在古时候,语言只用来料理衣、食、住、行,也就是只派低级用场;一切高级任务都得让文字来担任。可是时代变了。三天两天要开会,开会就得发言。工业农业的生产技术以及其他行业的业务活动都越来越复杂,交流经验、互相联系的范围越来越大,以前三言两语可了的事情,现在非长篇大论不成。语言不提高行吗?再还有传播语言的新技术。有了扩音器,一个人说话能让几千人听见;有了无线电广播,一个人说话能让几千里外面的人听见。很多从前非用文字不可的场合,现在都能用语言来代替,省钱,省事,更重要的是快,比文字不知快多少倍。语言文字两条腿走路的道理应该更受到重视了。可是人们的认识常常落后于客观形势。学校的"语文"课实际上仍然是只教"文",不教"语"。是应该有所改变的时候了,不是吗?

(选自《文字改革》,1964 年第 1 期)

语言和社会

胡明扬

在一定的语言环境中,一个人大概到五岁左右,日常生活所必需的话一般都会说了,到八、九岁,除了有些事情有些道理还不懂以外,什么话都会说了。共同的社会生活要求协同生活和劳动,要求互相交换意见,因此就需要一种有效的交际工具,语言就是这样产生的。

语言是在一定的社会中后天获得的,而不是先天遗传的。生理上正常的孩子,在什么样的语言环境中长大就会使用什么样的语言,和血统没有任何联系。阳早和寒春都是美国人,可是他们的孩子在中国长大,说的是一口流利的北京话;相反,他们不太会说英语。狼孩子脱离了人类社会,和不会说话的狼生活在一起,结果一句人话也不会说,只会像狼一样嗥叫。

语言不是先天遗传的,所以和种族没有必然的联系。现在说汉语的人,祖先不一定说汉语,有很多古代的少数民族放弃了自己的语言改说汉语,还有不少从中亚来的波斯人、阿拉伯人,甚至还有犹太人、非洲人,到中国定居下来改说汉语,生下来的孩子,孩子的孩子,也就只会说汉语了。世界上没有一种语言是和种族绝对一致的,特别是一种大语种是很杂的。希特勒当年提倡反动的血统论,鼓吹雅利安人种,特别是日耳曼人种的优越性,他是根据语言来划分种族的,可见这位大独裁者也是很无知的,说日耳曼语的未必就是日耳曼种,是日耳曼种的未必就说日耳曼语,这笔账永远算不清。不过在一般情况下,不同的民族往往组成不同的社会集体,使用不同的语言,因而语言就成为重要的民族标志。在多民族国家中因语言政策不合理而引起民族纠纷直到爆发内战,在近代历史上并不少见。维护民族语言的独立和尊严,往往就是为了维护民族的独立和尊严。都德的《最后一课》用感人肺腑的深挚感情来赞美法语,对祖国语言的深挚感情实际上就是对祖国的深挚感情。

从纯语言的角度来看,语言作为一种交际工具,只要能满足社会的需要,本来不能说有什么高下优劣之分。但是从古到今都可以听到一些议论,认为某些语言或方言优美动听或者先进文明,另一些语言或方言则佶屈聱牙或者野蛮落后。这些议论全都没有任何事实根据,而只是一种社会偏见,完全是由社会因素决定的。城里人总认为乡下人"土",所以乡下人说的话就"土";古代中国北方比南方先进,把南方人称为"南蛮",所以南方人说的话就成了"南蛮䦧舌"之音。在西方,过去长期以来因为希腊语、拉丁语以及大多数西方语言都是富于形态变化的,因此认为形态变化越丰富,这样的语言就越先进越优越,形态变化越贫乏就越落后;到了十九、二十世纪,英语的国际地位扶摇日上,就有人出来宣扬语言越简洁,形态变化越少就越先进越优越,英语本身没有发生什么变化,所以英语也就从一种野蛮语言一下子成了一种文明语言了。上海人对所谓"江北腔"有一种特殊的反感,这也完全是一种社会偏见,无非是因为过去在上海的苏北人大多是难民,社会地位比较低下。懂得一点语言理论有助于消除这种偏见。

语言是随社会的发展而发展的。原始社会的分散迁移带来语言的分化和变异,社会生活的内容在语言的语汇中得到直接反映,社会制度的急骤变革引起语言的急骤变化,不同民族、不同文化之间的接触形成语言之间的相互影响,人口的流动促进语言的演变,社会的统一和交通的发达促使方言分歧逐步消失,民族语言日趋一致。马克思的女婿保尔·拉法格的《革命前后的法国语言》，引用大量材料描写了法国革命前后法语语汇方面的巨大变化。中国革命前后在语言方面的巨大变化则是大家都亲身经历了的。"勤务兵""向导员""小姐""回扣""挂黄鱼""放白鸽""一折八扣""不惜血本大甩卖"等等大批反映旧社会生活和制度的语汇和表达方式消失了，一大批反映新社会生活和制度的语汇和表达方式产生了。随着大家庭的解体，亲属称谓体系也在发生明显的变化；在大家庭中有实际意义的"大伯""小叔""姗娌""弟妹"等称呼在很快消失，年轻一代对"表叔""表伯""姨夫""姨母"等等称呼也已经弄不太清楚，泛称的"叔叔、阿姨"的适用范围越来越广。由于人口的流动，像北京、上海这样的大城市的语言都在经历急骤的变化，不仅影响到语汇，而且影响到语法、语音。五十年代在北京公共汽车和电车上还能经常听到售票员问"您到哪黑儿下？"现在已经完全听不到了，因为新一代的售票员很多不是老北京人，而且大力推广普通话，年轻人也很少说"哪黑儿"那样的土话了。从各种语言的发展史来看，语言的发展和演变主要是社会因素决定的，那种认为是由什么语言内部语音、语法、词汇的矛盾斗争决定的论点是没有事实根据的。

从纯语言角度来看，语言、方言、土话这些不同的名称实质上没有任何区别，都是某一社会集体所使用的交际工具。区分语言、方言、土话主要是从社会因素着眼的。杭州人和广州人在一起，各说各的家乡话，那就谁也不懂对方说的什么，但是杭州话和广州话都是汉语方言，并不是独立的不同语言，因为杭州人和广州人都是中国人，生活在一个统一的社会、政治、经济、文化集体之中，并且杭州话和广州话都来源于古汉语，尽管由于语音差别较大，互相听不懂，但基本语汇和语法都基本相同。在荷兰和德国的边境上，边境两边的荷兰人和德国人说的是一种互相都能听懂的话，可是在荷兰一边的是荷兰语，在德国一边的是德语，因为他们生活在两个不同的社会政治实体之中。英国、美国、澳大利亚等国家虽然是不同的政治实体，但是有共同的社会历史文化背景，特别是都自认为是盎格鲁·撒克逊民族为主体的国家，使用同一书面语，因此尽管这些国家使用的语言并不完全一致，但都认为是英语。由于美国、澳大利亚等都是独立的国家，他们也不愿意称美国英语、澳大利亚英语等等是英语的方言，而称为"变体"，其实是一码事。这些都说明，区分语言、方言等等主要是由社会因素决定的，不是由纯语言因素决定的。有的语言学家总是想把语言和社会完全分开，提出"互相能不能听懂"作为区分是一种语言的不同方言还是两种不同语言的标准，这种标准实际上是行不通的。

即使生活在同一社会集体中，使用同一种语言，社会背景不同，文化水平不同，职业不同，种族不同，甚而至于性别、年龄不同，社会地位不同，也会影响到所使用的语言，如果这种影响深刻而普遍，就会形成所谓社会方言。在旧社会，阶级对立，各行各业的人有时几乎处于隔绝状态，社会方言的特点就很明显突出。恩格斯提到过的英国工人阶级语言和资产阶级语言，拉法格提到过的贵族语言和平民语言就是社会方言。常年在海上生活、和社会上其他的人隔绝的水手，逐渐会形成自有特点的水手语言。黑社会分子处于不让其他社会成员了解他们罪恶勾当的目的，就有自己的"黑话"。过去一些行业的资本家为了谋取非法的利润，不让被他们盘剥的劳动人民听懂他们的话，特别是在丝行、当铺等行业中有所谓"切口"，这实际上也是一种黑话。在一个多民族社会中，由于民族成分不同，尽管使用同一种语言，也会各有自己的特点。美国的黑人英语就和白人英语有相当大的差别；过去在北京，汉人说的北京话就和旗人（满族）说的北京话不完全相同。有的民族男女说话不一样，使用的人称代词不一样，某些词尾变化也不一样，日语就有这种现象。一般说来，汉语没有这种区别，但也不是绝对没有，北京妇女喜欢骂"德行！"，男人一般不这么说，女学生中有所谓"女国音"，这些都是和说话人的性别有关的特点。知识分子一开口有"知识分子腔",工人、农民的话也有特点。学生在国内外都是一个在语言上颇有特色的阶层,他们精力充沛,好奇,"喜新厌旧",富于语言创造力。北京学生过去创造了"梆""帅"等很有表现力的形容词,现在又不说"梆""帅"了,又创造了"份儿""盖"(都是"极好"的意思),甚至是"盖了帽了"。这种不断更新的说法称为流行语,是学生语言的一大特点。既然不同的社会背景会影响一个人使用的语言,反过来,听一个人说话,根据他所使用的语言的特点,就可以推测出这个人的社会身份、职业、文化水平等等。这也是大家都有经验的。谁要是一开口就"他妈的""老子""孙子",大家就立刻会想到这是一个流氓、阿飞。满嘴脏话的人当然反映出本身就不干净。

同一个人在不同的社会场合说话,所使用的语言也会有不同的风格。在家里说话和在大会上作报告不可能一样。对小孩儿说话和对长辈说话也不可能一样。一个人在工作中作出了成绩,亲戚、朋友、老同事向他祝贺,他可以说:"嗨!瞧你们说的,还不就那么回事,别提了!"可是在大会上作报告这么说就不行了,得说"谢谢同志们的鼓励,我并没有做什么,值不得一提"之类的话。反之,在亲朋好友之间这么说又显得"假"了。问小孩儿几岁可以直截了当地问"你几岁?",问年轻姑娘就不能这么直截了当,至少该说"你今年多大了?",并且还要看说话人的身份。问别人"多大了",说话的人至少是一个长者或年纪较大的。叶圣陶先生在最近一篇文章中提到有个中学生直统统地当面问他"你几岁?"叶老指出,这样的中学生就缺乏必要的礼貌,缺乏文明教育。

语言本来是一种社会产物,是人创造的,可是在一个落后迷信的社会里语言却具有一种超自然的魔力。咒人可以把人咒死,念动六字真言可以移山倒海。说一句"舍沙姆,开门吧!",满屋金银财宝的石洞的门就自己开了。这在古今中外,只要不信科学而崇尚迷信的社会都是如此。给女儿取个名字叫"招弟"就相信会把弟弟招来;把相当于小学的业余学校换上"红专大学"的招牌,就相信真成了大学,而且又红又专;书记改称"勤务员"就认为再也不存在官僚主义了。迷信语言的魔力就产生了禁忌问题。新年期间不能说"死""输""光"等等不吉利的字眼,小孩儿不小心说漏了嘴就得挨揍,还要用手纸擦嘴,大人口念"姜太公在此百无禁忌,小孩儿说话,当他放屁!"很多事情可以做,不能说,说了犯忌,甚而犯法。上帝、恶魔、凶神恶煞的名字不能提,大概一提怕他们听到不高兴或者马上要到来。皇帝的名字,大官的名字,长辈的名字不能提;提了皇帝的名字,过去的法律明文规定,这叫"大不敬",要砍头。遗风未尽,现在当官的也不乐意百姓提名字,一律称官衔。谁要是敢于提名道姓,虽然法律并无明文规定,"四人帮"在位时就内定是"现行反革命",死无葬身之地,还得株连九族。相信语言有超自然魔力一般是原始社会、奴隶社会、封建社会的现象。到资本主义社会科学兴起,多数人就不信了。可是我们今天还有人相信"尸解升天",大概相信语言有魔力的人还远未绝迹。这又使人想到学一点语言学还不是完全无益于国计民生的。

研究语言不仅仅只是研究语言系统的语音、语法、词汇,也要研究语言和社会之间的各种关系,语言和社会之间的相互影响。这方面的研究有很强的现实意义和实用价值。要使语言学为社会服务,要赢得社会的支持,这方面的研究恐怕还是当务之急。

(选自《语文战线》,1980年第10期)

信息时代的语言文字工作任务(节选)

李宇明

早在 20 世纪五六十年代,就有先知者在思考未来信息社会的问题。1959 年,美国社会学家贝尔(Daniel Bell)首先提出"后工业社会"的概念。1962 年,美国学者马鲁普(Fritz Machlup)在《知识产业》一书中提出了"知识社会"的概念,日本学者梅棹忠夫在其著作《信息产业论》中提出了"信息社会"的概念。此后人们便开始关注知识或信息在未来社会中的地位,逐渐认识到在信息社会,物质、能源和信息这三大人类可资利用的资源中,信息将成为最为重要的资源。

……

语言文字工作者必须站在时代潮头,面对信息时代的到来与时俱进地思考语言文字工作,使语言文字工作能紧紧跟上时代的步伐,显现出时代的风貌。

一、信息时代语言文字工作的新任务

(一) 国家语言文字工作任务三次重要表述

新中国建立半个多世纪以来,国家语言文字工作与时俱进,为国家的文化建设和现代化建设发挥了不可替代的作用。这期间,国家语言文字工作任务也在与时俱进。关于国家语言文字工作任务,历史上有三次重要表述:

周恩来总理指出:"当前文字改革的任务,就是:简化汉字,推广普通话,制定和推行汉语拼音方案。"这三大任务,是 20 世纪五六十年代国家的语言文字工作任务。

20 世纪 80 年代,我国社会发展进入新时期。1986 年 1 月 6 日,全国语言文字工作会议召开。根据社会发展和形势变化,国家的语言文字工作任务调整为五大项:

1. 做好现代汉语规范化工作,大力推广和积极普及普通话;
2. 研究和整理现行汉字,制订各种有关标准;
3. 进一步推行《汉语拼音方案》,研究并解决实际使用中的有关问题;
4. 研究汉语、汉字信息处理问题,参与鉴定有关成果;
5. 加强语言文字的基础研究和应用研究,做好社会调查和社会咨询、服务工作。

1997 年 12 月 23 日,又一次全国语言文字工作会议召开。此次会议将新时期语言文字工作任务明确为四条:

1. 坚持普通话的法定地位,大力推广普通话;
2. 坚持汉字简化方向,努力推进全社会用字规范化;
3. 加大中文信息处理的宏观管理力度,逐步实现中文信息技术产品的优化统一;
4. 继续推行《汉语拼音方案》,扩大使用范围。

国家语言文字工作任务的这三次重要表述,有两点最需注意:

第一,推广普通话,整理现行汉字,推行《汉语拼音方案》,是半个多世纪以来贯穿始终的国家语言文字工作的任务,尽管这三个方面的任务,不同时期的表述有差别,内涵有变化,侧重点有不同。为方便起见，可以把这三个方面的任务称为语言文字工作的"传统任务"。

第二，从新时期开始，语言信息处理被列为国家的语言文字工作任务。

（二）语言信息处理

能够将语言（包括文字）信息处理列为国家的语言文字工作任务，需要对两个问题有科学认识：1.信息化对社会发展的巨大影响；2.语言文字与信息化的密切关系。事实表明，我国很早就密切关注信息技术的发展，很早就看到了语言文字与信息化的密切关系。

20世纪80年代，语言信息处理起步不久，其成果还很少应用到一般的社会领域。国务院副总理万里在1986年全国语言文字工作会议开幕式上就已经指出："广泛使用电子计算机来处理各种信息，是新技术革命的重要内容，而要使电子计算机服从指挥，就要研究人是怎样使用和理解语言的，当前大家感兴趣的并正在广泛研究的计算机的输入方法，就同语言文字工作有着密切的关系。"全国语言文字工作会议的工作报告，对信息化的情景进行了描绘，并开始探讨信息化时代语言文字工作的地位："当前，世界正处于信息化迅速发展的时代，利用电子计算机进行信息处理，实现图书情报工作自动化，印刷排版现代化，生产管理自动化，以及办公室事务自动化，已经成为现代化建设中的重要课题。因此，加强语言文字研究，促进语言文字的规范化、标准化，提到了比以往任何时期都重要的地位。"当时，国家语委已经看到"语言文字已经取得的成果，对中文信息处理技术的研究确实起到了一定的作用"，并指出了这样的事实："汉语拼音越来越多地用于中文信息处理。计算机汉语拼音输入自动转换汉字系统的研制，提高了信息处理的能力，为我国普及和发展电子计算机创造了有利条件。"这种认识得时代风气之先，当时能把"研究汉语、汉字信息处理问题，参与鉴定有关成果"作为语言文字工作任务之一，确实具有历史远见。

10年后又一次召开全国语言文字工作会议之时，信息技术和语言处理已有重大进展，信息社会的一些因素已经进入社会生活。……

就语言信息处理这方面来看，1997年的这次会议有两个进展：其一，把政府在语言信息处理中应扮演的角色定在宏观管理上，把工作目的定在"实现中文信息技术产品的优化统一"上；其二，明确提出要从四个方面做好这一工作："第一，继续加快中文信息处理急需的规范标准的制订，如各种专业用字字符集标准、汉字印刷新字体字形规范、汉字键盘输入语言文字规范综合评价原则、汉字字序标准等。第二，加强基础理论研究和应用研究。适应汉语词处理的急迫需要，要积极组织面向信息处理的现代汉语词汇研究，尽快解决面向汉语词汇处理的'瓶颈'问题。第三，积极开展为中文信息处理服务的语言文字基础工程建设，特别是要继续完成现代汉语语料库的建库、语料加工和基于语料的应用开发工作。第四，逐步建立有效协调的管理机制，做好对中文信息技术产品中语言文字规范标准执行情况的监督检测工作。"

自此至今，标准制定、科学研究、基础工程建设、监督检测这四个方面，一直是国家语言文字信息管理工作的重要内容。当然，随着信息技术的快速发展，随着信息社会的快步走来，随着语言文字信息管理工作的开展，信息处理的语言文字已经涉及中国境内的主要语言文字和英语等一些外国语言文字，语言文字信息处理的内容也向纵深方面快速推进。近来的事实表明，语言文字的信息化是信息化的基础，没有语言文字的信息化就不可能实现信息化，语言文字信息化的水平决定着信息化的水平。促进语言文字的信息化，是语言文字工作者不可怠慢的历史责任，也是信息时代语言文字工作的重要任务之一。

（三）健康网络世界的语言生活

因特网是 20 世纪人类最伟大的发明，它的应用与推广，是信息时代得以形成的基础。因特网为人类构筑了一个"虚拟空间"，这虚拟空间，既是信息技术的杰作，同时也将是人类信息处理最为重要的场所。虚拟空间的语言生活已成为人类语言生活的重要组成部分。

虚拟空间的语言生活图景，现在还难以精细描绘。就因特网的已有应用实践而言，数字政府、电子商务、远程教育及科学研究、网络娱乐等四个方面，将成为虚拟空间中人类的主要活动，而这些活动都要依赖于各种各样的数字化的数据库，因此，数字化数据库（例如数字化图书馆、数字化博物馆、数字化档案馆等）的建设、网络传输、充分的共享与利用等，便成为信息社会必须认真考虑、妥善解决的问题。由于信息的载体主要是语言文字，所以数字化数据库的建设、传输与利用，便构成了人类语言生活的新内容，需要语言文字工作者主动参与，研究问题，保障网络世界语言生活的健康发展。

健康网络世界的语言生活，理应成为信息时代语言文字工作的重要任务之一，有许多重要的工作要做。例如：

1. 搜集整理字符，包括承载中华文化的所有文字和符号（即"中华字符集"），解决这些字符的存储、输入、输出、检索等技术问题，为各种数据库的制作提供字库基础。并积极参加国家标准化、国际标准化工作，建立中华字符集的国家编码标准和国际编码标准，以保障数据库在网络中的顺畅运行。

2. 协同世界各国建立虚拟空间的语言公约，逐渐消除网络交际中的语言障碍，从语言文字学的角度保证信息传输的稳定性、交互性。

3. 密切关注本土语言（汉语及我国少数民族语言）在虚拟空间的生存与发展，保持本土语言在虚拟空间中的活力与效率，维护虚拟空间的语言多元化和文化多元化，切实保护网络语言信息的安全。

二、将传统工作任务提升到信息化的高度

推广普通话，整理现行汉字，推行《汉语拼音方案》，这些语言文字工作的"传统任务"，也应提升到信息化的高度来进行。这话有两层含义：其一，应在传统任务中加入促进信息化的新内涵，语言文字工作自觉地为国家信息化服务；其二，要善于利用信息化的手段和成果促进语言文字工作任务的完成。

……

计算机、多媒体和因特网正在快速推广应用，海量真实文本正在成为计算机语言文字处理的对象。信息产品使用愈普遍，每个语言文字使用者所输出的语言文字，就愈可能成为计算机处理的真实文本。计算机是为人服务的，应能为人们的语言生活提供各种便利。但是，真实文本的处理难度很大，为促进语言文字信息处理的顺利发展，也为社会成员能够有效利用信息产品，应当加速社会语言生活的规范化，以增强计算机要处理的各种文本的规范性，加快我国信息化的进程。通过推广普通话、推行规范汉字，促进社会用语用字的规范化，是信息时代的要求，也是语言文字工作为信息化服务的一个重要方面。

再如，汉语拼音在信息处理中的重要作用，已为信息处理的实践所证明。今天，在制定汉语拼音的有关规范的时候，在宣传汉语拼音作用的时候，在探讨汉语拼音方案使用范围的时候，在解决汉语拼音方案遗留的一些问题的时候，都必须有信息化的眼光，要放在信息时

代的环境中去考究问题。这样,过去存在争论、迷惑不清的问题,用信息化的眼光来审视,也许就会清楚许多。

……

语言文字工作需要利用信息化的手段与成果;通过因特网开展语言文字工作,就是利用信息化手段的一种。语言信息处理是信息化的尖兵,语言文字工作和语言文字工作者,也应当成为利用信息化手段开展工作的尖兵。

三、更新语言观念例说

要完成语言信息处理、健康网络语言生活等信息时代语言文字工作的新任务,要将传统的语言文字工作任务提升到信息化的高度,最为重要的是更新语言(包括文字)观念。……下面以语言文字标准和语言资源观为例,说明更新语言观念的重要意义。

(一) 语言文字标准问题

语言文字规范化的提法由来已久,但若说制定语言文字标准,也许很多人听起来并不顺耳。语言文字标准是语言文字规范的延伸,其要求比一般规范更高。早在1986年,国家语委为适应语言文字信息化要求,就提出要实现汉字标准化,"使现代汉语用字做到定量、定形、定音、定序。"

在信息化时代,语言文字需要标准。没有标准,就不能满足信息处理的要求,不能满足语言文字信息产品商业化的要求。语言文字标准的制定,使语言文字应用研究和语言文字工作更直接地作用于社会的经济发展,特别是 IT 经济的发展。因此,在信息化时代,不能只看到语言文字的文化属性,也不能仅仅把语言文字工作看作是文化工作。

过去的语言文字规范主要服务于社会交际和语言教学,而当代的语言文字规范(有许多是以标准的面目出现)更多的是要服务于信息领域。因此,当前的语言文字的规范标准制定,应以信息化为主线展开。信息技术日新月异,要求与之相关的语言文字标准必须快速制定、及时更新。此种境况下,标准就不可能是十全十美的,认识到这一点,标准的研制者就能加快指标进度,标准的使用者就不会求全责备。

……

(二) 语言也是国家资源

从语言交际的角度看,方言分歧会影响一个民族的语言交际,一个国家有众多语言,会影响这个国家的语言交际。百余年来,我国数辈人一直在为汉民族、为我们整个国家的语言顺利沟通而努力。普通话和规范汉字既是汉民族共同的语言文字,而且也是我国法定的通用语言文字。促进语言的沟通非常必要,而且我们这一代人还要为此不懈努力。不过也要看到,促进语言沟通只是国家语言规划的一个方面,从文化和信息化的角度看,语言多、方言多不仅仅是问题,而且也是财富,是资源。

语言是文化资源,这在过去已有学者进行过不少论述。语言同时也是信息产业的资源,网络世界的资源,这种资源观已经受到注意。信息产业的竞争,网络社会的竞争,不完全是技术的竞争,同时也是文化的竞争,也是文化载体——语言的竞争。保护与开发本土语言资源,使其在信息时代仍然旺盛的活力,尽量不使本土语言或方言削弱或泯灭。因此,在促进语言沟通的同时,还要进行合理的语言保护;在发展外语教育以进行国际语言交流的同时,还要特别注意保护、发展母语和本土语言。国家要努力开发语言资源,建立国家级的语料库,语言文字知识库等等。要保护濒危语言。要制定语言的国际传播战略。既要规范语言文字,还要使语言文字饱含活力。

……

四、结语

语言研究要适应信息时代:要努力发展应用语言学,特别是与语言信息化关系最为密切的计算语言学。需要将现有的语言研究成果数字化,并且武装计算机。需要努力促进语言研究使用现代化的手段,其成果能够用于信息化。需要尽快培养适应信息化的语言研究人才。

语言文字工作也要适应信息时代:研究信息化时代的语言文字工作战略,制定适合信息时代的语言文字政策。不仅要在信息化的平台上做好传统的语言文字工作,而且还要充分考虑信息时代语言文字工作的新任务,促进语言信息处理,健康网络世界的语言生活,使语言文字工作能够紧跟时代的发展步伐。

(选自《修辞学习》,2004 年第 1 期)

第六单元　演　讲　口　才

一、演讲的定义与功用

演讲也称"演说"或"讲演",是指在特定的公众场合,演讲者面对广大听众,运用有声语言为主要手段、态势语言为辅助手段,针对某个现象、情况或问题,阐述或发表自己的见解和主张,从而达到感召听众,促使其行动的一种现实的信息交流活动。

演讲在古希腊被称为"诱动术",其含义是劝服鼓动听众。欧美各国都非常重视口才的作用。中华民族五千年的文明史也是一部演讲活动的历史,中国最早的历史文献《尚书》中就收录了多篇演说词,著名的有盘庚迁都之时、商汤灭夏之前所作的演讲。演讲作为一种社会实践活动,之所以从古至今发展得越来越兴旺,就因为它有着不可估量的社会作用和价值。《史记·陈涉世家》中记载:陈胜在大泽乡揭竿而起时,就是用演说发动群众的。他号召说:"公等遇雨,皆已失期,失期当斩。藉第令毋斩,而戍死者固十六七。且壮士不死即已,死即举大名耳,王侯将相宁有种乎!"在他这番话的"煽动"下,九百听众齐声回答"敬受命",爆发了中国历史上第一次农民起义。1911年辛亥革命之后,革命者、爱国者的演讲成了唤醒民众的战斗号角,孙中山、秋瑾、鲁迅、闻一多、毛泽东、周恩来等都是当时杰出的演讲家。

当今社会,人与人之间的关系和交往日益密切,思想文化、科学技术的交流日益广泛,知识、信息的传播日益频繁,传播技术和交流手段也日益现代化。一个思想平庸、知识浅薄、口齿不清的人无法适应时代的发展,一个品德高尚、学识渊博的人,如果不善言谈、词不达意,也会无法充分施展自己的全部才智。尽管社会对不同人才能力的要求不尽相同,但演讲能力却是各种人才都必须具备的。许多政治家、实业家的卓越才能不仅表现在他们的文韬武略、理论创造和经济实践中,同时还表现在他们的演讲魅力中。不管哪个时代哪个阶层,在学识、思想、技能等相差无几的情况下,既能写又能说的人,远比只能写不能说的人更有作为,更能适应社会、时代发展的要求,人生的舞台也会更宽阔。

二、演讲的特点

演讲首先是一门语言艺术,它的主要形式是"讲",即运用有声语言并追求言辞的表现力和声音的感染力,使演讲具有说理性、抒情性和鼓动性相结合的特点。

演讲又是一门综合艺术,在"讲"的同时还要辅之以"演",即运用面部表情、手势动作、身体姿态乃至一切可以理解的态势语言,使讲话"艺术化"起来。这种"演"与一般"表演"的区别在于,演讲者表达的是自己的观点和思想,不是任何艺术舞台上扮演的角色,不需要做演员表演的装扮。

演讲是有声语言与态势语言的结合,集播音、朗诵、讲故事、相声小品、报告、主持等艺术于一身,却又不同于它们中的任何一种。演讲不是播音,但要求发声吐词要字正腔圆、流畅准确;演讲不是朗诵,但要求激情饱满、起伏有致;演讲不是讲故事,但要求有声语言及态势语要绘声绘色、形象生动;演讲不是表演相声小品,但要求内容和语言要有适当的戏剧张力及幽默风趣的特点;演讲不是作报告,但要求演讲者要有政治家或社会活动家的风度和气质;演讲不是做主持,但要求演讲者要有驾驭会场、即兴表达、临场发挥以及与观众互动的能力。

三、演讲的基本"语调"

演讲的成功之道,在于唤起听众的共鸣。演讲与朗诵的主要区别之一,就在于演讲的基本语调是"亲切感",而朗诵者与听众之间可以保持"距离感"。对演讲者来说,写好了演讲词,不一定就讲得好,正如作曲家不一定是演唱家一样。真正的演讲家,既要善写,更要会讲,即兴演讲便是演讲者的出口成章。

1860年11月,林肯当选为美国第16任总统,次年2月11日,他离开家乡斯普林菲尔德前往华盛顿就职。这天,天气寒冷,烟雨蒙蒙,家乡人民面容庄重。林肯在车站转身环顾送行的乡亲时,再也克制不住内心的激动,慢慢摘下帽子,在蒙蒙细雨中发表了满怀激情、意味深长的演讲:

朋友们,任何一个人,不处在我的地位,就不能理解我在这次告别会上的忧伤心情。我的一切都归功于这个地方,归功于这里的人民的好意。我在这里已经生活了四分之一个世纪,从青年进入了老年。我的孩子们出生在这里,有一个孩子还埋葬在这里。我现在要走了,不知道哪一天能回来,或者是不是还能回来。我面临着的任务比华盛顿当年担负的还要艰巨。没有始终伴护着华盛顿的上帝的帮助,我就不能获得成功。有了上帝的帮助,我绝不会失败。相信上帝会和我同行,也会和你们同在,而且会永远是到处都在。让我们充满信心地希望一切都会圆满。愿上帝保佑你们,就像我希望你们在祈祷中会求上帝保佑我一样。我向你们亲切地告别。

演讲需要全身心的投入,真诚、个性以及自然会赢得听众的尊敬与欢迎。如果你为他人指点迷津,就要让听众对你充满敬仰;如果你与朋友分享快乐,就要让对方感受你的友好;如果你只是个讲述自己悲惨遭遇的无名小卒,也要让别人满怀同情……这就要求演讲者善于临场发挥,增强现场效果。只会念讲稿的人,永远不可能进入这个境界。

四、演讲的分类

根据演讲活动的性质和特点,可以把演讲分成以下类型:
(1) 从演讲内容上分,有政治演讲、生活演讲、学术演讲、军事演讲、宗教演讲和外交演讲等。
(2) 从演讲形式上分,有命题演讲、即兴演讲和论辩演讲。
(3) 从演讲目的上分,有说服性演讲、鼓动性演讲、传授性演讲、娱乐性演讲。

（4）从演讲场合上分，有广场演讲、法庭演讲、战地演讲、电视演讲等。

（5）从演讲表达方式上分，有叙述式演讲、议论式演讲、说明式演讲、抒情式演讲等。

（6）从演讲的情调上分，有激昂型演讲、深沉型演讲、严谨型演讲、活泼型演讲等。

本单元选取的七篇演讲，类型不同，风格迥异。演讲者中，既有近代风云人物，也有当今名流政要，而他们的听众，多为热血青年、高校学子。希望同学们能够在品读鉴赏演讲技巧的同时，掌握治学方法，提升人文素养。让那些古往今来的智者的声音，长久地回响在我们漫漫的人生路上。

中国韵文里头所表现的情感(节选)

梁启超

【导读】

梁启超(1873—1929),字卓如,号任公,又号饮冰室主人、饮冰子、哀时客、中国之新民、自由斋主人等,广东新会人,近代中国启蒙思想家,资产阶级改良主义政治家、教育家,史学家和文学家。1895年春协助康有为发动在京应试举人联名请愿的"公车上书"活动,1898年积极参加"百日维新",成为戊戌变法运动领袖之一。变法失败后,梁启超逃亡日本并大量介绍西方社会政治学说到中国,在当时的知识分子中影响很大。

光绪二十六年(1900年),八国联军攻入北京城,清政府和侵略者签订了丧权辱国的《辛丑条约》。目睹国家受辱,列强肆虐,梁启超先生发表演讲《少年中国说》,从驳斥日本和西方列强污蔑我国为"老大帝国"入手,说明中国是一个正在成长的少年中国,号召青少年奋发向上,使中国雄居于地球,反映了作者渴望祖国繁荣昌盛的爱国思想和积极乐观的民族自信心。

梁启超也是一位著名学者,兴趣广泛,学识渊博,在文学、史学、哲学、佛学等诸多领域,都有较深的造诣。他一生著述宏富,所遗《饮冰室合集》计148卷,1000余万字。

1922年3月,任教于清华大学的梁启超先生应清华文学社之邀,作学术演讲《中国韵文里头所表现的情感》,在清华学子当中引起了极大的反响,梁实秋、闻一多等都是当时的听众。这一专题演讲共有14节,演讲稿长达四万多字,下文节选的是《中国韵文里头所表现的情感》的前三部分。一、二部分明确情感的作用和韵文的概念,第三部分则选用《诗经》、乐府、唐诗宋词乃至明清戏曲中的大量例证,深入阐述中国韵文中"奔进的表情法"。演讲深入浅出,情理交融,具有极大的感染力。

一

天下最神圣的莫过于情感。用理解来引导人,顶多能叫人知道那件事应该做,那件事怎样做法,却是被引导的人到底去做不去做,没有什么关系。有时所知的越发多,所做的倒越发少。用情感来激发人,好像磁力吸铁一般。有多大分量的磁,便引多大分量的铁,丝毫容不得躲闪。所以情感这样东西,可以说是一种催眠术,是人类一切动作的原动力。

情感的性质是本能的,但他的力量,能引人到超本能的境界;情感的性质是现在的,但他的力量,能引人到超现在的境界。我们想入到生命之奥,把我的思想行为和我的生命迸合为一,把我的生命和宇宙和众生迸合为一,除却通过情感这一个关门,别无他路。所以情感是宇宙间一种大秘密。

情感的作用固然是神圣,但他的本质不能说他都是善的,都是美的。他也有很恶的方面,他也有很丑的方面。他是盲目的,到处乱碰乱进。好起来好得可爱,坏起来也坏得可怕。所以古来大宗教家、大教育家,都最注意情感的陶养。老实说,是把情感教育放在第一位。情感教育的目的,不外将情感善的美的方面尽量发挥,把那恶、丑的方面渐渐压伏淘汰下去。这种工夫做得一分,便是人类一分的进步。

情感教育最大的利器,就是艺术。音乐、美术、文学这三件法宝把"情感秘密"的钥匙都掌住了。艺术的权威,是把那霎时间便过去的情感,捉住他令他随时可以再现;是把艺术家自己"个性"的情感,打进别人们的"情阈"里头,在若干期间内占领了"他心"的位置。因为他有怎么大的权威,所以艺术家的责任很重。为功为罪,间不容发。艺术家认清楚自己的地位,就该知道:最要紧的工夫,是要修养自己的情感,极力往高洁纯挚的方面,向上提絜,向里体验。自己腔子里那一团优美的情感养足了,再用美妙的技术把他表现出来,这才不辱没了艺术的价值。

二

我这篇讲演,讲的是中国韵文里头所表现的情感。"韵文"是有音节的文字。那范围,三百篇、楚辞起,连乐府歌谣、古近体诗、填词曲本乃至骈体文都包在内(但骈体文征引较少)。我所征引的只凭我记忆力所及,自然不能说完备。但这些资料,不过借来举例,倒不在乎备不备。我想怎么多也够了。我所征引的都是极普通脍炙人口的作品,绝不搜求隐僻。我想这种作品,合于作品代表的资格。

我这回所讲的,专注重表现情感的方法有多少种?那样方法我们中国人用得最多,用得最好?至于所表现的情感种类,我也很想研究。但这回不及细讲,只能引起一点端绪。我讲这篇的目的,是希望诸君把我所讲的做基础,拿来和西洋文学比较,看看我们的情感,比人家谁丰富?谁寒俭?谁浓挚?谁浅薄?谁高远?谁卑近?我们文学家表示情感的方法,缺乏的是那几种?先要知道自己民族的短处,去补救他,才配说发挥民族的长处。这是我讲演的深意。现在请入本题。

三

向来写情感的,多半是以含蓄蕴藉为原则。像那弹琴的弦外之音,像吃橄榄的那点回甘味儿,是我们中国文学家所最乐道。但是有一类的情感,是要忽然奔进一泻无余的。我们可以给这类文学起一个名,叫做"奔进的表情法"。例如碰着意外的过度的刺激,大叫一声或大哭一场或大跳一阵,在这种时候,含蓄蕴藉是一点用不着。例如《诗经》:

蓼蓼者莪,匪莪伊蒿。哀哀父母,生我劬劳。(《蓼莪》)

彼苍者天,歼我良人!如可赎兮,人百其身。(《黄鸟》)

前一章是父母死了,悲痛到极处。"哀哀……劬劳"八个字连泪带血迸出来。后一章是秦穆公用人来殉葬,看的人哀痛怜悯的情感,迸在这四句里头,成了群众心理的表现。

风萧萧兮易水寒,壮士一去兮不复还!

这是荆轲行刺秦始皇临动身时,他的朋友高渐离歌来送他,只用两句话,一点扭捏也没有,却是对于国家、对于朋友的万斛情感,都全盘表出了。

古乐府里头有一首《箜篌引》，不知何人所作；据说是有一个狂夫，当冬天早上在河边"被发乱流而渡"，他的妻子从后面赶上来要拦他，拦不住，溺死了。他妻子做了一首"引"，是：

  公无渡河！公竟渡河！堕河而死，将奈公何。

又有一首《陇头歌》，也不知谁人所作，大约是一位身世很可怜的独客。那歌有两叠，是：

  陇头流水，流离四下；念吾一身，飘然旷野。

  陇头流水，鸣声呜咽；遥望秦川，肝肠断绝。

这些都是用极简单的语句，把极真的情感尽量表出；真所谓"一声《河满子》，双泪落君前"。你若要多著些话，或是说得委婉些，那么真面目完全丧掉了。

  力拔山兮气盖世！时不利兮骓不逝！骓不逝兮可奈何！虞兮虞兮奈若何！（《虞兮歌》）

  大风起兮云飞扬！威加海内兮归故乡！安得猛士兮守四方！（《大风歌》）

前一首是项羽在垓下临死时对着他爱妾虞姬唱的；把英雄末路的无限情感都涌现了。后一首是汉高祖做了皇帝过后回到故乡，对那些父老唱的，一种得意气概尽情流露。

  陟彼北芒兮，噫！顾瞻帝京兮，噫！宫阙崔巍兮，噫！民之劬劳兮，噫！辽辽未央兮，噫！（《五噫歌》）

这一首是后汉时梁鸿做的，满肚子伤世忧民的热情，叹了五口大气，尽情发泄，极文章之能事。

  上邪！我欲与君相知，长命无绝衰。山无陵，江水为竭，冬雷震震夏雨雪，天地合，乃敢与君绝。（《上邪曲》）

这类一泻无余的表情法，所表的什有九是哀痛一路。这首歌却是写爱情，像这样斩钉截铁的赌咒，正表示他们的恋爱到"白热度"。

正式的五七言诗用这类表情法的很少，因为多少总受些格律的束缚，不能自由了。要我在各名家诗集里头举例，几乎一个也举不出。（也许是我记不起）独有表情老手的杜工部有一首最为怪诞。

  剑外忽传收蓟北，初闻涕泪满衣裳。却看妻子愁何在，漫卷诗书喜欲狂。

  白日放歌须纵酒，青春结伴好还乡。即从巴峡穿巫峡，便下襄阳向洛阳。

凡诗写哀痛、愤恨、忧愁、悦乐、爱恋，都还容易；写欢喜真是难。即在长短句和古体里头也不易得，这首诗是近体，个个字受"声病"的束缚，他却做得如此淋漓尽致！那一种手舞足蹈的情形，读了令人发征。据我看过去的诗没有第二首比得上了。

此外这种表情法我能举得出的很少。近代人吴梅村，诗格本不算高，但他的集中却有一首，确能用这种表情法。那题目我记不真，像是《送吴季子出塞》。他劈空来怎么几句：

  人生千里与万里，黯然销魂别而已！君独何为至于此？生非生兮死非死，山非山兮水非水。……

他送的人叫做吴汉槎，是前清康熙间一位名士，因不相干的事充军到黑龙江，许多人替他叫冤，都有诗送他，梅村这首算是最好；好处是把无穷的冤抑，用几句极粗重的话表尽了。

词里头这种表情法也很少，因为词家最讲究缠绵悱恻，也不是写这种情感的好工具。若勉强要我举个例，那么辛稼轩的《菩萨蛮》上半阕：

  郁孤台下清江水，中间多少行人泪。西北是长安，可怜无数山。……

这首词是在徽、钦二宗北行所经过的地方题壁的，稼轩是比岳飞稍为晚辈的一位爱国军人，带着兵驻在边界，常常想要恢复中原。但那时小朝廷的君臣都不许他；到了这个地方，忽然受很大的刺激,由不得把那满腔热泪都喷出来了。

吴梅村临死的时候,有一首《贺新郎》,也是写这一类的情感,那下半阕是:

故人慷慨多奇节,恨当年沉吟不断,草间偷活。艾灸眉头瓜喷鼻,今日须难决绝,早患苦重来千叠。脱屣妻孥非易事,竟一钱不值何须说。……

梅村因为被清廷强奸了当"贰臣",心里又恨又愧,到临死时才尽情发泄出来,所以很能动人。

曲本写这种情感,应该容易些,但好的也不多。以我所记得的独《桃花扇》里头,有几段很见力量。那《哭主》一出写左良玉在黄鹤楼开宴,正饮得热闹时,忽然接到崇祯帝殉国的急报,唱道:

高皇帝,在九京,不管亡家破鼎。那知你圣子神孙,反不如飘蓬断梗!十七年忧国如病,呼不应天灵祖灵,调不来亲兵救兵。白练无情,送君王一命!……

宫车出,庙社倾,破碎中原费整。养文臣帷幄无谋,荻武夫疆场不猛。到今日山残水剩,对大江月明浪明,满楼头呼声哭声。这恨怎平,有皇天作证。……

那《沉江》一出,写清兵破了扬州,史可法从围城里跑出,要到南京,听见福王已经投降,哀痛到极,迸出来几句话:

抛下俺断篷船,撇下俺无家犬!呼天叫地千百遍,归无路进又难前!……累死英雄,到此日看江山换主,无可留恋。

唱完了这一段,就跳下水里死了。跟着有一位志士赶来,已经救他不及,便唱道:

……谁知歌罢剩空筵?长江一线,吴头楚尾路三千,尽归别姓,雨翻云变! 寒涛东卷,万事付空烟!……

这几段,我小时候读他,不知淌了几多眼泪。别人我不知道,我自己对于满清的革命思想,最少也有一部分受这类文学的影响。他感人最深处,是一个个字,都带着鲜红的血呕出来。虽然比前头所举那几个例说话多些,但在这种文体不得不然,我们也不觉得他话多。

凡这一类,都是情感突变,一烧烧到"白热度";便一毫不隐瞒,一毫不修饰,照那情感的原样子,进裂到字句上。我们既承认情感越发真、越发神圣,讲真,没有真得过这一类了。这类文学,真是和那作者的生命分劈不开。——至少也是当他作出这几句话那一秒钟时候,语句和生命是迸合为一。这种生命是要亲历其境的人自己创造,别人断乎不能替代。如"壮士不还"、"公无渡河"等类,大家都容易看出是作者亲历的情感。即如《桃花扇》这几段,也因为作者孔云亭是一位前明遗老(他里头还有一句说:那晓得我老夫就是戏中之人?),这些沉痛,都是他心坎中原来有的,所以写得能够如此动人。所以这一类我认为情感文中之圣。

这种表现法,十有九是表悲痛,表别的情感,就不大好用。我勉强找,找得《牡丹亭·惊梦》里头:

原来是姹紫嫣红开遍,似这般都付与断井颓垣!

这两句的确是属于奔迸表情法这一类。他写情感忽然受了刺激,变换一个方向,将那霎时间的新生命迸现出来,真是能手。

我想悲痛以外的情感,并不是不能用这种方式去表现。他的诀窍,只是当情感突变时,捉住他"心奥"的那一点,用强调写到最高度。那么,别的情感,何尝不可以如此呢? 苏东坡的《水调歌头》便是一个好例:

明月几时有?把酒问青天。不知天上宫阙,今夕是何年?我欲乘风归去,又恐琼楼玉宇,高处不胜寒。……

这全是表现情感一种亢进的状态;忽然得着一个"超现世的"新生命。令我们读起来,不知不觉也跟着到他那新生命的领域去了。

这种情感的这种表现法,西洋文学里头恐怕很多,我们中国却太少了。我希望今后的文学家,努力从这方面开拓境界。

(节选自《饮冰室合集》,梁启超著,中华书局1989年版)

【知识链接】

态势语的使用原则

1. 自然大方。有人演讲时动作生硬,有人说话时姿态做作,这都会使人觉得很别扭、不真实、缺乏诚意。
2. 简单明了。举手投足要符合一般生活习惯,易于被人们看懂和接受。
3. 适度适宜。动作必须与说话内容、情绪、气氛协调一致,以不影响听者对你说话的注意力为度,不要喧宾夺主,妨碍有声语言的正常表达。

此外,态势动作要富于变化。适当的动作重复往往能强调特有的情绪,但如果一种表情、一种手势一用到底,就很呆板、单调、乏味。因此,要注意克服不良的习惯动作,去掉多余的手势;要善于随着内容、情绪的变化适当地变换动作和姿态,使演讲生动活泼、富有魅力。

阅读书目

1. 李元授.演讲训练[M].武汉:武汉大学出版社,2004.
2. 唐树芝.演讲语言技巧与实践[M].长沙:湖南师范大学出版社,2011.
3. 孙海燕,刘伯奎.口才训练十五讲[M].北京:北京大学出版社,2015.
4. 刘德强.演讲名篇鉴赏辞典(增补版)[M].上海:上海辞书出版社,2014.

【拓展与训练】

1. 阅读下文并思考:作者为什么说"读他这篇文章和听他这篇讲演,那趣味相差很多,犹之乎读剧本与看戏之迥乎不同"?

记梁任公先生的一次演讲
梁实秋

梁任公先生晚年不谈政治,专心学术。大约在民国十年左右,清华学校请他作第一次的演讲,题目是《中国韵文里表现的情感》。我很幸运地有机会听到这一篇动人的演讲。那时候的青年学子,对梁任公先生怀着无限的景仰,倒不是因为他是戊戌政变的主角,也不是因为他是云南起义的策划者,实在是因为他的学术文章对于青年确有启迪领导的作用。过去也有不少显宦,以及叱咤风云的人物,莅校讲话。但是他们没有能留下深刻的印象。

任公先生的这一篇讲演稿,后来收在《饮冰室文集》里。他的讲演是预先写好的,整整齐齐地写在宽大的宣纸制的稿纸上面,他的书法很是秀丽,用浓墨写在宣纸上,十分美观。但是读他这篇文章和听他这篇讲演,那趣味相差很多,犹之乎读剧本与看戏之迥乎不同。

我记得清清楚楚,在一个风和日丽的下午,高等科楼上大教堂里坐满了听众,随后走进了一位短小精悍秃头顶宽下巴的人物,穿着肥大的长袍,步履稳健,风神潇洒,左右顾盼,光芒四射,这就是梁任公先生。

他走上讲台,打开他的讲稿,眼光向下面一扫,然后是他的极简短的开场白,一共只有两句,头一句是:"启超没有什么学问——",眼睛向上一翻,轻轻点一下头:"可是也有一点喽!"这样谦逊同时又这样自负的话是很难得听到的。他的广东官话是很够标准的,距离国语甚远,但是他的声音沉着而有力,有时又是洪亮而激亢,所以我们还是能听懂他的每一字,我们甚至想如果他说标准国语其效果可能反要差一些。

我记得他开头讲一首古诗,《箜篌引》:

公无渡河。公竟渡河!渡河而死;其奈公何!

这四句十六字,经他一朗诵,再经他一解释,活画出一出悲剧,其中有起承转合,有情节,有背景,有人物,有情感。我在听先生这篇讲演后约二十余年,偶然获得机缘在茅津渡候船渡河。但见黄沙弥漫,黄流滚滚,景象苍茫,不禁哀从中来,顿时忆起先生讲的这首古诗。

先生博闻强记,在笔写的讲稿之外,随时引证许多作品,大部分他都能背诵得出。有时候,他背诵到酣畅处,忽然记不起下文,他便用手指敲打他的秃头,敲几下之后,记忆力便又畅通,成本大套地背诵下去了。他敲头的时候,我们屏息以待,他记起来的时候,我们也跟着他欢喜。

先生的讲演,到紧张处,便成为表演。他真是手之舞之足之蹈之,有时掩面,有时顿足,有时狂笑,有时太息。听他讲到他最喜爱的《桃花扇》,讲到"高皇帝,在九天,不管……"那一段,他悲从中来,竟痛哭流涕而不能自已。他掏出手巾拭泪,听讲的人不知有几多也泪下沾襟了!又听他讲杜氏讲到"剑外忽传收蓟北,初闻涕泪满衣裳……",先生又真是于涕泗交流之中张口大笑了。

这一篇讲演分三次讲完,每次讲过,先生大汗淋漓,状极愉快。听过这讲演的人,除了当时所受的感动之外,不少人从此对于中国文学发生了强烈的爱好。先生尝自谓"笔锋常带情感",其实先生在言谈讲演之中所带的情感不知要更强烈多少倍!

有学问,有文采,有热心肠的学者,求之当世能有几人?于是我想起了从前的一段经历,笔而记之。

2. 闻一多先生也听过梁启超在清华大学演讲《中国韵文里头所表现的情感》。多年后,闻一多还向他的学生们"表演"梁启超讲授古乐府《箜篌引》的情形——梁任公先把那首古诗写在黑板上,然后摇头摆脑地朗诵一句:"公、无、渡、河",接着大声喝彩,叫一声"好!"然后再重复地念:"公、无、渡、河","好!""实在是好!"梁任公这样自我陶醉地一唱三叹,一声高似一声……闻一多讲述时,情不自禁地跟着把脑袋转来转去,讲得满脸通红,声音激昂。末了把声音压低,两手一摊,正告弟子:"大师讲学,就是这样!"

请结合梁实秋、闻一多对梁启超先生演讲情形的回忆和模拟,分析演讲时体态、手势、眼神、表情等态势语运用的重要作用。

3. 阅读梁启超《少年中国说》等文稿,体会其演讲特色,并比较不同时代、不同类型演讲在风格上的差异。

一个防身药方的三味药

胡 适

【导读】

　　胡适(1891—1962),安徽绩溪人,原名胡洪骍、嗣穈,字希彊,参加"庚款"留美考试后改名适,字适之。中国现代著名学者,因提倡文学革命而成为新文化运动领袖之一。

　　胡适1910年留学美国,赴美后先入康乃尔大学农学院,后转文学院。1915年入哥伦比亚大学研究院,师从哲学家杜威,1917年毕业并获得哲学博士学位,同年7月回国。回国后任教于北京大学,加入《新青年》编辑部,积极提倡"文学改良"和白话文学,发表《文学改良刍议》,主张以白话文代替文言文,提出写文章"不作无病之呻吟""须言之有物"等主张。1946年任北京大学校长,1949年寄居美国,后去台湾,1957年出任台湾"中央研究院"院长。

　　胡适是现代中国最具声望又争议最大的文化巨人。他兴趣广泛,在文学、哲学、史学、考据学、教育学、伦理学、红学等诸多领域都有进行研究。胡适著作很多,又经多次编选,比较重要的有《胡适文存》《胡适论学近著》《胡适学术文集》《胡适自传》等。据不完全统计,他的文章总字数达两千万,他的学术意见与思想遗产在中国现代思想文化史上有着深远的影响,并且持续着巨大的历史生命力。

　　《一个防身药方的三味药》是胡适先生1960年6月18日在台湾成功大学毕业典礼上的讲演。演讲用了一个形象的比喻,把对学生的忠告比喻成防身救急之用的一个药方,告诉即将毕业的学生,应当如何使自己生存和生活得更好,那就是:要始终思考一两个问题;要在工作之余保持自己对其他事务的兴趣;要对人生抱有信心。胡适先生列举了大量实例,涉及当年知名的哲学家和科学家,让不同专业的毕业生都能从中找到自己的榜样,因而,讲演大大吸引了听众的兴趣并具有深远的影响;今天的读者依然可以从中汲取满满的正能量。

　　毕业班的诸位同学,现在都得离开学校去开始你们自己的事业了,今天的典礼,我们叫作"毕业",叫作"卒业",在英文里叫作"始业"(Commencement)。你们的学校生活现在有一个结束,现在你们开始进入一段新的生活,开始撑起自己的肩膀来挑自己的担子,所以叫作"始业"。

　　我今天承毕业班同学的好意,承阎校长的好意,要我来说几句话。我进大学是在五十年前(1910),我毕业是在四十六年前(1914),够得上做你们的老大哥了,今天我用老大哥的资格,应该送你们一点小礼物。我要送你们的小礼物只是一个防身的药方,给你们离开校门,进入大世界,作随时防身救急之用的一个药方。这个防身药方只有三味药:

　　第一味药叫做"问题丹"。

　　第二味药叫做"兴趣散"。

　　第三味药叫做"信心汤"。

　　第一味药,"问题丹"。就是说,每个人离开学校,总得带一两个麻烦而有趣味的问题在身边作伴,这是你们入世的第一要紧的救命宝丹。

问题是一切知识学问的来源,活的学问、活的知识,都是为了解答实际上的困难,或理论上的困难而得来的。年轻入世的时候,总得有一个两个不大容易解决的问题在脑子里,时时向你挑战,时时笑你不能对付他,不能奈何他,时时引诱你去想他。

只要你有问题跟着你,你就不会懒惰了,你就会继续有知识上的长进了。

学堂里的书,你带不走;仪器,你带不走;先生,他们不能跟你去,但是问题可以跟你走到天边!有了问题,没有书,你自会省吃省穿去买书;没有仪器,你自会卖田卖地去买仪器!没有好先生,你自会去找好师友;没有资料,你自会上天下地去找资料。

各位青年朋友,你今天离开学校,夹袋里准备了几个问题跟着你走?

第二味药,叫做"兴趣散"。这就是说,每个人进入社会,总得多发展一点专门职业以外的兴趣——"业余"的兴趣。

你们多数是学工程的,当然不愁找不到吃饭的职业,但四年前你们选择的专门职业,真是你们自己的自由志愿吗?你们现在还感觉你们手里的文凭真可以代表你们每个人终身的志愿,终身的兴趣吗?——换句话说,你们今天不懊悔吗?明年今天还不会懊悔吗?

你们在这四年里,没有发现什么新的、业余的兴趣吗?在这四年里,没有发现自己在本行以外的才能吗?

总而言之,一个人应该有他的职业,又应该有他的非职业的玩意儿,不是为吃饭而是心里喜欢做的,用闲暇时间做的,——这种非职业的玩意儿,可以使他的生活更有趣、更快乐、更有意思,有时候,一个人的业余活动也许比他的职业还更重要。

英国十九世纪的两个哲学家,一个是弥尔(J. S. Mill),他的职业是东印度公司的秘书,他的业余工作使他在哲学上、经济学上、政治思想史上,都有很大的贡献。一个是斯宾塞(Herbert Spencer),他是一个测量工程师,他的业余工作使他成为一个很有势力的思想家。

英国的大政治家丘吉尔,政治是他的终身职业,但他的业余兴趣很多,他在文学、历史两方面,都有大成就;他用余力作油画,成绩也很好。

今天到"自由中国"的贵宾,美国大总统艾森豪先生,他的终身职业是军事,人都知道他最爱打高尔夫球,但我们知道他的油画也很有功夫。

各位青年朋友,你们的专门职业是不用愁的了,你们的业余兴趣是什么?你们能做的,爱做的业余活动是什么?

第三味药,我叫他做"信心汤"。这就是说,你总得有一点信心。我们生存在这个年头,看见的、听见的,往往都是可以叫我们悲观、失望的——有时候竟可以叫我们伤心,叫我们发疯。

这个时代,正是我们要培养我们的信心的时候,没有信心,我们真要发狂自杀了。

我们的信心只有一句话:"努力不会白费",没有一点努力是没有结果的。

对你们学工程的青年人,我还用多举例来说明这种信心吗?工程师的人生哲学当然建筑在"努力不白费"的定律的基石之上。

我只举这短短几十年里大家都知道的两个例子:

一个是亨利·福特(Henry Ford),这个人没有受过大学教育,他小时半工半读,只读了几年书,十六岁就在一小机器店里作工,每周工钱两块半美金,晚上还得去帮别家做夜工。

五十七年前(1903)他三十九岁,他创立 Ford Motor CO.(福特汽车公司),原定资本十万元,只招得两万八千元。

五年之后(1908)，他造成了他的最出名的 model T 汽车，用全力制造这一种车子。

一九一三年——我已在大学三年级了，福特先生创立他的第一副"装配线"(Assembly line)。

一九一四年，——四十六年前，——他就能够完全用"装配线"的原理来制造他的汽车了。同时(1914)他宣布他的汽车工人每天只工作八点钟，比别处工人少一点钟——而每天最低工钱五元美金，比别人多一倍。他的汽车开始是九百五十元一部，他逐年减低卖价，从九百五十元直减到三百六十元——第一次世界大战之后，减到二百九十元一部。

他的公司，在创办时(1903)只有两万八千元的资本，——到二十三年之后(1926)已值得十亿美金了！已成了全世界最大的汽车公司了。一九一五年，他造了一百万部汽车，一九二八年，他造了一千五百万部车。

他的"装配线"的原则在二十年里造成了全世界的"工业新革命"。

福特的汽车在五十年中征服全世界的历史还不能叫我们发生"努力不白费"的信心吗？

第二个例子是航空工程与航空工业的历史。也是五十七年前——一九〇三年十二月十七，正是我十二整岁的生日，——那一天，在北加罗林那州的海边 Kitty Hawk(基帝霍克)沙滩上，两个修理脚踏车的匠人，兄弟两人，用他们自己制造的一只飞机，在沙滩上试起飞，弟弟叫 Owille Wright，他飞起了十二秒钟。哥哥叫 Wilbur Wright，他飞起了五十九秒钟。

那是人类制造飞机飞在空中的第一次成功，——现在那一天(十二月十七日)是全美国庆祝的"航空日"——但当时并没有人注意到那两个弟兄的试验，但这两个没有受过大学教育的脚踏车修理匠人，他们并不失望，他们继续试飞，继续改良他们的飞机，一直到四年半之后(1908年5月)，才有重要的报纸来报导那两个人的试飞，那时候，他们已能在空中飞三十八分钟了！这四十年中，航空工程的大发展，航空工业的大发展，这是你们学工程的人都知道的，航空工业在最近三十年里已成了世界最大工业的一种。

我第一次看见飞机是在一九一二年。我第一次坐飞机是在一九三〇年(三十年前)。我第一次飞过太平洋是在二十三年前(1937)；第二次飞过大西洋是在十五年前(1945)。当我第一次飞渡太平洋的时候，从香港到旧金山总共费了七天！去年我第一次坐 Jet 机，从旧金山到纽约，五个半钟点飞了三千英里！下月初，我又得飞过太平洋，当天中午起飞，当天晚上就到美国西岸了！

五十七年前，Kitty Hawk 沙滩上两个脚踏车修理匠人自造的一个飞机居然在空中飞起了十二秒钟，那十二秒钟的飞行就给人类打开了一个新的时代，——打开了人类的航空时代。这不够叫我们深信"努力不会白费"的人生观吗？

古人说："信心可以移山"(Faith moves mountains)，又说："功不唐捐"(唐是空的意思)，又说："只要功夫深，生铁磨成绣花针。"

青年的朋友，你们有这种信心没有？

(选自《胡适精品集》，光明日报出版社1998年版)

【知识链接】

听众心理

听众心理是指听众对演讲所产生的一系列特殊的心理活动，具体涉及听众的感知、注意、记忆、情感、想象、思维、兴趣等方面的特征和变化规律。听众心理与演讲者心理具有同质同构的关系,演讲者要想获得最佳的演讲效果,必须设身处地,从听众的愿望出发,把握听众各种心理的特点和各种心理产生、发展及其变化的规律:1.引起听众的注意。既要诱发听众的无意注意,更要调动听众的有意注意。2.激发听众的兴趣。这需要演讲具有真切的情感、新鲜的内容和活泼的形式。3.了解听众的心理需求,驾驭听众的心理定势,使听众心理顺从演讲者的"调遣"。

阅读书目

1. 刘宗粤.演讲心理分析[M].重庆:重庆大学出版社,1987.
2. 陈建军.演讲理论与欣赏[M].武汉:武汉大学出版社,2005.
3. 李元授.演讲与口才[M].武汉:华中科技大学出版社,2014.

【拓展与训练】

1. 胡适演讲开头称自己是毕业生的老大哥,这样开篇有什么好处?参考下列演讲的开场白进行分析。

胡适在另一次演讲时这样开头:"我今天不是来向诸君作报告的,我是来'胡说'的,因为我姓胡。"秋瑾《敬告中国二万万同胞》开头:"唉!世界上最不公平的事,就是我们二万万女同胞了。"接着历数"我们女子"受压迫的情景。拿破仑1894年被流放时告别卫队士兵:"各位战友们,你们要各自珍重。这20年来,我们同在一起……"

2. 阅读胡适1929年在中国公学18年级毕业典礼上的演讲《不要抛弃学问》,并与《一个防身药方的三味药》进行比较,体会胡适先生的演讲风格。

在中国公学18年级毕业典礼上的演讲

诸位毕业同学:你们现在要离开母校了,我没有什么礼物送给你们,只好送你们一句话罢。

这一句话是:"不要抛弃学问。"以前的功课也许有一大部分是为了这张毕业文凭,不得已而做的。从今以后,你们可以依自己的心愿去自由研究了。趁现在年富力强的时候,努力做一种专门学问。少年是一去不复返的,等到精力衰时,要做学问也来不及了。即为吃饭计,学问决不会辜负人的。吃饭而不求学问,三年五年之后,你们都要被后进少年淘汰掉的。到那时再想做点学问来补救,恐怕已太晚了。

有人说:"出去做事之后,生活问题急须解决,哪有工夫去读书?即使要做学问,既没有图书馆,又没有实验室,哪能做学问?"

我要对你们说:凡是要等到有了图书馆方才读书的,有了图书馆也不肯读书。凡是要等到有了实验室方才做研究的,有了实验室也不肯做研究。你有了决心要研究一个问题,自然会撙衣节食去买书,自然会想出法子来设置仪器。

至于时间,更不成问题。达尔文一生多病,不能多做工,每天只能做一点钟的工作。你们看他的成绩!每天花一点钟看十页有用的书,每年可看三千六百多页书;三十年读十一万页书。

诸位,十一万页书可以使你成一个学者了。可是,每天看三种小报也得费你一点钟的工夫;四圈麻将也得费你一点半钟的光阴。看小报呢?还是打麻将呢?还是努力做一个学者呢？全靠你们自己的选择！

　　易卜生说："你的最大责任是把你这块材料铸造成器。"

　　学问便是铸器的工具。抛弃了学问便是毁了你自己。

　　再会了！你们的母校眼睁睁地要看你们十年之后成什么器。

3. 结合当代中国社会生活和大学生就业等实际问题，写作一篇胡适演讲稿的读后感，具体题目自拟。

青春万岁

王 蒙

【导读】

王蒙,1953年开始文学创作,以短篇小说《组织部来了个年轻人》引起社会关注。主要作品有长篇小说《青春万岁》《活动变人形》《恋爱的季节》《失态的季节》《踌躇的季节》《狂欢的季节》以及大量中短篇小说和散文等。

这位怀有很深的"少年布尔什维克"情结的当代作家,从少年时代就开始投身无产阶级革命和祖国解放斗争,是现代中国知识分子走向革命道路的一个特定时期的缩影。他在20世纪50年代中期所遭受的政治厄运,以及在70年代末的复出和此后所走的人生道路,对于当代中国知识分子来说,也都具有相当的典型性。60多年来,王蒙紧贴时代脉搏,扎根于现实生活的土壤,成为当代文坛上创作最为丰硕、始终保持创作活力的作家之一。北京大学陈晓明教授评价王蒙先生:"他是青春的激情和老化的智慧凝聚而成的一部经典的中国当代文学史。"

1953年11月,19岁的王蒙以诗为序开启了长篇小说《青春万岁》的创作:"所有的日子,所有的日子都来吧,让我编织你们,用青春的金线,和幸福的璎珞,编织你们……"作为一个在11岁就与北平中共地下党取得联系,14岁加入中国共产党的少年党员,他的青春是与新中国的青春紧紧结合在一起的,洋溢着浪漫、理想的情怀和随时准备献身祖国的大无畏精神。在谈到为什么给作品定名为"青春万岁"时,王蒙说:"我们这一代年轻人有一个特别好的历史机遇,把我们青春的烈火和国家民族的命运结合在一起。但是我也相信这样的一种激情不会长久保持,我看到青春可能会逝去,激情可能会冷却,历史大的场面不能老在那吹着冲锋号,《青春万岁》就是要记住这样一个难得的青春机遇。"

2010年4月27日下午,王蒙应山东卫视大型文化栏目《新杏坛》之邀,走进北京大学录制"五四"青年节特别节目,在北京大学百年大讲堂为广大青年学生演讲,再次歌咏"青春万岁"。时隔半个多世纪,王蒙先生结合自身的传奇经历,用青春、成长、理想、激情为命题,与年轻人一起分享成长的喜悦和岁月的感动。

把这个纪念"五四"的活动和《青春万岁》联系起来让我非常地感慨,因为一代又一代的青春就这么万岁下来了,我也不怎么青春了,我也万岁不了了,是这样子,但是仍然有一种激情。一想到青春,自古以来人们都是歌颂青春的,都是眷恋青春的,都是用最美好的语言来谈青春的。譬如说李白,他的诗里面说"夫子红颜我少年,章台走马著金鞭"。他回忆他自己年轻的时候少年气盛,正处在顺境的时候,"章台走马"的这种快乐生活。杜甫的诗说"白日放歌须纵酒,青春作伴好还乡"。但是杜甫这里面讲的青春不是指人的青春,他是指的季节,但是毕竟是"青春"两个字,它代表的仍然是一种欢乐的、庆幸的这种心情。而毛泽东在他的最好的诗词之一《沁园春·长沙》里面,他写的"问苍茫大地,谁主沉浮?……恰同学少年,风华正茂。书生意气,挥斥方遒"是这样一种开阔的、有大志的这样一种青春。青春永远和激情在一起、和大志在一起、和浪漫在一起。

即使不是处在这种历史的风暴之中的、相对比较缓和的那种青春，也有它特殊的美。譬如说，屠格涅夫在他的小说《初恋》里，他怎么说青春呢？他说："青春，青春，你什么都不在乎，连悲哀也对你有帮助，连忧愁也给你以安慰。哦……"为什么呢？年轻的时候，一切对他来说都是新奇的，都是有吸引力的。你忧愁一次都很了不起啊，你忧愁了，是不是，都能忧愁一回了，都能悲哀一回了，你小的时候没有过，你都青春了，所以连忧愁、连悲哀都是可爱的。这像辛弃疾的词，"少年不识愁滋味，为赋新词强说愁"，也有点那个意思。普希金的诗，"同干一杯吧，我的不幸的青春时代好友，让我们用酒来浇愁。酒杯在哪儿？就这样，欢乐涌上了心头"。他都有这样一种对青春的美好的记忆。

为什么到了我这儿都"万岁"起来了呢？因为我们这一代人，用现在的说法就是"三零后"。我们"三零后"这一代人，我们赶上了旧中国的灭亡和新中国的诞生，我们的青春当时牛得不得了啊！我在地下的时候，就是在还是国民政府统治的时期，当时我们喜欢唱的歌是什么呢，是"我们的青春像烈火般的鲜红，燃烧在充满荆棘的原野。我们的青春像海燕般的英勇，飞翔在暴风雨的天空"。（吟唱歌曲）"我们的青春像烈火般的鲜红，燃烧在充满荆棘的原野。我们的青春像海燕般的英勇，飞翔在暴风雨的天空。"那是什么样的青春啊？把自己的青春和中华人民共和国的青春完全结合了。1949年到很长一段时间，是中华人民共和国的青春期，它也具有青春期的一切特点，热情、理想、躁动、着急等等，我就不多说了，大家心里都明白。所以我们这一代的青春和那个青春是连接在一块儿的，那么在这样的一种情况之下，我们现在回顾起来，我们又更加感觉到青春充满了激情、充满了力量、充满了理想、充满了浪漫、充满了献身的精神。

其实我那时候还只是少年，我一直到1945年日本投降，我那时候11岁，我忽然明白了什么叫"祖国"，我忽然明白了，因为我小的时候，那个时候我在北京上学，那个时候北京是在日本军队的占领之下，我出阜成门的时候，因为我家离着阜成门近，出阜成门的时候，那日本兵都是拿着那个刺刀啊、枪啊，旁边有那军犬啊，狼狗啊，吓得不得了啊，你必须给日本兵鞠躬啊，你不鞠躬的话，你不知道会有什么危险。所以到了1945年的时候我忽然明白了，我是中国人啊，我应该为中国献身啊！我当时有一个想法，就是我要为了中国，我死！我把我的生命献出来都没有关系，但是，为了中国。这是在那样一种情况之下，所以1949年之后，对一切都充满着希望、充满着快乐、充满着那种单纯的信念，就像我写《青春万岁》的时候说的，对那所有的日子，所有的日子都那么可爱。但是也有点过于单纯了，也有这种情形，是不是？

有一位年龄还比我起码大个十五六岁的一位女作家，我不说她的名字了，她那时候还已经不是太青春了，我那还是青春少年，她那大概三四十岁了，她在这个……就是中国搞农业合作化的时候，当时有一个《农业发展纲要》，这位女作家就写文章说，说等到《农业发展纲要》实现了以后，中国人将不知道什么叫眼泪，除非他们高兴得太厉害，他呛到那儿了，憋着气了是这样子。

我们现在看呢，这像儿童的话一样。所以青春是万岁的、是美丽的，但是青春又是不够的。我直到年岁相当大了，六十多了，我才知道世界上也有作家对青春采取一种不是完全正面的态度，譬如说捷克的那位作家米兰·昆德拉，他就说，说青春不好，青春太激进、青春太绝对、青春太幻想，因此青春往往会做很多傻事。当然这是另一个角度。

日本有一位作家把他的一本书送给我，可惜我不懂日语，但他那书的题目，他说我这书为什么我要送给你呢,因为我这题目跟您的书正好是唱对台戏的,他那书的题目叫什么呢?叫做《青春的终结》,就是再也别青春了,我们日本不青春了,我们有经验了,我们变得成熟了。所以也有这样的例子。

可是我年轻的时候我听不进去这些,那时候我最不喜欢别人跟我说的,说你呀,现在你很热情、你很聪明,你写个材料写得也很好,你发言也很会发言。但是你不太实际,你要多实际一点。哎哟,我一听,怎么让我实际干吗呀,是不是?我浪漫多好,我做梦多好,我读书多好,我文学多好。我书呆子,书呆子才好,这么一个伟大的、有文化的祖国,没有成千上万的书呆子,这国家怎么办呢,是不是?我不懂这个。经过了——我现在已经不是19岁了,我现在是76岁了,从19岁到76岁已经过了57年了——这57年以后我知道,青春是万岁的,但是青春又是不够的。青春要慢慢发展,青春要慢慢积累自己的经验,青春不但要有浪漫,而且也要有知识、也要有经验,也要有足够的智慧和耐心。

第二个话题,我想再回忆一下"五四"。"五四"的过程我就不讲了,我相信北大的同学和老师,包括在座的各位朋友,你们的了解比我还多。1919年,在第一次世界大战以后,巴黎和会上,中国人受到什么样的屈辱。就是说最初它仍然是一个国际政治事件激发起来的一个爱国运动,这样一个爱国运动,现在的历史当然和那时候完全不一样了,现在已经不存在任何外国的势力控制着中国的经济、国防、国土、命脉以及侵犯着中国人民的主权,这样的问题早已经不存在了。但是"五四"还有一个特别重大的意义,至今仍然是人们的话题。这个话题就是什么呢,就是"五四"新文化运动。因为恰恰是"五四"开始,呼啦啦一下子,出现了那么多热情的、勇敢的、振聋发聩的这样一些呼号,其中包括着对中国的传统文化的反省和自责、批评,也包括着对世界上的这些先进的爱国主义、民主主义、科学,许多现代化这方面的呼唤和要求。

尤其"五四"它最大的意义就是它从文化上,它实际上树立了一个希望把中国推向现代性、推向现代化的这样一个目标。当然,现在尤其是像欧美的一些国家,大家在讨论"后现代"的问题,就是说人家那儿早就现代化了,早已经是或者实现了现代化了,但是现代性并不是完美无缺的,现代性并不是万应的灵药。现代性还带来许多新的问题,你譬如说这种全球化所带来的一些弱势的民族的它的这种文化,它渐渐失去自己的特色。所谓认同危机,实际上就是认同自己的身份的危机。因为现在全球化了,你什么都听全球的,都听世界上所谓最流行的、最时尚的、最先进的那些东西,结果你找不着自己了,找不到自己的地位,找不到自己的身份了。譬如说金融危机,这个金融危机也说明了在这个现代性、全球化的基础上,它一旦产生问题会多么严重。譬如说环境问题,什么地球变暖的问题,还有许许多多的问题,譬如说大众媒体、大众文化对于精英文化,对于那个最高端的文化的冲击等等。所以这个世界上目前批评现代化的声音也非常强烈,但是从总体来说,我们中国来说,追求现代化这样一个方向是没有任何问题的,是不能动摇的。我们可以回想一下,如果我们实现不了现代化,我们会处在怎么样一个落后、挨打、贫穷、愚昧的这样一个地位。

当然,"五四"的时候还有一种所谓烈火狂飙一样的,这样对中国的传统文化的自我反省与自我批评。这个不论是左翼的作家,像鲁迅、像陈独秀、像瞿秋白,还是右翼的,像胡适、像傅斯年、像吴稚晖,他们在批评中国的传统文化上几乎是完全一致的,当时有各种说法,打倒孔家店,还有吴稚晖等提出来,把线装书扔到茅厕里去。譬如说包括鲁迅给青年人的建议里面就有一条,少读或干脆不读中国书,他的理论是说中国的书读了以后让你静下来,失去了进取、斗争、竞争、向上、向前的这样一种精神。

那么更严重的还有对汉字的批评,那有各种的很极端的说法,主张废除汉字汉语的都有,这个钱玄同就主张过废除汉字汉语,当然钱玄同更伟大的主张是"人过四十,一律枪毙"!就是这些东西我们今天看起来,显然是觉得它有点过分、有点过激、有点激烈,也有点片面。但是我们又要考虑一个问题,如果没有"五四"运动,如果没有刚才说的那个"五四"时候的爱国主义、民主主义,尤其是"五四"的时候逐渐传播进来的马克思主义的话,如果没有中国在现代化上所取得的这些成功,我们今天能够痛痛快快地在这儿讲弘扬我们的民族传统文化吗?我们能够那样信心百倍地说我们是孔孟之乡,我们要情深义重等等?如果我们还处在鸦片战争的那种情况、八国联军的那种情况、甲午海战的那种情况、英法联军火烧圆明园的那种情况,我们有那个精神、有那个底气来谈孔孟吗?!所以我始终认为,"五四"它从它的总体来说,它不是摧毁了中国的传统文化,而是挽救了中国的传统文化,使中国的传统文化起死回生、否极泰来。没有"五四"以来的中国的这些革命性的发展和变化,就没有今天的弘扬中华传统文化的这种信心和资格。

刚才我听台长也讲到,也提到了这个任继愈老师,任继愈老师有一次他一个即兴发言,在一次文化讨论会上,他说,现在我们这个国家发展得比较好了,尤其是经济上发展得比较好了,这个时候我们大家多谈谈弘扬传统文化,大家也就听得进去了,我们就有这个底气来谈弘扬传统文化了。他说这个就跟赛球一样,你的球赢了,然后你再讲我们这个是有文化背景的,我们是从自幼一代一代的,孔孟、老庄、《史记》《汉书》,我们都是从这些方面得到的影响,你就好讲。如果你输了,你0∶20,然后你再来开一个经验交流会,说我们可是宋朝就有足球了,我们宋朝高俅给那个宋徽宗踢的可就是足球,全世界足球是在我们这儿产生的,现在连世界足球联合会他都承认了,他承认了呢,就是这个足球发源于中国……但是这仍然掩盖不了、冲淡不了我们现在这足球踢得不咋样的这样一个遗憾。但是我们毕竟不是说各方面的事业都跟足球一样,如果我们各方面的事业都跟足球一样了,我们再坐到这儿,在那儿大谈特谈弘扬传统文化,也有点自个儿脸上挂不住,这个是这样子。所以我们还是要肯定"五四"运动给我们带来的一个新的面貌,使我们能够去粗取精,能够取其精华去其糟粕,才使我们的传统文化有着重新发扬光大的这样的机会。

我特别忘不了的就是鲁迅在他的《忽然想到》(六)里面所说的,鲁迅他说什么呢,就是一个人呢,一要生存、二要温饱、三要发展,凡是妨害我们这几条的,不管它是什么祖传秘方、御制膏丹,不管你是百宋千元,天球河图,也不管你是古是今,你是八千年也好,你是一万年也好,你打出什么旗号来,踢倒他!鲁迅还说的不是打倒,打倒是用手打,这踢倒用脚。可能鲁迅那时候也预见到咱们这脚功还需要锻炼,踢倒他!所以我们没有"五四"的这样一种精神,我们就没有今天的对我们的传统文化的这样一个弘扬。

第三个话题,我想说一下,就是我对今天的年轻人的一点点建议。因为我非常惭愧,也非常难过,就是虽然铁凝主席赐给我"高龄少男"的这样一个称号,但是没人觉着我少男了,我已经和年轻人之间有许多互相不完全理解的地方。最不理解的就是唱歌,我有时候唱我那当年我喜欢唱的歌,里面政治口号也不少,我唱完了以后我那孙子就说,哎哟,爷爷唱的这歌多水啊!然后我听他唱的歌,他唱的,尤其我最怕的是他还用粤语唱歌,用粤语唱的那流行歌曲,我听完了以后,我说怎么现在的青年人唱这么水的歌啊!没有激情、没有浪漫、没有献身、没有那个青春也不像火焰一样的鲜红,那青春什么颜色咱也闹不清楚……所以我的第一个建议就是老年人、青年人,我们应该有更多的互相的了解、交流、沟通、尊重,一代人有一代人的青春万岁,谁的青春都不是吃素的,谁的青春都不是随随便便的,都有自己的热情,都有自己的第一次写诗——不管什么时代,青年人里头,十个人里头有九个是诗人,十个人里头有八个人是革命家,十个人里头至少有七个是发明家——所以我们都年轻过,而这些年轻的朋友,只要你们身体健康,你们也都会尝到老年的滋味。所以呢,我们可以互相有更多的交流。

  我愿意借用那个老舍先生的戏里面的话,实际我已经把他的含义有所改动,《茶馆》里面有一个什么话呢,说年轻的时候,有牙,没有花生豆。等老了吧,花生豆挺多了,没牙了。他原来说的那意思就是你年轻的时候,你自己主观上你很强,但是你客观条件什么都没有。你老了以后呢,你客观条件有了,譬如说你该挣钱你也挣上了,你该买房子你也买了,你高级职称,你教授、博导,这些反正你20岁的时候不可能,可能性很小,也有了。你要是官员,你是什么司局级、嘛级嘛级的,你也都有了。可是这个时候你花生豆多得很,你没有牙了,是不是。你看着很多好东西你消化不了,你吸收不了,甚至于你整天介还要去,又是拔牙又是补牙又是做一堆假牙,过着这种痛苦的生活。但是我愿意把它解释成什么呢,年轻的时候你有牙,你嘴很快呀,你很厉害。我年轻的时候也很厉害,我年轻的时候我一看,中华人民共和国成立了,我是新中国成长起来的青年,我再一看我的父母、祖父母那一代,全都是旧中国的封建的、腐朽的、落后的、无知的、愚昧的、软弱的、脆弱的、悲惨的,你们都是这个呀!可是到了我这儿呢,我把历史掌握到了自己的手里,我把命运掌握到了自己的手里,当时是这样一种心情。我所以那时候牙口很好,但是没有多少花生豆,花生豆就是指你的知识、指你的经验、指你的耐性、甚至于也指你该有的防身之术和防护之术。所以你花生豆很少啊,有时候你冒冒失失地发表了一些意见,实际上并不成熟、并不准确。有时候你随随便便地就看不起那些老人,恰恰证明了你自己的浅薄和无知。但是人老了呢,花生豆挺多,他不敢下嘴了,他没牙,是不是。该做决断的时候他不敢决断,该判断的时候不敢判断,该嚼的时候他不敢嚼,该咽的时候他不敢咽,这人老了也有这方面的问题。所以呢,我觉得不管是年轻的还是老的,在他没有完全被这个年龄生理的老化所摧毁以前,各代人都有各代人的可爱之处。我们应该互相尊敬、互相理解、互相切磋、互相沟通,你们年轻的时候你们会发现,如果世界上全都是年轻人,都是小姐妹儿、小哥们儿,也有点麻烦,你总还要有几个白胡子的,总还要有几个老奸巨猾的,总还有几个比较成熟稳重、考虑问题照顾的方面周到一点的这样一个人。

  第二个建议呢,我想就是我们能够处理好,处理好什么呢,就是这个渐进和这个整体变革的关系。年轻人他容易,非常容易喜欢的就是来一个整体性的变革。我们还要处理好这个高潮和正常的关系,你像我们这个"三零后"所经历的,我们也就是所谓五十年代的青年,五十年代的那些青年,我们经历了太多的高潮:抗日战争胜利,这是高潮;解放战争胜利,这是高潮;中华人民共和国成立,这是高潮;抗美援朝,这又是高潮;甚至于人为的高潮下去,我就不说底下的了,底下的就没有这么愉快了,自个儿还跟自个儿折腾起来没个完。所以老子有一个话叫做"飘风不终朝,骤雨不终日",就是老天爷他也做不到老是大风大雨,有很多时候是相对比较平和、比较正常、是比较渐进的,所以我们要处理好这种关系。我们也还要处理好,就是我们具体的业务的知识和我们整个做人的这种境界、胸怀,我们整个做人的这种期待的这样一种关系,我们整个做人的这样一种过程,我们有一种总体的气概。我们还要处理好弘扬我们的传统文化和更新我们的知识观念的这种关系。我们不能够随便把传统否认掉,这是不可能的。中国有这么长的历史、这么多的人口,中国至今仍然在蓬蓬勃勃地发展着,这个国家要是没有两下子,包括它在文化上没有一点自己的真玩意儿,它是做不到这一点的。可是另一方面来说呢,如果我们故步自封,如果我们不能够吸收新的东西,这也是不行。我们也还要处理好所谓大众化和高端化、经典化的关系。我们不能愤怒,看到这个大众都在那儿看电视连续剧呀,追求时尚啊,我们感到愤怒,感到这些人都成了我们的敌人,这也是完全不适当的。我们要满足各种不同的人的不同的文化要求,但是我们尤其不能忘记我们自己是有责任的,我们自己是有使命的,我们并不是只是满足于那种消费性的市场所需要的文化活动,我们还是要为我们的祖国的这个文化、科学、技术,包括人文这些方面,添光添彩、添砖添瓦。我们自己创造的东西还是太少了,本来青年人是最有创造力的,但是我们现在真正由我们自己创造出来的东西还太少。所以我们对于大众的东西,不必咒骂、不必悲情愤怒,同时我们对于我们自己的使命、自己的任务也不敢减低、也不敢把自己降格以求。你说光浪漫了、光热情了是不够的,如果您连一点浪漫和热情都没有,如果你年轻的时候你定的那个计划就跟《蜗居》里的海藻那样的话,又太低了。所以我觉得我们现在生活在另外一个不同的状况之下,虽然不是那种高潮化的年代,虽然未必是燃烧的鲜红、飞翔的英勇,但是我们要脚踏实地、要一步一个脚印地来缔造自己的青春,充实自己的青春。我希望你们能够在57年以后也有机会参加那个时候的北京大学的学生和老师的回顾青春的活动,如果那个时候你们都觉着自己很充实,很对得起我们的学校、我们的祖国,对得起我们的父母、我们的祖宗,那时候也许真是青春万岁了。

(根据2010年5月2日7:08山东卫视《新杏坛》栏目王蒙演讲整理)

【知识链接】

演讲稿的写作准备

演讲是一门综合艺术,写作是一种创造性的精神劳动,演讲稿的写作要对现实生活纷纭万状的现象进行筛选、提炼、评价。演讲稿的写作准备有长期准备、短期准备两方面:

1. 长期准备,即所谓"厚积薄发",要了解和学习各学科的丰富知识和最新的研究成果。哲学、逻辑学、心理学、语言学、文学、美学、社会学、历史学等等与演讲有着密不可分的关系,都应该广泛涉猎。

2. 短期准备,要清楚地了解你演讲的目的、时间和地点,了解集会的性质和听众情况,包括听众的群体构成成分、文化水平和理解能力。只有确定了题旨、明确了听众,才能取得最好的现场效果。关于演讲稿如何构思、结构如何安排等写作技巧,则属于写作科学研究的范畴。

阅读书目

1. 高瑞卿.演讲稿写作概要[M].长春:东北师范大学出版社,1985.
2. 王芳智.汉语口语学[M].太原:山西教育出版社,1990.
3. 刘艳军.演讲口才艺术八讲[M].合肥:安徽大学出版社,2012.

【拓展与训练】

1. 细读本文,分析演讲语言与日常口语、演讲语言和书面语言之间的异同,并对口语与书面语的风格差异进行比较。

2. 王蒙小说创作中大量运用抒情笔法,使某些章节段落更近似诗歌和散文。阅读王蒙的《青春万岁》《春之声》等作品,探讨作家写作风格和演讲风格的联系,体会写作训练对演讲的影响。

3. "一代人有一代人的青春万岁,谁的青春都不是吃素的,谁的青春都不是随随便便的",请以"我的青春我的梦"为主题写作一篇演讲稿,歌咏自己和当代年轻人的"青春万岁"。

保持求知欲,保持赤子心

——2005年6月12日在美国斯坦福大学毕业典礼上的讲话

[美]史蒂夫·乔布斯

【导读】

史蒂夫·乔布斯(Steve Jobs,1955—2011),1955年2月24日生于美国旧金山,1972年进入里德大学,半年后退学。1976年,乔布斯和朋友创立苹果电脑公司,1985年离开苹果并成立了NeXT公司,1997年回到苹果接任行政总裁,2011年8月24日辞去苹果公司行政总裁职位,2011年10月5日因胰腺癌逝世。

乔布斯是电脑业界与娱乐业界的标志性人物,他是麦金塔电脑、iPod、iTunes商店、iPhone等知名数字产品的缔造者。乔布斯书写了苹果公司的商业神话,让苹果产品引领全球科技潮流。他于1985年获得由里根总统授予的国家级技术勋章;1997年成为《时代》周刊的封面人物,同年被评为"最成功的管理者";2009年被《财富》杂志评为十年来美国最佳首席执行官,同年当选《时代》周刊年度风云人物之一;2012年被《时代》杂志评选为"美国最具影响力的20人"之一。

史蒂夫·乔布斯2005年6月在斯坦福大学的演讲中谈到了他人生中的三个故事,他通过第一个故事告诉听众如何串连起生命中的点滴,通过第二个故事启发人们理解爱与失去,通过第三个故事鼓励大家直面死亡并勇往直前。这充满切身体验的三个故事,不仅对斯坦福大学的毕业生,也在硅谷乃至其他地方的技术同行中产生了巨大反响。这一演讲备受世界各国的年轻人青睐,演讲中的励志名言汇入"乔布斯语录",激励了千千万万的人。

今天能参加你们的毕业典礼,我感到很荣幸。你们要离开的是世界上最好的大学之一,而我从来没有大学毕业过。说老实话,这是我最亲密接触大学毕业的时刻了。今天我想告诉你们我生命中的三个故事。就这些,没啥壮举,不过是三个故事。

第一个故事是关于串连起生命中的点滴。

我进里德大学读了半年之后就退学了,不过还是作为旁听生在校园里晃荡了一年半才最终真正离开。我为什么要退学呢?

这得从我出生前讲起。我的生母当时是年轻的未婚大学毕业生,她决定把我送给人收养。她态度很坚决,收养我的人必须是大学毕业生,这样,由一名律师及其妻子来收养我的事在我出生前就全都弄好了。可是当我呱呱坠地的时候,他们在最后关头确定他们真正想要的是女孩。这样,我现在的父母,当时他们也在备选名单上,在晚上接到一个电话,告诉说有一个意外出生的男婴,问他们是否想要,他们说当然想要。我的生母后来才发现,我的养母不是大学毕业生,我的养父连高中都没有读完。她拒绝在最后的收养文件上签名。几个月后当我养父母保证以后我会上大学之后,她才妥协。

十七年之后,我真的上了大学。不过当时不懂事,选择了一所花销昂贵的大学,几乎和斯坦福大学不相上下。我父母都是工薪阶层,他们的积蓄都用来支付我的学费了。过了半年,我看不到这么做有什么价值。我不知道以后如何生活,也不知道大学如何来帮我对生活做出规划。而我在这里花的是我父母一生所积攒的钱。于是,我决定退学,并且相信这个决定会被证明是成功的。在当时,这个决定还是很让人惊慌的,不过回头去看,这是我做出的最好的决定之一。我退学了,就不用再去上那些我不感兴趣的必修课了,我开始旁听那些看起来有意思的课程。

整个事情并非全都那么具有传奇色彩。我没有宿舍,只好睡朋友房间的地板,我去退还可乐瓶,用那五分钱的押金来买吃的,每周日的晚上我要步行七英里横穿城区,到黑尔克力斯纳教堂吃那每周一顿的美餐。我喜欢这种状态。我凭着好奇和直觉,无意中涉足的很多事情后来证明都是非常有价值的。

我给你们举个例子说明。

当时里德大学提供的可能是全国最好的书法课程。整个校园里每张海报,每个抽屉上的每张标签都是非常漂亮的手写体。因为我已经退学,不必再去上那些常规课程,于是我决定去上书法课,这样就能学会漂亮的手写体。我学习衬线和衬线字体,学习在不同字母组合中改变间距,学习如何使印刷排版和外观变得好看。这个过程非常美妙,具有历史意义和艺术上的精致,这种方式是科学所无法获取的,我发觉它令人陶醉。

当时我根本没有想到,这会在以后的生活中得到实际的运用。不过,十年之后,当我在设计第一台迈克因特斯(Macintosh)电脑时,它全都在我记忆中复活了。我将其设计到"迈克因特斯"中去,它是第一台具有漂亮的排版样式的电脑。如果我在整个大学生活中没有旁听,那么"迈克因特斯"就永远也不会有多种印刷字体或间距合理的字号。要不是 Windows 仿照了"迈克因特斯",现在个人电脑可能不会有我们的这些字体了。如果我没有退学,我也不会旁听这门书法课,个人电脑也许就不会像现在那样具有奇妙的排版样式了。当然,我在大学的时候还不可能看那么远,将这些点滴串连起来。不过,在过了十年之后回头来看,这个线索是非常清晰的。

再说一次,你们不可能从现在这个点上看到未来,你只有回头看的时候才能将它们联结起来。因此,你们必须要相信那些点滴在将来总会连起来的。你们必须要信任某种事物——你们的直觉、命运、因缘,或者无论其他什么。这种方法从未让我失望过,它造就了我生命中所有的转机。

我的第二个故事是有关爱与失去的。

我很幸运,我很早就发现了我喜欢的是什么。当我 20 岁的时候,沃仔(Woz)和我在我父母的车库里开创了我们的苹果公司。我们很努力,十年内,苹果公司从当初车库里就我们两个人,发展为拥有 4000 名员工,产值达 20 亿的公司。当时,我们刚推出我们最完美的产品"迈克因特斯",那是在公司创办的第九年,我刚满 30 岁。可是,接着我就被炒了鱿鱼。你怎么会被你自己开创的公司炒了鱿鱼呢? 是的,随着苹果的发展,我们聘用了新人,我认为他很有才干,能够和我一起管理公司,开始的一年左右一切正常。可是,接下来我们对于未来的设想开始有了分歧,最终我们闹翻了。当我们闹翻之后,董事会站在他那边。于是,在而立之年我就这样出局了,并且闹得沸沸扬扬。以前我整个成人生活中所集中关注的事情都消失了,而这是摧毁性的。

我真的不知道如何来打发最初的几个月。我觉得我让业界的前辈们失望了,当接力棒传给我的时候,我却把它失落了。我碰到大卫·派科德(David Packard)和鲍勃·诺里斯(Bob Noyce),试图为自己的糟糕表现道歉。我是公认的失败者,我甚至想到从硅谷逃走。

不过我渐渐明白了某件事,我仍将热爱我过去所做的事情,苹果公司所发生的事情的变动丝毫没有改变这一点。我被拒绝了,可是我还有爱。因此,我决定重新开始。

那时我没有看到这点,不过后来我发现,被苹果炒鱿鱼是我所经历的最好的事情。保持不败之地的重负被再次成为开拓者的轻松所取代,这使我得到解放,从而进入了我生命中最具有创造性的时期。

在接下来的五年,我开了两家公司,一家叫奈克斯特(Next),另一家叫皮克斯(Pixar)。我和一个令人着迷的女人谈起了恋爱,她后来成为我的妻子。"皮克斯"制作了世界上第一部电脑动画电影《玩具总动员》,现在是世界上最成功的动画制作公司。形势发生了巨大的变化,苹果买下了"奈克斯特",我回到了苹果,我们在"奈克斯特"研发的技术成了苹果公司现在复兴的核心因素。伦妮(Laurene)和我现在共同拥有一个美好的家庭。

我确信,如果我没有被苹果公司炒鱿鱼的话,这一切都不会发生。这是苦药,可是我想,病人是需要它的。有时生活对你的沉重打击让你措手不及,不要丧失信心。我确信,我之所以能够一直前进,唯一的原因就是我喜欢我所做的事情。你要去发现你所喜爱的,这点对你的工作是如此,对你的爱人也同样如此。你的工作将占据你生命中的很大一块,创造伟业的唯一办法就是去热爱你所做的事情。如果你还没有找到,那么就继续寻找,不要停顿,依靠心灵的力量,当找到它的时候你会知道你找到了,而且,正如其他所有伟大的事业一样,它也是随着时间的流逝而变得越来越好。因此,继续寻找,直到你找到,不要停顿。

我的第三个故事是有关死亡的。

我17岁的时候,读到如下的话:如果你把每天都看做是最后一天来过的话,那么有一天你会发现你这么做肯定是对的。这句话给我留下了深刻的印象,从那以后,在过去的三十三年里,每天早上我对着镜子问自己:"如果今天是我生命的最后一天,我还会做我今天打算要做的事情吗?"如果一段时间内每天的答案都是否定的,那么我知道我需要做出改变。

记住自己很快就要死去,这是我所遇到的最重要的工具,它能帮助我做出生命的重大抉择。因为几乎所有的事情、所有外在的期望、所有的尊严、所有对于尴尬或失败的恐惧,在面对死亡的时候就都烟消云散了,只留下真正重要的事情。记住你很快就要死去,能够使你避免陷入认为自己会遭受损失的心理误区。据我所知,这是最好的办法了。你已经是赤条条无牵挂了,没有理由不听从自己的内心。

大约一年以前,我被诊断出患有癌症。我是早上7点半做的扫描,结果清楚显示我的胰腺上有一个肿瘤。我当时连胰腺是什么都不知道。医生告诉我,这种癌症属于那种几乎无法治愈的,不要指望能够活过三到六个月。我的医生建议我回家安排后事,这话隐含的意思就是让我做好死亡的准备。它意味着你要在接下来的几个月中告诉他们你本打算在以后十年告诉他们的话。它意味着要确保对一切都要守口如瓶,这样才能使你的家庭尽可能轻松地面对。它意味着和这世界说拜拜。

那天我一直遭受这个诊断结果的折磨。那天晚上我做了一个活组织切片检查,他们在我的喉咙下面插入了一个内镜,穿过我的胃,到达我的肠子,插了一根针到我的胰腺,从肿瘤中取出了一些细胞。我还比较镇静,不过我妻子,她当时也在,告诉我说,当他们在显微镜下观察细胞的时候,医生们叫喊起来,因为证明那是一种少见的胰腺癌,可以通过手术治愈。我接受了手术,现在我一切正常。

这是我距离死亡最近的一次,我希望这也是我以后几十年内离死亡最近的一次。经历过这件事之后,比起死亡对我来说还是一个有用但纯粹是思维概念的时候,现在我可以更加肯定地告诉你们：没人想死。即使那些想上天堂的人也不会为了要去那里而想去死。死亡仍然是我们共同拥有的目的地，没人能逃脱。事实如此，因为死亡很可能是生命中唯一最好的创造了，它是改变生命的手段，它除旧布新。现在，你是新人，不过要不了多久，你就会逐渐成为老人，被清除出去。很抱歉，是这样的具有戏剧性，不过，这真的是事实。

你们的时间是有限的，因此不要浪费时间去过别人的生活。不要被教条所羁绊，这样你就是在根据别人思考的结果来生活。不要让其他人的观点所发出的声音淹没了你自己内心的声音。最重要的是要有勇气听从你自己的心灵和直觉。它们总会知道你真正想成为什么人，其他一切事情都是次要的。

在我年轻的时候，有本令人感到惊奇的出版物《全球目录》，它是我们那一代人奉为经典的书之一。它是由一个叫做斯图亚特·博兰德的人创办的，在门罗公园，离这儿不远。博兰德用他的诗意格调使这本杂志焕发生机。这是在20世纪60年代晚期，在个人电脑和台式印刷系统出现之前，因此这个出版物全部都是用打字机、剪刀、宝丽来制作的。它有点像纸质的Google，不过是在Google出现前的三十五年。它是理想主义的，充满着整洁的图案和卓越的观念。

斯图亚特和他的团队出版了好几期《全球目录》，当刊物办不下去的时候，他们出版了最后一期。那是在20世纪70年代中期，那时我正处在你们现在这个年龄。在他们最后一期刊物的封底上有一幅清晨乡间小路的照片，如果你勇于冒险你会在这种路上招手搭便车。照片下面印着这些话：保持求知欲，保持赤子心（Stay Hungry, Stay Foolish），这是他们停刊时的告别词。保持求知欲，保持赤子心，我一直都希望能做到这样。现在，当你们作为毕业生重新开始新生活的时候，我祝愿你们能做到这样。

保持求知欲，保持赤子心。

谢谢大家！

（选自《世界名校开学毕业典礼演讲精选》，陈越编译，长安出版社2008版）

【知识链接】

即兴演讲

所谓即兴演讲，就是在特定的情境和主体的诱发下，自发或被要求立即进行的当众说话，是一种不凭借文稿来表情达意的口语交际活动。材料的快速组合是体现即兴演讲能力的主要因素之一，它要求演讲者在极短的时间内解决好"说什么"和"怎样说"这两个问题。例如1946年7月15日，闻一多先生不顾个人安危出席并主持李公朴先生追悼会，混进会场的国民党特务故意在场内抽烟嬉笑，本已满腔悲愤、怒不可遏的闻先生见此情景，激情迸发、拍案而起，《最后一次演讲》字字千钧、掷地有声。

其实有准备的演讲也需要现场发挥，而即兴演讲必须即席而发、乘兴而讲，更需要犀利的眼光、敏锐的思维、丰富的储备、过硬的口才。一个成熟的演讲者，应当具备必要的知识广度、一定的思想深度、较强的综合材料的能力、较高的现场表达技巧和较强的应变能力。

阅读书目

1. 李仲华. 即兴演讲的艺术[M]. 长沙：湖南科学技术出版社，1995.
2. 抒理. 即兴演讲[M]. 北京：海潮出版社，2000.

【拓展与训练】

1. 使用自己的语言，改第一人称为第三人称，向他人讲述乔布斯演讲中的三个故事。
2. 亲切可信的事例使得演讲具体、生动、实在、说服力强。请在自己的人生经历中选择典型、生动、感人的事例做一次演讲，题目自拟。
3. 阅读《乔布斯传》及"乔布斯语录"，结合本文谈谈它们给你怎样的启迪。

(1) 活着就是为了改变世界，难道还有其他原因吗？(We're here to put a dent in the universe. Otherwise why else even be here?)

(2) 成为卓越的代名词，很多人并不能适合需要杰出素质的环境。(Be a yardstick of quality. Some people aren't used to an environment where excellence is expected.)

(3) 领袖和跟风者的区别就在于创新。(Innovation distinguishes between a leader and a follower.)

(4) 并不是每个人都需要种植自己的粮食，也不是每个人都需要做自己穿的衣服，我们说着别人发明的语言，使用别人发明的数学……我们一直在使用别人的成果。使用人类的已有经验和知识来进行发明创造是一件很了不起的事情。(You know, we don't grow most of the food we eat. We wear clothes other people make. We speak a language that other people developed. We use a mathematics that other people evolved... I mean, we're constantly taking things. It's a wonderful, ecstatic feeling to create something that puts it back in the pool of human experience and knowledge.)

(5) 佛教中有一句话："初学者的心态"，拥有初学者的心态是件了不起的事情。(There's a phrase in Buddhism, 'Beginner's mind.' It's wonderful to have a beginner's mind.)

(6) 看电视的时候，人的大脑基本停止工作，打开电脑的时候，大脑才开始运转。(We think basically you watch television to turn your brain off, and you work on your computer when you want to turn your brain on.)

(7) 我是我所知道的唯一一个在一年中失去2.5亿美元的人……这对我的成长很有帮助。(I'm the only person I know that's lost a quarter of a billion dollars in one year... It's very character-building.)

(8) 我愿意用我所有的科技去换取和苏格拉底相处的一个下午。(I would trade all of my technology for an afternoon with Socrates.)

(9) 成就一番伟业的唯一途径就是热爱自己的事业。如果你还没能找到让自己热爱的事业，继续寻找，不要放弃。跟随自己的心，总有一天你会找到的。(The only way to do great work is to love what you do. If you haven't found it yet, keep looking. Don't settle. As with all matters of the heart, you'll know when you find it.)

(10) 你的时间有限，所以不要为别人而活。不要被教条所限，不要活在别人的观念里。不要让别人的意见左右自己内心的声音。最重要的是，勇敢地去追随自己的心灵和直觉，只有自己的心灵和直觉才知道你自己的真实想法，其他一切都是次要。(Your time is limited, so don't waste it living someone else's life. Don't be trapped by dogma — which is living with the results of other people's thinking. Don't let the noise of other's opinions drown out your own inner voice. And most important, have the courage to follow your heart and intuition. They somehow already know what you truly want to become. Everything else is secondary.)

把目光投向中国

——2003年12月10日在哈佛大学的演讲

温家宝

校长先生,女士们,先生们:

衷心感谢萨默斯校长的盛情邀请。

哈佛是世界著名的高等学府,精英荟萃,人才辈出。建校367年来,曾出过7位总统,40多位诺贝尔奖获得者。这是你们的光荣。

今天,我很高兴站在哈佛讲台上同你们面对面交流。我是一个普通的中国人。我出生在一个教师家庭,有过苦难的童年,曾长期工作在中国艰苦地区。中国有2500个县(区),我去过1800个。我深爱着我的祖国和人民。

我今天演讲的题目是——把目光投向中国。

中美两国相隔遥远,经济水平和文化背景差异很大。但愿我的这篇讲演,能增进我们之间的相互了解。

要了解一个真实的、发展变化着的、充满希望的中国,就有必要了解中国的昨天、今天和明天。

昨天的中国,是一个古老并创造了灿烂文明的大国。

大家知道,在人类发展史上,曾经出现过西亚两河流域的巴比伦文明,北非尼罗河流域的古埃及文明,地中海北岸的古希腊—罗马文明,南亚印度河流域的古文明,发源于黄河—长江流域的中华文明,等等。由于地震、洪水、瘟疫、灾荒,由于异族入侵和内部动乱,这些古文明,有的衰落了,有的消亡了,有的融入了其他文明。而中华文明,以其顽强的凝聚力和隽永的魅力,历经沧桑而完整地延续了下来。拥有5000年的文明史,这是我们中国人的骄傲。

中华民族的传统文化博大精深、源远流长。早在2000多年前,就产生了以孔孟为代表的儒家学说和以老庄为代表的道家学说,以及其他许多也在中国思想史上有地位的学说流派,这就是有名的"诸子百家"。从孔夫子到孙中山,中华民族传统文化有它的许多珍贵品,许多人民性和民主性的好东西。比如,强调仁爱,强调群体,强调和而不同,强调天下为公。特别是"天下兴亡、匹夫有责"的爱国情操,"民为邦本""民贵君轻"的民本思想,"己所不欲、勿施于人"的待人之道,吃苦耐劳、勤俭持家、尊师重教的传统美德,世代相传。所有这些,对家庭、国家和社会起到了巨大的维系与调节作用。

今年9月10日中国教师节,我专程到医院看望北京大学老教授季羡林。他已经92岁高龄,学贯中西,专攻东方学。我很喜欢读他的散文。我们在促膝交谈中,谈到近代有过"西学东渐",也有过"东学西渐"。17、18世纪,当外国传教士把中国的文化典籍翻译成西文传到欧洲时,曾引起西方一批著名学者和启蒙思想家的极大兴趣。笛卡尔、莱伯尼兹、孟德斯鸠、伏尔泰、歌德、康德等,都对中国传统文化有过研究。

我年轻时读过伏尔泰的著作。他说过,作为思想家来研究这个星球的历史时,首先要把目光投向包括中国在内的东方。

非常有意思的是,一个半世纪前,贵国著名的哲学家、杰出的哈佛人——爱默生先生,也对中国的传统文化情有独钟。他在文章中摘引孔孟的言论很多。他还把孔子和苏格拉底、耶稣相提并论,认为儒家道德学说,"虽然是针对一个与我们完全不同的社会,但我们今天读来仍受益不浅。"

今天重温伏尔泰和爱默生这些名言,不禁为他们的睿智和远见所折服。

今天的中国,是一个改革开放与和平崛起的大国。

费正清先生关于中国人多地少有过这样的描述:美国一户农庄所拥有的土地,到了中国却居住着整整一个拥有数百人的村落。他还说,美国人尽管在历史上也曾以务农为本,但体会不到人口稠密的压力。

人多,不发达,这是中国的两大国情。中国有13亿人口,不管多么小的问题,只要乘以13亿,那就成为很大很大的问题;不管多么可观的财力、物力,只要除以13亿,那就成为很低很低的人均水平。这是中国领导人任何时候都必须牢牢记住的。

解决13亿人的问题,不能靠别人,只能靠自己。中华人民共和国成立以来,我们的建设取得了很大成就,同时也走了一些弯路,失去了一些机遇。从1978年开始改革开放,我们终于找到了一条发展自己的正确道路。这就是:中国人民独立自主地建设中国特色的社会主义。

这条道路的精髓,就是调动一切积极因素,解放和发展生产力,尊重和保障中国人民追求幸福的自由。

中国的改革开放,从农村到城市,从经济领域到政治、文化、社会领域。它的每一步深入,说到底,都是为了放手让一切劳动、知识、技术、管理和资本的活力竞相迸发,让一切创造社会财富的源泉充分涌流。

中国在相当长时间内曾实行高度集中的计划经济体制。随着社会主义市场经济体制改革的深入和民主政治建设的推进,过去人们在择业、迁徙、致富、投资、资讯、旅游、信仰和选择生活方式等方面有形无形的不合理限制,被逐步解除。这就带来了前所未有的、广泛而深刻的变化。一方面,广大城乡劳动者的积极性得以释放,特别是数以亿计的农民得以走出传统村落,进入城市特别是沿海地区,数以千万计的知识分子聪明才智得到充分发挥;另一方面,规模庞大的国有资产得以盘活,数万亿元的民间资本得以形成,5000亿美元的境外资本得以流入。这种资本和劳动的结合,就在中国960万平方公里的国土上,演进着人类历史上规模极为宏大的工业化和城市化。过去25年间,中国经济之所以按平均9.4%的速度迅速增长,其奥秘就在于此。

25年间中国创造的巨大财富,不仅使13亿中国人基本解决了温饱,基本实现了小康,而且为世界发展作出了贡献。中国所有这些进步,都得益于改革开放,归根到底来自于中国人民基于自由的创造。

我清醒地认识到,在中国现阶段,相对于有限的资源和短缺的资本,劳动力的供应是十分充裕的。不切实保护广大劳动者特别是进城农民工的基本权利,他们就有可能陷于像狄更斯、德莱塞小说所描写的那种痛苦境地。不切实保护公民的财产权利,就难以积累和吸引宝贵的资本。

因此,中国政府致力于两个保护:一个是保护劳动者的基本权利;一个是保护财产权利,既要保护公有财产，又要保护私人财产。关于这一点，中国的法律已经作出明确规定，并付诸实施。

中国的改革开放正是为了推动中国的人权进步，两者是相互依存、相互促进的。改革开放为人权进步创造了条件，人权进步为改革开放增添了动力。如果把两者割裂开来，以为中国只注意发展经济而忽视人权保护，这种看法不符合实际。正如贵国前总统罗斯福曾指出的"真正的个人自由，在没有经济安全和独立的情况下，是不存在的"，"贫者无自由"。

我并不认为，今天中国的人权状况是尽善尽美的。对人权方面存在的这样那样的弊端和消极现象，中国政府一直认真努力加以克服。在中国，把发展、改革和稳定三者结合起来，具有极端的重要性和艰巨性。百闻不如一见。只要朋友们到中国实地看一看，对改革开放以来中国的人权进步和中国政府为保障人权所作的艰苦努力，就会有客观的理解和认识。

中国是个发展中的大国。我们的发展，不应当也不可能依赖外国，必须也只能把事情放在自己力量的基点上。这就是说，我们要在扩大对外开放的同时，更加充分和自觉地依靠自身的体制创新，依靠开发越来越大的国内市场，依靠把庞大的居民储蓄转化为投资，依靠国民素质的提高和科技进步来解决资源和环境问题。中国和平崛起发展道路的要义就在于此。

当然，中国仍然是一个发展中国家。城市和农村、东部和西部存在着明显发展差距。如果你们到中国东南沿海城市旅行，就会看到高楼林立、车流如织、灯火辉煌的现代景观。但是，在我国农村特别是中国西部农村还有不少落后的地方。在那些贫穷的偏僻山村，人们还在使用人力和畜力耕作，居住的是土坯房，大旱之年人畜饮水十分困难。古诗云："衙斋卧听萧萧竹，疑是民间疾苦声"。作为中国的总理，每念及还有3000万农民同胞没有解决温饱，还有2300万领取最低生活保障金的城镇人口，还有6000万需要社会帮助的残疾人，我忧心如焚、寝食难安。中国要达到发达国家水平，还需要几代人、十几代人甚至几十代人的长期艰苦奋斗。

明天的中国，是一个热爱和平和充满希望的大国。

中华民族历来酷爱和平。2000年前，秦始皇修筑的长城是防御性的。1000年前，唐朝开辟通向西域的丝绸之路，是为了把丝绸、茶叶、瓷器等销往世界。500年前，明朝著名的外交家和航海家郑和七下西洋，是为了同友邦结好，带去了精美的产品和先进的农业、手工业技术。正如俄罗斯伟大文学家托尔斯泰所说，中华民族是"最古老的民族，最大的民族"，"世界上最酷爱和平的民族"。

近代以来，由于封建王朝愚昧、腐败和闭关锁国，导致社会停滞、国力衰竭，列强频频入侵。中华民族尽管灾难深重、饱受凌辱，但始终自强不息、愈挫愈奋。一个民族在灾难和挫折中学到的东西，会比平时多得多。

中国已经制定了实现现代化的"三步走"战略。从现在起到2020年，中国要全面实现小康。到2049年，也就是中华人民共和国成立100周年的时候，我们将达到世界中等发达国家的水平。我们清醒地估计到，在前进的道路上还要克服许许多多可以想见的和难以预料的困难，迎接各种各样严峻的挑战。我们不能不持有这样的危机感。当然，中国政府和中国人民有足够的信心，励精图治，艰苦奋斗，排除万难，实现我们的雄心壮志。这是因为：

——当今世界的潮流是要和平、要发展。中国的发展正面临非常难得的战略机遇期。我们已下定决心，争取和平的国际环境和稳定的国内环境，集中精力发展自己，又以自己的发展促进世界的和平与发展。

——中国坚持的是充满生机和活力的社会主义。社会主义是大海,大海容纳百川,永不枯竭。我们立足国情,大胆推进改革开放,勇于吸收人类一切优秀文明成果来充实自己。一个善于自我调整、自我完善的社会主义,其生机和活力是无限的。

——改革开放25年来已积累起一定的物质基础,中国经济在世界已占有一席之地。中国亿万人民追求幸福、创造财富的积极性,乃是推进国家现代化取之不尽、用之不竭的巨大力量。

——中华民族具有极其深厚的文化底蕴。"和而不同",是中国古代思想家提出的一个伟大思想。和谐而又不千篇一律,不同而又不彼此冲突;和谐以共生共长,不同以相辅相成。用"和而不同"的观点观察、处理问题,不仅有利于我们善待友邦,也有利于国际社会化解矛盾。

女士们、先生们:

加深理解是相互的。我希望美国青年把目光投向中国,也相信中国青年会进一步把目光投向美国。

美国是一个伟大的国家。从移民时代开始,美利坚民族的顽强意志和拓荒气概,务实和创新精神,对知识的尊重和人才的吸纳,科学和法治传统,铸就了美国的繁荣。美国人民在遭受"9·11"恐怖袭击时所表现出来的镇定、互助和勇气,令人钦佩。

进入二十一世纪,人类面临的经济和社会问题更加复杂。文化因素将在新的世纪里发挥更加重要的作用。不同民族的语言各不相同,而心灵情感是相通的。不同民族的文化千姿百态,其合理内核往往是相同的,总能为人类所传承。各民族的文明都是人类智慧的成果,对人类进步作出了贡献,应该彼此尊重。人类因无知或偏见引起的冲突,有时比因利益引起的冲突更可怕。我们主张以平等和包容的精神,努力寻找双方的共同点,开展广泛的文明对话和深入的文化交流。

贵国著名诗人梅尔维尔在《麦尔文山》中曾这样写道:"无论世界怎样变化,树木逢春便会绿叶招展"。

青年代表着国家和世界的未来。面对新世纪中美关系的广阔前景,我希望两国青年更加紧密地携起手来!

女士们,先生们:

中华民族的祖先曾追求这样一种境界:"为天地立心,为生民立命,为往圣继绝学,为万世开太平"。今天,人类正处在社会急剧大变动的时代,回溯源头,传承命脉,相互学习,开拓创新,是各国弘扬本民族优秀文化的明智选择。我呼吁,让我们共同以智慧和力量去推动人类文明的进步与发展。我们的成功将承继先贤,泽被后世。这样,我们的子孙就能生活在一个更加和平、安定和繁荣的世界里。我坚信,这样一个无限光明、无限美好的明天,必将到来!

谢谢诸位。

(选自人民网2003年12月11日17:23温家宝总理哈佛演讲《把目光投向中国》全文)

知识就是力量，良知才是方向

鲍鹏山

2015年3月26日下午，《解放日报》第68届文化讲坛在上海音乐厅举行。中国戏剧家协会主席尚长荣、中国美术学院院长许江、著名文化学者鲍鹏山，这三位传统文化的传承者、传播者和创新者，共论"传统文化，我们通向未来的路"这一主题，从不同角度探寻传统文化对我们的精神滋养以及对未来的意义。本文为鲍鹏山在此次文化讲坛上的演讲实录。

今波：尽管还未有机会邀请鲍鹏山教授到我主持的节目中当嘉宾，但我们神交已久。我特别理解他，他不单在公共媒体中展现他的思想，传播中华传统文化，还创设了公益国学班"浦江学堂"，进行具有现实意义的教学实践，这点值得我们佩服。下面有请他为我们演讲！（全场鼓掌）

我们培养了很多高学历的野蛮人

常有人说我的演讲很有激情，可是今天我听了前面两位嘉宾的演讲，我觉得自己被秒杀了。（全场大笑）

尚老师、许院长他们的激情，来自对文化的热爱。文化确实是一个能够激发我们感情的崇高东西，它和知识是不一样的。一个有文化的人，你会发现他的生命力是非常旺盛的。他不是冷冰冰的，而是富有激情、情怀，对这个世界充满了爱和诗意的眼光。

可是今天，我们从中小学到大学的教育，更多的是在教知识、技术、专业，唯独缺少文化。我们培养了很多精致的利己主义者，很多高学历的野蛮人，他们是冷冰冰的。

有句很有名的话：知识就是力量。中国人耳熟能详，而且对它很是认同。从历史上看，1840年以后，中国面对西方的科学技术，不堪一击，于是得出一个结论：落后就要挨打。这个落后，就是指科学技术的落后。从现实上看，如果今天我们不能用知识很好地答出一份标准化试卷，可能就读不了好大学、好专业，找不到好工作，以更好地满足自己物质的欲望。

无论从历史经验还是现实压力，我们都知道知识太重要了。但是我今天要对大家讲的是，尽管知识确实重要，但知识也有局限性。

这根胡萝卜把他一辈子都拴死了

首先，知识是无限的。什么叫知识？知识是对这个世界所有事实的认知。既然世界是无限的，那么知识也是无限的，可悲剧的是人生是有限的。庄子就说过："吾生也有涯，而知也无涯；以有涯随无涯，殆矣。"世界是无限的，我们的生命是有限的，用有限的生命去追求无限世界所包含的无限知识，那我们的人生就会废掉。

当知识不成体系时，它是无用的，只是碎片。举个例子，曾有一家报社搞国学知识竞赛，找了一批专家出了一套国学题目。题目出完后，编辑想让我审一下。我看了5分钟，对它的判断就是 6 个字:无趣、无聊、无用。

比如有一道题目问:在中国历史上哪一个时代的宦官是可以娶妻的?(全场笑)这是非常严肃的知识。如果你专门研究宦官,把他们的生存状况、心理状态以及他们在中国历史上的地位、影响、作用都搞明白,你将会成为一名了不起的专家。可是假如你的主要精力不在此,这样的知识碎片,对你一点用处都没有。

还有一道题目:胡萝卜是什么时候传入中国的?如果你能把它变成系统的知识进行分析研究,它是有意义的。但是假如一个人并没有这样的意愿和目标,他只知道胡萝卜是什么时候传入中国的,这样的知识对他不仅没用,还可能产生负面影响。

因为他知道大多数人都不知道答案,心里一阵窃喜,觉得自己是世界上最牛的人,并且他特别想让别人知道这一点。于是,他天天等着别人提问,以期收获别人的敬佩。为了等到这一天,他可能每次和朋友吃饭的时候都点胡萝卜,(全场笑)别人吃得很香,他却只等着一个问题。

这根胡萝卜把他一辈子都拴死了。

有不少人用琐碎的知识,把自己的人生切割成碎片

德国哲学家尼采写过一篇文章叫《我为什么这么聪明》。他的结论就一句话:我之所以这么聪明,是因为我从来不在不必要的事情上浪费精力。

有一次我坐出租车,司机正在收听一档知识竞赛节目。节目中,主持人放了 5 个音乐片断,每个片断几秒钟,随后提问:这 5 个音乐片断,有 2 个片断属于同一首歌,你们谁知道?一个小伙子抢答说他知道,并且回答正确。

紧接着第二个问题是:其中有 2 首歌出自同一张音乐专辑,你知道吗?这时我紧张了,我怕他知道。他不知道,说明他还是正常人,如果他知道,他这一辈子可能就废了。但是没想到他真知道。(全场笑)这时我让司机把收音机关掉。司机吓一跳,问为什么?我说:"它在侮辱我们的智商,并且在误导我们生命的流向。"

这就叫无用的知识,生活中有太多这样无用的知识。比如,很多人关心某个明星喜欢的颜色是什么,星座是什么,结了几次婚,又离了几次婚。当一个人把精力花在这些地方时,他可能获得了知识,并且在饭桌上能与人聊天,但他会变得特别琐碎。

我曾写过一篇文章,题目是《警惕知识》。主要观点就是,我们的生命本来就不可能占有无限的知识。更可悲的是,无聊的知识会让人生变得无聊,琐碎的知识会让人格变得琐碎,甚至猥琐。

孔子的学生子夏早就说:"虽小道,必有可观者焉",但是"致远恐泥,是以君子不为也"。即使是胡萝卜什么时候传入中国的这样的知识,你可以拿来吹吹牛,但如果你老是把认知集中在这种信息上,你的一生肯定不会有什么成就。你用琐碎的知识把人生变成了碎片,所以君子不为。

荀子曾提出过对知识的鉴别。他说有些知识是无聊的、无用的、无趣的,这样的知识荀子有一个判断,叫"不知,无害为君子;知之,无损为小人。"你知道了这样的知识,并不能够因此成为君子,你不知道这个知识也不会因此成为小人。有的知识对你的人生,一分都没加,又何必耗费精力和时间呢?

但是在生活中,确实有不少人专心致志、兴高采烈、兴趣盎然地用琐碎的知识,把自己的

人生切割成碎片。

实际上，在知识之外有一种更重要的东西

《列子》里面有篇文章叫《两小儿辩日》，在座的都读过。两个小孩辩论说，太阳早晨离我们近，还是中午离我们近。两个人都有根据，说早晨近是因为早晨的太阳比中午大；说中午近是因为中午的太阳比早晨热。

孔子活得真有压力，他几乎是那时候的"谷歌"和"百度"，大家有什么问题都跑去问他。两个小儿问孔子，但孔子没法判断。于是作者就借小孩的口吻讽刺孔子："谁说你知识多？"作者大概是想，只要否定孔子的知识多，那就否定了孔子的价值。

这个思路显然是错误的。在人生知识的考场上，谁能站到最后？我今天跟大家打个赌，我可以出一套100分的知识类题目，每道都有标准答案，但我能让在座所有人都得零分。反过来，你们也可以给我出100分的知识类题目，让我一分都得不到。

比如，复旦大学自主招生出过一道题，老师对学生提一个要求："你现在问我一个问题，必须满足两个条件，第一是要我回答不出来，第二是你必须要有标准答案。"很多人说这个题目太雷人了，可我就觉得出得很好。因为它告诉我们，在知识的考场上，没有人可以站到最后。有一个聪明的学生马上问："老师，你知道我祖父的名字吗？"（全场笑）

我也可以按照这个思路给大家出题，不需要费劲，就能让大家都得零分。你们知道我祖父的名字吗？知道我祖母的名字吗？知道我祖父的二大爷的名字吗？在座的谁能答出来，今晚我请客。（全场笑）可见，知识可以把任何一个人打倒。

如果要算知识的总量，我相信今天在座的人，你们的知识总量都超过孔子。比如说，我可以出计算机、物理、英语、数学之类的题目，孔子肯定答不过你们。

但我们就比孔子的境界高吗？这就要思考另一个问题了：决定孔子境界的不是知识的总量，而是另外一种东西。孔子自己早就说过："吾有知乎哉？无知也。"我有知识吗？不，没有。苏格拉底也曾经说："我比别人多知道的那一点，就是我知道自己是无知的。"

他们说这些不是谦虚，只不过说出了一种真相。面对世界的无限，我们短暂生命里的知识可以忽略不计。所以，我们应该允许自己的无知，也应该宽容别人的无知。

你看我不顺眼，给我出一道数学题。我为了防备下一次再有人给我出数学题，于是我天天学数学，学了10年以后，解放日报文化讲坛大概已经到6800期了，我终于有勇气上台演讲，突然又有人说："鲍老师，我这有一套物理题。"（全场笑）你不会这样干，对不对？因为你们会宽容我的无知，我们也会宽容他人的无知，但是有种情况是不能宽容的，那是什么呢？没有良知。

没有知识可以被宽容，没有良知不可以被宽容

我们遇到标准化的试卷，回答不好没有问题，但是涉及良知判断、是非判断、善恶美丑判断，如果出了问题，那就是大问题。

我讲一个故事。有一位父亲发现15岁的女儿不在家，留下一封信，上面写着：

"亲爱的爸爸妈妈，今天我和兰迪私奔了。兰迪是个很有个性的人，身上刺了各种花纹，只有42岁，并不老，对不对？我将和他住到森林里去，当然，不只是我和他两个人，兰迪还有

另外几个女人,可是我并不介意。我们将会种植大麻,除了自己抽,还可以卖给朋友。我还希望我们在那个地方生很多孩子。在这个过程里,也希望医学技术可以有很大的进步,这样兰迪的艾滋病可以治好。"

父亲读到这里,已经崩溃了。然而,他发现最下面还有一句话:"未完,请看背面。"

背面是这样写的:"爸爸,那一页所说的都不是真的。真相是我在隔壁同学家里,期中考试的试卷放在抽屉里,你打开后签上字。我之所以写这封信,就是告诉你,世界上有比试卷没答好更糟糕的事情。你现在给我打电话,告诉我,我可以安全回家了。"(全场大笑)

这封信说明,一个人在知识的试卷上可以犯错,甚至不止一次犯错,一辈子犯错,我们到老了都是无知的。但是在良知问题上,可能犯一次错,我们就万劫不复了。所以,比事实判断更重要的是价值判断。事实判断,我们做不到什么都懂,但是做人要有良知,要有价值判断力,这一点还是应该尽量做到的。

今天中国社会的一个问题,就是缺乏判断力。中国教育的一个问题,就是缺乏文化素养。比如,为了抵制日货,很多年轻人走到大街上砸同胞的车,甚至伤害同胞的身体。他们带着一腔热血,以为在爱国,但实际上却是在"碍国"。

为什么一个带着良好爱国热情的人,会去做妨碍国家、损伤中国人形象的事?他们缺少的是什么呢?良知。

知识就是力量,但我要告诉大家,良知才是方向。我们常常说落后就要挨打,我还要告诉大家,野蛮也会招打。

我就讲到这里,谢谢大家!(全场鼓掌)

嘉 宾 小 传

鲍鹏山,"百家讲坛"主讲人、作家、中国孔子基金会学术委员会委员。

他既守得书桌之寂寞,埋首典籍,从事中国古代文化和文学研究。又能面对追随的目光,侃侃而谈,诚挚而专业地传播中华传统文化。

他的一系列著作,如《风流去》《孔子传》《先秦诸子八大家》等,体现了他作为学者的思想深刻和知识丰富;登上央视"百家讲坛",主讲《鲍鹏山新说水浒》《孔子是怎样炼成的》,又向今天的人们诉说中国传统文化悠远的魅力。创办公益国学教育机构"浦江学堂",更将传统文化的传播从荧屏延伸到了现实生活。

(选自《解放日报》2015年4月3日第16版"周末·文化讲坛")

自由意味着一种尊重

——1990年2月11日出狱时的演讲

[南非]纳尔逊·曼德拉

我以和平、民主和全人类自由的名义，向你们大家致敬。我不是作为一名预言家，而是作为你们的谦卑的公仆，作为人民的公仆，站在这里和你们面前。

你们经过不懈的奋斗和英勇牺牲，使我有可能在今天站在这里，因此，我要把余生献给你们。

在我获得释放的今天，我要向千百万同胞，向全球各地为我的获释作出过不懈斗争的同胞，致以亲切的和最热烈的感谢。

今天，大多数南非人，无论黑人还是白人，都已认识到种族隔离制度绝无前途。为了确保和平与安全，我们必须依靠自己的声势浩大的决定性行动，来结束这种制度。我国各个团体和我国人民的大规模反抗运动和其他行动，终将导致、也只能导致民主制度的确立。

种族隔离制度给我们这片大陆造成了难以估量的破坏。成千上万个家庭的生活基础遭到了摧毁。成千上万人流离失所，无法就业。

我们的经济濒临崩溃，我们的人民卷入了政治冲突。我们在1960年采取了武装斗争方式，建立了非洲人民国民大会的战斗组织——"民族之矛"，这纯属为反抗种族隔离制度的暴力而采取的自卫行动。

今天，必须进行武装斗争的种种原因依然存在。我们别无选择，只有继续进行武装斗争。我们希望，不久将能创造出一种有利于通过谈判解决问题的气氛，以便不再有必要开展武装斗争。

我是非洲人国民大会的忠诚的遵守纪律的一员。因此，我完全赞同它所提出的目标、战略和策略。

现在需要把我国人民团结起来，这是一项一如既往的重要任务。任何领导人，都无法独自承担起所有这些重任。作为领袖，我们的任务是向我们的组织阐明观点，并允许民主机制来决定前方的道路。

关于实行民主问题，我感到有责任强调一点：运动的领导人要由全国性会议通过民主选举而产生。这是一条必须坚持，毫无例外的原则。

今天，我希望能向大家通报：我同政府进行的一系列会谈，其目的一直是使我国的政治局势正常化。我们还没有开始讨论斗争的基本要求。

我希望强调一下，除了坚持要求在非洲人国民大会和政府之间进行会晤以外，我本人从未就我国的未来问题同政府进行过谈判。

谈判还不能开始——谈判不能凌驾于我国人民之上，不能背着人民进行。我们的信念是，我国的未来只能由一个在不分肤色的基础上通过民主选举而产生的机构来决定。

要谈判消灭种族隔离制度问题，就必须正视我国人民的压倒一切的要求，即建立一个民主的、不分肤色的和统一的南非。白人垄断政权的状况必须结束。

还必须从根本上改造我国的政治制度和经济制度，以便使种族隔离制度千万的不平等问题得到解决,并保证我们的社会彻底实现民主化。

我们的斗争已经到了决定性时刻。我们呼吁人民要抓住这个时机,以便使民主进程迅速地、不间断地得到发展。我们等待自由等得太久了。我们不能再等了。现在是在各条战线上加强斗争的时候了。

现在放松努力将铸成大错,我们的子孙后代将不会原谅这个错误。地平线上萌现的自由奇观,应该能激励我们付出加倍的努力。只有通过有纪律的群众运动,胜利才有保障。

我们呼吁白人同胞加入我们的行列,来共同创造一个新南非。自由运动也是你们的政治归宿。我们呼吁国际社会继续采取行动,来孤立这个实行种族隔离制度的政府。

如果在目前取消对这个政府的制裁,彻底消灭种族隔离制度的进程就会有夭折的危险。我们向自由的迈进不可逆转。我们不应让畏惧挡住我们的道路。

由统一的、民主的和不分肤色的南非实行普选,是通向和平与种族和谐的唯一大道。

最后,我想回顾一下我在1964年受审时说过的话。这些话在当时和现在都一样千真万确。我说过:我为反对白人统治而斗争,也为反对黑人统治而斗争;我珍视民主和自由社会的理想,在这个社会中,人人和睦相处,机会均等。我希望为这个理想而生,并希望实现这个理想。但是如果需要,我也准备为这个理想而死。

(南非前总统纳尔逊·曼德拉在狱中度过了27年后,1990年2月11日终于获释,随后在开普敦市政厅前大广场上发表了演说——《自由意味着一种尊重》)

第七单元　应用文写作

　　香港陈耀南教授在其《应用文概说》中说:"应用文就是'应付'生活、'用'于实务的文章,凡个人、团体、机关相互之间,公私往来,用约定俗成的体裁和术语写作,以资交际和信守的文字,都叫应用文。"可见,应用文重在"应用"二字,国家党政机关、团体包括社会团体和企事业单位、个人都离不开它。具体来看,党政国家机关离不开行政公文;无论是社会团体还是企事业单位都离不开事务文书比如计划、总结等;公司离不开经济文书比如经济合同、招标书等;信息时代单位网站离不开新闻文书比如消息、通讯等;大学毕业生要写作毕业论文等科技文书,找工作要提供求职信和求职简历等求职文书……一句话,应用文写作作为各个单位或个人互相交际、处理公私事务,解决实际问题而进行的写作活动,在当今社会,无时不在,无处不用。

　　应用文写作主要具有四大特点:1.价值的应用性。这是应用文写作最本质的特点,也是它与其他文体写作最大的区别。2.表达的简明性。应用文写作重在应用,因此语言表达必须准确无误,必须简洁明了,忌说空话、套话。不能含糊,不能有歧义。为了达到简明的要求,有时可以使用文言词语,比如"妥否,请批示"等。3.思维的逻辑性。应用文的开头一般或说明行文的根据、目的;或交代行文原因;或提出问题。主体部分或以时间为序;或按照提出问题、分析问题、解决问题的逻辑顺序展开;或按照事物的不同方面以并列式等逻辑顺序展开。结尾根据文种不同,或自然收尾;或总结、或展望、或请求批示等。4.格式的模式性。应用文写作格式有些是国家法定的规范格式;有些是约定俗成的惯用格式。比如国家党政机关的15种行政公文必须严格按照《中华人民共和国国家标准——党政机关公文格式》(GB/T9704—2012)规定执行,而计划、总结、调查报告等事务文书则有长期约定俗成的惯用格式。因此在写作应用文过程中,必须严格遵守这些格式规范。

　　应用文的种类较多,从不同的角度有多种分法。按照其使用范围和内容,应用文可分为新闻文书、行政文书、事务文书、求职文书、经济文书、礼仪文书、法律文书、科技文书等。其中,新闻文书主要包括消息、通讯等;行政文书主要包括决议、决定、公报、公告、通告、通知、通报、请示、批复、函等;事务文书主要包括计划、总结、调查报告、述职报告、简报、规章制度、会议记录等;求职文书主要包括求职信、求职简历、自荐信、应聘信等;经济文书主要包括经济合同、协议书、招标书、投标书、商品说明书、商业广告等;礼仪文书主要包括欢迎词、欢送词、开幕词、闭幕词、答谢词、祝词、请柬、邀请信、感谢信、贺信、贺电等;法律文书主要包括民事起诉状、刑事自诉状、上诉状、申诉状、反诉状、答辩状等;科技文书主要包括实验报告、毕业设计、毕业论文、科技论文等。

本单元选取的七篇文章,为大学生使用频率相对较高的七种应用文体,分属新闻文书、行政文书、求职文书、事务文书四大类,以下重点介绍此四类文书写作。

一、新闻文书写作

新闻文书是指对生活中新近发生或发现的有新闻价值的事实或事件进行及时报道的应用类文体。新闻文书的两大特性是真实性和时效性。新闻文书写作主要包括消息、通讯写作等。在互联网时代,企事业单位、社会团体都在网上设立网站,学会写作新闻文书,及时发布新闻文书,也是现代人的一项基本功。

学习新闻文书写作,首先要研读大量新闻作品。古人云:"熟读唐诗三百首,不会写诗也会吟"。阅读、评析新闻作品,可以培养新闻感。选择的新闻作品既要包括大量经典优秀作品,也应该包括一般的甚至有问题的作品,通过比较,鉴别优劣,吸取别人的经验和教训,不断提高自身的新闻写作素养。

学习新闻文书写作,还必须以新闻采访为基础,没有采访,新闻写作就是无米之炊。"七分采,三分写",这是新闻写作的至理名言,同时也是新闻写作与其他文体区别的一个主要标志。先有采访,后有写作,在采中写,写中采,写作不忘采访,写作注重采访[1]。

学习新闻文书写作,还需具有一定的编辑意识,要想编辑所想,从编辑要求的角度来写作新闻,也就是从媒体的定位和受众需求的角度来进行新闻的选材,确定新闻主题,选择恰当表现角度,迅速搭建新闻架构等。

二、行政文书写作

行政文书是指由国家党政机关最高办事机构,即中共中央办公厅、国务院办公厅颁布的相关条例所规定的公文。《党政机关公文处理工作条例》(中办发〔2012〕14号),规定党政机关公文共有15种:决议、决定、命令(令)、公报、公告、通告、意见、通知、通报、报告、请示、批复、议案、函、纪要,详见下面列表[2]。

行政文书写作的主要特点:一是鲜明的政治性和政策性。15种公文由中共中央办公厅、国务院办公厅联合印发,其写作内容必须符合党和国家的各项方针政策。二是法定的权威性和约束力。各类公文体现了制发单位的法定权威,一旦发布,主送机关单位和部门必须执行。三是规范的体式和处理程序。公文制发必须严格按照《党政机关公文处理工作条例》(中办发〔2012〕14号)的规定进行,从起草、审核、签发、校印、发出,到拟办、批办、承办、归档、清退、销毁,环环相扣、步步相接,这些工作都有明确的要求,不得擅自行事。公文写作的版式要按照《中华人民共和国国家标准——党政机关公文格式》(GB/T9704—2012)进行。

---

[1] 董广安.新闻写作学教程[M].郑州:郑州大学出版社,2008:19.
[2] 王玉琴.新编应用文写作教程[M].合肥:安徽大学出版社,2014:15-16.

序号	种类	用　　途
1	决议	适用于会议讨论通过的重大决策事项。
2	决定	适用于对重要事项做出决策和部署、奖惩有关单位和人员、变更或者撤销下级机关不适当的决定事项。
3	命令(令)	适用于公布行政法规和规章、宣布施行重大强制性措施、批准授予和晋升衔级、嘉奖有关单位和人员。
4	公报	适用于公布重要决定或者重大事项。
5	公告	适用于向国内外宣布重要事项或者法定事项。
6	通告	适用于在一定范围内公布应当遵守或者周知的事项。
7	意见	适用于对重要问题提出见解和处理办法。
8	通知	适用于发布、传达要求下级机关执行和有关单位周知或者执行的事项,批转、转发公文。
9	通报	适用于表彰先进、批评错误、传达重要精神和告知重要情况。
10	报告	适用于向上级机关汇报工作、反映情况,回复上级机关的询问。
11	请示	适用于向上级机关请求指示、批准。
12	批复	适用于答复下级机关请示事项。
13	议案	适用于各级人民政府按照法律程序向同级人民代表大会或者人民代表大会常务委员会提请审议事项。
14	函	适用于不相隶属机关之间商洽工作、询问和答复问题、请求批准和答复审批事项。
15	纪要	适用于记载会议主要情况和议定事项。

行政文书写作具体版式见下图：

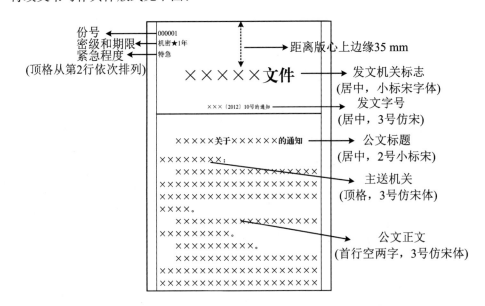

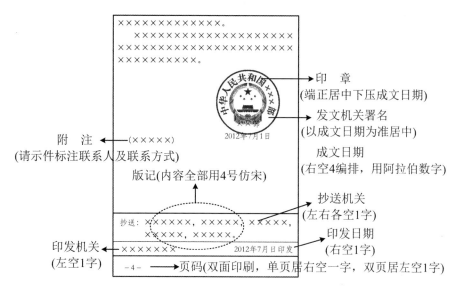

行政文书写作基本模式见下图：

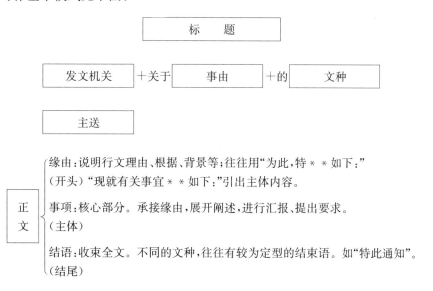

三、求职文书写作

求职文书是毕业生或无业人员为了谋取某一职位而使用的应用文书，包括求职信、自荐信、应聘信、求职简历等。

求职文书的形式常见的有两种：一种是表格式，如求职简历；一种是信函式，如求职信、自荐信、应聘信。求职文书是求职人员实现自我推荐的有效途径。

求职文书写作的准备工作：一是要了解求职单位的情况、求职职位的情况；二是了解自身的情况；三是把前两者联系起来综合考虑。

求职文书写作的特点：1. 针对性。求职文书是求职者为了谋求某一职位而写作的，因此写作时要对照求职职位所需要的条件，有针对性地介绍自己的情况，要避免面面俱到。2. 自荐性。写作者在求职文书写作过程中，要根据应聘单位的需要，向其推荐自己。3. 目的性。其写作目的是向用人单位表达求职愿望，有效推介自己，获取面试机会，得到聘用。

求职文书写作的基本要求：1. 目标明确。求职者的职业职位意向明确，求职者的才能素质要符合所聘职位的要求。2. 表达得体，语言简洁。求职文书既要表现出求职者对所求职位的渴望，还要表现出其对胜任工作的自信，表达时要做到不卑不亢。另外，求职应聘的人员很多，用人单位没有耐心看大量文字，因此语言表达还要注意言简意赅。3. 内容真实具体，突出亮点。在求职文书中首先要写明求职、应聘的缘由，然后要介绍与应聘职位相关的个人背景，其中要突出相关亮点，比如具体的获奖证书、相关经验等，最后要表明决心。求职者要用真诚去赢得应聘单位的好感。

四、事务文书写作

事务文书是党政机关、社会团体、企事业单位及个人在处理日常事务时用来沟通信息、安排工作、总结得失、研究问题的实用文体，是应用文写作的重要组成部分[①]。

事务文书按照作用与性质的不同，可分为以下类别：一为计划类，包括计划、方案、纲要、规划、安排、设想、要点等；二为报告类，包括调查报告、述职报告、总结、简报等；三为规章类，包括章程、规定、制度、准则等；四为条据类，包括借条、收条、领条、欠条、请假条等；五为会议类，包括会议记录等。

与行政文书相比，事务文书作者广泛，没有法定的作者；程序简便，没有法定的严格程序；使用习惯格式，非法定的规范格式。总之，事务文书应用范围广，使用频率高，大到调查报告，小到条据，都属于这种类别。

事务文书写作要注意以下几点：一是结构安排要分清主次，详略得当，切忌记流水账，简单堆砌材料。二是语言表达要简洁、平实，忌口语化。虽非法定公文，语言表达也不可随意。三是内容展开要真要实，忌"假、大、空"。事务文书，处理的无论是日常的公务或私务，都是具体事务，如果内容不真实、不具体，就达不到沟通信息、总结得失等作用。

[①] 张文英,孟凡义.新编应用文写作教程[M].南开:南开大学出版社,2010:56.

通　讯

【导读】

　　通讯是一种新闻体裁。人物通讯是通讯的一种,以特定的人物为报道对象,叙述和反映特定人物的思想、言行和事迹等,并以特定人物的精神面貌来感染读者、教育读者。戴鹏、徐运平,两人均为人民日报记者,其中,戴鹏任《人民日报》河南记者站采编部主任。他们采写的人物通讯《百姓心中的丰碑》获第十五届中国新闻奖一等奖。

　　任长霞生前是河南省登封市公安局局长,1983年参加公安工作以来,忠实履行人民警察的神圣职责,在平凡的岗位上做出了不平凡的业绩,曾荣立个人一、二等功各1次、三等功4次,荣获全国"五一"劳动奖章、"全国青年岗位能手"、"中国十大女杰"、"全国三八红旗手"、"全国优秀人民警察"、"河南省优秀人民警察"等称号40余次。2004年4月14日,任长霞在办案途中因车祸不幸以身殉职。6月任长霞被追授为全国公安系统一级英雄模范称号①。

　　本篇人物通讯的结构为"三泪成珠,一线相串"。"三泪"为"百姓泪""英雄泪""亲友泪"。"一线"为人民群众对任局长的真情。三个板块各自独立又暗线相连,全篇一气呵成,感人至深。

　　本篇通讯善用细节描写。任长霞在农村上访妇女陈秀英头上那深情"一摸"的细节非常感人。陈秀英因自己被伤害一案迟迟未破,而踏上了上访之路。2001年5月的一个局长接待日,"她看了材料后,轻轻地摸了一遍我头上那块去掉颅骨仅剩头皮包着的软坑",在了解情况之后,"她也不嫌弃俺农村妇女蓬头垢面身上脏,在我头上摸了一遍又一遍。你知道,就这一摸,把俺的心都摸暖啦!"此处"摸"的细节体现的是党和群众的血肉联系,是百姓对政府的信赖之情,是重新恢复的良好干群关系。

一位到任仅3年的公安局长,因公殉职后,14万群众自发为她送行
百姓心中的丰碑——追记公安局长的楷模任长霞
戴　鹏　徐运平

　　任长霞,1964年2月8日生于郑州;1983年10月从河南省人民警察学校毕业后分配到郑州市公安局中原分局工作,先后任预审科民警、预审科副科长、法制室主任;1996年10月任郑州市公安局法制室副主任,1998年11月任郑州市公安局技侦支队支队长;2001年4月

---

① "任长霞被追授为全国公安系统一级英模",《人民网》,2004年6月2日。

调任登封市公安局党委书记、局长。曾获全国"五一"劳动奖章、中国十大女杰、全国三八红旗手、全国青年岗位能手、全国优秀人民警察等荣誉。

细雨绵绵,如泣如诉,灵堂已撤,诗墙依旧。

尽管当初万人恸哭、挽幛如云的场景已经隐去,宽敞的嵩岳大街、少林大道恢复了往日的平静,可隐约中,那悲痛凝重的氛围依然笼罩着这座著名的山城。

5月22日,在登封市公安局长任长霞不幸因公殉职一个多月后,我们来到登封追寻英雄的足迹,听百姓们含泪讲述长霞的故事,真情似颍水清澈,朴实如嵩岳无华,像追忆逝去的亲人。从那悲痛凝重的氛围里,我们真切地感悟到,一个人们心目中的"好官"、"好公安局长"与百姓的血肉联系,感悟到"天地之间有杆秤,秤砣就是老百姓"的朴素哲理。

1

其实,百姓的眼泪很金贵,也很慷慨,就看是对谁。她抹亮了嵩岳一片蓝天,还给了登封一方平安,百姓就把泪洒给她,把心掏给她,用口为她铸碑。

嵩岳无言,颍水低回。雨像泪一样飘洒,泪如雨一般倾诉。面对每一位受访者的泪眼,记者视线模糊,无法拍照,无法笔记。

4月14日20时40分,当任长霞为侦破"1·30"案件从郑州返回登封途中突遇车祸因公殉职后,登封"黑幛白花漫嵩山","城巷尽闻嚎啕声",仿佛一夜之间出了无数诗人,使整个山城涌动着诗的潮水,哀的旋律。4月17日,14万群众自发为她送行,其哀其痛,其悲其壮,撼天动地,千年历史的古城登封前所未有。

一个眉清目秀的柔弱女子,一个到任仅3年的公安局长,何以能在这么短的时间内赢得60多万百姓的如此爱戴、如此尊崇?!

"她才40岁,叫这么好的人走怎早,苍天它真的没长眼呐!"发出这声哀怨的是当地"王松涉黑团伙"的受害者、告成镇农民冯长庚。伴着窗外的细雨,他含泪向记者讲述任长霞如何除掉这个社会毒瘤,为民伸张正义的故事。

登封位于郑州、洛阳、平顶山的结合部,多年来,治安形势严峻,大案积案较多,群众对公安工作意见很大。以登封避暑山庄老板王松为首的涉黑团伙,就是一个没人敢碰的毒瘤恶疮。他纠集家族成员、两劳释放人员组成黑恶势力团伙,私买枪械,私设刑堂,在白沙湖一带为非作歹,伤人过百,命案累累。冯长庚就因为在水库边洗脚,被王松手下诬为偷鱼而受刺一刀,打断5根肋骨。

在一个局长接待日里,冯长庚试探着向任长霞诉说了自己的冤情,倾吐了不敢明告状,却又不甘心的苦衷,引起了任长霞的高度重视。在派人密访暗查掌握基本案情后,任长霞决心打掉这个背景复杂、组织严密、危害极大的犯罪团伙。经过专案组几个月的艰苦侦查,"王松涉黑团伙"所有成员全部被捉拿归案。作为全国十大打黑案件之一的典型案例,登封市公安局受到了有关部门的表彰。消息传开,老百姓奔走相告,称颂任长霞敢于打黑碰硬,为民除害。

"像这样棘手的案件,她可以找一千个借口搪塞,找一万个理由推脱,可她没有,她情愿为咱百姓当靠山!"冯长庚的话也说出了君召乡海渚村村民陈振章的心声。2002年4月16日,陈振章被涉黑团伙"砍刀帮"的成员砍了两刀,遂一直上访告状,是任长霞组织干警,端掉了这个以李新建为首的犯罪团伙,为百姓除了害,也为他讨回了公道。

"任局长是真心为咱百姓办事的官儿。老天爷啊,咋不让我这个老婆子替她去死哩?"满头白发的韩素珍说起任局长时老泪纵横。

1990年9月8日晚,君召乡韩素珍的女儿和另一名女孩被犯罪分子强奸杀害,由于种种原因,案件长期未破。2001年5月,任长霞在局长接待日上了解这一情况后,决心拿下这一陈年积案。2002年8月26日,犯罪嫌疑人赵占义被抓获归案,11年的悬案有了结果。

"要是嵩山搬得动,我就用它为任局长立碑!"韩素珍为表达对任长霞这位"女神警"的崇敬之情,筹措1000元钱,为她铭刻了一块正面镌刻着"有为而威邪恶畏,为民得民万民颂"14个大字的"功德碑"。2003年4月10日,她带领君召乡郭岭村的村民们敲锣打鼓,来公安局给任长霞立碑。任长霞坚辞不让,村民们说啥也非立不可。任长霞最终没有拗过,同意让大家把碑立在公安局后院一个不显眼的地方。等乡亲们离去后,任长霞立即让民警把碑拆了。村民们事后感叹:"任局长能拆掉石碑,可她拆不掉俺老百姓的心碑!"

在回放4月17日任长霞葬礼的录像资料中,一幅写有"痛悼亲人任长霞",落款为"上访老户"的巨幅挽幛格外引人注意,一头挂着的那包药来回晃动,尤为显眼。"来路短,去路长啊!长霞闺女为我们落下了一身毛病,带上点儿药也好御个风寒,免灾祛病。"老上访户张生林老汉未语泪流,泣不成声。

作为村民代表,张生林向上级反映村里财务混乱问题,受到报复,被打成重伤,颅骨至今塌陷。由于案子长期得不到公正处理,无奈之下,他常年上访,历尽艰辛。对他的申诉,任长霞极为重视,很快使案情获得重大突破。每次见他,任局长总是问寒问暖,逢年过节,多有体恤。就在任局长牺牲前的4月12日晚,他应约来到任长霞的办公室,向她汇报一名打人凶手潜逃回村的重要线索。当任长霞得知张生林连小病都没钱看时,抓起电话就向市民政局局长"说情"求援,为他申请救济。接着,她又把自己的常用药给张生林老汉挑了一大包,并约定15日她从郑州开会回来再说案情,弄准了立即抓人。

"可在4月14日她就走了,走时啥也没带……"送行那天,张生林约了另外6位"上访老户"凑钱为任长霞做了挽幛,早早来到了她的灵前。

登封街头卖冰糕的老汉王青山,原与长霞非亲非故,素昧平生。"每逢星期六控申接待日,总能见到任局长耐心接待上访群众,倾听他们陈情,为他们主持公道。有一次碰面,她主动与我拉家常,问我生意咋样,收入够不够生活用,叫人心里热乎乎的。"为了给任长霞送行,王青山老汉主动去帮助搭了3天灵棚。"就是沾亲带故,白发人送黑发人,也没有叩首跪拜行大礼的,可我是身不由己,腿不由心呐!"

2

莫道尽铁血,英雄也流泪。她的泪流淌着女人的天性,天性的慈悲,慈悲的纯真,闪耀着彩霞般的丽晖,映照出一位公安局长执法为民、关爱百姓的深切情怀。

嵩岳无言,颍水低回。雨像泪一样飘洒,泪如雨一般倾诉。

面对每一位受访者的泪眼,记者视线模糊,无法拍照,无法笔记。

"我娘死我都没有这么伤心,没磕这么多头,没跪这么久。"5月24日上午,在陈秀英家的堂屋门前,陈秀英将任长霞的遗像双手捧在怀里,泪流满面:"我每天都要看看任局长,咋也看不够啊。在灵堂送行那天,我排了两次队,转了两圈,只为多看任局长一眼。"

2000年9月16日,中岳区任村村民陈秀英在一起纠纷中被打成重伤,事发后犯罪嫌疑人潜逃外地。陈秀英在医院做了两次手术,头上留下小碗口大的塌陷伤痕。由于案件迟迟未破,陈秀英踏上了上访告状之路。

"2001年5月的一个局长接待日,我到市公安局去申诉。那天的情景我到死都忘不了。任局长拉着我的手,问我啥事儿。我把告状材料递给她,她看了材料后,轻轻地摸了一遍我头上那块去掉颅骨仅剩头皮包着的软坑,她惊讶地说了声'咦!咋打成这样!'她的泪水一下流了下来,双手扶住我的肩问:'人呢?'我说'跑了'。任局长说:'你放心,跑到天涯海角我们也要把他抓回来!'当时在场的100多个告状乡亲中许多人都哭出了声。""任局长的心咋与咱老百姓的心贴得这么近,对咱这么亲!她也不嫌弃俺农村妇女蓬头垢面身上脏,在我头上摸了一遍又一遍。你知道,就这一摸,把俺的心都摸暖啦!"从公安局出来,陈秀英抑制不住情绪失声痛哭。经过两年多的艰苦侦查,今年2月,任长霞指挥民警终于将犯罪嫌疑人抓获归案。从那以后,陈秀英每次进城看病买药办事情,都要到公安局门口转转,总想看看任局长。

"任姐走了这么多天,这个画面还老是在我眼前晃动。"登封市电视台记者任俊杰眼含泪水,为我们讲述了又一段任长霞流泪的感人故事。

2003年12月18日,是一起重大案件告破的日子。在石坡爻村召开的公捕大会现场,囚车缓缓开动。一个小姑娘抱着一个小孩死命地追赶着囚车。小孩一声声哭喊着"爸爸""爸爸"!撕人心肺。小姑娘是犯罪嫌疑人王小伟的侄女,孩子就是他刚满3岁的儿子。因为家里穷,前两年他老婆跟他离婚了,家里还有一个年近古稀的老母亲。听到孩子的叫声,犯罪嫌疑人眼睛紧闭,牙关紧咬,痛苦地将头埋在怀里。见到这个情景,任长霞走过去让民警把犯罪嫌疑人从囚车上押下来,说:"打开手铐,让他们父子再见上一面。"犯罪嫌疑人看到还不懂事的儿子时,露出了人性的一面,抱着儿子嚎啕大哭。这时,任长霞蹲了下来,用双手轻抚着孩子的脸,从衣兜里摸出100元钱,递给一位邻居说:"给孩子买点吃的,以后孩子有啥困难就去公安局找我,我叫任长霞。"说完扭头就走了。

当时在现场采访的任俊杰回忆说:"当我过一会儿再见到任局长时,发现她在悄悄抹泪。""任姐,你哭了?"她对我说:"唉,孩子真可怜!女人泪窝浅啊!"

高墙电网,厚门铁窗。5月25日下午,记者在登封市看守所见到了犯罪嫌疑人王小伟。第一次听到任局长遇难的消息,王小伟抱头痛哭:"她可是个好人啊,不该走这么早!"好大一会儿,他抬起头来说:"我对不起母亲,对不起孩子。如果有机会出去,我第一件事就是去坟上看看任局长,给她烧香磕头。"临了,王小伟哽咽着小声问记者:"任局长埋到哪儿啦?"

女性的慈悲是博大的。因为博大才显得伟大。

"任妈妈这一走,我又成了没妈的孩子!"登封市直二中初一女生刘春雨还没开口就失声痛哭,泪滴像断了线的珠子洒落在她手中的作文簿上——《我心中一盏不灭的灯》。窗外,风摇月季,雨打花蕾。小春雨断断续续讲述着她被"任妈妈"收养的一段情缘。

2001年5月,大冶镇西施村煤矿发生瓦斯爆炸事故,刘春雨的父亲不幸遇难。两年前失去母亲的刘春雨成了一名孤儿。任长霞在处理这起事故中得知这一情况后,眼含热泪拉过小春雨的手:"孩子,从今往后你就是我的亲闺女!"自此,任长霞独自承担了小春雨生活和学习的全部费用。

"任妈妈要是活着,她一定会给我送来生日礼物!"5月24日,记者采访小春雨时,这天正巧是她14岁的生日。她说,前年她过生日,任妈妈给她穿鞋的那一幕总是出现在眼前。

"2002年深秋的一天,任妈妈到我家来看我,给我带来一双运动鞋和一件粉红色棉袄。她蹲在地上给我穿鞋,见到我的袜子破了一个窟窿,就说'这咋穿哪,给你点儿钱去买双新的'。我的眼泪刷地一下掉了下来,要不是当时旁边站着别人,我真想搂住她亲她一口,叫一声'妈妈'。"

按当地习俗,披麻戴孝摔老盆,是亲生长子为父母送葬时才能行的最重的大孝礼仪,可在5月17日送别任妈妈那天,小春雨披麻戴孝,在任长霞的遗体旁久跪不起,哭成泪人。她告诉记者:"当时我真想把躺在那里的任妈妈拉出来。要不,她就会被灵车拉走,再也见不到了。""以前任妈妈工作忙得总顾不上回家,我宁愿她的骨灰放回家中,好让她再享受多一点家的温馨。要是放在陵园里,她太孤独了,连个说话的伴儿都没有……"

怀有这种感情的又何止一个小春雨!2002年1月,任长霞为了使更多的孩子得到救助,向民警发出倡议,在全局开展了"百名民警救助百名贫困学生"的活动。全市有126名贫困学生得到了干警们的救助,重返校园。在为任长霞送行的那天,孩子们哪一个不是手扶灵柩,声声哭喊着他们敬爱的任妈妈!

3

她是个优秀的公安局长,却不是一个优秀的女儿、妻子和母亲。她把有限的生命时光几乎全都用到了事业上,留给家人亲友的唯有痛惜的泪水。

嵩岳无言,颍水低回。雨像泪一样飘洒,泪如雨一般倾诉。

面对每一位受访者的泪眼,记者视线模糊,无法拍照,无法笔记。

"说不生她的气是假的!几个月见不了她一面,好不容易回来一次,几句话、一顿饭就走了。我就是再想她,也不敢给患有脑溢血的老伴说,只有独自落泪,一哭半夜。我给邻居说,我算是给公安局生了个闺女。说实话,她心里很少有家的概念、父母的位置。"任长霞的母亲抹了一把泪:"再想,她也对,家人再亲就这几口儿,那登封可有60多万人呐,不这样真的不中啊!"

"她的时间就像桶里的豆子,抓给事业上的多了,剩给家人的就少了。在这方面她固执得很,必须按她的原则办。说白了,工作上的事,群众的事不能挤,唯一能挤的就是给家人的时间。"任长霞的丈夫卫春晓律师说,"当初,我下班早了,给她倒杯水;她下班早了,给我倒杯水。多少回,她小鸟依人般偎在我怀里。随着她肩上的担子逐步加重,这些慢慢都没有了。她偶尔回家一次,也是不停地打电话说工作,或者倒头就睡,叫都叫不醒。'春晓,咱老夫老妻了,我真的太累,顾不了家,你多担待点儿'。看似刚烈的卫春晓泪花闪闪……

"其实,妈妈很爱我,就是因为她太忙,很少有时间回家陪我。今年3月16日,我患病在医院动手术,痛得全身流汗,特别想妈妈,忍不住就给她拨通了电话。妈妈说,工作忙完了就来陪我。我听到妈妈在电话那头哭:'卯卯,好孩子,妈妈腾开手,一定去看你,一定!'为了让妈妈到医院来看我,也好让她借机休息一下,我故意在医院里多呆了几天,可直到我出院,妈妈也没顾上来看我一回。妈妈从来说话算数,可这次却永远地失信了……"任长霞的儿子卫辰尧一边讲述一边痛哭。

"要用百分制打分,你给妈妈多少分?"卯卯沉思了片刻:"顶多80分,因为她陪我的时间太少了!"

又一个 80 分！面对同样的问题，长霞的丈夫给了她同样的分数！

记者的泪水夺眶而出……是的，只有完美的神，没有完美的人！

作为一个普通的人，一个普通的女人，如果说任长霞也有她的不足和缺陷，那无疑是一种英雄的残缺，残缺的美丽，美丽的崇高！

"说实话，姐姐人长得很美，也很爱美。除了警服，还特别喜爱红衣服——红夹克、红毛衣、红衬衫、红围巾。她自己就说，'爱红装又爱武装'。说真的，不管啥衣服，姐姐咋穿都好看。"任长霞的妹妹任丽娟翻看着姐姐的照片，眼里闪着酸楚的泪光。

她的话印证了长霞的美与爱美。记者在任长霞局长办公室的洗面台上发现，她的玉照下也有不少女人化妆用的必需品，一瓶忘记拧盖的化妆品仍散发着淡淡的芳香。

"这是唯一的一张全家福。"任长霞穿着红色的夹克衫格外醒目，格外妩媚。丽娟说，2002 年春节，妈妈提议让姐姐回来，团圆一次，顺便照张全家福。可她说要值班，没空。我们全家就不期而至，"突袭"登封，硬是"逮"住她照了这张相。"她终究还是走了，撇下我们大家，留下一个残缺的家！"任丽娟镜片里的两窝泪水在莹莹晃动。

还有一张长霞身着警服，手持手机正在通话的照片。她一脸坚毅，显得特别飒爽。"其实，全家都习惯了，都理解她，支持她，包括至今仍被蒙在鼓里的瘫痪的父亲，从来都不给姐姐添麻烦。"

指着这张照片，丽娟说："去殡仪馆为姐姐送行那天，妈妈把我拉到一边，让我给姐姐'捎'去个手机，说我姐离不开手机，为那工作上的事，一天到晚不停地打电话，不能临走连个手机都没有！"

"姐姐，带好你的手机，可别丢了！"

说到舍小家为大家的任长霞，她曾经的搭档、郑州市公安局副局长、全国优秀刑警队长杨玉章说："干公安局长这一角儿，别说是女同志，就是大老爷们儿也得咬牙硬挺，恨不得一天当作两天过，一个身子分成仨。长霞就是再优秀，登封治安状况那么复杂，她既要破案、扫黑、带队伍，还要接访、调研、顾群众，她能有多少时间来顾及家人?!"这位剽悍的铁血汉子硬是半分钟没说话，生生把将要流出的泪水憋了回去。

"闻讣沈阳已吞声，泪水随机过百城。此后无计可问谁，九躬难尽战友情。"闻知噩耗时，任长霞的战友、登封市公安局政委刘丛德正在沈阳出差，在火速赶往登封的途中挥泪写下了这首小诗。

3 年来的并肩战斗，他们结下了深厚的战友情谊。"长霞逢事总是想别人的多，想自己的少。她到登封后的 3 个春节，都因为事情多，是在局里过的。2004 年大年三十，长霞又坚持让我回家过年，她值班。我知道，她爹因脑溢血半瘫痪，娘的身体也不好。让我回家，老婆孩子围着，我怎么安心吃得下饺子？那天晚上，我带着爱人一起去看望了她的父母。"

刘丛德把头埋入双手，声音哽咽："今年的春节她真的回不去了！长霞，你是顾不上了，就让我们替你尽孝吧，你放心走好！"

嵩岳无言，颍水低回。雨像泪一样飘洒，泪如雨一般倾诉。

面对每一位受访者的泪眼，面对照片上英雄的微笑，记者视线模糊。

大德无碑，大道无形。谁心里装着百姓，百姓就把你刻上心碑！历史就这么公道！

(选自《人民日报》2004 年 6 月 3 日 第五版)

【知识链接】

通讯

通讯是运用叙述、描写、议论等多种表现手法,及时迅速而又具体形象地报道国内外近期出现的具有新闻价值的典型人物、事件、工作经验、地方风貌等的一种新闻体裁。根据报道的内容,通讯可分为人物通讯、事件通讯、工作通讯、概貌通讯等[①]。

通讯的特征体现在:一是新闻性,这主要是从通讯的时效性和真实性方面来说的。通讯所报道的内容必须是具有新闻价值的近期内出现的真人真事。就时效性而言,虽然通讯不如新闻报道快捷,但如果不注重时效性,就会降低乃至失去其价值。二是文学性,这是通讯有别于消息的重要特点,当然文学性必须建立在新闻性的基础之上。三是评论性,这是通讯与消息相区别的又一特点。消息作者的倾向性隐藏在对事实的客观叙述中,通讯以报道事实为主,但允许作者紧扣人物和事件直接加以评论,或议论,或抒情,表明作者的倾向和态度。

通讯写作与消息写作的重要区别之一为从结构上看,消息具有较固定的格式,比如倒金字塔式结构、金字塔式结构、倒金字塔与金字塔相结合式结构等,而通讯的结构则形式多样,比较灵活。

通讯写作与消息写作的重要区别之二是通讯可以用叙述、描写、议论等表达方式,生动形象地写人记事,以增强文章的感染力。写人物,要从人物的肖像、语言、行动、个性特征等进行细致入微的描写,才能使人物活灵活现、栩栩如生、形神毕现。写事件,要详细叙述事件的全过程,包括背景、起因、经过、结果以及事件所涉及的方方面面,总之就是要有感人的情节,才能给读者留下深刻印象,引起他们的强烈反响。其中,用好生动典型的细节,更是可以达到事半功倍的效果。

阅读书目

1. 卡罗尔·里奇.新闻写作与报道训练教程[M].北京:中国人民大学出版社,2009.
2. 刘明华.新闻写作教程[M].北京:中国人民大学出版社,2002.

【拓展与训练】

1. 阅读《新闻传播与研究》《当代传播》《现代传播》《新闻记者》《新闻界》《新闻战线》等新闻类杂志,了解新闻类文书的写作知识等。
2. 查阅中国记协网(http://www.xinhuanet.com/zgjx/jiang/zgxwj.htm)历届中国好新闻获奖作品,或阅读《人民日报》《经济日报》等报刊上的新闻,自己尝试写一则消息或一篇通讯。
3. 采访本校一位具有新闻价值的教师或学生,撰写一篇人物通讯。

---

① 姚国建.基础写作[M].北京:高等教育出版社,2012:272.

请　　示

【导读】

　　这是一篇请示的病文与修改文,请先看下面的例文再看导读的分析。

　　这是一份某大型房地产企业向当地市政府呈递的请示。其目的在于请求批准开挖××市××街一侧以便铺设排污管道和请求撤销因将小区生活污水直排入××河的罚款处罚。

　　病文存在的问题及修改建议如下：一是文种名称错误。二是内容一文两事。《党政机关公文处理工作条例》(2012年7月1日起施行)第四章第十五条第四款明确规定："请示应当一文一事。不得在报告等非请示性公文中夹带请示事项。"病文文种是"请示报告",应改为"请示"。病文内容请示两事：第一件事是请求市政府同意在城市主干道××街挖一条沟以连接市区污水管网；第二件事是请求撤销该市水政局的有关处罚。建议删掉第二件事及附件2,此事可另行文。三是结尾"以上妥否,请予审核批准"应该改为"以上妥否,请批示"或"以上请予审核批准"。四是发文字号格式错误,年份不应再用方括号,应用六角括号,序号不加"第"字。"[2014]第6号"应改为"〔2014〕6号"。五是落款成文日期应该使用阿拉伯数字。"二〇一四年二月二十五日"应改为"2014年2月25日"。

病文

××房地产开发公司
关于××路至××街道路翻修的请示报告
××司呈字[2014]第6号

××市政府：

　　我公司开发的××商品房住宅小区2010年建成销售,至今已基本清盘。由于竣工时市区内生活污水排放管网还未建成,所以整个小区的生活污水直接排入××河内至今。2013年底,市区生活污水排放管网全面建成。2014年初,市水政局对我公司下发"生活污水违规排放处罚通知书",罚款×××万元,并要求立即进行整改,限2014年6月底前将小区污水排放并入市内污水管网。根据这一要求,我公司已筹集××××万元,拟于2014年3月初对连接××路至××街的简易道路翻修改造,将原有的水泥方砖路面改成沥青油渣路面,并将××小区的污水管线改接入市区污水管网。根据设计图纸,需将××街一侧横向开挖出一条长20米、宽3米的沟,以便铺设管道接入市区污水管网主管道。

　　由于我公司原有的污水管道是市区污水管网建成之前铺设的,当时沿××河所建住宅小区的污水都是直接排入××河的。故恳请市政府考虑撤销市水政局对我公司的罚款处罚。

　　以上妥否,请予审核批准。

　　附件:1. 道路及污水管道设计图纸

2. ××市水政局关于××公司生活污水违规排放处罚通知书

　　　　　　　　　　二〇一四年二月二十五日（盖印）

修改文

××房地产开发公司
关于××路至××街道路翻修的请示
××司呈字〔2014〕6号

××市政府：

　　我公司开发的××商品房住宅小区2010年建成销售，至今已基本清盘。由于竣工时市区内生活污水排放管网还未建成，所以整个小区的生活污水直接排入××河内至今。2013年底，市区生活污水排放管网全面建成。2014年初，市水政局对我公司下发"生活污水违规排放处罚通知书"，罚款×××万元，并要求立即进行整改，限2014年6月底前将小区污水排放并入市内污水管网。根据这一要求，我公司已筹集××××万元，拟于2014年3月初对连接××路至××街的简易道路翻修改造，将原有的水泥方砖路面改成沥青油渣路面，并将××小区的污水管线改接入市区污水管网。根据设计图纸，需将××街一侧横向开挖出一条长20米、宽3米的沟，以便铺设管道接入市区污水管网主管道。

　　以上妥否，请批示！

　　附件：1. 道路及污水管道设计图纸

　　　　　　　　　　　　　　　　　2014年2月25日（盖印）

（选自《评改一则请示》，张冠英撰，《应用写作》2014年第10期）

【知识链接】

请示

　　请示适用于向上级单位请求指示、批准。请示写作的基本结构一般由标题、主送机关、正文、落款组成。标题一般由发文机关、事由、文种构成。其主送机关一般为直接隶属的上级主管机关。正文包括请示缘由、请示事项和结语。其中，请示的背景和缘由，即"为什么要请示"的问题。请示事项，即"请示什么"的问题。结语的一般用语为"妥否，请批示"，或"以上请示，请批复"等。请示落款要写明发文机关名称、成文日期并加盖印章。

　　请示写作要注意以下三点：其一，主送机关只能有一个。请示"一般只写一个主送机关，如需同时送其他机关，应当用抄送的形式"。其二，不得越级。《公文处理办法》规定：一般不得越级请示和报告。其三，一文一事。请示中只能提出一件请示批准的事项，或者一个请示解决的问题，以便上级及时、专一地进行处理。

　　请示与报告的区别如下：一是行文时间不同。事前请示，事后报告。二是行文内容不同。请示为一文一事，而报告为一文一事或数事。三是行文重心不同。请示以说理为主，而报告以叙事为主。四是结尾方式不同。请示为祈使语气，而报告为平实语气。五是行文目的不同。请示要求批复而报告不必批复。六是处理方式不同。请示为批件，而报告为阅件。

阅读书目

1. 《党政机关公文处理工作条例》(中办发〔2012〕14号),2012年4月16日由中共中央办公厅和国务院办公厅联合印发。
2. 《党政机关公文格式》(GB/T 9704—2012)。
3. 张浩.新编行政公文写作培训教程[M].北京:海潮出版社,2014.
4. 王凯.行政公文写作 规范·技巧·最新例文[M].北京:中国纺织出版社,2014.
5. 张浩.最新行政公文写作技巧、格式、模板与实用范例全书[M].北京:海潮出版社,2014.

【拓展与训练】

1. 从下面公文中找出6处错误来,并说明正确的写法。

××系关于拨款举办锻炼意志活动的请示报告

校委并行政处:

近年来,我支部在提高团员素质方面做了不少工作,收获较大。现将有关情况报告如下:

(一)抓培训。本年度共举办两期培训班,参加培训班的团员热情很高,收到了良好的效果。原因是:

1. 培训主题能做到有的放矢。根据团员的思想、工作情况确定培训主题,第一期的主题是"阻碍自身发展的个性探讨",第二期的主题是"如何提高员工绩效"。

2. 培训注意效果。根据以往教训,有的同志参加培训时心不在焉。今年的培训,我支部要求团员在培训后联系自己或学校的实际,撰写一篇听课后的感想或一份建议,字数不限。支部对每个团员的文章都认真地阅读过。

(二)开展有意义的社会活动。……

当前,社会情况比较复杂,竞争也很激烈。少数团员在当前这样复杂的环境和激烈的竞争中,显得力不从心,有的甚至意志消沉、萎靡不振。虽然通过培训解决了一些问题,但远远不够。为了培养团员的坚强意志,以提高适应社会的生存能力,我支部决定,拟举办系列锻炼意志活动(活动安排见附件)。初步匡算,需经费约9000元(见附件),恳请校委帮助解决。

特此报告,请予答复。

××团支部

2. ××学校拟扩大计算机教学规模,购置一批计算机,增设三个计算机室,请为这件事行文。

提示:正确选用文种。要求上级拨款用请示;联系计算机公司用函;向上级汇报拨款使用情况用报告;告知下级有关新计算机室使用事项用通知。

求 职 信

【导读】

　　下面是一篇求职信的病文与修改文,请先看下面的例文再看导读的分析。
　　病文格式正确,主要问题在内容方面,有三处:第一自然段中求职的原因和目的不明确。没有说明其应聘的岗位,导致了下文介绍自身能力无针对性;第二自然段介绍个人情况无针对性,与申请职位相关性不强;第三自然段完全站在自己的角度措辞,措辞不太得体。
　　修改文第一自然段明确了应聘的岗位为"液压气动技术员";第二自然段结合这个岗位介绍自己的经历与长处,并遴选出一两件实例,以加强自己罗列的各种成就的说服力;第三自然段语言既谦恭、礼貌,又坦诚、自信。

病文

求 职 信

尊敬的领导:

　　您好!感谢您能在百忙之中抽出时间来看这封求职信,同时请您放心,您的细心将为一个企业注入一股新的血液,我是来自于××学院机械工程系数控专业的即将毕业的学生。
　　回首在学校学习的几年,我收益不小,从一名文静的高中生转换成一个自己能独立自主,能单独开展活动的大学生。在这几年的学习生涯中,我深深感受到,与优秀学生共事,使我在竞争中获益;向实际困难挑战,让我在挫折中成长。追求永无止境,奋斗永无穷期。过去的成绩并不代表未来,只代表曾经。在这样一个信息产业快速发展的时代,为了实现自身的价值,我选择到贵公司应聘。
　　如果我被应聘,我会用我的信心、努力及激情向贵公司交出一份满意的答案。请给我一次面试的机会,对于我来说将是一个良好的开端。
　　此致
敬礼!

求职者:×××
2011 年 6 月 2 日

修改文

求 职 信

尊敬的××人事部经理:

您好!衷心感谢您在百忙之中抽出时间阅读我的求职信。我是××学院机械工程系数控专业的毕业生,在网络上看到贵公司招聘液压气动技术员的信息,特来应聘。

在大学3年的学习中,我一直认真学习数控技术等机械加工类的知识,并一直致力于数控软件技术的开发与创新学习,多次参加学院组织的校内校外实习,掌握了一定的专业技能,并于2010年通过了CAD(二级)技能考试,2011年通过了数控(中级)技能考试,在专业方面具有扎实的专业基础,公差配合与技术测量,液压、电器控制及PLC、VG软件编程是我的强项。

在校外,我做过许多兼职和实习。曾在嘉陵公司做过液压气动技术员实习生,曾多次受到领导对我工作的认可。丰富的实习经历,让我很大地提升了工作及沟通技巧。每一次实习中我都能够与团队中的每一位成员相处融洽。

我十分热爱贵公司所从事的事业,希望贵公司能给我一次机会证明自己。随信附有我的简历,热切盼望您的回音,谢谢!

此致

敬礼!

求职者:×××

2011年6月2日

(选自《对一封求职信的评改》,李静撰,《应用写作》,2013年第3期)

【知识链接】

求职信

求职信是个人主动向用人单位自荐谋求职位的专用书信。求职信的写作格式一般由标题、称谓、正文、结语、落款组成。标题直接写"求职信"即可,称谓要顶格写明求职单位负责人或领导的姓名,要加上称呼。比如,"尊敬的××人力资源部部长"等。正文要写清楚以下三点:一是求职的缘由与目标;二是与应聘职位有关的个人背景,比如学历、经历、专业等;三是重点介绍能胜任应聘岗位的条件与能力。结语表达希望获得应聘岗位的愿望并提示求职信后附录的材料,最后以"此致"与"敬礼"等作结。落款署上姓名和日期。

求职信写作时要注意:1. 篇幅要简短,切忌洋洋洒洒,长篇大论,字数应在千字以内。2. 措辞要有分寸,表达不卑不亢,既要表现出求职者对所求职位的渴望,又要表现出能够胜任工作的自信。3. 要投应聘单位所好。求职者需要换位思考,从应聘单位的角度出发考虑问题,根据应聘职位要求,有针对性地提供个人相关材料,突出其中的亮点。4. 要写清楚联系方式。求职者一定要在求职信末留下联系方式,包括邮编、通讯住址、电话等,以便于进一步联系。

阅读书目

1. 祝慧敏. 求职技能[M]. 上海:立信会计出版社,2013.
2. 滕红琴. 把自己推荐出去:求职简历格式与范本[M]. 北京:化学工业出版社,2011.

【拓展与训练】

1. 查阅一些求职信,认真阅读,了解与掌握求职信的写作特点与撰写技巧。

2. 下面是一个有关房地产行业的公司简介:

××集团,是一个经营范围涵盖资本运营、房地产开发、商业运营管理、物业管理、酒店建设及经营管理、生态旅游农业、养老投资运营、建筑设计等行业的综合性企业集团。

这个公司要招聘员工,招聘职位有:

办公室副主任(本科学历以上,两年工作经验)1名,销售员5名,会计2名,秘书2名,网站管理员1名,广告设计员1名,客户资料管理员2名。

问题:请你选择一个职位进行应聘,写一封求职信。

计划(方案)

【导读】

"计划"是计划性文体的统称,方案是计划的一种,是从目的、要求到步骤、措施,对某项工作做出比较全面的部署与安排。

例文为四川省进城务工人员随迁子女在当地参加升学考试实施方案,由四川省教育厅、发展改革委、公安厅和人力资源社会保障厅四个单位联合制发。

该方案基本结构由标题、正文、落款三部分组成。具体来看,标题由计划内容和文种组成,落款由制订计划的单位与成文日期组成。正文又分为前言、主体和结尾三个部分。前言说明出台该方案的依据、目的,回答"为什么要做"的问题。主体部分阐明报考条件、报名方法和资格审查、组织保障,回答"做什么"和"怎么做"的问题。结尾要求各地根据此方案制定具体的实施办法,并公布本方案的实施时间,主要是交代应注意的事项、需说明的问题。

四川省进城务工人员随迁子女在当地参加升学考试实施方案

根据《国务院办公厅转发教育部等部门关于做好进城务工人员随迁子女接受义务教育后在当地参加升学考试工作意见的通知》(国办发〔2012〕46号)精神,按照有利于保障进城务工人员随迁子女公平受教育权利和升学机会,有利于促进人口合理有序流动的原则,结合我省实际,制订本方案。

一、随迁子女在就读地参加升学考试的报考条件

本方案适用于进城务工人员及其他非本地户籍就业人员随迁子女(以下简称随迁子女)初、高中毕业后在就读地参加升学考试。进城务工人员包括有用人单位的进城务工人员,从事个体、私营或灵活就业的其他进城务工人员。

凡父母在我省有合法稳定职业和住所(含租赁),在父母就业和居住地就读满一定年限并取得初中阶段学籍的学生可在就读地报名参加中考。

凡在我省就读的初中、高中毕业学生均可在当地报考在我省招生的中等职业学校。

凡父母在我省有合法稳定职业和住所(含租赁),在父母就业和居住地具有高中阶段学籍和3年完整学习经历且符合普通高考其他报名条件的学生可在就读地报名参加普通高考。

二、随迁子女在就读地参加升学考试的报名办法及资格审查

申请参加中考的随迁子女,应在就读学校所在地报名。报名时,学生须提供父母的证明材料:县级公安机关出具的暂(居)住证明;有关单位出具的合法稳定职业证明(就业登记、劳动用工备案证明、营业执照、劳动合同以及就读地认可的其他就业证明等任何一种证明)。就读地县级教育行政部门审查学生提供的上述相关证明及学生在当地就读并取得初中阶段学籍的情况,符合条件者准予报名。

报考中等职业学校的,应在规定报名日期前,持就读地初中或高中毕业证明在当地报名,由就读地所在县级教育行政部门审核,符合条件者准予报名。

申请参加普通高考的,应在我省规定的普通高考报名时间前,向就读中学所在的县级招办申请并提供父母的证明材料(与中考的要求相同)和县级教育行政部门出具的在当地就读年限和取得学籍的证明。经审查,符合条件者准予报名。

经初审可在就读地参加升学考试的随迁子女名单须在县级教育行政部门或招办以及就读学校进行不少于5个工作日的公示。

三、随迁子女在就读地参加升学考试工作的组织保障

各地、各有关部门要切实加强组织领导,明确责任分工,密切协作配合,齐抓共管。教育部门会同有关部门依据随迁子女升学考试人数合理调配资源,做好招生计划编制、学生报名组织、考试实施以及招生录取等工作。发展改革部门将进城务工人员随迁子女教育纳入当地经济社会发展规划。公安部门加强对流动人口的服务管理,负责提供进城务工人员及其随迁子女的居住等相关证明材料。人力资源社会保障部门等相关单位负责及时提供随迁子女父母就业的相关证明材料。

各地、各有关部门要加强学生报考资格审查,严格规范、公开透明地执行随迁子女升学考试政策,及时研究解决新问题,认真总结和推广成功经验。采取多种形式加强随迁子女升学考试政策宣传解读,做好舆论引导工作,营造良好氛围。

四、其他

各地要根据本方案,结合当地实际,制定随迁子女在就读地参加升学考试的实施办法并向社会公布。

本方案从2014年起实施。

省教育厅　省发展改革委
省公安厅　省人力资源社会保障厅

(选自中央人民政府网 http://www.gov.cn/zwgk/2013-01/05/content_2305068.htm)

【知识链接】

计划

"计划"是计划性文体的统称。它是国家党政机关、社会团体、企事业单位和个人,以书面材料的形式,对将要在一定时期内进行的工作,或对想要实现的目标所作的设计和谋划,是对未来的展望和构想[①]。

"方案""规划""设想""打算""安排""要点"等也都属于计划的范畴。

计划写作的基本格式一般由标题、正文、落款三部分组成。

计划的标题常用公文式,一般由单位名称、计划适用期限、计划内容、文种组成。比如《外国语学院2016年工作计划》。

计划的正文包括前言、主体、结尾三部分内容,如下图所示:

[①] 王玉琴.新编应用文写作教程[M].合肥:安徽大学出版社,2014:113.

计划的落款由制定单位或个人与成文日期构成。

总结和计划这两种文体的关系十分密切,主要表现在:1. 计划是事前的安排,总结是事后的回顾。2. 计划是总结的标准和依据,而总结又是制订下一步工作计划的重要参考。3. 计划与总结的标题、落款写作类似,但总结正文的一般写法为:做法、体会(做了什么);成绩、经验(做得怎样);问题、教训(分析评价);努力方向、打算。

阅读书目

1. 任群. 公文与事务文书规范写作[M]. 重庆:重庆出版社,2002.
2. 魏玉青. 事务性公文写作[M]. 太原:山西科学技术出版社,2007.
3. 赵凤山. 公文写作一本通(案例评析版)[M]. 北京:中国纺织出版社,2015.

【拓展与训练】

1. 根据自己的情况,自拟题目,制作一份表格式计划。
2. 读书学习要有计划,请用条文式写一篇新学期学习计划。

消　息

项目审批"长征"698天　泰豪动漫变"动慢"

本报讯(记者桂榕、何宝庆)一个产业项目需闯过20道行政许可事项审批关口,涉及8个部门及省、市、县三级政府、工业园区,最后完成项目审批时间长达698天——3月18日,记者在省政府最近一份调研报告中,看到了泰豪集团"晒"出的行政审批流程图。正是这纷繁复杂的审批"长征",令起步较早的泰豪动漫项目,实施进度缓慢,"'动漫'变成了'动慢'"。

据了解,泰豪动漫产业园一期工程2010年3月立项,至2012年11月才获得施工许可证。按法定期限计算,该项目完成各项审批需392个工作日,实际办理时间为200个工作日,剩余498天由以下三部分构成:13项非行政许可事项耗时255天;工程设计、供水、电力等市场有偿服务耗时100天;泰豪集团自身消防设计、环评整改、缴纳有关规费耗时143天。

"审批事项千头万绪、过于复杂。"据泰豪集团相关负责人介绍,除行政许可事项过多以外,审批前置事项大量存在,是审批过程迁延时日的重要原因。譬如,住建部门在施工许可审批过程中存在规划方案审查、施工图纸审查等;国土部门用地审查要制定失地农民养老保险方案等。由于部分审批前置事项还涉及垄断行业,其较低的工作效率直接拉长了项目审批时间。同时,一些政府部门服务缺乏主动性,未履行事项一次告知义务,导致申报材料、程序重复进行,令项目申报者"一头雾水"。

项目审批遭遇"长征",企业当然着急苦涩。泰豪集团董事局主席黄代放深有感触地说:"市场瞬息万变,机遇稍纵即逝。近两年的审批时间,足以将一个'朝阳'项目拖成'夕阳'项目。一些中小企业,甚至可能因投资风险和成本的增加而倒闭关门。"对审批怪圈感到无奈的,并不只是企业。省发改委专家解析:"作为欠发达省份,江西能不能抓住、用好当前难得的发展机遇,在经济升级中走出一条发展新路,关键看行政效率。"吉安高新区一名基层干部的发问引人深思:"698天过长,那法定期限392个工作日内办结,就说明我们的效率高了吗?200个审批工作日还能再缩短吗?"

"项目审批'路漫漫',吃亏的看似是项目投资者,但最终为低效'埋单'的,还是地方经济社会发展质量。"省委党校经济社会发展战略研究所所长黄世贤认为,深化行政审批制度改革刻不容缓,当务之急,既要完善顶层设计,又要抓好简政放权。期待经过不懈努力,把江西打造成为中部地区审批事项最少、行政成本最低、发展环境最好的省份。

(选自《江西日报》2014年3月19日A1版,第二十五届中国新闻奖一等奖)

调 查 报 告

大学生"村官"创业富民和金融支持调查
——以××市为例

邓 辉

为了更好地支持大学生"村官"创业富民,近期,我们就湖南省××市大学生"村官"创业情况及相关信贷业务的发展现状、存在问题开展了专题调查。调查显示:在金融强有力的支持下,××市大学生"村官"创业富民的路子越走越宽,但差距依然存在,发展仍不平衡,问题不容忽视,亟待从政策、体制、管理以及操作层面上予以重视和加强。

一、大学生"村官"创业富民的现实基础与发展前景

(一)创业有机遇

2008年起,全国用5年时间选聘10万名高校毕业生到村任职,这是一件具有重大而深远意义的惠民工程。各地及时启动大学生"村官"创业计划,落实大学生"村官"创业措施,推动大学生"村官"创业富民,为解决"三农"问题、缓解大学生就业难题、发挥大学生在社会主义新农村建设中的生力军作用,提供了广阔的发展舞台。

(二)创业有需求

近年来,××市通过组织程序从高校毕业生中招考"村官"600余人,专业涉及工程、管理、艺术、法律、计算机等领域,安排到辖内7县5区160多个乡镇办事处520多个村任职,基数大、分布广。目前留任470人,其中男性283人,占比60.2%,女性187人,占比39.8%;有创业计划384人,占比81.7%,启动创业行动63人,占比13.4%,仅23人无创业意向,占比4.9%。尽管当前经济下行压力加大,大学生"村官"创业需求仍然相对旺盛。

(三)创业有平台

为带动和促进大学生"村官"创业富民,发挥其辐射作用,××市切实从项目、资金、运营等方面搭建平台、完善机制,通过"推荐项目+技术支持"、"资金注入+信贷支持"、"选树典型+舆论支持"等模式,既有效避免大学生"村官"盲目创业,又较好地解决了大学生"村官"创业资金难题,给大学生"村官"创业加上"双保险"。辖内××市探索实施"跟班锻炼"、"片区管理"、"三级四联"等创新举措,促使大学生"村官"快速创业;××县搭建帮扶关怀、培育锻炼、培养选任"三个平台",助推大学生"村官"创业成才;××市建立"3带1"机制,××县落实"4带1"模式,鼓励大学生"村官"联合创业。

(四)创业有效果

据统计,××市先后有28名大学生"村官"成功创业,带动就业1000余人,大部分成为所在村特色种养殖产业的推动者或参与者,其中有8人还成为主导型产业的带头人,1人获评"湖南省创业富民之星",1人被授予湖南省优秀大学生"村官",涌现出××县赤水、台源、英陂和××县金龙、常宁市黄桥等一批示范村,建成禽畜养殖、果树栽培、蔬菜种植等生产基地。"鲶鱼效应"初步显现,激活了农村干部和本土人才的创业动力。如大学生"村官"创业最为活跃的××县,村干部创业参与率达到75%以上,同比增长12.3个百分点;部分县(市、

区)还出现了外出务工人员返乡创业的"凤还巢"现象。大学生"村官"创业富民,为当地农村创造了较好的经济效益和社会效益,也让他们渐渐找到自己的人生坐标。

二、金融支持大学生"村官"创业富民的现状与特点

(一)加大信贷投入,让创业"不差钱"

信贷资金成为大学生"村官"创业富民的重要资金来源。从大学生"村官"创业项目资金需求总量与信贷投入比例来看,近年来,××市向大学生"村官"及其经营的企业发放创业贷款近××万元,主要投向种植业、养殖业、农副产品加工等行业,占大学生"村官"创业项目申请贷款金额八成以上。××县还争取团省委项目资金扶持,用于大学生"村官"创业"封闭管理"经营。资金血液,为大学生"村官"投身社会主义新农村建设注入蓬勃生机。

(二)加大政策扶持,让创业"全覆盖"

人民银行××市中心支行积极协调市委组织部、团委等部门出台了《金融支持大学生"村官"创业富民实施意见》。加大信贷"窗口指导",要求人行各县(市)支行出台相应的实施细则,贯彻落实到辖区各涉农金融机构,确保县域民生金融政策覆盖率达到100%,有力地提高了大学生"村官"自主创业的主动性和积极性。农村信用社对大学生"村官"创业的经济合作组织和特色产业,普遍采取优先审批、优惠利率、提高额度"两优一提高"措施,利率比同档次利率下浮10%~20%,小额信用贷款额度提高至8万元。

(三)加大金融创新,让创业"合口味"

从农村金融服务与产品创新情况看,辖区各涉农金融机构纷纷推出"村官+合作社+联保贷款""村官+基地+土地抵押贷款""村官+企业+创业贷款卡"等信贷模式,创新联保、自然人担保、法人担保、农用市场设备及林权抵押、股权、仓单质押等信贷品种,发放"闪耀青春"青年创业贷款,推进农村青年信用示范户建设,深受大学生"村官"欢迎。如××县女大学生"村官"王钰岚,以土地租赁协议为担保物,从当地农村信用社贷款115万元,建成占地面积100多亩,集生猪养殖、沼气发电、苗木种植为一体的"××大学生创业示范基地",目前已投入340万元,年创收近100万元,吸纳9名大学生前来干事创业。

(四)加大项目对接,让创业"见实效"

近几年,××市通过金融支持大学生"村官"创业有13人,支持创业项目3个,发展合作经济组织5个,实现资产增值840万元,为当地参加合作组织的农民人均增收300多元。在金融支持下,大学生"村官"已成为当地农村地区的"活力因子",插上了创业富民腾飞的翅膀。金融支持大学生"村官"创业富民的"××模式",得到了人总行党委委员、××行长助理的肯定性签批,并在今年初湖南省货币信贷工作会议上作经验介绍。

三、金融支持大学生"村官"创业富民存在的主要问题

(一)信贷供给主体的缺位与融资渠道的单一

由于地方财政有限,社会资金不流畅,大学生"村官"融资渠道逐步走向集中,加之融资成本与民间借贷相比较低廉,信贷已成为大学生"村官"融资的重要手段。目前,作为××市大学生"村官"创业富民唯一的信贷供给主体,农村信用社资金垄断地位较为突出,融资渠道相对狭窄,造成大学生"村官"融资贵现象。尽管农村信用社执行优惠利率,但全市大学生"村官"创业贷款加权平均利率仍达到9.54%。

至今年6月末,全市大学生"村官"创业贷款余额××万元,规模逐步减少,仅××县账面总量不为零。大学生"村官"承受利率压力,金融需求欲望日益降低。据对全市10名大学生"村官"问卷调查,因融资成本高"不愿贷"的达85%以上,认为利率过高的占58%,而在能

承受的最高年利率方面,50%能承受5%以下的利率,32%能承受的利率为5%~10%,仅有18%能承受9%以上的利率。

(二)创业贷款对象的定位与资金需求的矛盾

从××市来看,农村信用社往往将大学生"村官"等同一般农户,提供的主要是期限较短的小额农户、农户联保贷款和存单质押贷款。大学生"村官"缺乏有效担保抵押物,缺乏完善的风险保险机制和一定的利息补贴、呆账贷款核销等配套措施,客观上决定了其所面临的市场风险、管理风险、道德风险不可回避。加之创业项目属于农业弱势产业,其"风险高、周期长、收益低"与信贷资源配置"安全性、流动性、收益性"特征相悖,金融机构更是望而却步。由于内在动力不足,"后顾之忧"颇多,农村信用社放贷仍然较为谨慎,中低收入家庭出身的大学生"村官"获贷可能性仍然没有较大改观,甚至出现"扶富不扶贫"现象。据对××市10名大学生"村官"跟踪调查,80%左右的创业贷款实际上是"垒大户"。部分大学生"村官"贷款需求仍难以满足,出现结构性"贷款难"问题,对全面激发大学生"村官"创业热情、抵御当前市场风险、扩大农村内需、活跃农村经济产生不利影响。

(三)创业资金需求的盲目与资金使用的无效

调查发现,尽管大学生"村官"创业资金需求较大,但由于受创业实践经验不足等因素局限,对市场调查、成本核算、营销策略等专业知识欠缺,加之在使用过程中自身生产技术经验缺乏和经营不善,导致使用效果大打折扣。如有些大学生"村官"对创业项目的资金需求计划及还款能力不能准确估算,盲目上项目、片面求政绩,导致出现资金闲置现象,资金使用效率相应降低,以致创业濒临"流产"。有些大学生"村官"一味"跟风"从事特色农业种植及牲畜养殖,结果常常由于自身生产技术经验缺乏和经营不善而陷入流动性风险。

四、深化金融支持大学生"村官"创业富民的对策建议

(一)理清金融支持思路

金融活则经济活,金融稳则社会稳,金融强则实力强。大学生"村官"创业富民,金融支持责无旁贷。要站在落实金融科学发展观、推动城乡一体化发展、提升农村金融服务水平的高度,统筹安排、合理规划,全面实施金融支持大学生"村官"创业富民工程。金融部门要以强烈的社会责任感和历史使命感,牢固树立"金融扶弱"意识,进一步扩大视野范围,进一步拓展支农领域,进一步提高服务质量,进一步加大信贷有效投入,鼓励和扶持大学生"村官"立足农村自主创业,以创业带动就业,让大学生"村官"有事做、能做事、做好事,推动农村经济转型升级,真正实现大学生"村官"带动一方农村集体致富的目的。

(二)找准金融支持重点

一是摸清融资需求。人民银行各分支机构要加强对辖内大学生"村官"创业富民金融需求调研,深入了解大学生"村官"创业资金需求状况,有效疏通金融政策传导机制,对支持大学生"村官"创业富民工作成效突出的涉农金融机构,优先给予信贷规划定向支持,通过再贷款、再贴现、差别存款准备金政策提供流动性支持,鼓励和引导涉农金融机构将信贷资金投向科技含量高、市场前景广阔、适合大学生"村官"创业的好产业、好项目。

二是推进金融创新。按照"方便客户、灵活多样、覆盖风险"的原则,因地制宜、优势互补,积极探索适合"三农"特点、具有差异化和多样化的信贷模式,"公司+农户""公司+中介机构+农户""公司+专业市场+农户""信贷+担保或保险""信贷+订单""农户贷款+贷记卡(一卡通)""公司+基地""农户联保""妇女创业贷款"等多种形式提供信贷资金支持。创新担保抵押模式,推行土地承包经营权、林权、各种水域滩涂使用权、种养殖活体物抵押、大

型农用机具设备抵押,以及创业富民项目经营应收账款、股权、知识产权等权利质押贷款、基金担保贷款。开发并细化"小额担保贷款＋大学生村官"等与大学生"村官"相匹配的金融产品,发挥金融创新与财政补贴的积极作用。

三是延伸信贷触角。针对目前农村经济发展和产业结构调整的新形势、新要求,对大学生"村官"创业贷款的对象、额度、期限等进行延伸。对特别优秀的项目适时减少审批程序、简化信贷手续,适当放宽贷款期限,按央行基准利率执行,加大对大学生"村官"创业信贷支持力度。

(三) 聚集金融支持活力

一是设立创业发展基金。按照"财政补贴一点、个人筹备一点、社会捐赠一点、其他支持一点"的原则,成立大学生"村官"创业专项基金,给予政策性融资担保、风险补偿和贴息等方面的支持,以弥补大学生"村官"贷款由政策风险、自然风险、市场风险带来的风险损失。

二是建立资信评价体系。引导涉农金融机构建立和完善大学生"村官"创业富民资信评价体系,在此基础上,积极发放不需要抵押担保的小额信用贷款和大学生"村官"联保贷款,想方设法扩大贷款覆盖面,提高贷款满足率。

三是制定配套优惠政策。开辟创业"绿色通道",降低准入门槛,实行税收减免、优先安排创业资金,实行奖励激励等综合措施,引导大学生"村官"投身农村产业结构调整和战略转型,提高大学生"村官"创业能力,促进大学生"村官"岗位成才。

(四) 夯实金融支持平台

一是搭建合作平台。建立适于大学生"村官"创业富民的项目储备库,定期更改,定期发布;采取金融服务对接会、农村金融产品推介会等形式,搭建项目与资金对接的平台,促进信贷资金不断流入农村实体经济。

二是搭建交流平台。通过现场交流会、课堂教学、座谈研讨、外出考察等方式,对金融扶持的大学生"村官"广泛开展投资理财、社会信用、创业风险等方面的知识培训,切实打造金融机构与农户之间的交流平台。

三是搭建管理平台。政府部门要探索完善"公司＋基地＋农户""公司＋农户＋合作社""科研单位＋基地＋农户"等互助集约化经营通道,全面落实责任单位和责任人员,对大学生"村官"实施办理综合人身保险、解决现实困难等多种手段,确保大学生"村官"思想不乱、队伍不散、工作不断、发展不慢,形成金融支持大学生"村官"创业富民的强大动力与活力。

(选自《应用写作》,2012 年第 11 期)

总　　结

×××州委州政府督查室2013年度工作总结

2013年,×××州委州政府督查室在省委省政府督查室的指导下,不断创新督查工作体制机制,紧紧围绕贯彻落实党的十八大精神有关情况和党中央、国务院、省委、省政府作出的重大决策部署认真抓好督查落实,围绕省委办公厅《2013年重点专项督查工作计划》要求和全州工业建设、城镇化建设、招商引资、旅游发展、工业项目建设和各级领导的关注点、人民群众的关切点等重点工作开展督查督办,通过强化资源整合、过程纠偏和督查机制运用,构建了由州委州政府督查室牵头抓总、统筹协调、横向到边、纵向到底的大督查工作局面,有力地推动了党委政府重要决策和重要工作部署的落实。

一、抓队伍建设,提升督查工作战斗力

一是加强领导,牵头抓总。为适应督查工作新形势新任务新要求,及时调整充实州委督查工作领导小组,定期召开会议,研究部署全州督查工作,制定党委政府重要决策和重大工作部署贯彻落实督查方案,对事关经济社会发展的重大事项进行分解立项和督促检查,研究工作推进中存在的困难和问题,提出解决办法和措施,统筹推动党委政府重大决策和重要工作部署的贯彻落实。二是整合机构,充实力量。将州、县(市)委督查室和州、县(市)政府督查室力量进行整合,组建州委州政府督查室和县(市)委县(市)政府督查室,分别升格为正县级机构和正科级机构。配齐配强工作人员,充分发挥州、县(市)两级督查部门的协调督导和推动作用,构建了督查、监察、问责、目标管理和效能建设相互衔接的工作机制和工作格局。三是统筹资源,用足优势。选配8位担任过县委书记、县人大主任、州直部门党组书记、州委州政府副秘书长等工作经验丰富的同志担任正县长级专职督查员,负责州委、州政府确定的经济社会发展50项重点工作任务的牵头督查,发挥其熟悉业务、有威信的工作优势,进一步提升了督查工作的效果。四是外出考察,学习经验。组织州县督查干部到毕节市委督办督查局考察学习,通过零距离座谈与推心置腹的沟通,通过详细了解该局"借力督查,整合督查力量;阵地前移,增强督查实效;深入调研,提高服务水平;绩效跟踪,树立督查权威;建章立制,规范管理流程"等工作措施具体操作规程,进一步拓展了思路,促进了成果转化,激发了州县(市)督查干部的内生活力。

二、抓规范管理,提升督查工作落实力

一是严格按照履职尽责要求开展督查工作。在对全州经济社会发展目标任务进行责任分解,明确州直部门114个单位480多项经济社会发展目标任务和确定了50项重点工作的督办督查任务的基础上,针对督查工作存在抓落实不到位、参谋不到位、服务不到位、工作质量不高等问题,对督查干部在履职尽责上提出了"快、严、准、硬"的工作标准,要求在抓督查事项的落实上,要注重"快",按照"快办快查快结"的要求,做到日事日清,件件着落快,件件回音快;要注重"严",做到查必清、清必办、办必果,对发现的问题,该怎么处理就怎么处理,决不姑息迁就,确保各项工作更好地落到实处;要注重"准",做到准确抓住党委政府领导关注的重点问题、人民群众关注的热点问题、决策执行中的难点问题,做到查找问题准确、督查结果准确;要注重"硬",在真查实督上敢于过硬,敢于一针见血地指出问题,敢于提出限期整改的意见和要求,敢于对矛盾较多的地方进行督查、督办,做到情况不清楚不放过,措施不落实不放过,问题不解决不放过,强力推动工作落实。二是严格实行工作制度和规程开展督查工作。健全和完善州委州政府决策部署任务分解立项办理制度和规程、州委州政府主要领导批示件归口办理制度和规程、省州党委政府领导批示件专项督办工作制度和规程、省州党委政府主要领导信息直通车办理制度和规程、督查调研制度和规程、督促州直单位工作目标任务自查工作制度和规程、党委政府决策部署落实情况报告制度和规程,督查成果信息反馈制度和规程,并注重将系统制度和规程贯穿督查工作始终,严格执行重大任务和领导交办事项的分解、督办、协调、反馈督查程序,促进督查工作更趋规范化、程序化和制度化。如在反馈州委州政府贯彻落实上级党委政府重要决策和重要工作部署的落实上,我室及时跟踪了解各项工作进展、工作措施落实等情况,并及时认真梳理、总结和上报,为省委省政府领导了解我州各项工作的落实情况,研究解决我州存在的困难和问题提供决策依据。去年我室围绕省委办公厅《2013年重点专项督查工作计划》要求和全州工业建设、城镇化建设、招商引资、旅游发展、工业项目建设和各级领导的关注点、人民群众的关切点等重点工作的落实情况,及时梳理、总结向省委督查室上报督查专报68篇,被省委督查室《督促与检查》纸质版采用4篇,电子版采用12篇,较全面地反映了我州各项工作推进情况。三是严格执行奖优罚劣制度。制定和实行"创先争优"效能建设活动办法,激励督查干部在推动工作落实上创先争优;制定和执行督查干部突出实绩、严重过错登记制度,以突出实绩登记和严重过错登记"双刃剑"为抓手,绷紧督查干部工作责任链条,筑牢思想防线,激发工作活力,提高工作效率,减少工作失误,着力在工作业绩上创优。通过严格执行奖优罚劣制度,形成了良好的工作运行机制,督查成效显著提升,不断推动工作成效创优常态化、长效化。

三、抓机制创新,提升督查工作创造力

一是强化资源整合分层督查,解决多头督查、交叉督查问题。在对党委政府重大决策和重要工作部署的贯彻落实、经济社会发展重大建设项目的推进、重要民生问题的解决等重点工作及时进行责任分解的基础上,对明确的落实事项实行分级负责督查制,明确州委州政府和县委县政府督查室的统筹协调督导职能,州直、县直相关职能部门负责对党委、政府安排部署的相关工作和本部门职责范围内的工作进行督促检查和落实,并定期向州委州政府和县委县政府督查室报告督查结果,州委州政府、县委县政府督查室择机择时进行重点抽查。实行重点工作一线督查制,对州委8位正县级督查员下发月份督查工作计划,明确牵头督查州委州政府确定的经济社会发展50项重点工作任务,实行一月一重点实地督查,一月一报,及时掌握重点工作进度。如对2013年工业经济目标任务完成情况、工业项目投产达产情况、全州工业经济运行情况、全州民营经济发展工作、全州安全生产、固定资产投资首季"开门红"工作、全州民营经济发展情况、城乡居民养老保险工作、凯里黄平机场开通、全州2013年环境保护工作,特别是节能减排工作等工作,正县级专职督查员都进行了专项实地督查和调度。二是强化督查机制运用,解决督查不实、成效不显问题。进一步拓宽督查统筹协调机制运用范围,统筹运用好四大班子领导和各工作部门的督查力量,注重将党委、政府督查工作和人大的依法监督,政协及各民主党派的民主监督,纪检、监察部门的党风、政风监督,人民群众及新闻媒体的社会监督相结合,通过强化督查工作运行机制,有效调动各方力量,合力推动工作落实,及时解决工作落实中的"梗阻"症结。如去年分别对群众反映我州×××县公积金委扣问题、××县贫困学生补助款发放问题、××市万潮镇至麻江县下司镇公路改造问题、××县特岗教师×××家属丧葬费发放问题等进行了跟踪督查和回访复查,提高了办理质量,群众满意度明显提高。三是建立健全上下联动机制,对涉及面广、落实难度大的问题,根据实际情况,分别采取州四大班子联合督查、州县(市、区)和部门联合督查等方式进行,以联动合力推动工作落实;对群众反映的重点、难点和焦点问题,加强与纪检监察、新闻媒体等相关部门联合,迅速组织联合督查组深入基层现场办公,通过发挥纪检监察和媒体监督作用,强力推动工作落实。如对央视《走基层·吾老吾幼》栏目报道我州××县留守儿童温暖过冬及全州各县市相关工作的落实情况进行联合跟踪督查,对刘延东副总理在×××州调研时对教育工作所作指示精神进行联合跟踪督办,并形成督查专报报省采用。去年10月中旬,我室与州教育局联合,对优先发展教育,办好人民满意教育工作资金落实、队伍建设等进行重点督办,取得明显成效,得到州委主要领导的充分肯定和基层群众的好评。通过创新督查工作体制机制,激发了工作活力,提高了工作实效,去年5月,我室将创新工作方式的做法以《贵州省×××州强化"三项督查"推动工作落实》为题上报中办督查室,得到中办督查内刊"全国党委督查工作专网"《决策督查》采用。

四、抓成果运用,提升督查工作执行力

一是严格督查情况通报制度的执行。州委州政府督查室加强对中央和省、州的重大决策、重要工作部署和领导同志批示交办事项的追踪落实力度,领导有批示的,按领导批示追踪落实,领导没有批示的,也要求对发现的问题主动予以关注,始终保持督查工作链条的强劲张力。二是健全和完善考核和结果运用机制,将州直各单位的目标任务完成情况纳入年终目标考核和绩效考核,对在督查工作中发现的严重违纪违法情况,建议执纪执法部门依法依纪查处。三是建立内部通报机制,每季度根据综合量化考核评比通报一次督查工作增比进位情况,对考核评比滞后的县市,由州委领导进行约谈。如在项目建设的进度督查上,对每次督查排名落后的项目单位负责人由州委副书记、组织部长、纪委书记约谈。对于干扰重大项目发展的人和事,以及不履行职责、服务不及时和不到位的行为,必须进行组织调查,严肃追究相关领导和直接责任人的责任。四是实行工作实绩与干部管理挂钩,围绕作风效能建设,明确规定督查室干部突出实绩登记、严重过错登记标准,深化量化考核细则,实行公开、公正、民主监督,并将实绩登记、严重过错登记情况与干部年度考核、干部任用和党员管理挂钩,以"创先争优"激发干部推动工作的内生活力。

近年来,我州党委政府督查部门认真贯彻落实《中共中央办公厅关于加强和改进党委督促检查工作的意见》,针对工作存在的突出困难和问题,认真分析和总结督查工作实践经验,围绕创新督查工作方式方法,切实加强队伍建设、制度建设和体制机制创新,有力地推动了党委政府重要决策和重要工作部署的贯彻落实,得到了州委州政府领导的肯定。州委书记×××同志在《州委州政府督查室2013年工作情况报告》上批示:"过去一年,督查室的工作不断加强,取得较好成绩,为全州经济社会发展作出了贡献。望新的一年继续努力,做出更大的成绩。"面对新形势、新任务、新压力,我们将在省委督查室、省政府督查室的指导下,认真贯彻落实好这次会议精神,以扎实开展党的群众路线教育活动为契机,紧紧围绕主基调、主战略,紧紧抓住改革发展重大问题,不断创新督查方式,充分发挥督查工作推动落实、加速发展、反馈验证、控制协调等作用,进一步提高督查效能,使督查工作真正成为抓重大决策、重要工作部署落实的参谋助手,成为加速重要领域、重点工作取得突破的重要推手和推进同步小康创建的中坚力量。

(吴贵勇供稿,贵州省×××州委州政府督查室)

(选自《应用写作》,2014年第8期)

第八单元 创意写作

"创意"这一概念,顾名思义,是指创出新意,也可以指所创出的新意或意境。创意是打破常规,文学艺术创作也需要创意,独创一格。写作中也需要破除窠臼,创出新意,但"创意写作"这一概念直到20世纪20年代末才在西方一些国家写作界产生。

一、创意写作的内涵

创意写作,英文名为Creative Writing,原是指美、英等国家在文学创作中应用的一种教学模式,目的是培养新作家,但后来随着时代的变化而发生变化。目前,国内外对"创意写作"这一概念并没有统一的界定,有学者认为创意写作是一种以具有想象力的而又是独特的、赋有诗意的方式来表达作者思想情感的写作;或是一种拯救自己、保存个性的自由写作形式等。一般认为,创意写作是一种以任何形式进行的文字创作活动,其成果是具有创新性的文字作品,它是构建整个文化创意产业的基础。创意写作主要指文学写作,涵盖虚构文学写作(以小说和戏剧为主)和非虚构文学写作(以散文、传记文学为主);但又大大超越文学写作,包括影视文化的脚本、大型晚会或会展的文案策划、广告创意文案等写作。

二、创意写作的起源与发展

写作需要天赋,这是许多人的观点。但是一个作家的成长不仅需要天赋,也需要后天的阅历、思维方式的转变和写作技巧的训练等,尤其是在一个作家的创作初期阶段是需要培养的。20世纪20年代末,在美国爱荷华大学,创意写作(Creative Writing)产生了,但它形成巨大的影响是在30年代。

什么人能成为作家?作家是可以教成的吗?文学创作需要什么天赋、技巧等,对此许多人都在努力探讨。1934年,美国学者多萝西娅·布兰德出版了专著《成为作家》,为人们解答了这些问题。此著引领文学爱好者走上了一条成为作家之路,直到今天仍然长盛不衰,风行于世。此后,《开始写吧——虚构文学创作》《开始写吧——非虚构文学创作》《小说写作教程》等数十种有关创意写作的教材或专著在欧美国家出版。传统的文学写作原本只是作为母语教育的一个方面,而创意写作不再只是母语教育,而是作为一门新兴学科。它涵盖了许多门课程,采用的是一种应用型的教学模式,目的是培养创新性写作人才。创意写作顺应了时代的发展,在美国产生,却迅速在西方国家的高校中传播和发展,现在已有近百年的发展历史了。在欧美国家，创意写作作为一个学科，已经开设本科、硕士、博士研究生培养层次，设有创意写作学位，培养了许多创新性写作人才。美国当代作家中许多人都接受了创意写作的学习，获得了创意写作学位，而许多作家成名后又重返课堂，任教于创意写作专业，这已经形成了良性循环。有学者指出，二战后，美国和苏联的冷战最终以美国胜利而结束，不是因为美国的军事和政治强于苏联，而是依靠文化上的实力。在美苏的比拼中，美国的文化产业成就很快超越了苏联，而这一成就的取得得益于创意写作人才的培养。现今，创意写作在西方国家的快速发展和取得的巨大成就，证实了创意写作的科学性，体现了其时代性。创意写作为西方国家的文化创意产业的发展奠定了学科基础，也为增强国家的文化实力作出巨大的贡献。

三、创意写作在中国高校的发展

20世纪末21世纪初，一批大陆学者奔赴欧美国家交流、学习，看到了西方国家的文化创意产业的蓬勃发展，认识到文化软实力在国家的综合实力中的重要性，而创意写作在其中起到重要的基础作用。中国高校当前也面临着深化改革的局面，尤其是专业结构改革和调整要顺应时代发展和国家发展的需要。中文专业传统的语文教育"不培养作家""没有写作学科"的教学模式，已经不能适应当下文化产业发展的需要。为了培养更多的创新性写作人才，许多高校开始探索创意写作的人才培养。复旦大学2009年开始招收创意写作硕士，2010年上海大学中文系正式开设创意写作本科阶段专业课程，2012年上海大学创意写作中心招收创意写作学术研究生。近几年，北京大学、中国人民大学等十多所高校也加入到这个阵列中来，已经形成了本科、硕士、博士等培养层次，并设立了相应的学位。从生源质量和就业质量来看，都呈现良好的态势。

为了更好地配合教学，引进西方国家的教学模式和课程体系。2011年1月，中国人民大学出版社出版了首套"创意写作书系"（如《成为作家》《开始写吧——影视剧本创作》等），引进了美国一些著名作家和创意写作教师的学科理念和教学案例等。2012年2月，上海大学创意写作丛书也陆续出版。许多一线创作的作家也进驻高校，成为住校作家与教授。

四、创意写作的特点

传统的写作学在大学学科中处于边缘化地位，在实际的教学中也是教师教授写作理论，讲解布局谋篇、词语的选用等知识，学生较少进行写作训练，就是训练也是注重"如何运用语言"的问题。与传统写作相比，创意写作具有自己的特点。

首先，创意写作强调"创意"，并不把"写作"当作全部。创意写作的目的就是培养创新性写作人才或文化创意产业的组织者、策划人等，适应于满足当下的文化创意产业发展的需求。

其次，创意写作的教师往往也是作家，有着切身的写作经验，通过在写作实践操作中，激发和发现写作者的创意潜能，训练他的创意技能和写作技巧，采用不拘一格的、独特的形式来表达写作者的思想、感情、情绪等，让自己的心灵有一个说话的机会。它与传统写作只是简单意义上的信息表达不同。"创意写作"在英语中叫"Creative Writing"，而"Creative"的意思是指"创造性的，有创造力的；有创意的，创新的，创造的"。

再次，创意写作既可以是文学写作，也可以是影视文化的脚本、主题晚会或会展的文案策划、广告创意文案、大型活动的策划等写作。

最后,创意写作形式灵活,写作手段多样,既可以用纸质媒介写作,也可以用新媒体媒介写作。只要符合需要,可以不拘形式和手段等。

本单元选取的七篇选文《曲美30秒电视广告创意脚本》《第一次的亲密接触》《诛仙》《哈利·波特》《勤劳的老爸》《杜拉拉升职记》《马戏团之夜》等,或是内容与形式新颖独特,或是开启了网络文学的新纪元,或是情节巧设悬念、意味深长,都具有一定的创意,耐人品赏。通过学习,有助于学生对创意写作的认识和了解,也有助于指导学生进行创意写作实践。

曲美 30 秒电视广告创意脚本

北京影响思维广告有限公司

【导读】

　　脚本是表演戏剧、曲艺、拍摄电影电视所依据的底本。电视广告脚本,是拍摄电视广告的底本,或叫电视广告文案,是电视广告创意的文字表述。它要用精炼的语言文字来表达电视广告的主题、内容、构思等,拍摄电视广告要以此为蓝本。

　　曲美是一款减肥药,经国家药品监督管理局批准在中国上市,曾受到许多人尤其是年轻女性的欢迎。如何在电视广告中,利用短短的 30 秒时间,加深受众对曲美减肥药的印象,强化受众对曲美形象的记忆,激发受众的兴趣与购买欲,曲美 30 秒电视广告创意脚本是电视广告的基础和关键。北京影响思维广告有限公司策划撰写的"曲美 30 秒电视广告创意脚本"很好地体现了这一要求。

　　在"版本一"中,电视广告的整个场景设计充满着祥和、温馨的气息。时间定格在清晨,地点设定在家庭,男女主角设定为 30～40 岁之间的成功人士,而这一人群正是减肥药营销的主体对象。类似男女主人公的这类人群经过努力与打拼,有了自己的成功事业后,在满足住房、豪车等物质生活基础上也开始注重自己的生活品质,最重要的一个方面就是对美与健康的追求。在"场景 3"中,女主人公站在卧室的窗前悄悄地服用曲美减肥药,这是许多年轻女性对美与健康追求的一种方式和向往。这样的创意场景会立刻引起受众的共鸣。在"场景 8"中,女主人公送走男主人公之后,轻盈地上楼,身姿优美,正体现出曲美减肥药的神奇功效。而最有创意的是在"场景 10"与"场景 11"中,当女主人公收拾卧室时,从床铺枕头底下意外地发现了曲美减肥药。这是女主人不曾料想到的。毫无疑问,这是丈夫送给妻子的一份礼物、一份浓浓的爱。所以,最后在女主人公微笑的脸部特写中,观众可以看出女主人公的幸福和欣慰,也体现出她的家庭的和睦与幸福,而这满满的幸福离不开曲美减肥药的贡献。这些场景与情节完美地体现了产品的功能诉求,自然引起受众的兴趣,起到良好的广告效果。

　　与"版本一"主打亲情与家庭牌不同,"版本二"充满艺术性、文艺性。前几个场景设置都是一位画家在绘画,背景音乐是轻快舒缓的勃拉姆斯的弦乐四重奏的行板,绘画地点是在带有天窗的古典画室,整个画面浸染着浓浓的艺术气氛与情调。从画家不时地偏过头来仿佛在看模特,与画家细画的特写镜头,可以见出画家创作时的惬意与专注。为什么画家如此惬意与专注?从场景 6 中可以得知,这是因为他正在给一位模特作画,而这位模特是一位身材苗条的女性。至此,在场景 7 中,曲美减肥药的平面宣传书出现在一个音乐指挥的曲谱支架上,这让受众感到欣喜,原来这位身姿曼妙的女性一直有曲美减肥药相伴,是曲美的减肥功效让她永葆曼妙之身姿。如此富有创意的艺术构思与场景设计自然让曲美减肥药的功效得到最大程度的宣传,情感诉求得到表现,广告效果倍加凸显。

(版本一)

相关说明
广告内容:曲美减肥药 30 秒 CF 广告
诉求定位:功能诉求表现
广告人物:女主人公,30~35 岁
　　　　　男主人公,33~38 岁

场景 1:
　　清晨,卧室,阳光透过窗帘均匀洒在卧室内。

场景 2:
　　女主人公站在窗前(窗帘尚未拉开)背对着床。

场景 3:
　　女主人公在悄悄地服用曲美减肥药。(背景声为喝水的声音)

场景 4:
　　男主人公微微欠起身,轻轻地笑了笑。

场景 5:
　　女主人公从厨房端出早点,招呼男主人公起床吃早点。

场景 6:
　　女主人公送男主人公到楼门口。

场景 7:
　　男主人公上车,启动开走,女主人公目送着车子开走。

场景 8:
　　女主人公哼着曲子,轻盈地上楼。(扭动身子)

场景 9:
　　女主人公回到家里,收拾床铺。

场景 10:
　　女主人公移动枕头后,发现了曲美减肥药。

场景 11：

女主人公的脸部特写，从女主人公的微笑和眼神表现女主人公的欣慰与幸福。

场景 12：

LOGO 在屏幕上定格。（广告标版）

（版本二）

相关说明

广告内容：曲美减肥药 30 秒 CF 广告

诉求定位：情感诉求表现

广告人物：画家，35～40 岁

音乐指挥，35～40 岁

场景 1：

一间带天窗的古典画室，从天窗上照下一束柔光。（暗色调，偏暖）

场景 2：

室内，J 形画板，柔光照在画板上。

场景 3：

画家站在画板前，拿着画笔在作画。

场景 4：

画家不时地偏过头来，仿佛在对照着模特作画。（打草稿，勾线条）

场景 5：

画家细画的镜头。

场景 6：

画家完成了绘画，柔光打在画板上，画板上出现了一个身材苗条的女性。

场景 7：

曲美减肥药的平面宣传书出现在一个音乐指挥的曲谱支架上，指挥划出一条曲美图形的线条（金色）与宣传书上的线条重合。
背景音乐结束。（背景音乐为勃拉姆斯的弦乐四重奏的行板部分）

场景 8：

LOGO 在屏幕上定格。（广告标版）

（选自百度文库 http://wenku.baidu.com）

【知识链接】

广告文案创意

广告即指广而告之的意思。广告的目的是为了某种特定的需要,通过一定的媒介,向广大受众传递某种信息。无论利用何种媒体来传递信息,都必须有一个文案。广告文案是为传递某种信息而撰写的文字,是制作广告的底本。狭义的广告文案是为了宣传和介绍某种产品而撰写的打动消费者内心,激起其消费欲望的文字。广告文案要有创意,才能在众多的广告宣传中引起消费者的兴趣,激起他们的消费欲求,而后起到良好的广告效果。因此,具有创意性是广告文案写作中重要的一个方面。广告文案撰写者要充分利用文字、语言、声音、色彩、画面、线条、音乐等形式来巧妙地构思与运用,表现广告创意理念所要传达的意义,波动受众的神经,激发受众的兴趣,起到良好的宣传介绍效果。

阅读书目

1. 沈虹.广告文案创意教程[M].北京:北京大学出版社,2008.
2. 汤姆·阿尔茨蒂尔,简·格鲁.广告创意强化教程[M].郭鸿杰,等译.上海:上海人民美术出版社,2013.
3. 曲超.广告创意策划文案写作指要[M].北京:北京工业大学出版社,2015.
4. 段轩如,秦朝森.创意思维实训[M].北京:清华大学出版社,2015.

【拓展与训练】

1. 安徽自古盛产名酒,酒之生产历史悠久,请你选择某一品牌的安徽名酒,写一个富有创意性的电视广告脚本。

2. 巢湖半汤温泉是全国四大温泉之一,大小泉眼,散布众多,自古闻名于国内外,是人们度假休闲的好去处。巢湖半汤荣膺首批"省级旅游度假区",正在积极打造国家级旅游度假区。好酒也要有吆喝声,旅游开发也离不开宣传,请你为半汤温泉撰写一个电视宣传片创意文案。

第一次的亲密接触(节选)

蔡智恒

【导读】

　　蔡智恒,1969年11月生于台湾嘉义县布袋镇,是台湾网络小说作家,网络上的昵称是痞子蔡,也是最早成名的中文网络小说作家之一。1998年,蔡智恒在国立成功大学修读水利工程博士时,于3月22日凌晨开始在BBS上连载成名作《第一次的亲密接触》,由于小说深受读者喜爱,造成全球华文地区的"痞子蔡"热潮。自此以后,蔡智恒左脑创作小说,右脑写作学术论文,独树一格。他的著作有《第一次的亲密接触》(1998)、《7-Eleven之恋》(1999)、《爱尔兰咖啡》(2000)、《榭寄生》(2001)、《夜玫瑰》(2002)等。

　　《第一次的亲密接触》讲述的是一对青年男女的令人扼腕的爱情故事。大学校园里的研究生痞子蔡一直渴望有一份美好的爱情,但总是不能如愿,而室友阿泰却情场得意。一次偶然的机会,痞子蔡在网络上认识了一个网名叫轻舞飞扬的女孩。痞子蔡的有趣、轻舞飞扬的聪颖使双方深深喜欢上了对方,从而破解了阿泰所说的虚幻的网络不会让情感永恒而持久的言论。自此以后他们默契地在深夜畅聊,并在日久生情后有了现实生活中的第一次亲密接触。但当痞子蔡憧憬着美好未来时,轻舞飞扬却消失了。当他再见到她时,轻舞飞扬已在病床上。在弥留之际,轻舞飞扬告诉他:电影已经散场,但生命还得继续。

　　小说中的痞子蔡渴望一份真挚的爱情,对爱情不像阿泰那样当作儿戏,而是对感情之事认真保守,当真的爱情到来时,他紧紧地抓住不放,也最终获得了真爱。轻舞飞扬是一个年轻美丽、清纯、善良的女孩,但是不幸患上了遗传性红斑狼疮,最终不治身亡。在人生最后的时刻,轻舞飞扬让生命发出更亮的光芒。在与痞子蔡的相逢中,她像一只蝴蝶,破茧成蝶,倾出自己所有的爱,真心地爱着他,让痞子蔡品味到爱的真谛。

　　小说虽是虚构的,但小说描写的是发生在身边的爱情故事,显得真实自然,感情真挚,深深感动读者。许多读者认为这是真实的故事,随时随地都会发生在自己的身边。作者幽默的个性化语言、夸张的表达方式以及带有哲理的思想使小说一发表,就备受关注,作者的电子信箱每天都收到热情的网友如雪片般飞来的信件。本文选取了小说中《见面》一章,叙述痞子蔡与轻舞飞扬见面前的对话细节,对二人见面前的既期待又忐忑的心理刻画形象生动,情感细腻,语言风趣。《第一次的亲密接触》作为网络小说,其作者隐匿在文字的背后,可以自由地书写自己的思想与情感,展现年轻人的生活与情怀,并能迅速地传播。它是网上第一部畅销小说,开启了网络小说的先河,意义深远。

见　面

　　下了网,天也已蒙蒙亮了。
　　上次跟她聊天,忘了吃中饭,可谓忘食。
　　这次跟她聊天,牺牲了睡眠,可谓废寝。

废寝与忘食兼而有之,
那么我们应该可以算是有相当程度的熟识了吧!?

虽然已经决定要见面,但我们很有默契地不讨论细节。
更有默契的是,我们都会在深夜三点一刻上网,然后聊到天亮。
都聊些什么呢?
我也说不上来,反正到时都会有话说。
但一定不是风花雪月。
也不会是曾文惠是否抽过眼袋脂肪,
或连战是否又踹了连方瑀几脚。
当然更不会是林志颖是否混过帮派,
或陈进兴的入珠到底有几颗的八卦。

至于姓名,阿泰倒是交代我千万别问。
"因为问了姓名后……你就得记住……以后女友多了……
很容易搞混……"
"那你怎么区分这些女孩子呢?……"
"情圣守则第一条……必须以相同的昵称称呼不同的女人……
因为你对一个女孩子感兴趣的原因……不会是名字……
而且愈是漂亮的女孩子……愈容易被人问姓名……
问久了她就会烦……
所以当你一直不问她名字时……她反而会主动告诉你……"
"她如果主动告诉你名字后……又该如何?……"

Good question……
阿泰赞许似的拍拍我的肩膀,一副"孺子可教也"的模样。
"首先你得赞美她的名字……
形容词可有四种:气质、特别、好听、亲切。
如果她的名字只可能在小说中出现,你要说她的名字很有气质……
如果她的名字像男生,或是很奇怪,你要说她的名字很特别……
如果她的名字实在很普通,乏善可陈,你要说她的名字很好听……
如果她的名字很通俗,到处可见,你要说她的名字很亲切……"

"然后你不用刻意去记……因为如果你很喜欢这女孩……
你自然会记得……你若不怎么喜欢……那么记了也没用……"
有点玄哪,听不太懂。
"痞子……因为女孩子若打电话给你……
很喜欢让你猜猜她是谁?……
一方面是好玩……另一方面也想测试你是否还有别的女人……
万一你猜错……或根本忘了她是谁……那怎么办?……

所以你一律称呼她们为'宝宝'或'贝贝'就对了……
这就叫做'以不变应万变'……"

阿泰拿出一本他所谓的《罹难者手册》，
里面记载着被他征服过的女孩。
"痞子……你看看……这里面的女孩子都没有姓名……
基本上我是用身高、体重和三围来加以编号，
并依个性分为五大类：'B'为泼辣，'C'为冷酷，
'H'为热情，'N'为天真，'T'为温柔……
备注栏写上生日和初吻发生的时间、地点……
还有我挨了几个巴掌……以及当时的天气状况……
她的穿着与口红的颜色……"
太夸张了吧！这样也能混？
"痞子……所以我说你道行太浅……
天底下绝对没有一个女孩子会相信你能记得初吻的细节……
却忘了她名字的荒诞事……
即使你此时不小心叫错她的名字……她也会认为你在开玩笑……
于是会轻轻打一下你的肩膀……然后说'你好坏'……"

"痞子……千万要记得……大丈夫能屈能伸……
这一下你一定要挨……
然后要说：'对……我实在是很坏'……
最好再加上一句：'我是说真的'……
女孩子很奇怪……
你明明已经承认你很坏了……她反而会觉得你很善良有趣。
过了这关后……你就不会有良心上的谴责了……"
是吗？为什么呢？
"你已经告诉她实话……又说明了你的危险性……
她若要飞蛾扑火也只好由她……姜太公都已经不怎么想钓鱼了……
鱼儿还是硬要上钩……你能有什么办法……"
阿泰说完，双手一摊，一副无可奈何的样子。

"痞子……你不要以为我很随便……所谓盗亦有道……
我其实是很有
原则的……我的原则是不到最后关头，绝不轻易欺骗女孩子……"
我听你在放×，你若有原则，那宫雪花就会是纯情少女了。
"痞子……我再举例来说明我的原则……女孩子常喜欢问一些问题……其中最棘手最麻烦的问题就是：'你是不是还有别的女朋友？'
以及'你以前到底交往过多少个女朋友？'……"
没错，这两个问题对阿泰而言，都是致命伤。

我不相信他能安全下庄而不撒谎。

"第一个问题的答案很简单……
我当然老实说我还有其他的女朋友……
而她们的名字都叫'贝贝'……
因为我一直称呼我的女友们为'贝贝'……但问我问题的女孩子,会以为我都是在说她……
于是通常会带点歉意对我说:'对不起,我误会你了'……"
这么好混?我不太相信哪。
"当然有一些比较难缠的女孩子……仍然会不太相信……
这时我就会发誓……而且愈毒愈好……
因为我是说实话,也不怕遭报应……"

"至于第二个问题难度就比较高了……我会告诉她:'你先说'……
如果她不说,皆大欢喜。如果她说了,我就会说:
'既然你已说给我,何苦还要听我说'……
有时幸运点,可以混过去。万一她又追问'Why?'……
我会回答:'听到你过去的情史,
使得爱你的我内心多了一份嫉妒,也多了一份痛苦。
我不愿同样的嫉妒与痛苦,加诸在我爱的女孩身上。'
这时应该已经混过去,但如果她就是要我说,我只好说:
'好……我招了……我一直以为在我的生命中,
出现了××个女孩。
但直到遇见你,我才发现这些女孩根本不曾存在过'……"

"阿泰……你这样不会太滥情吗?……"
"非也非也……我这样叫多情……"
"多情和滥情还不都是一样……"
"痞子……这怎会一样?……差一个字就不是纯洁了哦!……
多情与滥情虽然都有个情字,但差别在'多'与'滥'……
'多'也者,丰富充足也。'滥'也者,浪费乱用也。
多未必会滥,滥也未必一定要多。
就像有钱人未必爱乱花钱,而爱乱花钱的也未必是有钱人。
但大家都觉得有钱人一定爱乱花钱,
其实有钱人只是有很多钱可花而已。
有没有钱是能力问题,但乱不乱花却是个性问题。
所以由此观之,我算是一个很吝啬的有钱人……"

开什么玩笑?如果阿泰这样叫吝啬,那我叫啥?
"痞子……你当然比我吝啬……

不过那是因为你根本没钱可花的缘故……"
Shit！阿泰又借机损我一顿。
"痞子……其实对女孩子真正危险的，
不是像我这种吝啬的有钱人……
而是明明没钱却到处乱花钱并假装很有钱的人……"
如果阿泰还不危险，那我就是国家安全局的局长了。
"好了……今天的机会教育就到此……
我现在要去赴 C-163-47-33-23-32 的约……
总之……你别问她的名字……
'不听情圣言，失恋在眼前'……懂吗？……痞子……"
阿泰唱着"我现在要出征"，然后离开了研究室。

看在阿泰这么苦口婆心的面子上，我只好听他的劝。
因此我一直不知道轻舞飞扬的芳名。
而她也是一样，并不问我的名字。
难道也有个女阿泰？我常常这么纳闷着。

深夜三点一刻已到，又该上工了。
"痞子……今天过得好吗？……;)"
其实我的生活是很机械而单纯的，
所以我对生活的要求是"不求有功，但求无过"，
只要没发生什么倒霉事，那就是很幸运了。
"痞子……那你今天倒霉吗？……"

"今天还好，前几天气温不稳定，染上点风寒……"
"那你好点了吗？……还有力气打字吗？……我很关心的哦！……"
"早就好了……
除了还有点头痛发烧咳嗽流鼻水喉咙痛和上吐下泻外……"
"痞子……你真的很痞哪……你到底好了没？……"
"只要能看到你，自然会不药而愈……"
";)……"

又是这种全形字的笑脸符号。这家伙，
我鼓起勇气暗示她该讨论见面的细节了，她竟然无动于衷。
"那你今天过得好吗？……美丽的轻舞飞扬小姐……"
轮到我发问了，在网上聊天时，不能只处于挨打的角色。
而且我觉得今晚的她，有点奇怪。

"痞子……其实跟你聊天是我一天中最快乐的时间……"
她没头没脑地送来这句，我的呼吸突然间变得急促了起来。

是紧张吗？好像不是。跟她在一起，只有自然，没有紧张。

应该是有点感动吧！
我总算对得起那些因为半夜跟她聊天而长出的痘子们。
"痘子……所以我很怕见了面后……
我们就不会在这么深的夜里聊天……"

"姑娘何出此言？……"
"痘子……你很笨哪……那表示我长得不可爱……
怕你失望而见光死……"
"那有什么关系？……反正我长得也不帅……"
"痘子……那不一样……你没听过'郎才女貌'吗？……
你有才我当然也得有貌……"
"我又有什么狗屁才情了？……你不要再推了……见面再说……"

"痘子……你讲话有点粗鲁哦……我好歹也是个淑女哪……
虽然是没貌的淑女……"
"狗屁怎会粗鲁？……粗的应该是狗的那只……腿吧！……
狗屁只是臭而已……"
"痘子……你讲话好像跟一般正常人不太一样哦……
我真是遇人不'俗'……"
"干嘛还好像……我本来就不正常……"
"痘子……再给我一个见你面的理由吧！……"
"那还不简单……你因为不可爱所以没有美貌……
我则因讲话粗鲁所以没有礼貌……
'同是天涯没貌人……相逢何必太龟毛。'……所以非见面不可……"

":)……好吧！……你挑个时间……"
"拣日不如撞日……就是今晚七点半……地点由你挑……"
"大学路麦当劳……那里比较亮……你才不会被吓着……"
"OK……但你要先吃完饭……我不想人财两失……"
"痘子……你真的是欠骂哦……"

"我怎么认你？……你千万不要叫我拿一朵玫瑰花当作信物……"
拿朵花等个未曾谋面的人，那实在是一大蠢事。
而且很容易被放鸽子。
听说张学友以前常被放鸽子，不然他干嘛要唱：
"我等到花儿也谢了？"

"我穿咖啡色休闲鞋，咖啡色袜子，咖啡色小喇叭裤，咖啡色毛线衣,再背个咖啡色的背包……"
这么狠!输人不输阵,我也不甘示弱:
"我穿蓝色运动鞋,蓝色袜子,蓝色牛仔裤,蓝色长袖衬衫,
再背个蓝色的书包……"
除了蓝色书包得向学弟借外,其他的装备倒是没有问题。
"痞子……你还是输了哦……我头发也挑染成咖啡色的哪…… ;)"
"你既然'挑染'……那我只好也'挑蓝'色的内裤来穿……"
"痞子……你少无聊了……输了就要认……"
我怎么可能会输?
我真的有一套彩虹系列的内裤,红橙黄绿蓝靛紫,七色俱全。
刚好满足一星期七天的需求,可谓"上应天数"。
因为我是典型的闷骚天蝎座,外表朴素,内在却艳丽得很。
而且如果不小心忘了今天是星期几时,看一下内裤就知道了。

"痞子……你先去收拾一下……待会见啰!……"
"我会的……那你是否也该去收拾呢?……"
"我倒是不用……因为我本来就对你的长相不抱任何期望……"
horse's!临走时还要将我一军。

"痞子……我得早点睡……
不然睡眠不足会让我看起来很恐怖……"
"你放心好了……如果你看起来很恐怖……
那绝对不是睡眠不足的缘故……"
大丈夫有仇必报,所以我也回将她一军。
"呵……聪明的痞子……那我先睡了!……你也早点睡…… ;)"
"好啊!……我们一起睡吧!……"
"痞子……你占我便宜……"
"非也非也……我所谓的'一起',是时间上的一起,
不是地点上的一起……"
"好,你怎么说怎么对……睡眠不足可是美容的天敌……
晚安……痞子…… ;)"

下了网,本想好好地睡一觉,但翻来覆去,总是睡得不安稳。
迷迷糊糊中,
我好像变成《侏罗纪公园》里那个被迅猛龙追逐的小男孩。
"痞子……吃中饭了……"
幸好阿泰及时叫醒我,救了我一命。

"阿泰……我今晚要跟轻舞飞扬见面……
有点紧张……吃不下……"

"痞子……那你更应该吃饱饭……才有力气逃生……"
"阿泰……别闹了……给点建议吧！……"
"痞子……船在接近岸壁时,由于水波的反射作用……
会使船垂直于岸壁……"
"所以呢?"
"所以这叫作'船到桥头自然直'……别担心……痞子……"

虽然有科学上的佐证,但我仍然是很紧张。
看看手表,时间差不多了。
"阿泰……我要走了……"
"痞子……call机记得带……我会call你的……"
"我不想带哪……无论如何……我想跟她好好地聊一聊……"
"荆轲……你放心地去吧！……
风萧萧兮易水寒……壮士一去兮不复还……"
"阿泰……你能不能说点好听的?……"
"没问题……我待会去买酒……等你回来喝……"
"shit！你怎么知道我一定会失恋?……"
"痞子……你误会了……
我买酒回来是准备晚上帮你庆功的……"
虽然知道阿泰是挖苦我,不过现在也没有心情跟他抬杠了。

(选自《第一次的亲密接触》,蔡智恒著,知识出版社1999年版)

【知识链接】

网络小说

网络小说是网络写手依托网络基础平台,如BBS、Web界面等发表的小说,它是随着计算机网络的快速发展而出现的一种新的小说类型。这是网络小说的通常定义。广义上的网络小说可以包含所有在网络上发布和流传的小说。

网络小说的分类很细致,种类较多,有玄幻、武侠、仙侠、奇幻、科幻、都市、言情、历史、军事、游戏等类型。网络小说是写手隐藏在网络里的真情表达,有些小说情感真挚、语言优美,深受网民喜爱,但也良莠不齐,需要读者认真甄别。

阅读书目

1. 莫茜.大众文化与网络文化[M].北京:北京邮电大学出版社,2009.
2. 欧阳友权.网络文学概论[M].北京:北京大学出版社,2008.
3. 本书编辑部.网络文学[M].武汉:长江文艺出版社,2001.
4. 朱凯.无纸空间的自由书写:网络文学[M].北京:华龄出版社,2005.
5. 王祥.网络文学创作原理[M].北京:中国人民大学出版社,2015.

【拓展与训练】

1. 《第一次的亲密接触》发表以后,深受年轻人的喜爱,引起很大反响。有人甚至到台南的成功大学,和大学路的那间麦当劳店去寻觅男女主角的身影,更有人去打听1997年1月17日的台北深夜是否真的下了大雨。结合这种现象,你认为这部小说的成功之处在什么地方?

2. 《第一次的亲密接触》语言幽默,但又不缺乏哲理感,用词虽简单,却又具有深刻性。"如果我有一千万,我就能买一栋房子。我有一千万吗?没有。所以我仍然没有房子。如果我有翅膀,我就能飞。我有翅膀吗?没有。所以我也没办法飞。如果把整个太平洋的水倒出,也浇不熄我对你爱情的火焰。整个太平洋的水全部倒得出吗?不行。所以我并不爱你。"请阅读此段文字,仿写类似的一段有创意的话。

3. 网上查阅蔡智恒新浪微博 http://weibo.com/u/1841829925,了解其思想、创作情况。

诛仙（节选）

萧 鼎

【导读】

萧鼎，原名张戬，1976年出生，福州仓山人，毕业于中华职业大学（今福建工程学院），"幻剑书盟"首席签约作者，当代作家。他出生于一个普通工人家庭，从小就喜欢看武侠小说，受金庸影响较大，读小学时作文就很好。大学毕业后，他在玩网络游戏时，无意中被玄幻武侠小说网站吸引，阅读许多小说后便自己动手写作，成为网络写手与作家。其作品有《诛仙》《暗黑之路》《矮人之塔》《叛逆》《诛仙前传》《轮回》等，其中《诛仙》最为广大读者所熟悉与喜爱，是其代表作品。

《诛仙》是一部网络古典仙侠小说，最早连载于"幻剑书盟"网站。小说讲述的是一个名叫张小凡的少年惨遭家门不幸，为异人所救并随异人习得一身奇功异能，历经磨难险阻，历游奇地异境，与一个奇女子陆雪琪演绎一段凄美爱情的故事。《诛仙》最初在台湾出版，立即飙升至港台畅销书冠军榜，后在大陆出版。小说以其天马行空的想象、雄健恢宏的叙事、跌宕起伏的情节、性格鲜明的人物形象，深受众多读者的喜爱。《诛仙》与《缥缈之旅》《小兵传奇》并称为"网络三大奇书"。小说反复探究的一个问题就是"何为正道"。"天地不仁，以万物为刍狗"是小说的主题思想。

小说在叙述爱情、亲情、友情时，把它与波澜壮阔的正邪搏斗、命运交战汇集在一起，时而唯美细腻；时而大气磅礴，极具有创意性，令读者痴迷。据作者后来所说，《诛仙》最初是应《梦想者》杂志的约稿而作。但是创作这个题材，是萧鼎想要自己开阔一下思路；再加上他小时候看《蜀山剑侠传》，一直以来都觉得"人物情感比较苍白"，自己写一部中国古典风味的东方仙侠小说就成为他的一个心愿，最终成功地把中国古典文化和时兴的魔幻风潮结合起来，创作出《诛仙》。

本节《迷局》选自《诛仙》的第一部第二章，讲述的是天音寺高僧普智在草庙村偶遇后来成为青云门弟子的林惊羽与张小凡，为救两个孩子，与青云叛徒黑衣人（苍松道人）殊死搏斗的故事。故事情节曲折，叙述生动，在紧张的气氛中展现人物形象，善于用心理描写和环境烘托来表现人性，足见作者的笔上功力之高。《诛仙》是中国当代长篇小说、中国原创奇幻小说巅峰之作，独具魅力与创意，被誉为"后金庸武侠圣经"，虽有溢美之意，却也说明其成就突出。

第二章 迷 局

那老僧不答，只用目光在这两个小孩身上细细看了看，忍不住便多看了林惊羽几眼，心道："好资质，只是性子怎么却如此偏激？"

这时张小凡踏上一步，道："喂，你是谁啊！怎么从没见过你？"

草庙村在青云门附近，这里道教为尊，佛家弟子极为少见，故张小凡有此一问。

老僧看了他一眼,嘴角露出一丝笑意,反问道:"小施主,刚才性命交关,你只要认个输便是了,为何却要苦苦支撑?若非老衲出手,你只怕已白白送了性命!"

张小凡呆了一呆,心里觉得这老和尚说的未尝没有道理,只是事到临头,他却还是说不出所以然来,只得怔在那里。

林惊羽瞪了老僧一眼,拉了张小凡的手,道:"小凡,这老和尚古里古怪,我们别理他。"说完便拉他向外边走去。

几个孩子都跟了过去,显然一向以林惊羽马首是瞻。

张小凡下意识地也迈开脚步,只是他走出庙门一段路后,忍不住又回头向庙里看去,只见天色渐暗,依稀可以看见那老和尚依然站在那里,只是面容已模糊不清了。

※※※

夜深。

一声雷鸣,风卷残云,天边黑云翻滚。

风雨欲来,一片肃杀意。

老僧仍在草庙之中,席地打坐。抬眼看去,远方青云山只剩下了一片朦胧,四野静无人声,只有漫天漫地的急风响雷。

好一场大风!

一道闪电裂空而过,这座在风中孤独伫立的小草庙亮了一亮,只见那老僧在这片刻间已站在了庙门口,一脸严肃,抬眼看天,双眉越皱越紧。

西边村子中,不知何时已起了一股黑气,浓如黑墨,翻涌不止。老僧站在草庙之中,死死盯着这股黑气。

忽然,那股黑气一卷,盘旋而起,迳直便往村外而去,朝着草庙方向而来。它速度极快,转眼即至。老僧眼尖,一眼看见其中竟夹带着一个小孩,正是白天见过的林惊羽。

老僧脸色一沉,再不迟疑,也不见他如何作势,枯瘦的身子霍地拔地而起,直插入黑气之中。

黑暗中不知名处,传来了一声微带讶异的声音:"咦?"

几声闷响,黑气霍然止住,在草庙上空盘旋不去。老僧肋下夹着林惊羽,缓缓落下,但身后袈裟已被撕去了一块。

借着微弱光线,只见林惊羽双目紧闭,呼吸平稳,也不知是睡了还是昏了过去。

老僧没有放下他,抬头看着空中那团黑气,道:"阁下道法高深,为何对无知孩童下手,只怕失了身份吧?"

黑气中传来一个沙哑声音,道:"你又是谁,敢管我闲事?"

老僧不答,却道:"此处乃青云山下,若为青云门知道阁下在此地胡作非为,只怕阁下日后就不好过了。"

那人"呸"了一声,语带不屑,道:"青云门算什么,就仗着人多而已。老秃驴莫要多说,识相的就快快把那小孩给我。"

老僧合十道:"阿弥陀佛,出家人慈悲为怀,老衲断不能眼睁睁看着这小孩遭你毒手。"

那人怒道:"好贼秃,你是找死。"

随着他的话语,原来一直盘旋的黑气中,一道深红异芒在其中闪了一闪,刹那间这小小草庙周围,阴风大作,鬼气大盛。

"毒血幡!"老僧脸上突现怒容:"孽障,你竟然敢修炼此等丧尽天良、祸害人间的邪物,今日决计饶不了你。"

那沙哑声音一声冷笑,却不答话,只听一声呼啸,红芒大盛,腥臭之气大作,一面两丈红幡缓缓祭起。这时,鬼哭之声越发凄厉,似有无数怨灵夜哭,其间还隐隐有骨骼作响声,闻之惊心。

"贼秃,受死!"那黑气中人一声断喝,只见从那血色红幡之上,突现狰狞鬼脸,有三角四眼,尖齿獠牙,"咔、咔、咔、咔"骨骼乱响处,鬼脸上的四只眼睛突然全部睁开,"吼"的一声,竟化为实体,从幡上冲出,带着无比血腥之气,击向老僧。

老僧脸上怒色更重,知道这毒血幡威力越大,修炼过程中害死的无辜之人势必更多。要炼成眼前这般威势,只怕要以三百人以上的精血祭幡方才可以。

这邪人实在是丧尽天良!

眼看那鬼物就要冲到眼前,老僧却并不放下肋下小孩林惊羽,只用持着碧玉念珠的左手,在身前虚空画圆,单手结佛门狮子印,五指屈伸,指尖隐隐发出金光,片刻间已在身前幻出一面金色法轮,金光辉煌,与那鬼物抵持在半空中。

"小小伎俩,也来卖……"他一个"弄"字还未说完,突然全身大震,只觉得右手抱着小孩林惊羽处,手腕被异物咬了一口,一股麻痒感觉立时行遍半身,眼前一黑,身前法轮登时摇摇欲坠。

而正在此时,前方那个鬼物又有诡异变化,在它左右四眼正中额头上,"咔、咔"两声,竟又开了一只血红巨目,腥风大起,威势更重,只听一声鬼嚎,血色红光闪过,那鬼物将金色法轮击得粉碎,重重打在老僧胸口。

老僧整个人被打得向后飞了起来,肋下的林惊羽也掉在了地上,途中几声闷响,怕是肋骨已尽数断了。片刻之后,他枯瘦的身子砸在草庙壁上,"轰"的一声,尘土飞扬,一整面墙都塌了下来。

"哈哈哈哈哈……"黑气中人一阵狂笑,得意无比。

老僧颤巍巍地站起,喉咙一热,忍不住一口热血喷了出来,把身前僧衣都染红了。他只觉得眼前金星乱闪,全身剧痛,而那股麻痒感觉也越来越逼近心脏。

他强自镇定心神,眼角扫过倒在地上兀自昏迷的林惊羽,却见在他衣襟之中,缓缓爬出一只彩色蜈蚣,个大如掌,最奇异的是它尾部分了七叉,看去仿佛有七条尾巴似的。而且每一只各呈一色,各不相同,色彩绚丽,只是美丽中却带了几分可怖。

"七尾蜈蚣!"老僧的话听起来像是一声呻吟。

他脸上黑气越来越重,嘴角也不断流出血来,似乎已是难以支持,但仍然强撑着不愿倒下。他看着半空中那团黑气,道:"你将这天下奇毒之物放在那孩子身上,又故意隐藏实力,看准机会一击伤我,你是冲着我来的吧?"

黑气中人"嘿嘿"冷笑一声,道:"不错,我便是专门冲着你普智秃驴来的。若非如此,凭你一身天音寺佛门修行,倒也不好对付。好了,现在快快把'噬血珠'交出来,我便给你七尾蜈蚣的解药,饶你不死!"

普智惨笑一声,道:"枉我名中还有一个'智'字,竟想不到你炼这毒血幡邪物,岂有不贪图'噬血珠'的道理。"他脸色一肃,断然道:"要我将这世间至凶之物给你,却是妄想。"

那黑气中人大怒:"那你便去见你的佛祖吧!"红芒一闪,毒血幡迎风招摇,鬼哭声声,巨大鬼物再现,在空中微一盘旋,再次冲向普智。

普智一声大喝,全身衣袍无风自鼓,原本瘦小的身躯似乎涨大了许多。他左手用力处,只听一声脆响,那串碧玉念珠已为他捏断,十几颗晶莹剔透的念珠竟不下坠,反而滴溜溜转个不停,一个个发出青光,浮在普智身前,只有那一颗深紫圆珠,却径直掉下。

普智手掌一翻,将那深紫珠子一把抓在手中,双手即结左右水瓶印,两目圆睁,全身上下隐有金光,口中一字一字念道:"唵、嘛、呢、叭、弥、吽!"

"六字大明咒!"黑气中人的口气立时多了几分凝重。

随着普智"吽"字声落,刹那间所有碧玉念珠一起大放光芒。同一时刻,那邪人祭起的鬼物已冲到跟前,血腥之气扑面而来,但一接触到碧玉青光,顿时化为无形,不能进前,就此僵持在半空。

饶是如此,普智的身子又是一阵摇晃,七尾蜈蚣是天下绝毒之物,以他数百年的修行,仍然难以抵挡。只是他隐泛黑气的脸上,却露出淡淡一丝笑容,带了几分凛然。

"呔!"

普智一声大喝,如做狮子吼,声震四野,身前碧玉念珠受佛力驱驰,光芒更盛,忽地一颗念珠"噗"的一声碎裂,在半空中幻做一个"佛"字,疾冲向前,打在那鬼物脸上。

"哇……呀!"那鬼物一声凄厉嚎叫,登时退了几步,周身红芒大为衰退,显然已受了伤。

黑气中人怒道:"好个秃驴!"

他正要动作,只是说时迟那时快,片刻间七、八颗念珠都幻做佛家真言打中鬼物。那鬼物嚎叫不止,连连退避,做恐惧状,在被第九颗碧玉念珠击中时,终于一声长嚎,五目齐齐迸裂,骨骼乱响,"轰"的一声跌落在地,挣扎了几下,便僵直不动,缓缓化做血水,腥臭无比。

与此同时,普智却"哇"的一声,又喷出一大口血,而血的颜色,已成了黑的。

"啊!"一声尖叫,在这两大高人斗法的紧要关头,从草庙门口传来。

普智和那黑气中人都吃了一惊,天上黑气一动,普智也同时向门口看去,只见日间见到的小孩张小凡,不知为何来到了这草庙之前,站在门口,目瞪口呆地看着庙中这奇异景象。

黑气中人一声冷哼,也不见他如何动作,那只原来爬在林惊羽身上的七尾蜈蚣忽然振尾,借势飞起,疾如闪电,向那张小凡飞去。

普智双眉一竖,右手一指,一颗碧玉念珠急冲而至。那七尾蜈蚣竟似通灵,知道厉害,不敢抵挡,尾巴一振,便如翅膀一般折冲而起,投入黑气之中,再无声息。

黑气中人阴森森地道:"嘿嘿,果然不愧是天音寺四大神僧,重伤之下,还能破了我的'毒血尸王',但你受尸王一击,又中七尾蜈蚣之毒,还能撑多久?还是乖乖地把'噬血珠'给我吧!"

普智此刻便连眼角也开始流出黑血,他惨笑一声,嘶声道:"老衲就算今日毙命于此,也要先除了你这个妖人。"

话声一落,他身前所有碧玉念珠同时亮了起来,黑气中人立刻戒备。忽然间,一声呼啸,一物闪着青光从后面撞入黑气,却是刚才击向七尾蜈蚣的那颗碧玉念珠,在空中飞出了一段,被普智暗中操控,折到黑气后边,猝起发难。

只听黑气中一声怒吼,显然那人猝不及防,"砰、砰、砰"几声乱响,青芒闪处,黑气散乱,最终四处散开,化于无形。从半空中缓缓落下一个高瘦之人,全身上下用黑袍紧紧包住,看不清容貌岁数,只有一双眼睛,凶光闪闪,在他背后,还绑着一把长剑。

普智低声道:"阁下如此道行,怎地却不敢见人么?"

黑衣人眼中凶光闪动,厉声道:"秃驴,今日让你死无葬身之地!"

说罢,他反手"刷"的一声拔出背后长剑,只见此剑清如秋水,亮不刺目,有淡淡清光,附于其上。

"好剑。"普智忍不住叫了一声。

那黑衣人一声低哼,手握剑诀,脚踏七星,连行七步,长剑霍然刺天,口中念念有词:"九天玄刹,化为神雷。煌煌天威,以剑引之!"

片刻之间,天际乌云顿时翻涌不止,雷声隆隆,黑云边缘不断有电光闪动,天地间一片肃杀,狂风大作。

"神剑御雷真诀!"普智的脸色在刹那间苍白如灰,随之而起的是一种惊讶,一丝绝望和一点点莫名的狂热。

"你竟是青云门下!"

(选自《诛仙全集》,萧鼎著,朝华出版社2006年版)

【知识链接】

仙侠小说

仙侠小说是近些年来兴起的一种具有东方玄幻色彩的文学题材,但早在六朝时期的志怪小说中就有仙侠小说的影子。与传统的武侠小说不同,仙侠小说融入了神、仙、魔、妖、人、鬼六界,主人公在修炼飞升的过程中必然与六界相连,其恩怨情仇也在六界中展开。但仙侠小说的主要内容还是以武侠为主,只不过主人公手中多了一些神奇的法宝、仙器,故事情节更加虚幻缥缈。仙侠小说在风云变幻中展现人仙、魔妖世界的友情、爱情、亲情时,竭力探讨人生的生与死、利与义、爱与恨等问题,这与道家哲学相类似,但有时比道家学说更深刻、更精湛。仙侠小说最初大多是网络写手在网络上发表的,因深受网络读者的喜爱与追捧,后逐渐正式出版或制作成影视、游戏作品等。仙侠小说中较有代表性的作品有还珠楼主的《蜀山剑侠传》,萧鼎的《诛仙》,管平潮的《仙剑奇侠传》系列小说,某树、宁昼的《古剑奇谭:琴心剑魄》系列小说等。

阅读书目

1. 曾少武.虚拟的盛宴——青少年网络小说阅读研究[M].武汉:湖北人民出版社,2014.
2. 曾繁亭.网络文学名篇100[M].北京:中央编译出版社,2014.
3. 欧阳友权.网络文学评论100[M].北京:中央编译出版社,2014.
4. 聂庆璞等.网络写手名家100[M].北京:中央编译出版社,2014.
5. 汤哲声.中国当代通俗小说史论[M].北京:北京大学出版社,2007.

【拓展与训练】

1. 查阅一些网络文学网站或网络小说网站,阅读一些其他仙侠小说,了解和感受仙侠小说的思想内容、写作特点等,有兴趣的同学尝试写作网络小说。

2. 阅读某部当前流行的网络小说,认真撰写一篇读书笔记,举办一次读书报告会,交流自己的思想与体会。

哈利·波特与密室(节选)

[英]J. K. 罗琳

【导读】

J. K. 罗琳(J. K. Rowling),1965年7月31日出生于英国格温特郡,英国著名作家,原名叫乔安·罗琳(Joanne Rowling),J. K. 罗琳是她的笔名。她的父亲是一家飞机制造厂的退休人员,母亲是一位实验室技术人员。罗琳小时候相貌平平,戴着眼镜,略显害羞,但非常喜爱学习,常常写些小故事,并把它们讲给自己的妹妹听。1992—1995年,罗琳有过一次不幸的婚姻,曾在婚后不久被丈夫扔在异国的街头,后带着女儿回到苏格兰爱丁堡。正是这样的经历,使罗琳对社会人生与现实世界有了更深刻的认识与思考,也使她有了更深沉的爱。

《哈利·波特》系列小说共有7部,《哈利·波特与密室》是其中的第二部。故事讲述的是:哈利在姨父姨妈家度过一个痛苦的暑假后,即将回到霍格沃茨魔法学校。他正准备打点行装时,小精灵多比前来发出警告:如果哈利重返霍格沃茨,灾难将会临头。但哈利一心想回到魔法学校,便义无反顾地返回了。校园的生活虽然五彩缤纷,但烦恼也会不断。新来的教授吉德罗·洛哈特装腔作势,令他反感;游荡在女生盥洗室里的幽灵"哭泣的桃金娘"搅得他不得安宁;等等。然而这一切只是灾难的开始,而后可怕的是,魔法学校的学生接二连三地变成了石头,哈利的好朋友赫敏和罗恩的妹妹金妮也惨遭厄运。于是,哈利决心解开这个谜。他在盥洗室里发现了一本神秘日记,得知密室里放出了蛇怪,造成了桃金娘的离奇死亡等。于是他来到盥洗室,打开了密室,解救金妮等人。这时,伏地魔的少年化身——里德尔放出蛇怪,想要杀死哈利。危急时分,校长邓布利多的凤凰福克斯带来分院帽,哈利从分院帽中抽出利剑,刺死了蛇怪。最后,哈利用蛇牙刺穿了日记本,日记中的里德尔的记忆也随之毁灭。整个故事惊险而刺激,哈利运用自己的智慧,凭着坚忍的精神与勇气再次战胜了邪恶,也使自己具有了更坚强的品质。《哈利·波特》系列小说塑造了一个极具创意的、匪夷所思的魔法世界,那个戴着圆框眼镜的小巫师一夜之间家喻户晓,许多读者尤其是孩子们为他疯狂,期望着收到那封由猫头鹰送来的霍格沃茨魔法学校录取通知书。

《最糟糕的生日》是《哈利·波特与密室》第1章。哈利在返回魔法学校之前,暑假期间住在姨父姨妈家,可他过得并不快乐,甚至很痛苦。十二岁生日来临了,哈利并不指望会有像样的礼物或者生日蛋糕,但姨父弗农煞有介事地说:"今天是个非常重要的日子。"这简直让哈利不敢相信自己的耳朵。而事实上是,姨父在今晚要举行一个晚宴,要和来访的梅森夫妇做成平生最大的一笔交易。为了做成交易,全家人都有精心准备,姨父要求哈利在客人来访时待在卧室里,不要发出一点声音。没有贺卡,没有礼物,今晚还要假装自己不存在,还受到表哥达力说他过生日没有收到礼物的嘲笑,哈利感到从未有过的孤独与伤心。小说用第三人称叙述模式,叙事生动曲折,情节丰富,采用悬念设置的方式,耐人寻味。人物形象鲜明典型,姨父弗农的市侩嘴脸、姨妈佩妮的懦弱、表哥达力的无赖、哈利的坚忍,仿佛跃然纸上。在《哈利·波特》系列小说中,哈利虽然头发乱糟糟,衣服松松垮垮,骨子里桀骜不驯,并不讨人喜欢,但却是个勇敢、坚忍,充满正义感的拯救人类的小英雄,而他能够战胜伏地魔的终极武器就是"爱"。"爱"也是系列小说的共同主题。"爱"蕴含的神秘力量可以催生奇迹,是古往今来人类掌握的最大的力量,是一种最伟大的魔法,造就着人类社会,使一代又一代的生命繁衍、生长。这正是J.K.罗琳所要宣扬的人类久远以来就存在着的神圣母题。

最糟糕的生日

这天,女贞路4号的早餐桌上又起了争执。一大早,弗农·德思礼先生就被他外甥哈利屋里的一阵高声怪叫吵醒了。

"这星期是第三次了!"他隔着桌子咆哮道,"如果你管不住那只猫头鹰,就让它滚蛋!"

哈利再次试图解释。

"它闷得慌,它在外面飞惯了,要是我可以在晚上放它出去……"

"你当我是傻子啊?"弗农姨父吼道,一丝煎鸡蛋在他浓密的胡子上晃荡着。"我知道把一只猫头鹰放出去会有什么后果。"

他和他妻子佩妮阴沉地交换了一下眼色。

哈利想反驳,但他的话被表哥达力一声又长又响的饱嗝淹没了。

"我还要一些腊肉。"

"煎锅里有的是,宝贝,"佩妮姨妈眼眶湿润地看着她的大块头儿子说道,"我们要抓紧时间把你养胖……学校的伙食让我听着不舒服……"

"胡说,我在斯梅廷上学时从来没饿过肚子。"弗农姨父情绪激烈地说,"达力吃得不差,是不是,儿子?"

达力胖得屁股上的肉都从座椅的两边挂了下来。他咧嘴一笑,转身对哈利说:

"把煎锅递过来。"

"你忘了说咒语。"哈利恼火地说。

这样简单的一句话,对家中其他人产生了不可思议的影响。达力倒吸一口冷气,从褥子上栽了下来,整个厨房都被震动了;德思礼太太尖叫一声,迅速捂住嘴巴;德思礼先生跳起来,太阳穴上青筋暴露。

"我的意思是'请!'"哈利连忙说,"我不是指——"

"我没跟你说吗,"姨父厉声怒斥,唾沫星子溅到了桌上,"在我们家不许说那方面的词!"

"可我——"

"你怎么敢威胁达力!"弗农姨父捶着桌子咆哮道。

"我只是——"

"我警告过你!我不能容忍你在我家里提到你的特异功能!"

"好吧,"哈利说,"好吧……"

弗农姨父坐了下来,像一头气短的犀牛一样喘着粗气,那双精明的小眼睛紧瞟着哈利。

自从哈利放暑假回家,弗农姨父一直把他当一颗定时炸弹看待,因为哈利不是一个正常的孩子。实际上,他相当不正常。

哈利·波特是一个巫师——刚在霍格沃茨魔法学校上完一年级。如果德思礼对他回家过暑假感到不快,那么他们的不快和哈利的感觉相比根本不值一提。

他真想念霍格沃茨,想得五脏六腑都发痛。他想念那个城堡,那些秘密通道和幽灵鬼怪,想念他的课程(也许除了魔药老师斯内普的课),还有猫头鹰捎来的信件、大礼堂里的宴会，想念他宿舍楼里的四柱床，想念禁林边上那间小木屋和狩猎场看守海格，更想念魁地奇球——魔法世界里最流行的体育运动（六根高高的门柱、四只会飞的球、十四名骑着扫帚的球员）。

哈利刚一到家，弗农姨父就把他的咒语书、魔杖、长袍、坩埚和最高级的光轮2000锁进了楼梯下那又小又暗的柜子里。哈利会不会因为一个暑假没练习而被学院魁地奇球队开除，德思礼一家才不管呢。哈利的家庭作业一点都没做，回学校时无法交差，这跟他们有什么关系？德思礼一家是巫师们所说的"麻瓜"（血管里没有一滴巫师的血液）。在他们看来，家里有一个巫师是莫大的耻辱。弗农姨父甚至把哈利的猫头鹰海德薇也锁在了它的笼子里，不让它给魔法世界的任何人送信。

哈利跟这家人长得一点儿也不像。弗农姨父膀大腰圆，没有脖子，蓄着异常浓密的大胡子；佩妮姨妈长了一张马脸，骨节粗大；达力头发金黄，皮肤白里透红，体形肥胖。而哈利却身材瘦小，长着一双明亮的绿眼睛，漆黑的头发总是乱蓬蓬的，额头上还有一道细长的闪电形伤疤。

就是这道伤疤使哈利即使在巫师中也是如此与众不同。这道伤疤是哈利神秘过去留下的唯一痕迹，是推测他十一年前为什么会被放在德思礼家门槛上的唯一线索。

哈利一岁时，居然在遭到伏地魔诅咒之后幸存下来。伏地魔是有史以来最厉害的黑巫师，大多数女巫和男巫都不敢提到他的名字。哈利的父母就死在这个黑巫师手下，可是哈利大难不死，只留下了这道闪电形伤疤。而且，不知怎的，好像自那个恶毒的咒语在哈利身上失灵之后，伏地魔的魔力就被摧毁了。

所以，哈利是由他的姨妈和姨父养大的。他在德思礼家住了十年，一直搞不懂他为什么能在无意中导致一些古怪的事情发生，因为德思礼一家只说他的父母死于车祸，他的伤疤也是在车祸中留下的。

一年前，霍格沃茨魔法学校写信给哈利，他才了解到自己的身世。他上了魔法学校，在那里他和他的伤疤赫赫有名……可现在学年结束了，他回到德思礼家过暑假，他们把他当成一条在邋遢地方打过滚的狗来对待。

德思礼一家忘记了这一天恰好是哈利的十二岁生日。当然，哈利也没有寄予多么大的希望，他们从来不会送他什么像样的礼物，更别提生日蛋糕了——但是，完全忘掉未免……

正在这时，弗农姨父煞有介事地清了清嗓子，说道："我们都知道，今天是个非常重要的日子。"

哈利抬起头，简直不敢相信自己的耳朵。

"今天我可能会做成平生最大的一笔交易。"弗农姨父说。

哈利低下头继续吃面包片。当然啦，他怨忿地想，弗农姨父是在讲那个愚蠢的晚宴。他两星期来张口闭口说的都是这件事。一个有钱的建筑商和他妻子要来吃晚饭，弗农姨父希望那人能订他一大笔货（弗农姨父的公司是做钻机的）。

"我想我们应该把晚上的安排再过一遍，"弗农姨父说，"八点钟大家应该各就各位。佩妮，你应该——？"

"在客厅里，"佩妮姨妈应声说，"等着亲切地欢迎他们光临。"

"很好，很好。达力？"

"我等着给他们开门。"达力堆起一副令人恶心的做作笑容，"我替你们拿着衣服好吗，梅森先生和夫人？"

"他们会喜欢他的!"佩妮姨妈欣喜若狂地说。

"好极了,达力。"弗农姨父说。然后他突然转向哈利。"那么你呢?"

"我待在我的卧室里,不发出一点儿声音,假装我不在家。"哈利声调平板地回答。

"不错。"弗农姨父恶狠狠地说。"我将把他们带到客厅,引见你——佩妮,并给他们倒饮料。八点一刻——"

"我宣布开饭。"佩妮姨妈说。

"达力,你要说——"

"我领您上餐室去好吗,梅森夫人?"达力说,一面把他的胖胳膊伸给那位看不见的女士。

"多标准的小绅士!"佩妮姨妈吸着鼻子说。

"你呢?"弗农姨父凶巴巴地问哈利。

"我待在我的卧室里,不发出一点声音,假装我不在家。"哈利无精打采地说。

"对了。现在,我们应该在餐桌上说一些赞美的话。佩妮,你有什么建议吗?"

"梅森先生,弗农跟我说您高尔夫球打得棒极了……梅森夫人,请告诉我您的衣服是在哪儿买的……"

"非常好……达力?"

"这样行不行:'梅森先生,老师要我们写一写自己最崇拜的人,我就写了您。'"这可让佩妮姨妈和哈利都无法承受。佩妮高兴得眼泪直流,紧紧搂住了儿子。哈利则把头藏到了桌子底下,怕他们看到他大笑的样子。

"你呢,哈利?"

哈利直起身,努力绷住脸。

"我待在我的卧室里,不发出一点声音,假装我不在家。"

"这就对了。"弗农姨父用力地说,"梅森夫妇根本不知道你,就让这种情况保持下去。佩妮,晚饭之后你领梅森夫人回客厅喝咖啡,我将把话题引到钻机上。要是走运的话,在十点钟的新闻之前我就可以把签字盖章的协议拿到手。明天这个时候我们就能选购在马乔卡的别墅了。"

哈利并不怎么兴奋。他不认为德思礼一家到了马乔卡就会比在女贞路多喜欢他一点儿。

"好——我去城里拿达力和我的礼服。你呢,"他对哈利吼道,"不要在你姨妈洗衣服的时候去碍手碍脚。"

哈利从后门出来。外面天气晴朗,阳光灿烂。他穿过草坪,一屁股坐在花园长凳上,压着嗓子唱了起来:"祝我生日快乐……祝我生日快乐……"

没有贺卡,没有礼物,今晚还要他假装自己不存在。他悲伤地注视着树篱。他从未感到这样孤独。他分外想念他最好的朋友罗恩·韦斯莱和赫敏·格兰杰,胜过想念霍格沃茨其他的一切,甚至包括魁地奇球。可他们好像一点儿也不想他。整个暑假谁都没有给他写信,罗恩还说要请哈利去他家做客呢。

一次又一次,哈利差点儿要用魔法打开海德薇的笼子,让它捎封信给罗恩和赫敏。但这太冒险了。未成年的巫师是不能在校外使用魔法的。哈利没有把这个规定告诉德思礼一家,他知道,这家人只是害怕他把他们全变成金龟子,才没有把他和魔杖、飞天扫帚一起关进楼梯下的暗柜里。回家后的头两个星期,哈利喜欢假装着嘴里念念有词,然后看达力拼命搬动他那两条胖腿,尽快往屋外跑。可是罗恩和赫敏迟迟不给他来信,使哈利觉得自己和魔法世界断了联系,连捉弄达力也失去了乐趣——现在罗恩和赫敏连他的生日都忘了。

只要能换得霍格沃茨的一点音信,不管来自哪个女巫或男巫,他什么都会豁出去。他甚至乐意看一眼他的仇敌德拉科·马尔福,只要能证明这一切不是一场梦……

他在霍格沃茨的这一年并不都是好玩有趣的。上学期末,哈利与伏地魔本人正面相遇。伏地魔虽然大不如从前,但依然狠毒可怕,阴险狡猾,并决心要恢复自己的魔力。哈利又一次逃脱了伏地魔的魔爪,但是很险。即使现在,已经过去好几个星期了,哈利还会在半夜惊醒,浑身冷汗,想着伏地魔这时会在哪里,记起他那青灰色的脸、圆睁的疯狂的眼睛……

哈利突然坐直了身子。他一直心不在焉地注视着树篱——可现在树篱正注视着他。树叶丛中闪动着两只大得出奇的绿眼睛。

哈利跳了起来,这时草坪对面飘过来一声嘲笑。

"我知道今天是什么日子。"达力摇摇摆摆地走过来。

那对大眼睛忽闪几下,消失了。

"什么?"哈利说,眼睛还盯着那个地方。

"我知道今天是什么日子。"达力又说了一遍,走到他旁边。

"很好,"哈利说,"你终于学会了数星期几。"

"今天是你的生日!"达力讥讽地说,"你居然没有收到贺卡?你在那个鬼地方连个朋友都没有吗?"

"最好别让你妈妈听到你说我的学校。"哈利冷冷地说。

达力提了提裤子,那裤子顺着他的胖屁股往下滑。

"你盯着树篱干什么?"他怀疑地问。

"我在想用什么咒语使它燃烧起来。"哈利说。

达力跟跟跄跄倒退了几步,胖脸上显出惊恐的表情。

"你不——不能——我爸说不许你使魔法——他说要把你赶出去——你没有地方去——没有朋友收留你——"

"吉格利玻克利!"哈利厉声说道,"霍克斯波克斯……奇格利鬼格利……"

"妈——妈!"达力嚎叫起来,跌跌撞撞地朝屋里奔去。"妈——妈!他又在干那个了!"

哈利为这片刻的开心付出了很大的代价。由于达力和树篱都安然无恙,佩妮姨妈知道他并没有真的施展魔法,但她仍然用沾着肥皂水的煎锅朝他劈头打来,幸亏他躲得快。然后她支使他去干活,不干完不许吃东西。

达力吃着冰淇淋,在一旁晃来晃去地看着哈利擦窗户,洗汽车,修整草坪,整理花圃,给玫瑰剪枝浇水,重新油漆花园长凳。烈日当头,晒得哈利后脖颈发烫。哈利知道他不应该上达力的钩,可是达力说中了哈利的心事……也许他在霍格沃茨根本没有朋友……

"但愿他们能看到大名鼎鼎的哈利·波特现在的样子。"往花坛里撒粪肥的时候,他发狠地想道。他腰酸背疼,汗水顺着脸颊往下流。

一直到晚上七点半,才终于听到佩妮姨妈喊他,他已经精疲力竭。

"进来!踩着报纸走!"

哈利高兴地走进阴凉的、擦得闪闪发亮的厨房里。冰箱顶上放着今天晚餐的布丁:好大一堆攒奶油,还放了撒糖霜的堇菜。一大块烤肉在烤箱里咝咝作响。

"快吃!梅森他们快要来了!"佩妮姨妈严厉地说,指着厨房桌子上的两块面包和一堆奶酪。她已经穿上了一件浅橙色的鸡尾酒会礼服。

哈利洗了手,匆匆吞下了他那点可怜的晚饭。他刚一吃完,佩妮姨妈就把盘子收走了。"上楼！快！"

经过客厅门口时,哈利瞥了一眼穿着礼服、打着领结的弗农姨父和达力。他刚走到楼上,门铃就响了,弗农姨父凶巴巴的脸出现在楼梯下。

"记着,小子——你要敢发出一点儿声音……"哈利踮着脚走到自己卧室门口,悄悄溜进去,关上门,转身想要一头扑倒在他的床上。

问题是,床上已经坐了一个人。

(选自《哈利·波特与密室》,J. K. 罗琳著,马爱新译,人民文学出版社2000年版)

【知识链接】

《哈利·波特》系列小说

《哈利·波特》(Harry Potter)是英国女作家J. K. 罗琳(J. K. Rowling)于1997—2007年所著的魔幻文学系列小说,共7部。早在1989年,罗琳就有了创作哈利·波特的想法。那年,她24岁,在从曼彻斯特前往伦敦的火车上,一个瘦弱、戴着眼镜的黑发小巫师在车窗外对着她微笑。几年后,她把这个名叫哈利·波特的男孩的故事推到读者面前。1997年6月,哈利·波特系列第一部《哈利·波特与魔法石》出版;随后陆续推出第二部《哈利·波特与密室》(1998年)、第三部《哈利·波特与阿兹卡班的囚徒》(1999年)、第四部《哈利·波特与火焰杯》(2000年)、第五部《哈利·波特与凤凰社》(2003年)、第六部《哈利·波特与混血王子》(2005年)。2007年7月,《哈利·波特》系列终结篇《哈利·波特与死亡圣器》推出。《哈利·波特》系列7部小说陆续推出后,受到人们喜爱尤其是青少年的青睐,风靡全球。

小说曾获得斯马尔蒂斯奖、英国国家图书奖儿童小说奖等。截至2015年,小说被翻译成73种文字,所有版本发行总数超过4.5亿册,名列世界上最畅销小说系列。美国华纳兄弟电影公司把《哈利·波特》系列小说拍摄成8部电影,前6集各一部,第七集分成上、下两部,深受观众欢迎,成为全球史上最卖座的电影系列。小说创作的巨大成功,给曾经贫困潦倒的哈利"妈妈"带来巨大的财富。2004年,J. K. 罗琳荣登《福布斯》富人排行榜,身价达到10亿美元。

阅读书目

1. 罗琳. 哈利·波特与密室[M]. 马爱新,译. 北京:人民文学出版社,2000.
2. 冉红. 哈利·波特面面观[M]. 北京:中国文联出版社,2005.
3. 西恩·史密斯. 哈利·波特背后的天才 J. K. 罗琳传[M]. 宋润娟,王澍,等译. 长春:时代文艺出版社,2002.
4. 潘子丰. 哈利·波特的成长礼物 解读J. K. 罗琳的密码[M]. 上海:上海人民出版社,2008.

【拓展与训练】

1. 在节选章节《最糟糕的生日》中,叙述了哈利过十二岁生日时的糟糕境遇,哈利、弗农姨父、佩妮姨妈以及表哥达力的性格特征都得到展现,说说他们各具有怎样的形象？

2. 《哈利·波特》系列小说中的哈利·波特头发乱糟糟,衣服松松垮垮,也并不喜欢学习,甚至有时会偷懒,但他却深受读者的喜爱,为什么会这样?谈谈你对他的认识和评价。

3. 《哈利·波特》系列小说不仅孩子们喜欢,连成人也爱阅读,甚至在有些国家同时出版封面设计适合青少年的儿童版和封面设计成熟稳重的成人版,而小说内容是一样的。从创意写作或商业写作的角度,谈谈它为什么会畅销?它对中国作家和文学出版有怎样的启示?

4. 魔法世界是神奇梦幻的,令人好奇神往。阅读《哈利·波特》系列小说或观看系列电影,尝试写一篇类似的魔幻小说或童话小说。

勤劳的老爸

离家已经半年啦,
今天看到了照片上的老爸。
他不看我也不说话,
任凭我盯着他的眼里闪泪花。

心中总觉对不住他,
将他一人留在家。
已是满头的白发,
年纪一把。
不仅照顾自己,
还有他的羊群、小鸡和小鸭。

窗外是炎炎的酷夏,
看着老爸给他打电话。
嘟嘟的声音在耳边传达,
告诉我他现在又不在家。

我勤劳的老爸,
你可知,
对你,
心中满满是牵挂。

你现在在干啥?
是不是在做放羊娃?
你可知你的年纪有多大?
少年赶羊才一遛耍。

羊群可听你的话?
是不是逼着你走到了阳光下?
是不是脸上的汗水在滴答?
是不是在将那个陡坡爬?
是不是手脚并用,

腰身躬得像虾?

我敬重的老爸,
辛苦一辈子。
将儿女拉扯长大,
按说你该歇息啦。
可是,
勤劳的本性在你身上把根扎。
不论春秋冬夏,
不管酸甜苦辣。
忘了年纪七十八,
你依然将辛勤的汗水抛撒!

(选自短文学网 http://www.duanwenxue.com)

杜拉拉升职记(节选)

李 可

01 忠诚源于满足

大学毕业的第四年,历经民营企业和港台企业的洗礼后,拉拉终于如愿以偿地进了通讯行业的著名美资500强企业DB,任职华南大区销售助理,月薪四千。

这个岗位有点像区域销售团队的管家婆,负责区域销售数据的管理,协助大区经理监控费用,协调销售团队日常行政事务如会议安排等。

工作内容琐碎,又需要良好的独立判断能力,哪些事情得报告,哪些事情不要去烦大区经理,遇事该和哪个部门的人沟通,都得门儿清。

要干好这个职位,需要一个手脚麻利的勤快人,责任心得强,脑子要清楚,沟通技巧要好——总之呢,要求不算低,待遇不算高。岗位能提供的好处是稳定,所谓稳定,有两层解释:一层是变化不大的意思;另一层,是没出息没前途的意思。

因为这个职位不但琐碎,从工作的内容上看,没有高附加值(value added)的部分,而且从职业发展阶梯来讲,几乎是没有继续上升的空间了,任职者天天面对的又是野心勃勃且收入不菲的销售类员工,如果不是个胸无大志的人,在这个岗位上难免痛苦。

拉拉其时很吻合岗位要求,因为她不但聪明能干有责任心,而且,当时她只求在500强企业里谋个稳定的职位——大学毕业后头三年不如意的工作环境,让她有点心累了。

DB广州办的前台海伦,人们第一眼就能发现她是个出众的美女,也随即能感受到她与生俱来的广州式的亲切、乐观和不思上进。

海伦是工人的女儿,在巷子里长大,工人阶级的无私和乐观对她产生了根本的影响,乐于助人的评语伴随了她整个学生时期,而她的易于满足和没有根据的乐观更是达到了出神入化的境界,为她赢得了一个当之无愧的绰号——"没心没肺",简称"老没"。

海伦从小不爱读书,到二十岁胡乱混了个酒店管理的大专文凭,算是学了点英文,生得又漂亮,便进了DB当前台。

别的小姑娘当前台,只是为了有个进大公司的跳板,干上一两年,就要想办法在公司里另谋个助理之类的职位了,就海伦,一干三年,没啥进一步的打算,白白浪费了聪明的脑子和勤快乐观的性情。

前途这类词语,对海伦来说太晦涩书面,她觉得在DB当前台就挺好,比到香格里拉大酒店当前台强,起码上班不用站着,还不用倒班。

海伦还有个本事,据说只要她愿意,有个陌生人从她面前过,15分钟后她连人家外婆家的门是朝南还是朝北都能搞明白。后来拉拉告诉她,这叫"有亲和力",可以在年终总结中作为自己的优点写进去的。

拉拉上班的第一天,走进设计低调而牛B的接待处,一报姓名,海伦一面热情地说"欢迎、稍坐",一面通知里面的人出来接拉拉,又忙着自我介绍,搞得拉拉心里暖洋洋的。

拉拉看到墙上挂着的一幅合影,一个美国总统派头的老外正和某位重要的中央领导握手微笑着。

海伦见拉拉在看照片,就主动介绍说:"那是我们的 CEO,乔治·盖茨。"

拉拉心里对 CEO 的派头很满意,觉得自己也跟着体面起来。

海伦卖弄道:"乔治在一九××年来过中国,来的时候坐我们公司自己的飞机,飞行航线都是特别申请的。DB 有好几架飞机,都是大飞机哦,不是小飞机。CEO 来中国,坐的车都是 001 号的。"

拉拉觉得她在吹牛,001 号都是当地政府的车,怎么能给一个公司的 CEO 坐呢?CEO 又不是政府要员,代表不了美国,只不过代表 DB 罢了。

海伦看出拉拉不信自己的话,便翻出一本精美的杂志递给拉拉:"这是 DB 中国的内部杂志:CHALLENGE(《挑战》),这期有 CEO 来华访问的实录。"

海伦被训练出来的前台接待式的身体语言,并不能掩饰她一刻不停的天性,拉拉觉得她的叽叽呱呱有点好玩儿,两人很快就混得 N 熟了。

拉拉在新员工入职培训(orientation)中,听到"我们是排名第二十 X 位的幸福 500 强跨国企业,是全球通讯行业的领头企业"介绍的时候,一股自豪感涌上她的心头,她不由得把背脊挺得更直了一点——忠诚教育的第一步十分成功,这不仅源于洗脑者的需要,也源于被洗脑者的需要。这和婚姻没有什么两样,人们越满意自己的配偶,越为自己的配偶骄傲和自豪,就越愿意忠诚自己的配偶。

02　单相思与性骚扰的区别

拉拉注意到,DB 所有经理办公室沿走道的这一面,都是用大块的玻璃来做间隔墙。

拉拉问海伦:"这么设计是为了美观吗?"

海伦说:"不是,是为了预防性骚扰(sexual harassment)。"

拉拉好奇地问:"发生过性骚扰吗?"

海伦摇头说:"没有听说过。"

拉拉追问说:"那万一有呢?"

海伦干脆地说:"炒呀!公司有规定的。"

拉拉本着严密的专业精神澄清道:"怎么样算性骚扰?人家要说是谈恋爱呢?"

海伦说:"听我的经理玫瑰说,我们的总监李斯特给过定义,谈恋爱和性骚扰有明显区别,谈恋爱就是两个都愿意,性骚扰就是一个愿意另一个不愿意。"

拉拉一听就笑了:"单相思也是一个愿意另一个不愿意。"

海伦傻眼了,骨碌碌转着龙眼核一样的大黑眼珠答不上来。

拉拉凑近她,玩笑道:"要不我给补充一下吧,下次你给新员工介绍的时候就不会受到人家挑战啦。单相思可以发展为性骚扰,前提是单相思的一方采取了行动,从而给另一方造成困扰甚至危害;人家要是只是放在自己心里想想,就没问题——你可别告诉你们总监说我补充他的定义哦。"

海伦佩服地点点头,心里奇怪这个拉拉干吗来做销售助理,她应该弄个主管当当,因为她说话像主管水平,助理们可不像她这样发表与总结或者定义有关的言论。

拉拉看看玻璃墙心想:性骚扰是能预防,只是单身的经理要在公司谈个恋爱恐怕也被这玻璃墙搞得不方便了。

海伦像是猜到了她的心思，主动说："公司对谈恋爱没有相关限制，不过员工之间要结婚的话就有规定了，直线上、下级之间不可以有婚姻关系，否则其中一个要调开——一般说来，夫妻双方中会有一方主动离开公司。员工之间结婚的非常少见，尤其是经理级别以上的员工，到现在为止我还没见过哪位经理在公司谈恋爱呢。"

拉拉说："结婚的事情明确规定了吗？"

海伦说："当然，员工手册上写着的，新员工入职的时候不都让在员工手册上面签字、确认了解并保证遵守吗？回头你好好研究研究就知道啦。"

拉拉听说员工手册上还有这内容，当下就回去仔细通读了一遍，发现这手册还真能回答很多问题。

拉拉上班第一周，在几样文件上签了名，除了劳动合同外，还有诸如意外险受益人指定书、员工手册、商业行为准则等。

商业行为准则，就是公司用正式的书面形式，告诉员工什么可以做、什么不可以做，如果非做会受到什么样的处罚等。公司通过这套准则让员工明白，这里的企业文化认为，什么是道德的什么是不道德的。

根据公司为员工购买的意外险条款，拉拉如果出了意外，她的受益人可获得相当于拉拉月薪60倍的赔款，最高不超过人民币200万——根据这一条，拉拉知道自己在公司里是赤贫阶级，她的月薪是4000元，赔款额度因此是24万，200万和24万的差距拉拉不用除法就看得明白，而这200万显然还只是属于公司里某一个比较高级的级别而已。

正所谓不比不知道，一比吓一跳。本来准备来过安稳日子的拉拉，在签这份保险利益授权书的时候，马上被激发起了升官发财的欲望，就是人们常说的职业发展的愿望。

拉拉已经从海伦那里得知，在公司，主管级别以下的非销售类员工，年终奖是3个月，就是一年有15个月的收入；到了经理级别，额外再有两个月的经理奖金，就是一年有17个月的收入。至于经理以上级别的奖金规则，海伦就不知道了。

除了奖金以外，还有各种福利上的等级区别，比如年假，普通员工享受带薪年假15天，经理级别员工除此以外，另有若干天经理假。

又比如手机费，一线销售经理（小区经理）的手机费报销上限是每月500元，二线销售经理（大区经理）的手机费就没有上限了，只要他们的手机产生话费了，即可实报实销。

拉拉惊讶地问海伦："那他们爱报多少就报多少？"

海伦没心没肺地说："是呀，爱报多少就报多少。"

拉拉怀疑地说："那要是他们使劲打私人电话怎么办？"

海伦嘻嘻笑道："那他们就使劲打私人电话好了。我的经理玫瑰说啦，这叫变相的福利。不过时间长了你就知道了，二线经理哪里有精力打那么多私人电话哦——反正，肯定是官当得越大，福利就越好啦。不过，当官也很辛苦的。"

拉拉想想也对，都做到二线经理了，没事打那么多私人电话干吗？对比过往服务过的港台企业，要么是手机话费的报销额度较低，要么要求员工报销时要提交话费清单。

拉拉暗自思忖，这也许就是外企和港台企业的一个不同吧，它会在一定范围内给你自由和信任，让员工舒服点。至少，拉拉觉得DB又有钱又有风度，虽然自己还没有享受到"爱报多少就报多少"的福利，内心里已经自豪地暗爽起来。

拉拉忽然想到什么，请教海伦："海伦，DB在中国有多少女总监和女大区经理呢？"

海伦拿出电话分机表点了点数字说："总监一共有二十四位，其中女总监有六位；销售部有三条业务线,其中商业客户部分为五个大区,有五位大区经理,大客户部分和公众客户部都分为三个大区,各有三位大区经理——所以共有十一位大区经理,其中女大区经理有三位。"

拉拉心里马上默默计算出,女性在管理团队中的比例大约是四分之一。

海伦想起前面提到大区经理会不会胡乱打私人电话的话题,就说:"拉拉,做大区经理的,都要显得身体好精力好,所以呀,他们就算真有点时间,男大区经理会赶紧去跑步打球,女大区经理上美容院还来不及,保证不会有兴趣去讲无聊的私人电话啦。不然哪能做到大区经理。"

拉拉笑着点头赞同。

海伦本着将八卦进行到底的精神,向拉拉介绍了公司员工的阶级划分戏称,拉拉给总结了一下:

经理以下级别叫"小资",就是"穷人"的意思,一般情况下利用公共交通上下班,不然就会影响还房贷;

经理级别算"中产阶级",阶级特征是他们买第一个房子不需要靠贷款,典型的一线经理私家车是"宝来",公司提供的交通补贴能涵盖部分用车费用,二线经理则开"帕萨特",公司提供的交通补贴基本能涵盖用车导致的日常费用;

总监级别是"高产阶级","高产"们有不止一处房产,房子得是在好地段的优质房产或者"别墅",可以自愿选择享受公司提供的商务车,或者拿相当于公司商务车型的价格的补贴额度自己买车,和车相关的费用完全由公司负担;

VP 和 president 是"富人",家里有管家和门房,公司给配着专门的司机,出差坐头等舱。

拉拉想,自己不能一直做销售助理,否则只有当"小资"了。

(选自《杜拉拉升职记》,李可著,陕西师范大学出版社 2010 年版)

马戏团之夜(节选)

[英]安吉拉·卡特

"上帝爱你,先生!"飞飞大声说道,哐啷哐啷的嗓门听起来像垃圾箱的盖子在撞来撞去。"说到我的出生地,这个呀,我初次见到天光,便是在这烟雾弥漫的老伦敦。可不是嘛!海报上说我是'土生土长的伦敦维纳斯',并不是没来由的。先生,虽然他们倒不如依据我非比寻常的'登陆'方式,而叫我'高空钢索的海伦'算了——因为我根本不是经由所谓的正常管道呱呱坠地的。先生,噢,我的老天,才不是呢!就像特洛伊的海伦一样,我是孵出来的。"

"就在博教堂的钟声响起时,从一颗天大的蛋里孵出来的,千真万确!"

金发女人放声狂笑,拍打着从掀开的浴袍露出的如大理石般白皙光滑的大腿,一双蓝色的大眼肆无忌惮地瞟着这名摊开笔记本,随时准备下笔的年轻记者,仿佛在激他:"信不信由你!"接着,坐在一张可以旋转的梳妆凳上——那是从排演室搬来的毛绒顶面无靠背的钢琴凳——她转过身去,对着镜中的自己咧嘴一笑,一面以利落的手势从左眼皮上扯下一副六寸长的假睫毛,制造出一个微小而刺耳的撕裂声。

飞飞,当今最负盛名的空中飞人,她的宣传标题写在占据了整面墙的海报上:"她是真的存在,还是虚构出来的?"而且,她不会让你片刻忘记这句话——这个由一尺高的法文字母所组成的问句,绽放出炫目的光彩,那是她在风靡巴黎后留下的纪念品,俯视着她在伦敦的化妆间。海报洋溢着一股热闹的气氛,带着恰到好处的狂野与华丽,违反常理地描绘一名年轻女子如火箭般"咻!"地射向上空,在一阵激扬的锯木屑中冲向某座看不见的,位于"冬之马戏团馆"的木造穹苍上的秋千。画家选择从背面描绘她攀升的景象——换种说法,就是屁股高高挂在空中的模样;在这种突显其肥臀的透视画法下,她扶摇直上,抖开身上红紫相间、巨大无比的羽翼,其庞然壮硕的程度足以支撑像她这样的大女孩。而且,她的确是个大女孩。

这位海伦的肩部,显然长得像她那位传说中的生父:那只天鹅。

然而,这双家喻户晓、饱受争议的翅膀,也就是造成她声名远播的原因,今晚却隐藏在一袭淡蓝色软缎浴袍脏兮兮的织花布面之下,向外鼓出一对看起来很不舒服的肿块,不时抖颤着绷紧的布料表面,仿佛渴望挣脱束缚似的。("她是怎么办到的?"那名记者寻思着。)

"在巴黎,他们叫我 l'Ange Anglaise,意思是英格兰天使,就像那位老圣人说的,'不是英格兰人,却是个天使'",她之前曾这么告诉他,同时还猛然把头扭向那张最得她欢心的海报;她也曾随口提到,那张海报是一个"法国矮子"在石板上胡乱涂鸦的结果。"他要我,嗯,这个说起来挺教人难为情的,他要我在他的那话儿上尿尿,然后才肯把蜡笔掏出来画画哩!"接着——"听起来有点儿像是我编出来的呵?"——她用牙齿拔出一大瓶冰过的香槟的软木塞。梳妆台上,一个细细长长的笛形酒杯就立在她自己的手肘旁,里面的香槟酒嘶嘶冒着泡;那个仍然在噼啪作响的酒瓶,就随随便便地插在盥洗壶里,周围塞着肯定是从鱼贩那儿拿来的冰块,因为其中还夹了一两片闪亮的鱼鳞。而且,那股海洋的气息——这位"伦敦维纳斯"有种令人觉得可疑的气味——想必是从这些二手冰块散发出来的;那气息掩盖在另一种呛热而浓密的混合气味下,后者融合了香水、汗水、油彩和逸漏出来的刺鼻瓦斯味儿,让人觉得自己仿佛是一块接着一块地呼吸着飞飞化妆间里凝固的空气。

卸下了一副睫毛,另一副还留在眼睑上,飞飞的身体微微后倾,以便用一种公正客观的满意神情仔细审视映照在镜中的不对称光芒。

"如今,"她说,"在征服欧洲大陆之后,"(她的发音听起来像"欧邹大篓")"这个浪迹天涯的女儿又回到了伦敦老家,我热爱的美丽的伦敦。伦敦——就像亲爱的老丹·里诺所称呼它的:'一个坐落在泰晤士河畔、以音乐厅和骗局为主要产业的小村庄。'"

透过妆镜的暧昧光影,她向年轻记者使了个夸张的眼色,轻快地撕下另一副假睫毛。

她所生长的这个城市欣欣鼓舞地迎接她归来,疯狂的程度让《伦敦画报》称这种现象为"飞飞热"。到处可见她的图像;商店里塞满了"飞飞"袜带、长筒袜、扇子、雪茄、刮胡皂……连某个牌子的发粉也借用了她的肖像:只要加进一匙这种发粉,你的海绵蛋糕就会像她一样扶摇直上。身为当代女杰,以及学术讨论与粗鄙臆测的对象,这位海伦启动了数以千计的俏皮话,大部分都带有淫秽的意味。("你有没有听说过这个故事,讲海伦怎样让旅行中的推销员勃然昂升……")从公爵夫人到街头小贩,人人都把她的名字挂在嘴上:"你看过飞飞没?"然后:"她是怎么办到的?"然后:"你想她是真的吗?"

年轻记者想要保持头脑清醒,因此两手轮流拿着玻璃杯、笔记本和铅笔,暗自寻找一个可以放杯子的地方,好让她无法再不停地将它注满——也许可以放在那座黑色的铁制壁炉台上,它冷酷的凸角正突出于他在马鬃沙发的座位上方,倘若他轻举妄动的话,肯定会打破他的脑袋。他的猎物有效地困住了他。他试图摆脱这位女士的玻璃杯而做出种种努力,结果却只挪动了一大沓隐藏的情书。它们嘈嘈嚷嚷地倾泻而下,顺道从壁炉台上拖出一窝像蛇般蠕动的丝袜,绿的、黄的、粉红的、深红的、黑的,引出一股浓烈的臭脚味;那是充塞于这个房间里的高度个人化的气味("飞飞的精华")的最后一种成分。假使她抽得出时间,可能真的会将这味道装瓶贩售。她从来不错失任何赚钱的机会。

飞飞对他的挫败视而不见。

也许,那些丝袜之所以降落到地面,是为了与其他设计繁复的贴身衣物(如虫子般到处蠕动的缎带、烂兮兮的蕾丝,散发着使用过的味道)联合起来对付共同的敌人;从外表看起来,她是在自己专业所要求的多次着装与褪装过程中,随手将它们乱扔在房间里,丢得到处都是。一条宽大的绉边衬裤,显然是掉落在当初被随手扔掷的地方。它覆盖着某件物品,也许是座时钟,也许是大理石半身像,也可能是骨灰坛,由于完全被遮覆着,所以可能是任何东西。一件令人望而生畏、俗称"铁娘子"的束腹从空煤桶中伸出,好像一尾巨型斑节虾的粉红色外壳从它的洞穴里冒出来,拖曳着有如好几对虾足般的长蕾丝。总之,这个房间称得上是一项女性杰作,展示出细腻精致的女人邋遢相,毫不做作掩饰,足以恫吓任何一位比眼前这位记者见识过更多世面的年轻男子。

他名叫杰克·华尔斯。他来自加州,世界的另一边,在他所度过的二十五年岁月里,大部分的时间都在这个星球的各个不同角落漂泊。流浪汉的生涯磨掉了他的棱角。如今,他以最圆滑的风度自豪,从外表上,你绝对看不出许久以前,他曾经是个街头小混混,藏匿在一艘由旧金山航往上海的轮船里偷渡过海。在冒险历程中,他发现自己颇有运用文字的天赋,还有个更了不起的倾向——经常发现自己在适当的时间出现在适当的地方。他就这么碰上了他的职业,并且在人生的这个时期,靠着向纽约某家报社发送新闻稿来维生。所以,他能随心所欲地浪迹天涯,同时保有记者不负责任的特权,也就是从事这一行所必备的心态:饱览世情,不信一物。在华尔斯的人格中,这种心态正好与另一项美国人特有的素质欢喜雀跃地结合在一起,那便是对于厚颜无耻的谎言抱持着宽宏大度的雅量。这份工作再适合他不过了,而且他总是提醒自己要注重实际。叫他以实玛利吧!但是这个以实玛利却有个可以花钱报公账的消费账户,除此之外,他还有一头桀骜难驯的淡黄色浓发,一张红润愉悦的方下巴脸庞,以及透显着怀疑主义的冷灰色眼眸。

然而,他身上仍残留一丝"未完成"的味道。他像是一幢美观气派、装潢出租的房子。在他的性格中,几乎看不到任何细微的、可以称得上是个人的味道,仿佛他那悬置信念、存而不论的习惯,甚至也延伸到他自己的存在上。我说他有种"发现自己在适当的时间出现在适当的地方"的倾向,然而情况几乎是:他自己仿佛是一个被随手捡到的东西,因为从主观上来说,既然他所寻觅的不是他的自我,他也就从未发现过他自己。

他也许会称自己为一个"行动派男人"。他让自己的生命历经一连串灾难性的震撼,因为他喜欢听到自己的骨头格格作响。那是他知道自己还活着的方式。

于是,他熬过了四川的瘟疫、非洲的长矛,在大马士革路旁的一座贝都因帐篷里遭遇过一回激猛的鸡奸,还有更多更多。然而,这些经历都未曾大幅改变这男人心里的隐形小孩,他确实还是当初那个天不怕地不怕的小伙子,经常饿着肚子到旧金山的渔人码头去,凝视着水面上纠结的船帆,直到他终于也随着潮流出发,航向漫无边际的希望。华尔斯从未把自己的经历当做经历来体验,这些经历虽然可能将他的外表打磨光滑,却不曾触及他的本质。在他所度过的所有年轻岁月中,他甚至连一丝内省的颤抖也未曾感受过。如果他无所畏惧的话,那并不是因为他很勇敢,就像童话故事里那个不知道如何发抖的男孩一样,华尔斯也不知道如何害怕。所以,他习惯性的疏离其实是不由自主的,那不是判断的结果,因为做判断的时候,你必须决定自己要不要相信。

他是一支具有知觉意识的万花筒。正因如此,他才能成为一个好记者。然而,在不断的旋转下,这支万花筒变得有点儿疲累。曾经有一度,未来似乎充满希望,但是战争与灾难并未成功地实现他的期望,而且,不久前才与黄热病搏斗过的他,这会儿仍然感到相当虚弱,所以他决定暂时放慢脚步,专注于那些他到目前为止一直不明白的、具有"人情味"的观点。

身为一名优秀的记者,他必得具备鉴赏无稽之谈的眼光。所以,既然人在伦敦,他便去找飞飞,准备进行一系列的访谈,标题暂定为"世界大骗子"。

他轻松不拘小节的美国作风却在这名空中飞人的身上遇到强劲对手,后者现在把重心从一边屁股移到另一边,而且——"放出来总比忍着好,先生"——让一声响屁回荡在整个房间里。她掉过头瞅着他,再一次地,看看他如何应付这个。他注意到,尽管她表现出哥儿们——还是该说成"姐儿们"才对?——一般的友善开朗,心底却一直防着他。他朝她咧嘴而笑,露出一口白牙。这份差事真是令人愉快!

在欧洲巡回演出期间,成群的巴黎人愿意为她赴汤蹈火。不仅是劳特累克而已,所有的后印象派画家都争着要画她;维利请她吃饭,而她也给了柯莱特一些不错的建议。阿尔弗雷德·雅里向她求婚。当她抵达科隆火车站时,一群欢呼的学生解下拉车的马,亲自将她的马车拉到旅馆去。在柏林,她的相片展示在各处报纸经销商的陈列窗上,紧邻着皇帝的相片。在维也纳,她令一整代人的梦境扭曲变形,让他们立刻心甘情愿地接受精神分析。无论她走到哪儿,河流为她从中分开,战争为她掀起,日月无光,报纸报导天降青蛙和鞋子。还有,葡萄牙国王给了她一条用蛋形珍珠串成的跳绳,被她存进了银行。

现在,全伦敦都拜倒在她飞跃的足下。而且,就在今天早晨,这个十月的日子,就在这里,这座阿尔罕布拉剧院的化妆间里,她不是才签下一份价值六位数的"豪华帝国巡回演出"合约,并且将在这趟先到俄国、再到日本的演出中,让那一对天皇老子大开眼界吗?然后,她将从横滨航行到西雅图,开始在美国展开"豪华民主巡回演出"。

全美利坚合众国的观众都嚷着要求她来访,而她将与新的世界同时降临。

原来,我们正处于19世纪的末尾,就像闷烧到最后的雪茄头一样,转眼便将在历史的烟灰缸中被拧熄。现在是主的纪元1899年的最后一个已近尾声的季节。而飞飞即将带着新世纪的万丈光芒腾空翱翔。

表面上,华尔斯是来"吹捧"她的,其实,他也是来戳穿她的——如果人真的可以被"戳穿"的话;无论是同时达到这两种目的,还是只发挥了其中一种作用,都没关系。尽管如此,可别以为一旦揭发了飞飞的骗局,便将毁掉她的演艺生涯,情况可差得远了。如果她毫无可疑之处,又哪来的争议?哪有新闻可言?

"可以再来一口吧?"她从"鳞"光闪闪的冰块中抽出滴着水的酒瓶。

靠近一点儿看她,不得不说,她长得实在不像个天使,反而比较像匹用来拉货车的母马。她只着长袜没穿鞋便有六英尺二英寸高,还得减掉个一两英寸才能与华尔斯比肩并立。而且,虽然他们说她"如天神般高大",但在台下,她却没什么超凡脱俗的气质,若要拿她与天神相媲美,除非天堂里也有高级豪华酒吧,可以让她站在吧台后面款待宾客。她那张椭圆形的宽脸,看起来就像用来盛肉的大盘子一样,是用粗黏土在普通陶轮上拉成的坯。她的魅力毫无细致微妙之处,不过如果她要担任的角色是在这个即将来临的、属于"普通人"的世纪中,经由民主程序推选出来的神明,那也倒好。

她以诱人的手势摇晃酒瓶,直到它重新喷射出汁液。"烈酒可以增加男子气概哟!"华尔斯微笑着用手盖住自己的杯子。"我已经长了胸毛,够有男子气概了,夫人。"

……

(选自《马戏团之夜》,安吉拉·卡特著,杨雅婷译,南京大学出版社2011年版)